中国写作学
优秀论文选
（1980~2020）

SELECTED PAPERS ON WRITING
IN CHINA（1980—2020）

方长安　萧　映　宋时磊
主　编

社会科学文献出版社
SOCIAL SCIENCES ACADEMIC PRESS (CHINA)

编委会名单

序

　　写作是人类意识活动的一种展开形式，一种理性表达行为，人在写作中舒展自我，言传文明；社会经由写作，文化疆域不断拓展，日益进化。写作学是研究写作现象、规律与特征的学科，人有多复杂，人类社会有多丰富，文化有多繁复，写作学就有多丰富与复杂。在这个意义上，写作是一种复杂的知识过滤、整合与表达行为，一种艰难而极富挑战性的精神活动。知识书写，属于专业性行为，严格意义上讲，只有专业人士才能完成；精神活动，则既是人类社会的普遍现象，又富有个体性，其中文学性书写是精神活动中最重要的部分，高度主观化，崇尚创造。正是在这种意义上，长期以来，如何发展写作学就成为有争议的问题，甚至写作学科存在的合理性也因此受到过质疑。

　　回望改革开放以来写作学科的发展历史，不难发现这种质疑所带来的影响。在我的印象中，20 世纪 70 年代末到 90 年代中期，写作学在大学中文专业课程体系中占据着重要的位置，所有中文专业都有写作课，课程设置、师资力量及其学术研究，都不亚于别的二级学科；不仅如此，外语专业、新闻专业也开设写作课；但后来情况发生了变化，很多学校少开或不开写作课，写作学科日趋边缘化，或者被取消，或者合并到别的二级学科里。这种情况的发生，与知识书写的专业性和精神表达的独特性，有着直接的关系。就是说，在不少人看来，写作难以教授，或者说无须教授。近些年来，常有人提到写作学科的边缘化导致了学生写作水平的整体下降，所以呼吁重新重视写作学科建设。学生写作水平是不是整体下降了，这是一个需要综合考量的问题；如果说学生写作水平确实整体下降了，那是不是写作学科边缘化所致，这又是一个问题，在缺乏充分调查与数据统计的情况下，我不敢轻易下判断。但网络化时代，写作现象更加复杂，问题更为多元，写作形式更加多样化，从提升写作能力角度看，恢复写作学科地位，加强写作学科建设，是合理的，也是非常必要的。

那新时代应如何进行写作教学、如何建设写作学科呢？近些年来，不少大学中文专业开始恢复写作课，重新重视写作学科，以自设方式建设写作学硕士点、博士点，培养写作学高层次人才；一些大学成立了写作中心，聘请作家、诗人讲授写作课，传授写作经验；一些大学探索在全校范围里组建队伍，面向全校不同专业学生开设写作通识课；一些大学创办创意写作教学实验班，培养文化创意写作人才。这些都是在意识到写作课之重要性后而进行的教学实验与探索，且已取得了不错的成绩。对写作学科的重视，肯定是好事，如何建设，我们可以在实践中加以探索与总结。

时代日新月异，网络化的生存方式使人与人、人与社会、人与世间万物的联系发生了很大的改变，人对自我的认知也不同于以前，关于这些变化的书写形式、传播途径也不同于以往，作为研究写作表达的写作学当然不能照搬以往的经验与思路，创新性发展是一个刻不容缓的课题。过去，写作课主要是中文系开设，属于中文专业的一个二级学科，培养对象主要是中文系学生，课程内容包括文学性写作和应用文写作，现在这种思路肯定与网络化社会对写作学人才的需求不相适应，与国家新文科建设的精神不一致。写作是人类共同的文明行为，写作学关涉所有学科和所有人，它的边界是开放的，过去我们将这种边界的开放性视为问题，甚至因此认为写作学不应该作为独立的学科而存在，很多高校取消或者将它合并到别的学科里，这种思维上的误区应该改变，应将写作学科的开放性视为其重要特色与优势，而不是作为问题加以回避。

开放性特征决定它不是只属于中文专业，其内容不是简单化的文学写作和应用文写作，其教学形式也不是以往那种课堂上老师讲、学生听，课后学生开展程式化的写作训练。开放性要求我们建立一种"大写作"观念。有容乃大，所谓"大写作"，就是要突破传统写作学壁垒，将人类所有写作行为纳入其体系，以开放的关系网络为背景，研究人的写作乃至人工智能写作现象，将写作活动看作人的全面发展工程，看作人类社会文化与文明建设工程，所以必须将写作学科置于文史哲大背景中，与社会科学相融通，与自然科学相融通。写作学关心的不再只是文学性和应用性书写，而是在人的深刻性和文化复杂性意义上打通所有学科边界的书写现象，以抵达传统写作学所未曾达到的所有领域；写作学讲授的不只是遣词造句的问题，不只是行文的修辞技术问题，而且是要在人类文明发展的宏观视野里，将人、事讲得既符合其原本生存形态与逻辑，又利于当代的社会秩序建设和文化健康发展，利于立德树人意义上人的综合素质的全面提升，以"写"育人，以"写"塑人，打开日益固化的专业性边界，解放人的思维能力与创造力，创造性是写作课培养的重要目标；写作学课程，不再只是中文专业的课程，也不再只是英文专业、新闻专业的课程，教学形式也不再只是传统的课堂教学和完成课后写作训练，而是突破传统的教授时空，利用全网络，进行系统的写作阅读与实践，将写作意识与实践行为融入现代数字化生存时空。当然，这种所谓的"大写作"观念，并不是要排挤传统的"小写作"课程，而是包括"小写作"的全部内容，否则"大写作"就可能成为一个抽空的概念，甚至可能成为一个新的打压写作学科发展的概念。

国家正在实施的新文科建设规划为写作学科重建，提供了良好的探索、实验环境。很多学校已经行动起来了，中国写作学会作为全国性的学会，通过举办不同规格的学术会议，通过在会刊《写作》上组织学术专题研讨，通过评选学会成立40周年写作学优秀教材、优秀著作与优秀论文，积极参与方兴未艾的写作学科重建事业。这本《中国写作学优秀论文选（1980～2020）》就是中国写作学会成立40周年评选出的优秀论文的选集。改革开放40年，写作学科建设道路虽然坎坎坷坷，但全国写作学人并未停止探索，写作学研究随着时代发展彰显出自身的时代特色，取得了突出的成就，与之相应，该选集采取按文章发表时间先后顺序编排的体例，为大家回望40年写作学研究历程展示一道历时性风景。

需要说明的是，中国写作学会成立40周年优秀论文的评选，未经作者个人申报，参评论文来自社会读者、各省区市写作学会和中国写作学会专家的推荐，评选标准是论文的学术创新性、学科价值及其所产生的社会影响。当然，40年来，写作学优秀成果很多，更多的优秀论文因名额限制未能入选，本选集论文只是优秀成果的代表；评选中因为适度考虑了年代分布情况，希望尽可能地展示不同年份的研究面貌与特征，所以获奖作品质量上也可能存在一定的差异。《中国写作学优秀论文选（1980～2020）》涉及40年来写作学研究的方方面面，反映了40年来写作学发展的大体情况。

不仅有传统写作学的修辞论、个性论、实践论与价值论等，而且包括非虚构写作、女性写作、民间写作、方言写作、底层写作等方面的成果；不仅有解剖先锋文学、身体写作、新概念写作、网络写作、创意写作等问题的论文，而且有研究小说写作、散文写作、诗歌写作、新文学史著作写作方面的成果；不仅有文学创作类的研究，还有应用文、报刊专栏写作类论文；不仅有具体作家作品写作案例解剖，还有写作教学模式论；不仅有原创写作论，还涉及作品改写问题；不仅研究写作内部问题、作者之死问题、伦理问题，还涉及读者阅读、新媒体传播、数字化现象，以及海外华人写作，等等。形式上，多为学术论文，但也有会议讲话体和对话笔谈类。在问题阐释论证中，充满反思性，使相关问题研究进入一个新的层面，上升到了新的高度。作者队伍包括著名诗人、资深编辑、学术名家和年轻学者等，有长期从事写作学教学的研究者，也有古代文学、中国现当代文学、外国文学以及新闻学等领域的专家，体现了写作学的跨学科特征。正是这种跨学科特征，决定了改革开放以来写作学科发展道路虽然坎坎坷坷，学科地位虽然存在边缘化情况，但写作学研究成果却相当丰硕，涌现出一大批学术精品。在这里，我要特别感谢所选论文作者授权中国写作学会将获奖论文结集出版。这本论文集既是过去 40 年写作学研究成就的总结，又是新发展的起点，将在中国写作学的学科体系、学术体系与话语体系建设与创新中，发挥重要作用。

是为序。

方长安

2022 年 6 月 9 日于武昌南湖寓所

目　录

关于文艺写作的几个问题[*]

徐　迟^{**}

关于文艺写作，我想谈三个问题。

一　形象与思维

　　我认为形象和思维是当前创作上的一个重要问题，也是写作问题。我觉得形象和思维要分开讲，所谓对立统一，并不是把两个各有区别的东西放在一起就统一了。文学艺术主要是搞形象的，理论文章当然是搞思维的。但形象里面一定是包括了思维的，而感觉里面是包括概念的。文学艺术打动人、感动人的不是靠概念，是靠形象。可是我们三十年来形成了习惯，都是搞思维的，形象技能比较衰退，思维能力相当发展。从我们现在的刊物上可以找到一些作品，那里面的人物是在发议论，或者是作者直接发议论，这就削弱了作品的感染力。刘心武开始不多发议论，后来学习学习，就大发议论了，所以读者对他有意见了。托尔斯泰的《战争与和平》充满了形象，但到尾巴上，有好几章就专门是写他的历史观点。一部很好的作品，在结尾大发议论，那些部分就不那么受欢迎了。二十多岁的年轻人，思维能力还不是很强，他们的感觉能力大大超过了他们的思维能力。所以青年人最早写一点作品，抒发一点感情，做的文章，多半是形象的，感觉能力较为鲜明。如果教师教他们思维多了，作文也就成了思维的，这样开头不太好。所以我们要想办法充分发挥青年人的感官，吸收印象，变成形象。

　　*　原文刊发于《写作》1981 年创刊号。本文是作者在中国写作研究会（即中国写作学会）成立大会上讲话中的一部分，根据录音整理，发表时经本人审阅。

　**　徐迟，诗人、散文家和评论家，曾任湖北省文联副主席、湖北省作家协会副主席。

譬如说，司马迁的《史记》，每篇完后，有一个"太史公曰"，这就是发议论。但是，你只看"太史公曰"，不看前面的故事，就不好理解。没有前面的故事，议论就没有多大意义，真正起作用的是前面的故事。有一次，我碰到何香凝的女儿廖梦醒，她说周总理对她们一家非常好，可是，总理逝世已三年了，大家都写了纪念文章，自己却写不出来，总觉得没有办法写，因为记的事情太零碎了。我请她讲一点，结果她讲的都是极零碎的事，一点议论也没有，但很生动。比如她讲到这么一件事：何香凝做生日，总理和其他领导人都在她家聊天，突然窗子被风吹开了，风吹进来，大家都吃惊。就在别人都吃惊的时刻，一个人上去把窗关上了，这人转过身来，大家一看，原来是总理。这是一个细节，没有什么概念，但从中可以得出一些概念。她记得的全是这些东西，这些东西却是像金子一样的好材料，因为她感情真诚，形象丰富。后来，我建议她写些东西，她写了，我帮她整理了一下，取了名字叫《恩情》。她在写这些材料的时候，全是形象的，没有概念。所以说，文学创作什么时候掉到思维里去了，总是不好的。作者把自己的观点告诉读者，这是很不聪明的办法。从事创作，就要重视形象，文章好不好，就靠这个，我们搞写作的，就要解决这个问题。

二　引进和创造

我们几十年来，对外国文学很不重视，在大学里只有外文系，没有外国文学系。学外语的不懂外国文学，学中文的又不懂外语，这样下去，怎么行呢？我们知道，鲁迅先生是一个杰出的文学家，但他的翻译数量是跟他的创作数量相等。在翻译方面他做了很多工作，创办了《译文》刊物。我们如果看《鲁迅全集》，就会看到，在五四以前，20世纪初，他就曾对大量外国的文学、哲学、科学和文化史作了介绍。在他搞创作之前，对西方文化已作了充分的研究。世界是很大的，你怎么能用篱笆把它隔开呢？这些年来，我们对外国的东西排斥太狠，六十年代把苏联的文学也排斥了，对西方完全是批判否定的态度。鲁迅、郭老、茅盾、巴金、周扬、夏衍这些老一代作家，都是搞翻译的，而现在却很少。在现在的作家中，要找懂得外语的很不容易，年轻一代里几乎找不到几个，更不用说第二种、第三种外语了。因此，我认为在中国的大地上，要说百花齐放，那么，外国文学之花也一定要开放的。我认为应该大量地引进外国优秀文学，作为我们创作上的借鉴。在写作上，不仅要研究写作的形式和方法，还要研究中国的作家和外国的作家，而且一定要研究外国的。引进以后，进行模仿，这在一定程度上是可以的，但主要还是创作。写作就包括创作，意思就是创新。其实，生活中可以创作的东西是很多的，从一个圆心可以画出多少个半径啊！我写报告文学，有对自己的要求，就是每一篇都不一样。这个方法上次用过了，这次绝对不再用。外国的东西我看得很多，而且我承认，我是受外国文学培养的。当然，中国古典文学对我也有影响。但是，我不愿意做外国文学的俘虏，而是要做它的主人，占有它，使它为我们服务。

三 文学与科学

"四化"的根本是科学，科学化是我们这个时代的特征。如果我们对四个现代化一点也不知道，那是不允许的。钱学森同志在科学大会上讲的是"科学与文艺"，说现代科学要运用到文学艺术界，而且把文学艺术推向一个新的阶段去。我在第四次文代会上讲了一个"文学与科学"的问题，引了一个原子物理学家奥本海姆讲的一段话：在二十世纪初，原子物理出现了很大的突破，是惊心动魄的，但这样的历史是不可能被文学家和历史学家所记录，他们是不能懂的。因此，虽然是惊天动地的原子能科学的突破，但文学和历史要纪录它是无能为力的，这就是悲哀。最近科学出版社出版了两本书，一本是美国人写的《量子史话》，一本是苏联的《量子力学史话》，都不是用数学公式，而是用比喻，用通俗化的办法，把量子力学的发展史写出来，还是可以看懂的。这方面我们要探索，什么天文、地学、生物、数学、化学、物理等等，我们都应当去试一试，摸一摸，沾点边。我想，文学家如果再不写科学家，科学家就要自己写了。再说，科学家的身世和经历是很动人的，科学本身的历史也是神奇的。我们研究写作，今后就应当注意到这方面的问题。我觉得搞文科的人学点理科，搞理科的学点文科，这样才会有新的发展。将来的世界，科学在生活里占有很大优势，所以值得注意，这也是当前文艺写作的一个重要课题，我们不能等闲视之。

"自己的声音" 和"多样的色彩"

——谈谈作家的创作个性[*]

傅德岷^{**}

一

作家的创作个性指作家在其作品的内容和形式的结合方面所显示出来的个性特色。文学作品是现实生活在作家头脑中反映的产物。生活是绚丽多彩的，"每一滴露水在太阳的照耀下都闪现着无穷无尽的色彩"①。由于每个作家所处的时代、阶级地位不同，他们的生活经历、道德观念、气质、艺术修养和爱好等各异，他们在反映生活时，必然会表现出不同的特色。而一个作家是否具有独特的创作个性，是衡量作家及其作品是否成熟的标志。十八世纪法国启蒙运动时期的思想家、文学家布封（1707~1788）曾提出一个著名的论点——"风格就是人"。一八四二年，马克思在阐述这一论点时说："真理是普遍的，它不属于我一个人，而为大家所有；真理占有我，而不是我占有真理。我只有构成我的精神个体性的形式。'风格就是人'。"② 十九世纪俄罗斯作家屠格涅夫也说："我认为，在任何天才的身上，重要的东西都是我想称为自己的声音的东西。"③ 可见，作家的创作个性实际上是作家"精神个体性"的体现，是作家喉咙里发出来的"自己的声音"。一个作家只有具备了这种独特的"精神个体性"和"声音"，他才能

　＊　原文刊发于《写作》1981 年创刊号。
　＊＊　傅德岷，学者、作家。
　①　《马克思恩格斯全集》第 1 卷，人民出版社，1956，第 7 页。
　②　《马克思恩格斯全集》第 1 卷，第 7 页。
　③　《俄罗斯作家论文学创作》第 2 卷，苏联作家出版社，1955。

对客观事物作出新的阐述,说出新的话语。

同一时代的作家,虽然他们的创作个性因受时代的制约而有某些共同之处,但因"精神个体性"的不同,其作品的个性特色迥异,犹如"一棵树的叶子,看上去是大体相同的,但仔细一看,每片叶子都有不同。有共性,也有个性"①。李白和杜甫都是唐代的大诗人,共同经历了大唐帝国由盛到衰、内外矛盾日益激化的时代,目睹安史之乱的战祸,怀着"济苍生""安社稷"的共同理想。一个"通诗书,观百家",一个"读书破万卷,下笔如有神",艺术造诣也相似。但李白长期生活在士大夫中间,加上他"早好纵横,晚学黄老"(刘熙载《艺概》),崇义任侠,尚漫游漂泊,性格豪爽,所以,他的诗瑰玮绚烂,寄托深远,对封建秩序和权贵表现了强烈的不满,对祖国河山有着深挚的爱,显示出一种清新、俊逸、雄奇、豪迈的"诗仙"特色。杜甫一生饱经沧桑,个人的遭遇与国家的动乱、人民的凄苦交织在一起,他常和群众一起经受饥饿、寒冷的威胁,加上他深受儒家"匡时济世"思想的影响,常以饥寒之身、穷迫之境而忧民。因此,他从心弦上弹奏出来的"声音",无论感怀、赠送、咏物、怀古,总是忧国伤世的深沉音调。正如陈毅同志在《冬夜杂咏·吾读》诗中说:"吾读杜甫诗,喜其体裁备。干戈离乱中,忧国忧民泪。"呈现的是沉郁凝重的"诗史"风格。

同一阶级的作家,因气质和阅历不同,其创作个性也不同。曹氏父子都是汉末地主阶级的代表人物,曹操饱经战乱,一生戎马,对战争给人民带来的苦痛有着深切的感慨和同情。他的《蒿里行》等诗流露出慷慨悲凉的格调。曹丕做了皇帝,大半生过着宫廷游宴生活,他的《燕歌行》等诗以描写男女爱情和离愁别恨为主,格调流于纤弱。曹植则在曹丕迫害下,经受了颠沛流离的苦痛,加之他早年建功立业的雄心不灭,恃才傲物的性格不改,因此,他后期的《赠白马王彪》等诗仍流露出雄健浑厚的特征。再以老一辈无产阶级革命家为例,董必武、陈毅同志都是一生为革命、一生为人民,光明磊落、胸怀坦荡的老革命战士,但董老性格严谨,温厚平易;陈老总性格豪爽,快人快语。所以,毛主席评论他们的诗时,曾说:

---

① 《毛泽东文艺论集》,中央文献出版社,2002,第146页。

董老的诗"醇厚谨严"，陈毅的诗"豪放奔腾"①，显示出不同的个性特色。

二

作家的创作个性既然是作家"精神个体性"的体现，那末，这种"精神个体性"如何反映在文学作品中呢？

首先，由于作家的遭遇、经历、对生活熟悉的情况不同，在题材的选择和主题的提炼上就各有特色。鲁迅从童年时代起，就从家庭和社会上耳闻目睹了半封建半殖民地中国社会的黑暗和罪恶，这就促使他立志用文艺来改造社会。因此，他的小说的题材大多来自病态社会不幸的人们，意思是揭示病苦，"引起疗救的注意"。作品中的人物大多是在旧社会、旧礼教重压下的被损害者。通过他们的遭遇，作者深刻地揭露了旧制度的罪恶，表达了对封建反动势力的愤怒和抗议，透露着对未来理想的追求，给我们勾画了一幅从辛亥革命前夕到五四运动之后的中国社会生活图景，表现了深刻的主题。同时也形成了他创作上强烈的、彻底的批判精神和刚健质朴的个性。艾芜出身农村，在五四革命精神的感召下，为了探索人生真理，他历尽艰苦，漂泊异乡，饱尝人世的辛酸。他把从云南到缅甸"南行"的流浪生活熔铸在《南行记》里，把"一切弱小者被压迫而挣扎起来的悲剧，切切实实地写了出来"。新中国成立后，他重到南疆，社会的巨变激起他写作《南行记续篇》的热情。于是，他把那逝去的悲哀和新生的欢乐进行了鲜明的对比，把自己的感受尽情地倾吐出来。他以娓娓动人的笔调讲述旧社会的辛酸和悲苦，含着热泪描绘新社会的美好和欢乐，具有浓郁的抒情色彩，格外清新感人。

其次，作家对材料的安排不同，也常常显示出不同的个性特征。沙汀的小说以结构谨严著称。他善于摄取生活中的小片段，对故事的叙述往往在最紧要的地方开头，然后步步进逼，层层深入，在适可而止的地方戛然结束，他的代表作《在其香居茶馆里》就是范例。

---

① 杨建业：《在毛主席身边读书——访北京大学中文系讲师芦荻》，《光明日报》1978 年 12 月 29 日。

在材料安排过程中,构思是重要的起点,它是"驭文之首术,谋篇之大端"(刘勰《文心雕龙·神思》),作家在艺术构思中最易显示出他的创作个性。杨朔的散文善于抓住独特的事件、独特的语言、独特的形象作为艺术构思的焦点,把零散的材料织成浑然的整体。《渔笛》描写的是一个叫宋福的渔民十四年前惨遭船主杀害的故事。作家抓住这一独特事件,安排在作品的中心位置,结合富有特色的笛声,组成一支构思别致的乐曲。《雪浪花》抓住老泰山上场时对奇形怪状的礁石如何形成的一句答话:"是叫浪花咬的",作为艺术构思的聚光点,把那礁石、浪花、茫茫的大海,灿烂的晚霞、昔日的苦难、如今的幸福波浪起伏地组织在一幅色彩鲜明的山水画里。杨朔的散文,以精巧的构思创造出富有诗意的意境,显示出清新、隽永的特色。

再次,作家在概括典型人物、描绘人物性格和心理素质上,因为各自的"精神个体性"不同,也会构成不同的色彩。赵树理出生在一个贫农家庭,他熟悉农村和农民,他的作品主要表现北方农村的斗争生活。他善于运用形象鲜明的绰号和人物行动来显示人物的典型性格。如"三仙姑""二诸葛""小腿疼""吃不饱"等绰号,准确地表现了每个人物的鲜明个性。《小二黑结婚》的开头,用"抬脚动手都要论一论阴阳八卦,看一看黄道黑道",极俭省地画出了"二诸葛"的性格特征;用"每月初一、十五都要顶着红布摇摇摆摆装扮天神",再现出"三仙姑"装神弄鬼的形象。塑造典型人物的这些特点,显示了赵树理幽默含蓄、通俗生动的创作特色。孙犁的作品显示了作家清新、秀媚、富有革命浪漫主义精神的创作个性。他的人物对话含蓄凝练,有着丰富的潜台词,极富情趣。

三

"自己的声音"和"多样的色彩"是辩证统一的。一个作家只有充分地具备了自己的创作个性,他的作品才会以别具一格的色彩去丰富和充实文艺百花园。作家创作个性的培植和形成是和作家"精神个体性"的发展分不开的。这里,"精神个体性"既包括作家的政治思想、道德观念,也包括他个人的气质和艺术爱好等。在这些因素中,作家的世界观是起决定作用的因素。契诃夫曾经指出："作者的独创性不仅在于风格，而且也在于思维方法、信念及其它。"① 鲁迅以他亲身经历说明了马克思主义世界观对形成作家创作个性的重要性。在马克思主义世界观的指导下，他的创作才产生质的飞跃，形成他后期杂文严峻深刻的创作特色。

生活是一切文学艺术写作的唯一源泉。建立生活点，长期地、无条件地深入生活，熟悉和掌握某些特定的素材，无疑是形成作家创作个性的重要因素。柳青由于长期在西北高原扎根，他的作品洋溢着渭河平原泥土的清香，显露出一种清新浑厚的独特个性。王愿坚的脚印遍布江西老革命根据地、井冈山的山路和漫漫的长征道，写出了一系列以"革命"和"长征"为主调的优秀作品，闪耀着革命英雄主义光辉。

作家的创作个性是随时代的发展和作家"精神个体性"的变化而发展变化的；它的形成也是长期的，不是一蹴而就的。但只要我们从丰富多彩的生活出发，从发挥作品的独创性着眼，刻苦锻炼，是会形成自己鲜明的创作个性的。

---

① 〔苏〕米·赫拉普钦科：《作家的创作个性和文学的发展》，上海人民出版社编译室译，上海人民出版社，1977，第71页。

开展写作研究，建设文章学[*]

刘家骥^{**}

从 20 世纪 50 年代开始，我国各高等院校中文系（科）都开设有以培养、提高写作能力为目的的写作课。文章写作要不要理论指导、有没有它自身的理论体系、是不是一门科学？在认识上还存在许多问题，甚至有人持否定态度。

我们经常听到这样的论调：写文章有什么"定法"，鲁迅不是曾说过"不相信小说作法之类"的话吗！在分析文章、常用文体文章的写作研究中，没有什么"精深"的学问，无须多么高的学术水平。在此影响下，有些写作教师的业务能力得不到应有的评价，甚至有些同志专业思想不巩固。

因此，我于 1980 年 1 月在《四平师院学报》上发表了一篇题为《写作课不容忽视》的文章，提出了建设"文章学"的问题。我认为，文章写作是有规律技巧的，也就是说是有理论的，作为一门独立的学科，与语言学、文学理论、中国现代文学等一样，在学术领域里也应有其一定的地位。这门以文章为对象、研究文章写作规律与技巧的学科，可算之为"文章学"或"写作学"。这年 12 月，中国写作研究会在武汉成立，会上，我又一次作了内容与上文相近的发言。这个发言，经过改写，以《文章学的研究应提到日程上来》为题刊登于《写作》杂志创刊号；"探讨文章学科学体系"作为写作研究会任务之一，被正式写入《中国写作研究会章程》。1981 年 8 月，《语文战线》上同时发表吴调公的《开展写作的研究》、张寿康的《文章学古今谈》两文。经过这样一系列学术活动，建设文章学的问题也就首先在高等院校写作教师中引起了较为普遍的关注，继续开展了讨论。有些

* 原文刊发于《郑州大学学报》（哲学社会科学版）1982 年第 3 期。

** 刘家骥，郑州大学中文系教授，曾任中国写作学会常务理事、河南写作学会会长。

院校的写作课教学大纲明确提出了这门课程的科学性质。在武汉、开封、广西等地已有同志动手写作《文章学概论》之类的著述。

这是一个好的开端。当然，这只是迈出了第一步，离应当达到的预期目标，还有很长路程，还有许多问题需要深入讨论，还要继续宣传建设文章学的重要性。

下边联系讨论中提出的一些问题，再谈谈我的一些看法。

一　文章写作有没有理论，它是不是一门科学？

任何一种实践，都有其理论。理论是从实践经验中总结出来的规律。理论从实践中来，反过来，又对实践有指导作用。写作，也是如此。人们为了适应社会生活的需要而写出各种各样的文章，如此反复实践，时间长了，实践多了，人们就从中概括出叙事、抒情等的方法技巧来，区别出这一类型文章与那一类型文章的不同点，总结出写某一类型文章的共同规律。这就有了体裁名称，有了写作理论。这样的理论自然能对写作有指导作用。

例如，诗歌应当有抒情性、形象性，有最精练、和谐的语言，有耐人寻味或荡人心怀的艺术效果，等等。写诗，尤其需要形象思维，那么，如何进行形象思维？诗的形象思维有什么特点、应注意什么问题？这些都属于诗创作的理论，这些理论，不是哪一个人的主观规定，而是从无数实践并经过时间检验后总结出来的。

又例如，写新闻通讯就不应当是一般的记叙文，写总结应有总结的样子，合乎总结的要求。这里，都有理论和理论的指导问题。

因此，一些否认或轻视写作理论的观点，并不确当。

有些同志认为：文章无定法，学写文章，也无须理论指导，只要多读多写就行。有人甚至说写作理论是"条条框框"，限制创作的发展。他们共同的理论根据是鲁迅曾说过的这几句话，"不相信小说作法之类"（《答北斗杂志社问——创作怎样才会好》）；"作文却好像偏偏并无秘诀"（《作文秘诀》）；"我自己的作文，是由于多看多练习，此外并无心得与方法的"（《给赖少其》）。

鲁迅的这些话都有其特定意义，如果因此而断定鲁迅也否认理论的作用，那就错了。鲁迅关于文章应该怎样写，就有不少精辟的论述，这不就是理论吗？他在《不应该那样写》中曾转引了惠列赛耶夫《果戈理研究》的一段话："应该这么写，必须从大作家完成了的作品中去领会，那么，不应该写这一面，恐怕最好是从同一作品的未定稿中去学习了。在这里，简直好像是艺术家们在对我们用实物教授，恰如他指着某一行，直接对我们这样说——'你看，——哪'，这是应该删去的，这要缩短，这要改作，因为不自然了。在这里，还得加些渲染，使形象更显豁些。"他在这样引了之后，又说："这确是有益的学习法，而我们中国却偏偏缺少这样的教材。"鲁迅还说："凡是已有定评的大作家，他的作品就全部说明着应该怎样写，只是读者很不容易看出，也就不能领悟。"把从实践、从作品里"领悟"出应该这么写不应该那么写的经验加以概括，不就是理论吗？他非常希望能有这样密切联系写作实际的理论。再细读鲁迅的《答北斗杂志社问——创作怎样才会好》，在"不相信'小说作法'之类的话"后，还有一条是"不相信中国的所谓'批评家'之类的话，而看看可靠的外国评论家的评论"。"小说作法""批评家"都是打了引号的，这所指不是很明显吗？那些不从实际中来，粗制滥造的"理论"，不也是我们所不能相信的吗？

至于说是什么"条条框框"，应作这样的分析。

其一，各种体裁的基本特点，从某种意义上可以说是"条条框框"——这些条条框框是我们从许多人、从相当长时间的实践里总结出来的某一文体应遵循的规律、法则，没有这些，也就没有某一文体了。难道说写诗可以不讲究诗的反映生活的集中性、抒情性、语言的精练形象和富于音乐性以及书写形式等方面的要求吗？写小说可以长篇大论吗？

> 夫文章之体裁犹宫室之有制度，器皿之有法式也。为堂必敞，为室必奥，为台必四方而高，为楼必狭而修曲，为罂必圆，为簠必方，为簋必外方而内圆，为簠必外圆而内方，夫固各有当也。苟舍制度法式，而率意为之，其不见笑于识者鲜矣。况文章乎？（明·徐师曾《文体明辨序》）

歌德也说："在限制中才能显出身手，只有法则能给我们自由。"（《自

然和艺术》）

其二，形式与内容相互联系，相互制约，根据内容的需要，形式是可以也应该有发展、变化的，甚至可以有与之相适应的新形式；文学作品，贵在有艺术上的创新，如果没有这一观点，把文体理论，特别是某一文体的规律看得太死，不允许有发展变化，那就是"条条框框"了。在考虑文体特点并受其制约的前提下，提倡艺术表现上的创新与突破，也提倡新文体的创造。金人王若虚在《文辩》里说得好："或问文章有体否？曰无。又问无体否？曰有。然则，果如何？曰：定体则无，大体须有。"这是我们对文体理论应持的态度。

总之，如何把文章写好，有许多经验要总结，有许多技巧要研究。把理论当作僵死的教条，当然不对。否认写作有理论、忽视其指导作用，也未必确当。

有人说，研究文章法则、提高写作能力，可分别包括在现代汉语、现代文学等学科里，写作只不过是这些知识的综合运用而已。当然，任何一门学科都与其他某些学科有联系，特别是在科学分工日趋细密的今天，文章写作之学，也不例外。但它自身的任务，即以文章为对象、研究其规律与技巧，却是别的任何学科都不能全部代替的。就目前中文系的一些专业课程看，"现代汉语"研究的对象是语言而不是文章，"文学理论"研究的是从古今中外文学实践中概括出来的共同规律，从宏观世界看文学现象，如文学的特点、社会作用、文学形象与典型、创作方法等，它虽然也论及文体，但与文章学的文体论相比，在"怎样写"方面，远不如后者具体深入。"现代文学"与"写作"在研究文学体裁的文章方面，确有相通之处，但侧重点各不相同，前者侧重于某一作品的历史地位与作用，后者侧重于艺术技巧，侧重于写作实践。无视写作课与文章学的独立地位，是不对的。

各门学科有各门学科的特点，不能用同一固定标准去衡量各自学术水平的高低。文章学，从其综合性来说，属边缘科学；从实践性来说，属技术科学、应用科学。衡量学术水平的高低，应把解决实际问题的能力包括在内。文章学工作者的工作，不能只限于"理论"方面，更重要的是既有理论又有实践，要把理论转化为技能，用在实践上。在如何指导写作、怎样对一篇文章提出中肯的修改意见等方面，都既需要理论素养，又需要实践能力。因此，要高标准地做好写作的指导工作，并不容易，岂能轻易贬低其学术水平？

其实，对文章写作经验的概括和理论的研究，在我国历来是很重视的，这方面的著述很多。曹丕的《典论·论文》可以说是我国最早的文章学单篇论文；被文学史专家称之为文学批评或理论专著的《文心雕龙》，从某种意义上说应是我国第一部重要的文章学著作。20 世纪的 20～30 年代，出版了不少探讨文章写作的著述，如 1920 年有《白话文作法》（戴渭清等），1925 年有《作文论》（叶圣陶）、《作文研究》（胡怀琛），1926 年有《文章作法》（夏丏尊、刘薰宇），1930 年有《作文述要》（周侯于），1933 年和 1938 年夏丏尊与叶圣陶合著的《文心》与《文章讲话》，则是其中影响最大的两本。

"文章学"的名称，也不是我们今天的发明，是早已有之的。据张寿康的文章说，在 1907 年刘师培、邓实所编的《国粹学报》上刊载的《国粹学堂学科预算表》中，与文字学、经学、考古学等并列，有"文章学"一科。它包括文学源流考、文章派别、文章各体、著书法四部分内容。1925 年商务印书馆又出版过龚自知的《文章学初编》，1942 年正中书局出版有蒋祖怡的《文章学纂要》。这些史料，可以从另一个方面说明，以研究文章写作规律技巧及指导写作实践为目的的文章学，在实践中是早已存在的一门学科。

遗憾的是，近三十年来，作为一门独立的科学，它却被人忽视以至泯灭了。有文学理论家、语言学家，这家那家，就是没有文章学家。文学、语言、法律、新闻等学会很多，而要想建立文章学学会或写作研究会，却困难重重，这就是证明。

我们必须重视文章写作规律与技巧的研究，在学术领域里，文章学应有其一定的地位，我们一定要把文章学振兴起来！

二 文章学，还是写作学？其科学体系如何？

研究文章写作的规律与技巧，以提高写作能力为目的的这门学科，应是一门独立的科学，应把这门科学建设起来，所有参加讨论的同志，对这个看法是一致的。但在学科名称上有主张称"文章学"与称"写作学"的分歧。如果对这门科学的研究对象、范围、目的的看法大体一致，为了尽快把这门学科建设起来，在名称上做过多的纠缠、分散精力，是大可不必的。我曾在中国写作研究会第二次年会上公开表示，如果多数人主张称"写作学"，我决不坚持个人曾主张过的意见。

我之所以曾主张用文章学之名，其主要根据有二。一是几乎所有学科的命名，都是从其研究对象着眼的。如"文学""语言学""植物学"等。而我们所主张建立的这门学科的研究对象是"文章"，自应称之为"文章学"。二是前边讲过，"文章学"之名是早已有之，这名称既揭示了这门学科的继承关系，又符合某些人的传统观念。

"写作学"则强调这门学科的实践性，更鲜明地揭示了这门学科的特点。"写作"作为一门课程，在各种类型的高等文科院校里开设有二十余年，已成为一个普遍流行的法定名称，称之为"写作学"，对更多的人来说，也许更易通行些。

我认为二者各有所长。并二者之长，应以采用完全的称法"文章写作学"为好。如果一定要照其他学科一样取三个字，"文章学"或"写作学"这两个名称都可采用。目前不妨让它们并行一个时期。

研究文章学的体系，首先碰到的一个问题是文章是否包括"文学作品"，文章学研究的范围有多大？

有人认为文章与文学有区别，它所指的只能是一般文章，即记叙、论说等实用文体的作品，不包括诗、小说等文学作品。文章学所研究的自然只能是一般文章。张寿康同志在《文章学古今谈》里说"文章学是语言学的分支"，他就是这么看待文章学的。

把文学作品从文章里分出去，因其有某些区别，为便于学术研究而缩小"文章"这一概念的内涵，从对文章研究的现状与学科的分工说，这是一种可以采纳的主张。因为，作为文学理论、现代文学两门学科的分支的创作论，都可以延伸、深入文学作品的写作规律与技巧，深入地对某个作家、某部作品、某篇文章进行艺术分析，人们也是很重视这方面的研究的。独对一般文章，研究者甚少。某些有关这方面的文章，也往往被笼统视为"普及"读物，不承认它有什么学术价值。这就是说，对运用最广泛的、一般文章写作的研究，作为一门学科，还没有建立起来，建设文章学之所以十分必要，首先表现在这一方面。

但如果因此而否认文章的广义含义，那是不符合传统说法与多数人的实际理解的。

"文章"的本来含义，偏于讲究文采、偏于文学。"章"本为"彰"，有文采的意思。《周礼·考工记》："青与白谓之文，赤与白谓之章。"楚辞《橘颂》："文章烂兮。"这些便是明证。我国最早的一部文章学专著刘勰的《文心雕龙》里所说的"文章"是包括文学作品与非文学作品两大类的。全书五十篇，从第五篇《辨骚》起，到第二十五篇《书记》止，应视为该书的文体论，论述了三十四种体裁，其中如"骚""诗""乐府""赋"等均为文学作品，而"论说""章表""奏议"等则为非文学作品。我国最早的一篇文章学论文即曹丕的《典论·论文》有这样一段话："夫文本同而末异，盖奏议宜雅，书论宜理，铭诔尚实，诗赋欲丽，此四科不同，故能者偏也。"曹丕把文章分为四类八体，是既有一般文章又有文学作品的。随着文学作品的日趋发展和其他原因，文学作品从"文章"里分离出来，文章才有广狭两义之说。近人谈及文章时是不是都取其狭义呢？并非如此。这在鲁迅的《阿Q正传的成因》、何其芳的《谈修改文章》等文章里，是可以找到证明的。1980年第二期《雨花》有一篇题为《满座高朋论文章》的文艺简讯，邓友梅、刘绍棠等作家所论的文章指的是小说。

取广义含义，文章包括一般文章与文学作品两大类。文章学的研究对象、范围，自然也不能只限于一般文章。从体裁分类说，文章学可以分为文学创作论和专以一般常用文体文章为对象的狭义文章学两大类。我认为把文学创作论作为文章学的一个分支，这不仅是因为"文章"的本来含义就那么大，还有一个重要情况必须考虑：从目前高等院校中文系的设课情况来看，只有"写作"是能够从"怎样写"的角度来分析文章，把讲授写作规律、技巧和提高学生写作能力作为主要任务的专业课；而"写作"课的内容，是既重视一般文章，又应有文学作品的。取广义含义，文章学（或称写作学）这门学科与课程可以一致起来，这有利于端正人们对写作学科性质的认识，明确教师的专业、科研方向，无论对学科建设还是对教师本人都是大有好处的。

文章学研究的对象、范围既然明确了，其科学体系就也大致有一个眉目，它可以包括以下几个方面。

其一，文章写作共同的、基础的规律的研究，如主题、结构、文风等。

其二，文体论。它除总论、"文体分类学"和"文体发展史"，主要部分是分论——研究某一文体的写作规律与技巧，如"说明文""论说文""小说创作论"，等等。

其三，文章分析学。除了在理论上总结分析文章的方法，主要的方面是从"怎样写"着眼，对单篇文章进行分析与研究。文章学研究的对象是文章，而一篇一篇的具体文章又是其基础。文章应怎样写？应注意些什么问题？有些什么经验与技巧？这些理论，来自写作实践，来自一篇一篇的具体文章。也只有分析一篇一篇具体文章，分析它怎样立意、怎样谋篇布局、怎样遣词造句，写作规律特别是技巧的研究才能细致、深入，文章学理论才能不断地丰富发展。从这个意义说，文章分析是文章学研究的基础。

其四，作文教学法。对写作能力结构、写作指导经验和规律的研究。在这方面，有些中学语文教师取得了不少成绩。如刘朏朏、高原曾写有《对作文教学序列的探讨》一组文章，在《光明日报》（1981 年 10 月）上连续发表。

文章学的研究，以当代文章的写作为主，探本求源，继承发展，自应上溯到古代，旁及外国的作品和文论，涉及的领域十分宽阔。

三　建设文章学，当前要着重做哪些工作？

对文章写作规律与技巧的研究，是一直在进行着。如 50 年代出版的纪纯的《写作方法——从开头到结尾》，前几年出版的刘锡庆等人合著的《写作基础知识》，吉林人民出版社出版的一套"写作知识丛书"以及许许多多《文章选讲》《写作知识》之类的书和在《写作》《语文战线》等杂志上发表的对某一单篇文章、某一技法的分析与研究的文章等，都属于文章学研究的成果。文学作品方面的成果就更多了，最近出版的周振甫的《诗词例话》，贾文昭、徐召勋等合著的《中国古典诗歌艺术欣赏》，王向峰的《文学的艺术技巧》等都很受读者欢迎。问题是，从来没有人把这些著述、研究和文章学（或称写作学）联系起来，人们还没有这样一个文章学的概念。

即文章学作为一门学科，还没有它的"户头"。所以，在继续开展建设文章学的讨论中，把文章学的"户头"立起来，倒是十分必要的。

为此，我有以下几个建议。

第一，《写作》作为中国写作研究会主办的一份在全国发行的杂志，应当办得更有特色些。它的特色是：更鲜明地打出文章学的旗帜，多发表一些探讨文章学建设的文章，围绕文章学体系所涉及的各个方面刊载有关论文。有见地的研究文章写作技巧的论文（包括文章分析、文章修改）要优先选用。

第二，要出版几本质量较高的《文章学概论》。1942 年出版的蒋祖怡的《文章学纂要》共 20 章，"绪论"之后，从"字的形态与意义"讲起，讲词、句、篇章，最后是"题目的研究""写作前的准备""文章流变"三章。这实际是"文章写作纂要"。《文章学概论》，顾名思义，应是文章学的"概"论，是否应包括如下的一些内容：

文章学的含义、历史沿革、科学体系；

文章体裁及其分类；

文章学研究的基本方法——如何分析文章；

文章的基本表达方式；

写作能力结构，培养、提高写作能力的基本经验。

第三，吁请社联、社会科学院、教育部有关领导部门，正视有文章学（或写作学）这一学科的存在，给予同其他学科一样的地位。现在，在中央一级，"中国写作研究会"已取得同其他学科大致同等的地位。而在有些省份却仍不愿批准建立这个学术组织，只让它附属于文学学会之下，"写作"课也没有得到应有的重视。其实，有较丰富的写作规律与技巧的知识，有较高的分析、鉴赏能力，有较好的写作能力，不仅能写好一般常用文章，还有一部分学生能写某种体裁（至少是诗和散文）的文学作品，对于中文系毕业的大学生来说，是首要的。而这方面知识与能力的培养却偏偏很差！在设课上除应普遍设立必修的"写作"课外，还应把开设诸如"诗创作研究""文学创作"之类的选修课程列入计划。

第四，各高等院校"写作"课均应明确其性质——它不是高中语文课的继续（虽然有联系），它的开设不仅仅是为了解决当前学生写作能力差这一问题，更重要的是因为它是一门有其理论体系、实践性强的名为文章学的重要学科。

我们同行中的专家、教授，希望能积极准备，按照文章学的内容、要求开设课程，招收文章学研究生。培训写作教师，也应大体如此。

除立"户头"外，加强写作研究，多出一些质量较高的著述，切切实实地把文章学建设起来，是更为重要的需要长期坚持的工作。

这里，迫切需要的是写好《文章学概论》。

要加强一般常用体裁文章的写作规律与技巧的研究，首先把狭义的文章学建设起来，有特别重要的意义。因为，一般常用文体应用广，而对其研究却很不够，所有关于它的研究，又往往被轻视，从来没有人把它当作什么学术著述来对待。

当前，《写作知识》之类的书，出得倒也不少，多数质量不够高，反映在两个方面：一是讲规律、技巧，失之于粗浅；二是理论联系实际、指导实际不够——这门学科有较鲜明的实践性，其科学价值不仅看有多少理论，更重要的是看其理论能否切实适用，对写作实践有多少帮助。提高这类著述的质量，为当务之急。为此，必须掌握丰富的写作实践材料，切切实实地从大量单篇文章的具体分析入手，经过研究，做出理论的概括；应明确着重讲什么、怎样讲才能对写作实践有指导作用。

在文章学领域，还有许多空白点，如文体论中的文体分类问题、文体的演变发展问题，如文章分析学中文章分析的理论与方法问题，都应有专门著述。

文章学，是一门古老而又年轻的学科，是一门与社会生活关系密切、领域广阔、大有作为的学科。从事写作教学的同行以及所有有志于建设这门学科的同志们，共同努力吧，我们的事业是有意义的！

应用写作讲座系列（三篇）

张清明　陈广胜*

公文概说**

公文，是文书的两种类型之一。所谓文书，指党政机关、群众团体、企事业单位及某些个人，在现行工作、活动中，为进行管理、联系和处理事务所形成使用的体式完整、内容系统的书面材料。根据形成使用文书的主体对象和文书材料的作用范围，文书分为两大类：一类是由机关、团体、单位在公务活动中形成使用的，叫公务文书，即公文；另一类是由某些个人在个人活动中形成使用的，叫私人文书。

公文又分为专用公文和通用公文。专用公文只由具有专门职能的领域和机关形成使用，如外交领域形成使用的国书、照会、护照、备忘录、条约等；又如司法机关形成使用的起诉书、公诉书、笔录、判决书之类。它们具有专指内容、特定格式，只在一定范围运转起作用。通用公文则通行于各类机关、团体、单位的内部和相互之间，如指示、决定、报告、请示、批复、通告、通报、通知、批转、纪要、函等。凡是机关、团体、单位都要形成和使用它们，其作用范围是普遍的。我们通常所说的公文，实际上是通用公文。

公文，也是人们利用语言的符号——文字反映思想、记录活动、进行交流的一种独特的书面工具。它具有哪些区别于其他书面工具的特点和作用呢？

---

*　张清明，武汉大学原副校长，教授；陈广胜，武汉大学原校长助理，教授。该应用写作讲座系列曾有广泛影响，但因时代变迁，文中所涉公文文种及格式，与我国现行通行标准已有出入。编者特此说明。

**　原文刊发于《写作》1983 年第 4 期。

一　公文的特点

第一，鲜明的政治性。公文产生于阶级、国家出现之后，是国家政权实行管理、用以指挥协调其管理系统的工具，其服务方向不可能偏离国家政权的政治目标。公文的基本内容是国家机关的指挥意志、行动意图、公务往来与活动情况的系统实录，直接反映国家政权的政治意向与根本利益。显然，公文具有鲜明的政治色彩。今天，党政机关、团体、单位的公文，是我们为实行人民民主专政、推动四化建设、谋取最广大人民群众根本利益的有力武器。

第二，法定的权威性。公文需要有关机关和个人严肃对待，认真地理解、遵循、执行和处理，具有强求执行、处理的约束力与权威性。而且，这种权威性以法律为后盾。因为，公文的基本内容是党和国家统一意志的具体体现，它们的贯彻执行得到党章与国法的充分保证。形成公文材料的机关及其负责人，是党和国家在各级的代表，它（他）们的职权是根据党章与国法、由党和国家通过一定的程序与手续赋予的。尊重公文的权威性，是正常发挥公文作用、保证机关工作效率、确保党和国家政策和方针得以贯彻执行的重要条件。

第三，特定的程式性。公文的用纸、书写、装订有统一要求。公文的文本格式由文头、行文、文尾三部分组成。每部分的构成，都有大致规范。公文的文风、语言包括惯用语，也自成一格。这些特定的格式和要求，有助于维护公文的权威性和严肃性，有利于文书工作和提高机关工作效率。

第四，效用的现实性。公文在现行工作中形成，在现行工作中使用，为推动现行工作服务，其作用具有时间限制。一旦某项现行工作完成了，该项工作中形成并使用的公文材料的作用也随之结束。将它们立卷归档之后，即转化为档案，对今后的工作起参考与凭证作用。

二　公文的作用

第一，记录传达机关意图和情况的作用。机关在按照党和国家统一意志进行活动的过程中，随时有精神意图、情况要求需要上传下达、左右平行。这仅凭语言是难以实现的，因为语言受到时间与空间的限制。为克服语言的时空局限，就借助文字，用公文形式将上述要交流的精神意图、情况要求系统记录下来、传达开去。很明显，与其他书面形式不同，唯独公文才系统地记录传达机关的精神意图与情况要求，这是公文的基本作用。

第二，强制执行处理的作用。公文也可说是机关的书面代表，如前述具有法定的权威性。因而，上级机关的公文，下级必须遵循执行；下级机关的公文，上级应该处理回复；平级或不相隶属机关的公文，互相间也应认真处理答复。这是一切机关的责任与义务，否则就是失职。我们党政机关公文的这种强制执行处理的作用，主要通过机关及干部高度的政治责任感与为人民服务的自觉性来实现。

第三，工作依据与凭证的作用。党政各级机关根据严格的组织原则构成严密的组织系统，公文则是它们按照党和国家统一意志协调行动的依据和凭证。下级机关根据上级的命令、指示、决定、批复、计划开展工作；上级机关凭借下级的报告、请示有针对性地处理回复；平级机关之间也依据来文机关的公函，通知解决和答复问题。离开了公文的依据与凭证作用，机关将无所适从，难以有条不紊地协调运转。

第四，联系和知照的作用。机关通过公文这一桥梁和喉舌交流思想，知照情况，以取得联系，协调行动。上级机关通过指示知照指导下级如何开展工作；下级执行指示时，遇有需要上级解决或批准的事项，则以请示上达；上级经过研究，又用批复将结果知照回复下级。再如，一个机关关于某一事项的精神和要求，需要在一定范围内贯彻或者了解，就使用批转、转发、通知、布告或通报、简报等相应的公文形式达到目的。公文联系与知照的作用，使机关之间得以保持联系、互通声息，从而正常而有秩序地工作。

第五，教育与参考的作用。公文的教育作用在下行文中表现得尤为明显。如传达党和国家方针、政策及部署指导工作的指令、指示、批转、通知、决定、决议等，有的本身就是方针、政策，有的则是方针、政策的具体化，一般需要阐明指导思想和原则，讲清道理与做法。它们既是推动工作的工具，也是提高认识、统一思想、进行教育的武器。总结、通报、简报、记录、参考之类，则主要起参考作用。

上述只是公文的主要作用。一种公文的作用并不是单一的，往往同时具备几种作用。

三　公文文种

在公文之中有若干种名称不同、用途也不同的具体的公文形式，这就是我们所说的公文文种。每个公文文种的名称，叫作文称。

国务院办公厅一九八一年二月发布的《国家行政机关公文处理暂行办法》规定了我国行政机关目前使用的主要公文文种的文称和用途。虽然它们是行政机关使用的公文文种，但大多数也被党的各级机关所使用。现分述如下。

（1）命令、令，用于发布重要法规，采取重大的强制性行政措施，任免、嘉奖和惩戒有关人员。其中，任免、嘉奖、惩戒用令，发布法规可用命令，也可用令。如《中华人民共和国全国人民代表大会常务委员会委员长令》《中华人民共和国国务院命令》。命令、令一般只由国家领导机关和国家领导人使用。党的领导机关不单独使用，必要时与国家领导机关联名使用。

（2）指令，用于发布经济、科研等方面的指示性和规定性相结合的措施或要求。指令一般也只由国家领导机关使用，如《国务院关于节约工业锅炉用煤的指令》。

（3）决定，用于对某些工作或者重大行动做出安排。如《中共中央、国务院关于打击经济领域中严重犯罪活动的决定》《××县人民政府关于严禁乱砍滥伐山林的决定》。

（4）决议，用于记录传达经过会议讨论通过、要求贯彻执行的事项。决议要经过会议议决，否则不能用决议，如《全国人民代表大会常务委员会关于决定任免国务院副总理、国务委员的决议》《关于召开××市第××届人民代表大会第一次会议的决议》。

（5）指示，用于对下级机关布置工作，阐明工作活动的指导原则。如《中共中央、国务院关于认真做好第三次全国人口普查工作的指示》《××省人民政府关于做好一九八×年防汛工作的指示》。指示属于指导性公文文种，基层机关、单位一般不用。

（6）布告，用于对人民群众公布应当遵守的事项。如《××省人民政府关于保护森林制止乱砍滥伐的布告》。布告只由一级行政权力机关使用，其他机关、部门不用。布告要张贴。

（7）公告，用于向国内外宣布重大事件。如中华人民共和国《全国人民代表大会常务委员会关于撤销毛迪秋全国人大常务委员会委员职务的公告》、中华人民共和国宣布尼克松访华的《公告》。公告一般只由国家行政领导机关使用，经报纸、电台、电视台发布。某些不属于重大事件、不需要公诸国内外，只要知照一定范围的事项，不用公告，可用通告或通知。

（8）通告，用于向一定范围内的人民群众或机关团体公布应当遵守或者需要知道的事项。如《××市人民政府关于禁止向××水域排放污水的通告》《关于××港××作业区煤码头扩建工程进行钻探工作的航行通告》。

（9）通知，用于传达上级机关的指示，要求下级机关办理或者必须知道某些事项，批转下级机关的公文或者转发上级机关、同级机关和不相隶属机关的公文。如国务院办公厅《关于发布〈国家行政机关公文处理暂行办法〉的通知》，××省档案局《关于召开全省档案工作会议的通知》，《国务院批转国家经委关于全国××××座谈会情况报告的通知》。

目前，批转性和转发性的通知正在减少，批转和转发已成为两个独立的公文文种。

（10）通报，用于表扬好人好事、批评错误、传达重要情况以及需要各机关知道的事项。如××省人民政府《关于表彰在抗洪斗争中有功人员的通报》，××市人民政府《关于××××厂×××同志擅离职守酿成事故的通报》，还如一些《情况通报》。

（11）报告，用于向上级汇报工作、反映情况。如××省教育局报省人民政府《关于一九八×年全省高校招生工作报告》、××××厂报××市工业局《关于我厂一九八二年第三季度生产情况的报告》，还有调查报告、情况简报等。

（12）请示，用于向上级机关请求指示和批准。如《关于×××等同志任职的请示》《关于调资工作中几个问题的请示》。请示与报告的主要区别在于，请示带请求，要求回复；报告不带请求，无须回复。有的报告带有请求，常叫请示报告。

（13）批复，用于答复请示。如《关于同意×××等同志任职的批复》《国务院关于××省设立××族自治县的批复》。

（14）函，用于机关之间互相商洽工作、商询和答复问题等。函，又称公函。不使用完整文件格式的函，称便函。

以上是前述暂行办法中所规定的主要公文文种。此外，目前在机关、团体和单位中，还常常使用如下一些公文文种。

（15）章程，用于规定一个组织或者团体的性质、宗旨、任务、组织、成员及活动要求等。如党章、团章、工会章程、学会章程等。

（16）条例，用于对某一方面的工作或活动做出原则性的规定。如《学位工作条例》《国家建设征用土地条例》。

（17）规定、办法、细则，都用于对某项工作或活动的进行做出具体规范。区别在于，规定原则一些，要求照章执行；办法具体一些，可参照办理；细则更具体详细，一般是上级的规定或办法与本机关实际情况相结合的详细条规。如《关于文书档案保管期限的规定》《国家行政机关公文处理暂行办法》《××大学文书工作细则》。

（18）纪要，用于概括较重要会议的基本情况、主要精神和决议事项，又叫会议纪要。如《全国农村工作会议纪要》《××钢铁公司一九八二年第×次党委全会纪要》。

（19）计划，用于对将要进行的工作或活动的目的、任务、步骤、措施等做事先安排，一般叫工作计划。如《××县民政局一九八二年工作计划》《××省档案局关于进行一九八二年高等学校档案工作检查的计划》。

（20）总结，用于对已经完成的全部工作或阶段性工作进行系统回顾、分析，记载基本情况，归纳经验教训。如《××县一九八一年工作总结》《××公社关于试行生产责任制的总结》。

（21）记录、大事记。记录用于记载会议情况、发言和议决事项，通常叫会议记录。大事记也属记录之列，是按年、月、日记载机关重要活动的一个公文文种。

（22）介绍信，用于介绍外出联系工作、商洽事务的人员的身份与工作任务，以使被介绍人得到所去机关的信任和协助。

公文的写作格式与原则*

公文的用纸、印装和文面都有统一的格式。撰写公文，也有一些需要遵循的原则。统一严整、清晰鲜明的公文格式，体现出机关严肃庄重的精神面貌和严谨周密的工作作风。撰写公文的原则，是根据机关工作与公文的特点提出的撰写要求，是文书工作原则在公文撰写中的具体化。遵守公文的格式规范和撰写原则，是提高文书工作质量、充分发挥公文作用、提高机关工作效率的重要保证。

一 公文格式

公文用纸包括附体用纸一律采用十六开即宽十九厘米、长二十六厘米半的标准纸张。撰写过程中各种稿本的用纸也应保持同样规格。某些需要张贴的公文，如布告、通告、通知等的用纸规格，可例外地根据情况选用。

公文的文字排写，一律横向自左至右。在左侧装订。

公文文面的完整格式包括文头、行文、文尾三部分。有些公文材料只有行文部分。

（1）文头部分，由文件名称、发文字号、文件编号、间隔横线组成。

文件名称是文头中心，一般由发文机关名称加"文件"二字组成，用红色或黑色大号宋体字排印。如"中共中央文件""国务院文件""××省人民政府文件""××大学文件"等，庄重醒目，让人一落眼就能明了文件的作者、性质和重要程度。

发文字号由发文机关代字、发文年号及发文序号组成，位于文件名称正下方。如湖北省人民政府一九八〇年第三号文件的发文字号是"鄂政发〔1980〕3 号"。"国办发〔1981〕15 号"就是国务院办公厅一九八一年所发第十五号文件的发文字号。发文字号用于发文和收文登记，便于统计和

---

* 原文刊发于《写作》1983 年第 6 期。

查找，也便于引用。发文机关代字要科学、明确，一经编立，应固定使用。

文件编号是一份文件在该文总印数中的次序号。如"编号00021017"，位于文件名称左上端。用编号的多系普发性下行文，这类文件份数较多，发向一个单位，便于收发登记、对号查找，有利管理。

间隔横线在发文字号之下，用于把文头与行文部分分开。

（2）行文部分，由密级、文件标题、收文机关名称、正文、附件标注、落款、发文时间、印章组成。

密级是文件的机密等级，一般标于靠近文头间隔横线的左下端，使用方括号或两点相夹。如"〔秘密〕""〔机密〕""·绝密·"。

文件标题，在密级下的正中位置。如系铅印件，标题字体小于文件名称，大于正文。标题一般包括发文机关名称、文件摘由和文称。如《国务院关于发布〈工商企业登记管理条例〉的通知》《××省人民政府关于当前生产救灾工作的指示》。有的标题无发文机关，有的无摘由，有的只是文称，有的文称在前，这可视情而定。一个完整的文件标题务必简明、概括、准确，要起点睛作用，让人一目了然，切忌过长，拐弯过多。较长的文件标题在多行排列时，要照顾到词语结构，分行恰当，摆置适中美观。

收文机关名称位于标题与正文之间的左侧，顶格书写。普发性下行文的收文机关往往较多，如中共中央、国务院的普发性文件的收文机关一般要用三行排列，而且都是泛称。上行文的收文机关名称一般只有一个，请示则只能是一个，机关下行的批复，其收文机关名称也只能是一个。

正文，是文件的具体内容，属文件核心。公文正文的撰写要求，将在以下几讲中分述。

附件标注，是文件附件名称与件数的说明，一般是："附：《×××××××》……等×份（件）"，位于正文与落款之间各隔一定距离的左侧，顶格书写。

落款，即发文机关名称。落于与正文或附件标注相隔一定距离的右下方，字距比正文稍大。基层机关的文件落款要写全称。有些缮写或打印的文件，其正文占满页面，要在另页空白纸上三分之一处的右侧落款，并要在落款前的空白处用括号标明"此页无正文"字样。

发文时间，紧靠落款的正下方或右下方，以汉字序数相署。如时间的首尾字距比落款短，其第一字不超越落款第一字。多数文件的发文时间用文件的签发时间；会议通过的文件用议决或通过的时间；有些公文则用印发时间。发文时间要有年、月、日。常见一些公文的发文时间简写年号，如将"一九八二年"简写成"八二年"，不合规范，时间长了，会发生混淆。

印章，压盖落款和发文时间，务求端正、清晰。党政领导机关印有完整公文格式、大批下行的文件，一般不用印。上行文一般都得用印，请示、公函、介绍信则必须用印。

（3）文尾部分，包括文件发至范围、抄送机关、文件印制机关、印制时间、印数。

发至范围，指收文机关之外，文件还应该发到的机关范围，一般是"（此件发至省、军级）""（此件发至县、团级）""（此件可向群众传达）"等。位于落款左下侧，空两字。

抄送机关，相对主送机关即前述的收文机关而言，指需要了解文件内容的机关和领导人。一般写作"抄送：××××……"位于行文部分之后，接近文面底端的左侧，顶格排写。排到抄送机关时，要注意党、政和级别、职别的先后顺序。基层机关、单位的一些文件，收文机关不在行文部分，列在文尾抄送机关之前的主送栏。标有发至范围的文件一般不再列抄送机关。还有的文件列有抄报或呈送（报）机关，实际上属抄送之列，只是抄送给上级机关和领导人而已。

文件印制机关，指发文机关负责印制文件的工作部门。

印制时间，一般指文件签发稿的送印时间。两栏前后一行排列，中间隔一定距离，用两条横线相夹，位于抄送机关之下。如××省委文件的这两栏应是："中共××省委办公厅一九八一年×月×日印"。有的文件的印制时间栏用发文时间，如"一九八二年×月×日印发"。

印数，是文件的实际印制份数，位于印制时间之下。如"共印×××份"。文件印数应该严格把关，要与签发稿的规定印数相符。

二　公文的撰写原则

公文的重要作用通过文书工作来实现。文书工作包括形成、处理和管理公文三个工作环节。每个环节又包含一系列具体工作程序。文书工作是机关工作的有机部分和联系纽带，机关正是通过文书工作，才得以有遵循、有依据、有秩序地统一运转，推动整个工作。

就一份具体公文材料而言，形成公文是文书工作另几个环节的基础，因为，没有公文材料，文书工作就没有物质对象，也就谈不上公文的处理与管理。

形成公文这一环节包含交拟、拟议、提稿、审核、签发、缮校、封发等具体工作程序。相对来说，撰稿，即撰写公文稿，又是核心程序。文稿撰写得是否准确、简明、迅速，直接关系着文书工作和机关工作的效率，它是一项十分重要而严肃的工作，不能有丝毫马虎和懈怠。具体说来，撰写公文必须掌握如下原则。

1. 符合党和国家的方针政策

党政机关的工作是以贯彻执行党和国家整体和具体的方针、政策为中心展开的。公文实际上是机关贯彻执行这些方针、政策的政治工具，也可说是方针、政策或把它们具体化的书面形式。机关工作的目的与公文的性质，决定了撰写公文丝毫不能离开更不能违背党和国家的方针、政策，这是文书工作的一条基本原则。那种以为撰写公文只需要一点笔头功夫的看法，实属一种极为有害的误解。撰写公文，当然要有相当的文字能力，但首先要具备一定的思想素养和政策水平，既要求撰拟人员有严肃遵循方针、政策的自觉精神，又要求其熟悉和理解方针、政策。这才能保证撰写质量，以准确、简明地使方针、政策见诸书面，或者使表达的意图与要求、反映的情况与问题、归纳的经验与教训等，都符合或体现出有关方针、政策的基本精神。

2. 忠实机关制文的基本意图

公文所记录的内容几乎都要经过机关领导人或集体慎重考虑或讨论，是机关的声音和书面代表。提拟公文实际上是代机关立言，是把机关的有关精神准确系统地记录下来，传达开去。撰拟人只有忠实表达机关制文基本意图的责任，没有随心所欲擅作改变的权力。不然，所拟文稿将不是机关的意图，而变成了拟稿人自己的意志了。这种文稿，必然返工误时，成文发出，也肯定会造成失误。这种现象，撰拟人必须避免。不过，忠实机关制文原意，并不等于机械地照录。相反，在忠实原意的前提下，吃透原意，认真加以归纳、调整、充实、润色，把制文基本意图表达得更加准确、简明、系统、深刻，恰恰是撰拟公文的一项基本任务。而且，在加工过程中，也可作出某些原则性的改变，但这应该事先征得有关机关领导人的同意。

3. 切合机关内外的实际情况

公文具有强制执行、处理的权威性与约束力，在机关中起着工作依据与凭证的重要作用。机关通常依靠和依据相应文种的公文来指挥工作、开展活动、处理问题、回复请示、反映情况。显然，公文不切合实际，如下行文脱离下级实际，或者针对性不强，会使下级左右为难，不执行不当，勉强执行又难以行通；又如上行文提供的情况失实，甚至弄虚作假，也会使上级机关作出不合实际的判断和处理，贻误工作。因此，切合机关实际情况，是公文的要害所系，自然也是撰拟公文必须恪守的一条基本原则。要坚持这条原则，撰拟人就得作好调查研究，掌握和核实有关情况，实事求是，一丝不苟，包括公文内容中涉及的情况、事例、数字、材料以至时间、地点、人名等，都要准确无误。即使是机关或领导人制文的基本意图，如发现不切合实际，撰拟人也有责任及时提出，由机关或领导人予以修正。在公文撰拟中，马虎敷衍、粗枝大叶、按观点凑材料、凭想象列举情况和数字等不良习气，都必须避免。至于为某种需要，有意捏造、弄虚作假等极端错误的行为，更应该坚决杜绝。

4. 讲求简朴晓畅的撰拟文风

机关工作要求严肃紧张、迅捷准确，公文作为机关主要的联系和传动工具，只有具备简朴晓畅的特点，才能适应机关工作的要求。有的人撰拟公文，动辄长篇大论、华丽铺张、拐弯抹角、艰深晦涩，使人耐着性子阅读，花了大量时间，少有所得。或者让人纵然反复琢磨领会，也不知所云。这种不良的撰拟文风，害己坑人，费时误事，是文牍作风的典型表现，同机关工作的性质与要求冰炭不相容。

所谓简，指篇幅简短。千字文够用，决不用一千零一个字，要惜墨如金。简短与精练是一致的，要在内容充实、说清问题的前提下，用精练的语句，详略有致地叙述，真正做到有话长，无话短，意尽言止。

所谓朴，指文笔朴实。公文不尚华丽，忌铺排累赘、堆砌辞藻。用词要反复推敲，使之准确精当。避免使用语义多可的词语，少叠用同义或近义的修饰词，尽量回避拐弯抹角的长句。当然，公文主朴实，并不等于呆板单调、千篇一律。相反，根据内容和表达的需要，还必须注意修辞，讲究辞章，做到笔下生辉，恰到好处，活泼生动，不滥不俗。

所谓晓，指内容明晓。要求观点明确，阐述透彻。复杂的事理，也应深入浅出，尽量把话讲明白，让人一目了然，易于理解掌握，便于执行处理。切忌所说的事尤其是观点、结论含糊其词，模棱两可，甚至玩文字游戏，令人费解，摸不着头脑，执行和处理都感到不踏实。

所谓畅，指行文通畅。一要文字通顺，句式流畅，做到文从字顺，这是撰拟公文的起码要求。二要逻辑谨严，结构紧凑。引出的结论要自然恰当，事理相合，有说服力，不要油水分离，事理缠杂。要注意构思布局，使条理清晰，层次分明，环环紧扣，一气呵成，不要颠三倒四，眉目不清。三要合乎情理，顺乎自然，少用倒叙、插叙，一般采用直叙，按事物发展的自然过程和问题展开的前后，井然有序地加以叙述。

5. 具备迅捷严谨的工作作风

迅捷，是文书工作的一条基本原则。一般说来，公文撰拟是文书工作的基础程序，也常常是机关工作的起始步骤。它的效率与机关工作效率直接有关，撰拟缓慢拖拉，将直接阻遏工作意图走出机关，贻误工作。因而，同机关工作雷厉风行的作风一致，撰拟公文也必须迅速敏捷，接受任务，要全面掌握交拟意图，做好调查研究，迅速构思起草，及时交付审核。属于急件，需要加班撰拟。不过，迅捷是以保证文稿质量为前提的。文稿的修改属于正常现象，但要尽力避免过多的反复甚至返工。好中求快，才能保证撰拟效率。

撰拟公文要注意遵守公文的格式规范，一丝不苟，保持公文用纸、文面格式、各种要求的统一。既要认真写好公文正文，也应力求准确地拟好文面的其他各栏。要严格遵守文书工作制度，按程序和手续办事。对撰拟人员来说，也必须有很强的保密观念，不仅不能任意透露自己撰拟的公文精神，就是撰拟过程中的一些稿本和零散稿纸，也须妥为处理。

命令、指令正文的撰写 *

命令，是由国家行政领导机关或领导人用以发布重要法规，采取重大强制性行政措施，进行任免、嘉奖、惩戒的一种公文文种。党的领导机关或领导人一般不用，必要时，可与国家行政领导机关或领导人联名行用；地方县以上行政领导机关遇处理紧急重大事务如救灾、抢险需要时，可以使用。

命令根据其内容与作用，可大致分为颁布性命令、事项性命令、任免令、嘉奖令以及惩戒令、特赦令，前四种常用常见。

指令，则是国家行政领导机关如国务院、各部及其领导人用来发布经济、科技等方面的指示性与规定性相结合的措施或要求的一种命令，内容的专业性较强，只在相应范围内起作用。

命令直接体现一级行政领导机关的意志，较集中地反映党和国家的路线、方针、政策，具有极强的法定权威，受令方面必须严肃对待、认真执行。

1. 颁布性命令

它用于颁布重要法律、决定、条例等。如一九八二年十一月十九日以委员长叶剑英名义发布的《中华人民共和国第五届全国人民代表大会常务委员会令》（第十二号），就为颁布《中华人民共和国食品卫生法（试行）》而发。一九六五年一月十九日以刘少奇主席名义发布的《中华人民共和国主席令》，就为公布"关于军士和兵的现役期限的决定"而发。一九六四年四月十三日，以周恩来总理名义发布的《中华人民共和国国务院命令》，则为公布《外国人入境出境过境居留旅行管理条例》而发。

下面是前述一例命令的正文：

---

* 原文刊发于《写作》1984 年第 2 期。

《中华人民共和国食品卫生法（试行）》已由中华人民共和国第五届全国人民代表大会常务委员会第十二次会议于一九八二年十一月十九日通过，现予公布，自一九八三年七月一日起试行。

显然，此种命令的正文由两部分构成：颁布对象与根据，颁布决定。

颁布对象是所颁布的法律、决定、条例的全称，其全文在命令行文之后；颁布根据是颁布对象被什么机关或会议、在什么时间批准的说明。批准机关或会议要用全称，时间要具体。颁布根据是颁布对象具备指挥、执行效力的法律保证，一般紧跟颁布对象，其间不用标点，其后使用逗号。上例命令中，"现予公布"之前的一句话即颁布对象与根据。

颁布决定，即命令的实质性要求，紧接颁布对象与根据，常见"现公布施行""现予发布实施""现颁布试行"等，后均跟句号。此式多用于颁布对象的生效时间与执行时间一致的颁布性命令。有的两种时间不一致，如考虑给执行留出准备时间，常将生效时间与执行时间分开，将颁布决定写成："现予公布，自一九××年×月×日起施行。"上例命令就是如此。

从上例命令正文亦可看出，撰拟颁布性命令，要求行文庄严、郑重，结构严谨、内涵外延清晰，篇幅简短，文字精当，体现出权威性。

2. 事项性命令

它用以就某些重大紧急事项作出强制性的行政规定，除国家行政领导机关及领导人行用外，县以上人民政府也使用，某些负有特殊使命、具备指挥权力的机构，如"防汛指挥部"等也可发布。事项性命令要公诸全体公民时，常采用"通令"形式。

上述如《国务院关于加强防止劫机的安全保卫工作的命令》《武汉市防汛指挥部第一号命令》《国务院关于严格保护珍贵稀有野生动物的通令》。

事项性命令的正文，一般由命令原由与决定、命令措施、执行要求三部分构成。现以前述《武汉市防汛指挥部第一号命令》为例说明。

命令原由，即发布命令的原因和根据。要写得简约、明确，切实集中，少做议论，给人以紧迫感。前例命令的原由是："武汉关水位已超过警戒水位，即将进入紧急水位。"紧接着命令决定："为确保安全特命令如下：……"这两句话说清了为什么发布命令，开门见山，简明严谨。这部分是命令正文的开头，目的在于提请受令方面高度重视，增强执行的自觉性。所以，虽要简约，但简约必须以讲清问题为前提，该讲的还是要讲，不必拘泥。如前述"通令"，它的命令原由与决定就较长，占正文的三分之一还强。事项性命令的决定还可视情写成"为此，发布命令如下："或"为此，现发布如下命令："或"为……特命令："或"现特通令如后："，等等。

命令措施，即发布机关提出的规定、要求，是正文主体部分。这部分要写得让人一目了然，迅速理解，不产生歧义，便于执行。因此，要求文风庄重、质朴，直陈直叙；行文简明、利落，少议论或不议论；条理分明，内涵清晰；用语准确，语气肯定，斩钉截铁，毫不含混。前例命令就有这些特点，其措施分五条拟写，每条一个完整意思，意尽言止，多者七十字，少者十四字。句式和语气都带典型的命令性，如："立即组织队伍巡堤查险，一律佩带防汛符号，严禁无符号的非防汛人员上堤""坚守岗位，轮流值班……不得贻误时机""发现险情应及时上报，当机立断进行处理""破坏防汛工作者，必须依法严惩"。

执行要求，是命令措施的补充和对受令方面的嘱咐，属正文结尾部分。前例命令的执行要求是："在搞好防汛工作的同时，各级组织要加强排渍工作，发动社会力量，特别是沿江、沿河的单位，要积极投入排渍斗争。"很明显，这一部分，对于事项性命令而言，并非可有可无，而是有机的一环，而且要写得与前两部分相呼应、相补充，有号召力。

3. 任免令

它用于宣布主要任免决定，一般由国家行政领导机关及领导人行用。有时以"任免名单""任免人员""任命人员"的形式出现。省以下行政领导机关不使用，也常以上述形式或者以"批复""决定"文种取代。

任免令的正文结构简单，一般由命令根据、命令内容两部分组成。下面是一九六五年一月三日《中华人民共和国主席令（第一号）》正文：

> 根据中华人民共和国第三届全国人民代表大会第一次会议的决定，任命周恩来为国务院总理。

此令第一句话是命令根据，第二句话是命令内容。其撰拟特点与要求同颁布性命令。

至于"任免名单""任免人员""任命名单"这些"任免令"的变种，它们的正文结构与"任免令"相同，但行文格式有区别：其命令根据不在正文内，却在标题正下方，且用圆括号括住首尾。正文则常以"任免事项""任免人员""任命名单"四字开篇，不跟标点。再平列另起被任免人员的名字与职务。如下例：

全国人大常委会决定任免的名单

（一九八三年三月五日全国人民代表大会常务委员会第二十六次会议通过）

任免事项

任命吴文英（女）为纺织工业部部长。

免去郝建秀（女）的纺织工业部部长职务。

4. 嘉奖令

它用于表彰有功劳和贡献的人员，如一九八二年八月十二日的《国务院对胜利粉碎劫机事件的民航杨继海机组的嘉奖令》。党的领导机关在必要时，可与行政领导机关联名行用嘉奖令，如一九七九年三月十九日，中共中央就与人大常委会、国务院、中央军委联署发布了对中越边境前线边防部队全体指战员等的嘉奖令。省以下行政领导机关不多用"嘉奖令"，常以表彰性的"通报"取代。

比诸其他几种命令，嘉奖令比较丰富，篇幅较长；行文的感情色彩浓重，句式用语都较为活泼、生动，带有很强的感染力与号召力。嘉奖令的正文一般由嘉奖原由与决定、嘉奖内容、嘉奖希望三部分构成。下面，以上述第二个嘉奖令为例加以说明。

嘉奖原由，即为什么进行嘉奖，要概括写出嘉奖对象的事迹并简要评价，属导语性质。嘉奖决定紧随原由，实际是原由的结论。常用"特予嘉奖""特予通令嘉奖"等语，后用句号。前例嘉奖令的嘉奖原由与决定就是：

为了保护我国神圣领土不受侵犯，保卫社会主义现代化建设的伟大事业，你们肩负着祖国人民的重托，对越南侵略者进行了坚决的自卫还击，完满地达到了预期目的，为祖国建立了卓越功勋，特通令嘉奖。

嘉奖内容，一般包含两层意思。一是介绍嘉奖对象的较详细事迹、功绩，以及体现的精神及影响；二是给予的具体嘉奖。有的嘉奖令的嘉奖内容没有第二层意思，这要根据嘉奖机关的具体意图而定。有的两层意思都有，如前述第一个嘉奖令就是这样。在叙述了杨继海机组的英雄事迹及体现出的"革命英雄主义的高尚品德"之后，紧接着写道：

为表彰这一英雄事迹，国务院决定授予杨继海机组中国民航英雄机组的称号。给机长杨继海记特等功一次，授予反劫机英雄称号……给杨继海机组八位同志各晋升一级，并分别给予奖金奖励。

嘉奖内容是嘉奖令正文的主体，尤其是第一层意思必须写好。因为它既是对被嘉奖者的表彰与评价，也是希望有关范围学习发扬的行动与精神，是一种进行普遍教育的典型。所以，要写得实事求是，评价准确，但又要行文热烈，充满感情。同时，也要写得集中、鲜明，突出主要事迹、功绩，展现精神面貌，不必面面俱到，拘泥细节。前述第二个嘉奖令的这一层意思就是这样。自卫反击战中英雄们的功绩很多，革命精神也体现在不少方面，但它只突出表彰了他们"高度的爱国主义和革命英雄主义精神""军民一致、官兵一致，密切协同，团结奋战，艰苦奋斗的优良传统"，集中指出了他们的功绩和"重大的积极影响"。行文也很生动有力，如"英勇顽强，机智果敢，不怕牺牲，一往无前，攻必克，守必坚，战必胜"等简练铿锵的排比句式，准确热烈地表现了参战人员的英雄气概和精神风貌，令人振奋，深受鼓舞。

嘉奖希望，是对被嘉奖者的勉励及普遍号召，也是正文的收束部分。上述第二个嘉奖令的嘉奖希望主要是勉励：

希望你们戒骄戒躁，谦虚谨慎，认真总结经验……加强战备，随时准备歼灭敢于入侵之敌，为保卫社会主义祖国早日实现四个现代化宏伟目标而努力奋斗。

而第一个嘉奖令的嘉奖希望则是普遍号召：

国务院号召全体空勤人员和广大职工向英雄的杨继海机组学习……

看得出，嘉奖希望也是嘉奖令的有机部分，同样要鲜明、热烈，与嘉奖内容呼应切合，还要富于号召力。

5. 指令

它的正文结构包括两部分：指令原由与决定，指令内容。

指令原由要写明发布指令的原因，开宗明义，精练扼要。一九八一年×月×日《国务院关于节约用电的指令》的原由就是简明的两句话："目前我国电能一方面供应不足，另一方面又浪费很大，为了节约电能提高电能利用率，以适应四化建设和人民生活需要"，其后紧接指令决定："特发布如下指令。"指令决定根据上文语气，还可写成："为此，发布如下指令。"它既是原由的自然归结，又是指令原由与决定这一部分同下面指令内容的承启用语。

指令内容是正文主体。这部分的篇幅一般较长，既有指示，又有规定，涉及问题往往较多，而且专业性很强。为便于理解掌握和贯彻执行，指令内容务必写得条理分明，层次清晰，内涵准确，词语恰当。一般不加议论，直接叙述。因而，指令内容多取分序号列条拟写的格局。上例指令的指令内容就分十五条分别加以叙述。

正因为指令的专业性强，涉及经济与科技问题，所以拟写指令内容务必熟悉相应专业知识，注意尽量而且正确地使用专业用语，不要一般化，更不能说外行话。

说理的转折艺术 *

于成鲲**

写议论文不但要求把道理讲透，而且要求讲得巧妙。转折就是使文意富于变化的技巧，而转折的方式多种多样。

一　陡转

有一种议论文，开始的时候，平铺直叙，作者不动声色，不加评议，只是客观叙述某一件事，接着突然提出一个问题，这个问题与上文似无相涉，令人一见而惊，这就是陡起。经过作者一番解释，才明白这问题的意思，觉得有道理。这时，又来了一个突然的转折，把这个问题归结到原来的问题上，从而给人留下了深刻的印象。

《古文观止》中有一篇文章叫《唐雎说信陵君》就是采用这种手法写的。文章的开头，叙述了一件事：信陵君杀晋鄙，破秦人，存赵国，赵王自郊迎。按一般的写法，叙完这件事，下面就该针对这件事发议论。但这篇文章写到这里，却提出了一个与上文没有直接关系的问题：事有不可知者，有不可不知者，有不可忘者，有不可不忘者。这问题的陡然提出，令人不能不问：这是什么意思？但接着，作者作了解释，这句话的意思是：人之憎我也，不可不知，我之憎人也，不可得而知；人之有德于我，不可忘，我之有德于人，不可不忘。这样一解释，读者意识到与前面说的事有联系，但还不能作出明确的判断。这时，作者趁势把话题一转，回到提出

＊　原文刊发于《写作》1985 年第 2 期。
＊＊　于成鲲，上海大学文学院教授，曾参与中国写作研究会的创建。

的话题，"今君杀晋鄙，救邯郸，破秦人；存赵国，此大德也。今赵王自郊迎，卒然见赵王，感君忘之也"。到这里，我们才猛然领悟了文章的主旨：不要为人做了一点好事，就一直记在心里，要看到人家的长处。陡转使文章的缓起一变而为湍急的巨流和舒展开阔的洪波。

陡起并不都在开头。《唐雎不辱使命》的陡转就在中间。这篇文章的上半部写秦始皇要用五百里换安陵国的五十里国土。安陵君不同意，回绝了，秦王很不高头，因此安陵君派唐雎去向秦王解释。秦王仗着自己的势力，突然向唐雎提出了一个问题："公亦闻天子之怒乎？"意思是说天子之怒要伏尸百万，流血千里。言下之意是要对安陵动武了。唐雎淡淡一句"臣未尝闻也。"使文势跌了一跌，紧跟着来了一句反问"大王尝闻布衣之怒乎？"使文势反升。秦始皇满不在乎地笑道："布衣之怒，亦免冠徒跣，以头抢地尔。"又压了一压。唐雎正言相对，曰："此庸夫之怒，非士之怒也。"接着以专诸刺王僚、聂政刺韩傀、要离刺庆忌三例说明士之怒，如果连自己便是第四个了。形势立即紧张起来，到了唐雎"挺剑而起"，说理成了惊恐、紧张的动作。也就在这时，秦王来了一个"长跪而谢"，服了唐雎。文势陡然一变，急落千丈。就此，文章作了结穴。

在这里，我们看到陡转发生在当中或尾部，同样自有其妙处。可见，不论陡转发生在什么部位，都可以使文势发生急剧的变化，产生大起大落的效果。

二　反折

反折，指说理过程中倒退一步的说理方法。作者在论述时先肯定，再否定，再肯定。或者先否定，再肯定，再否定。

恩格斯在论述"现实主义甚至可以违背作者的见解而表露出来"这一观点时，就采取了这样一种转折方法。他举了巴尔扎克的例子。首先肯定巴尔扎克的伟大成就，指出"他是比过去、现在和未来的一切左拉都要伟大得多的现实主义大师"。接着一个转折，讲巴尔扎克的阶级局限，"不错，巴尔扎克在政治上是一个正统派；他的伟大的作品是对上流社会必然崩溃的一曲无尽的挽歌；他的全部同情都在注定要灭亡的那个阶级方面"。接着又是一个转折："但是，尽管如此，当他让他所深切同情的那些贵族男女行动的时候，他的嘲笑是空前尖刻的，他的讽刺是空前辛辣的。而他经常毫不掩饰地加以赞赏的人物，却正是他政治上的死对头，圣玛丽修道院的共和党英雄们，这些人在那时（1830—1836 年）的确是代表人民群众的。"①这样，结论也就自然而然地归结到"现实主义可以违背作者的见解而表露出来"上了。

三　复折

不仅表现一个基本论点需要转折，而且从总论点到分论点都需要转折，就是在每一层意思、每一个分论点里也需要转折。有时候，在同一个层次里还有多次转折。正是由于这样，才形成了文意上的波澜起伏，错落纷呈。且看苏辙《大国论》的结尾。

前几段的论述到尾部，已有了一个十分明确的结论：韩魏不能独当秦国，而天下诸侯可以借以蔽其西，所以不如"厚韩亲魏"以摈秦。

这是苏辙从战略上分析六国失败的关键所在。秦在西，齐楚燕赵在山东，韩魏在中间。苏辙认为失败的原因在于山东四国没有实行"厚韩亲魏"的政策。但是文章到了结穴处，笔锋一转，又生出了一大段来。这一段的意思是实行这个政策的好处。他分为五个小的层次来表达。

一是这样做，"秦人不敢逾韩魏以窥齐楚燕赵之国"。一转。

二是这样做，四国可以自完于其间。二转。

三是这样做，可以帮助御寇之韩魏。三转。

四是这样做，韩魏无东顾之忧，可以为天下而御秦。四转。

五是这样做，四国可以休息于内，而阴其急。五转。

每一个小的转折，又恰恰是下一个转折的原因，上一个转折的结果。因此，我们又可以这样说，由于采取"厚韩亲魏"，所以秦人不敢逾韩魏而窥山东四国；由于秦人不敢窥山东四国，所以山东四国就可以自完于其间；由于山东四国可以自完于其间，所以就可帮助韩魏；由于韩魏无东顾之忧，

① 《马克思恩格斯全集》第 37 卷，人民出版社，1971，第 41~42 页。

便可以出而御秦；由于韩魏出而御秦，加上四国的帮助，所以秦国就拿六国奈何不得。这里，我们可以看到虽然这五个层次讲的都是"厚韩亲魏"的益处，但由于每一个小层次有互为因果的关系，所以形成了不同意思的转折。这种转折的连续运用便形成了"～～～"式（编者注：波浪式）的复折，使文意得以曲折地前进。由上可见，多次的折叠可以增加文章的魅力。

四　对转

对转，指矛盾对立的两个方面在论述上的转折。任何事物都有矛盾，都存在自始至终的矛盾运动。要分析事物，就得分析事物的矛盾。因此，在表达矛盾对立统一的时候，也常常要从正面、反面，表里、前后去论述。不可孤立地表现矛盾的对立或统一的一个方面，而应注意不同的侧面。所以，就需要有独特的转折的方法，这就是两面论述。即先提出问题的两个方面，然后分别加以分析，或先分别分析，在分析过程中说明是不同的方面，而后进一步分析两者的关系。

朱德同志《把科学与抗战结合起来》一文的论题是把科学与抗战结合起来。他着重讲了两个方面。一方面，先说科学要为抗战服务。他指出："抗战建国过程中，不论是要取抗战胜利，或者建国的成功，都有赖于科学，有赖于社会科学，也有赖于自然科学。一切科学，一切科学家，要为抗战建国而服务、而努力，才有利于战胜日本法西斯强盗，才有利于建设一个三民主义民主共和国。"[①] 同时指出了科学与发展生产、充实战斗力、改善人民生活、提高人民的文化程度和觉悟，以及与抗战的关系。

另一方面，朱德同志又指出："也只有抗战胜利，民主成功，中国的科学才能得到繁荣滋长的园地。不能想象，在殖民地会有科学的顺利发展。"[②]

这个分析就很辩证。既讲了科学对抗战的作用，又讲了抗战胜利能为发展科学提供条件。

[①] 《朱德选集》，人民出版社，1983，第76页。

[②] 《朱德选集》，第77页。

　　有些论述，只讲一面很难把问题说透彻，就可先假设反面条件来加以论证，而后再把假设加以否定，从而突出正面。贾谊《治安策》一文就是采用这种方法。

　　通过上述陡转、反折、复折、对转的介绍，我们看到议论文的转折实在是一种艺术。转折得好与不好，直接关系到文章的质量。

漫议中国现代文学史论文的撰写[*]

白巍岐^{**}

在综合大学、师范院校以及业大、电大、刊大、函大的中文系（科），中国现代文学史是必修的专业基础课之一。这门学科的研究对象是一九一七年至一九四九年间的中国文学，它所涉及的时间并不长，但其中包容的作家和作品相当多，文艺斗争也比较复杂，又多与社会政治斗争相交织。学生毕业时，怎样才能写好中国现代文学史论文，这确实是一个值得研究的问题。下面，我想从四个方面谈谈自己的体会，仅供同学们参考。

学好知识　打好基础

"万丈高楼平地起。"任何一项科研，如果没有比较广泛的知识作为基础，就如同沙上建塔。对于中国现代文学史的论文撰写来说，知识基础可以有广义和狭义之分。从广义的角度来看，中国现代史（包括中国现代革命史、中共党史等）、文学理论、哲学，乃至一般的社会科学和自然科学知识，都可以构成这门学科的基础。学生获得这些知识，对于理解和论述文学发展中的一些问题，关系很大。因为文学现象的根源，往往要借助其他学科的知识才能寻求到。在撰写论文时，旁涉各门学科，就有助于避免片面化和表面化的弱点。作者的知识面越广博，就越有可能使论证深入，从而更好地揭示论题的底蕴。

从狭义的角度看，撰写论文尤应注重中国现代文学史的全面学习。现代文学的任何一项专题研究，都可以说是对中国现代文学史的微观方面的

---

* 原文刊发于《写作》1985 年第 4 期。

** 白巍岐，武汉大学《写作》杂志社编审，曾任中国写作学会秘书长。

研究，是总体性研究的一部分，是在某一个具体问题上的深入。但我们在做这种微观研究的时候，要同时注意到它在宏观方面纵的和横的联系，这有助于把研究专题与其他文学现象联系起来，避免就作家论作家、就作品论作品的弊病。所以，对中国现代文学发展情况的把握，就构成了撰写本学科专题论文更为直接的基础。

大学生为撰写论文而阅读的中国现代文学史著作，当然以教学用书为主。目前较为流行的教材主要有两种，即唐弢、严家炎主编的《中国现代文学史》和林志浩主编的《中国现代文学史》。电大系统的学生则通用黄修己著《中国现代文学简史》。这些著作编撰各有特色，而且出版时间较近，一般观点稳妥、材料准确，也程度不同地吸收了一些新的研究成果。此外，王瑶著《中国新文学史稿》一书，虽然出版年代较远，但因对文学发展的脉络论述清晰，作家和作品介绍较多，仍可作为重要参考书。我们在撰写论文前，最好认真通读一部著作，重要章节和与自己选定专题有关的章节则应多参考几部著作，以便从前辈学者的论著中汲取营养。

搜集材料　以精为宜

在撰写论文之前，应当有个具体的准备阶段。这个阶段的任务主要是围绕选题搜集材料，并从一定数量的材料中初步形成论文的基本观点。有不少同学不大看重这个阶段的工作，在材料欠缺、基本观点尚游移不定时，就匆匆进入论文的正式撰写阶段，结果，写起来不顺手，现凑材料，频繁改换论点，论文质量也就不能不受到影响。但是，也有这种情况，有的同学认为为论文准备的材料多多益善，似乎能够抄写几十万字的资料就能写出好论文。其实，学生的论文写作有其独特性，与学者的专题研究论文不同，在材料搜集上一味强调多，恐怕有片面性。

我以为，大学生论文材料的搜集，应以精为宜。要写好一篇论文，凡选题所涉及的有关材料，当然要搜集得较全面。作家研究类的选题，多留意作家的生平、家世、交游、代表作品、当时和现在的研究者对作家及其作品的评论等方面的材料。作品研究类的选题，除作品本身是最重要的研究对象，还应注意到研究者对作品的评论、作家自己对作品的阐释，以及与作品的产生、影响等有关的材料。文学运动研究的选题，则可以搜集与运动的背景、运动的进程、代表性的人物和文章、运动的影响等有关的材料。但是，这每个方面的材料，不要求多，而要求精。具体地说就是要典型、有代表性。与论题关系较大的方面，不妨多收几篇，关系较小的方面，则可以少收几篇。但不论多少，都应该典型、具有代表性。当然，精的意思还包括材料的翔实可靠。这一点在使用第二、三手材料时尤应注意。别人文章中的引文，有时能为我们撰写论文提供某些事实、观点，但我们在引用时，应尽量找到引文的原文核实，以免误解了原文作者的原意，这样也可以防止文字讹误。总之，"以精为宜"就是要把量的要求与质的要求结合起来，适当突出质的要求，力争以少胜多。

此外，要想在选材上做到精，就要求学生的论文选题要相对小一点、具体一点。贯通文学史各个时期的选题、对作家的思想和创作发展全面研究的选题、对某一大类作家或作品全面研究的选题等，都因为客观上涉及的材料比较多，不大适宜作为大学生论文的研究对象。一般讲来，围绕某一部具体的作品，或者集中在该作品思想内容或艺术表现的某些方面；围绕某一位作家，或者集中在该作家思想或创作发展的某些方面；围绕某一次文学论争，或者集中在一次文艺论争的某些方面，这样来确定大学生的论文选题，并根据选题搜集材料，可能较为适宜。因为这类选题既有一定的分量，也是大学生在规定的时间内通过自己的努力可以完成的。例如，有一位同学以鲁迅小说中妇女形象的塑造作为自己论文的选题。这在当时和现在都有一定的社会意义，而且专家们对鲁迅小说中妇女形象的研究不像对农民形象和知识分子形象的研究那样充分和系统，因此这个选题本身就具有一定的学术价值。另外，有关这个问题的一些基本材料，如清末民初以来妇女遭受封建压迫和反抗封建压迫的材料、与旧社会妇女状况关系密切的婚嫁等习俗的材料、马克思主义经典作家和其他思想家对妇女问题的论述、历来对这类形象的重要研究成果等，都是在不太长的时间内就可以搜集到、阅读完的。这样，作者也就可以较快地形成自己的观点，转入论文的写作阶段了。

确定论点　贵在创新

选题的确立、材料的搜集，为论点的形成打下了基础。但是，选题并不就是论点。选题是指选择科学研究的课题，指具体的研究对象，而论点则是在对围绕选题搜集的材料进行分析和研究之后，概括、提炼出来的论文观点。很明显，选题与论题二者之间虽有联系，但并不相同。有一部分学生不明白二者的区别，把选题与论文的论点相混淆，在把材料进行粗略的分类之后，就围绕选题泛泛而谈，结果导致论文内容的一般化，甚至重复别的研究者早就反复论述过的东西。要避免这种情况，就要求深入分析研究材料，要思考出包含着自己的一点新发现的论文观点。如果说，论题和材料的选择不怕重复的话，那么论点的确立就贵在独创、贵在新颖了。

怎样才能够使文章论点新颖呢？我以为，有以下三点。其一，要勇于向前辈学者尚未开拓或开发较少的领域进军。中国现代文学史这一学科形成的时间并不太长，对许多作家（主要是在文学史上地位不十分显著的作家）及其作品的研究还很不深入。另外，出于历史的原因，一部分在现代文学史上产生过影响的作家曾经蒙受了不公正的待遇，对他们及其作品的研究曾经属于政治上敏感的问题，从而使许多研究者望而却步。可以说，现代文学研究中的处女地或薄弱环节还是比较多的。从这方面着手进行开拓，可望较迅速地取得成果。当然，这里也有不可忽视的困难，这就是由于前人研究较少，经过初步整理的文献材料不多，可资借鉴的研究成果也不多，因此，这方面的开拓比较适合一部分知识基础比较好，而且有机会接触与选题有关的原始材料的学生。其二，学生也可以向现代文学研究中一些具体的难题发动进攻。这些难题，虽经前辈学者认真研究，但至今仍然众说纷纭，不能得出比较统一的结论。其中一部分，由于研究对象比较大，涉及的问题过于艰深，并不适宜大学生选来写论文。例如，关于《野草》这本散文诗的研究就是明显的一例。但另一部分，问题比较具体，不但是研究的难点，而且也是教学的重点，是学生在学习期间就比较留意的问题。例如，关于阿 Q 的典型性问题就一直是研究的难题。鲁迅的小说历来是教学的重点，阿 Q 的形象分析又是学生讨论、作业甚至考试的题目。

这样的选题，既有相当的深度，材料也容易找到，教师进行指导和点拨也不费力。学生主要是要结合已有的各种结论，重新认真研究材料，并注意吸收各种旧说的合理成分。在此基础上另辟蹊径，创造新说，就能获得突破性的成果。其三，对于别人研究过的课题、别人使用过的材料，或者要善于别开生面，或者要善于以深求新，这对于大多数学生的论文写作来讲，可能比较适宜。所谓别开生面，就是鼓励学生对已有定评的研究对象，改换一下研究的角度，从另一个侧面考虑是否有提出其他新结论的可能。所谓以深求新，一般是指对别人的研究成果中虽已提及，但由于主攻方向的限制而未做深入论述的课题，沿着业已指出的方向前进，穷根究底，有所发现、有所开拓，也能收到论点新颖的效果。

论述深入　概念准确

一部分同学在论文撰写过程中常发生扣题不紧的现象，造成论述不集中、不深入。有一位同学在论述郭沫若诗歌的历史功绩时，突然笔墨岔开，以较大的篇幅去分析郭沫若思想发展过程的特点，尽管后者不能说毫无所见，但毕竟与论文的主旨关系不大。造成这种现象的原因是思路尚不够明晰、不够确定。有的同学在撰写论文过程中，思维极为活跃，有时会涌现一些新的思想，有时会发现同一材料的另一方面的意义，这是正常的。这种新思想、新发现或许能产生新的研究成果。然而在一般情况下，不宜对已经考虑成熟的写作计划做重大改变。不妨先把这些新思想、新发现记入卡片，留待日后重新研究，写成新的论文。当然，与论文主题关系密切的，也就可以随时纳入文中，这也是不言自明的。要避免扣题不紧现象，最好是在撰写前拟定一份较为详尽的论文提纲，按照思路和逻辑确定论证的层次，并把经过精选的材料配置在最适当的地方。这样，在撰写时就会思路清晰、文气贯通，论文各部分内容的逻辑联系也就有了基本的保证。

除了扣题不紧的问题，大学生写论文一个较为普遍的弱点就是研究侧面和撰写角度的单一化，这直接导致论文内容的单薄和表达的平白。不少学生对作品的研究简单地归纳为政治和艺术两个方面，用刻板的政治说明来代替对作品丰富多彩的思想内容的探讨，而且明显地不善于进行具体的艺术分析。这种方法甚至被机械地运用于作家研究类的论文写作中。如果说文学作品是复杂的社会生活的反映，那么文学研究就应当较全面地来说明这种情况。作品的思想内容当然包含着作家的政治观，但同时也包含着作家的历史观、自然观、道德观、社会观、哲学观、艺术观、审美观等；作品所反映的生活当然包含着政治斗争，但也包含着社会的发展、时代的风貌、民族和地区的人情风俗等。那种简单化的方法是很难深入的。为了使论文不单薄，就要求我们反其道而行之，对于同一个论点，要适当地选择几个不同的角度，并进行立体论述。例如在论述《太阳照在桑干河上》中农民形象的意义时，论者的笔触就不应仅仅停留在张裕民、程仁要高出阿Q、闰土、老通宝这一点上，而且还应当通过作品中对小生产者弱点的大量描绘，发掘其共同之处，更要看到这一代农民正是在杂乱无章的矛盾中，背负着历史遗留下的重担，一点一点地推动历史的车轮向前。他们的前进中充满了犹豫，欢欣里饱含着痛苦。这些正是生活的真实，也是作品的特点。在论文中做立体论述，更有利于传达文学现象的真相，也更有利于深入文学现象的实质。

从语言表达的角度来看，有的学生不大注意概念的科学性和通用性。造成这种情况的原因，一是文学理论和文学史的基础知识学得不太好；二是生吞活剥外国学者所使用但在中国并不流行的概念。我们写论文所使用的概念，应尽量注意其流通的程度，如果是新概念，则要在正文中或注释中说明其确定的内涵和外延，以避免造成误解。

还有少数学生，行文比较啰唆，一个问题反复讲，生怕别人看不懂。其实，这是对论题的思考欠深入、抓不住要领的表现。补救的方法是：在论文写作前，要注意征求教师和同学的意见；在论题的关键处深入实质；在论文写好后，则要多读几遍，删去冗言，尤其要勇于"割爱"。

至于论文规模的大小、论文的长短，不妨因人而异。一般而论，大学生的毕业论文以七八千字到一万二三千字为宜。文字太少，对作家或作品的研究不易深入，更难多侧面、多角度地立体论述；文字太多，则在结构等方面难以驾驭。

论非虚构小说*

聂珍钊**

　　小说是 19 世纪以来最主要的文学体裁，其历史可以追溯到古罗马该尤斯·绥通纽斯·特朗奎鲁斯的《萨蒂里卡》和鲁齐乌斯·阿普列尤斯的《变形记》（又名《金驴记》）。在批判现实主义小说产生之前，小说历史上曾出现过塞万提斯的《堂吉诃德》、薄伽丘的《十日谈》、笛福的《鲁滨逊漂流记》等伟大作品，但是作为一种非正规的文学体裁，小说只能屈从于诗、屈从于戏剧，并未获得独立的地位。这种状况没有持续太久。在 18 世纪启蒙主义的浪潮中，由于英国小说家菲尔丁的出现，小说在文学形式中的地位终于得以确立。

　　菲尔丁在《约瑟·安德传》的序言中给小说下了定义，他把小说同文学中的高级体裁史诗相提并论，称之为"散文滑稽史诗"，认为它有着小说一切特征——"故事、情节、人物、感想和文体"。菲尔丁最早制定了现实主义的小说理论，为 19 世纪欧美现实主义小说的大发展奠定了基础。可以说，从 19 世纪的批判现实主义小说开始，小说已占据了文学的主导地位。各种流派、不同体裁、风格迥异的形形色色小说，充斥于世，使人目不暇接。"历史向前发展，艺术则恒久不变"的格言在理论上被证明有误，如佛斯特所说："它包含的只是部分真理。"①

　　关于小说，法国文学批评家谢活利曾说："小说是用散文写成的某种长度的虚构故事。"小说理论家佛斯特在谈到小说时概括得更为简略，认为

---

　　* 原文刊发于《中南民族学院学报》（哲学社会科学版）1989 年第 6 期。

　　** 聂珍钊，广东外语外贸大学教授、外国语言文学学科建设云山工作室首席专家，国际文学伦理学批评研究会会长，欧洲科学院（Academia Europaea）外籍院士。

　　① 〔英〕爱·摩·佛斯特：《小说面面观》，苏炳文译，花城出版社，1981，第 16 页。

"任何超过五万字的散文虚构作品"即可被称为小说。[①] 但是，小说创作不是任何理论家和理论可以制约的，它往往打破俗规，抛弃传统，标新立异，从而使小说理论丰富多彩，同时又促使新的小说品种应运而生。

在 19 世纪后半期，法国自然主义文学流派的理论家左拉就向现实主义的小说创作发动进攻，认为小说应该是"直接地观察、精确地解剖、对存在事物的接受和描写。作家和科学家的任务是相同的。双方都必须以具体的代替抽象的，以严格的分析代替单凭经验所得的公式"[②]。认为只有这样，小说中才能"不再是抽象的人物，不再是谎言式的发明，不再是绝对的事物，而只有真正历史上的真实人物和日常生活中的相对事物"[③]。在自然主义理论指导下，左拉开始写作实验小说，并提出创作小说"我们只须取材于生活中一个人或一群人的故事，忠实地记载他们的行为"[④]。

左拉把科学方法引进小说创作，反对作家对普遍的生活进行典型概括，主张排除虚构的成分，追求绝对的生活真实。显然，他的这些主张是对小说创作的一种革命，对后来的小说创作产生了巨大的影响，导致了一大批实验小说家的出现。20 世纪享有世界声誉的小说家伍尔夫主张艺术家可以自由地实验探索，不拘一格地寻找合适的艺术形式、表现技巧和创作题材。她认为传统的文学形式和体裁的范围已经被现代作家扩大了，她把小说称为"挽歌""心理学的诗篇""传记""戏剧诗""随笔小说"等。他们的创作理论是反传统的，不过他们的创作还没有走得太远，仍然是在传统上的变革，他们并没有在创作中完全实现自己的理论。尽管如此，他们的理论和创作对 20 世纪未来的小说作了预言，指出了未来小说的发展趋向。

在 20 世纪的美国文学中，小说仍然是主要的文学形式，小说家在继承传统的同时，探索和革命几乎已成为大多数作家的自觉使命。左拉的自然主义在美国文学中复活，非虚构小说可以看成实验小说在 20 世纪的变种。

非虚构小说的概念是美国小说家杜鲁门·卡波特在 20 世纪 60 年代中期

---

① 〔英〕爱·摩·佛斯特：《小说面面观》，第 3 页。
② 〔法〕左拉：《戏剧上的自然主义》，伍蠡甫主编《西方文论选》下卷，上海译文出版社，1988，第 246 页。
③ 左拉：《戏剧上的自然主义》，第 217 页。
④ 左拉：《戏剧上的自然主义》，第 248 页。

提出的。在此之前，美国著名犹太作家菲利浦·罗思在他的著名论文《写作美国小说》中，提出一种"事实与虚构混淆不清"的理论，这种理论后来成为非虚构小说的理论基础。罗思在论文中列举了一个他亲身经历的两个少女被杀的事件，用以说明："在 20 世纪，美国作家要做的，是对美国大部分现实先理解、再描绘，然后使它变得真实可信。这种现实使人目瞪口呆，恶心、作呕、恼怒、愤恨，最后还使人的贫乏的想象力无法忍受。事实不断超越了我们的天赋，文化几乎每天都抛出一些使任何小说家感到羡慕的人物形象。"① 在罗思这种理论的影响下，一些小说家向传统的文学形式挑战，认为美国的现实生活光怪陆离，无奇不有，认为如果他们用小说手法描绘现实生活中的真人真事，用文学的语言真实记录具有典型意义的社会事件，说不定会收到出其不意的效果。在这种思潮推动下，所谓的非虚构小说便应运而生，并流行起来。

非虚构小说并没有一个严格的文学上的定义，总的来说，它属于纪实小说。记录小说、传记小说、历史纪实小说、报告文学、"新新闻报道"等一切以事实为基础、以非虚构为主要创作原则的小说，都属于非虚构小说的范畴。在较小的意义上说，非虚构小说就是"新新闻报道"。

"新新闻报道"的代表作家汤姆·沃尔夫是非虚构小说理论的代表作家之一。沃尔夫是一位著名的新闻记者，在 60 年代出版过 3 部报告文学，从而为他的非虚构小说理论打下了基础。1973 年，沃尔夫把诺曼·梅勒、萨里·梦森、盖伊·塔里斯、琼·狄台翁等著名作家的有关作品收集成册，出版了一本名叫《新新闻报道》的文集。在文集序言中他虽然阐发的是"新新闻报道"的内容、艺术方法和发展历史等，但实际上阐发的是非虚构小说的理论。

沃尔夫在文集中认为，当代严肃的纯文学的小说家的创造力已经枯竭，无法继续写出"伟大的美国小说"，一些卓有才华的小说家不得不放弃小说创作最肥沃的土壤：社会、社会生活、社会道德风貌，即安东尼·特罗洛普所说的"我们现在的生活方式"，而让位于写作"新新闻报道"的作家去开发。沃尔夫认为，这些作家将用菲尔丁、巴尔扎克、果戈理所有的现实

---

① 〔美〕菲利浦·罗思：《读自己的作品及其他》，矮脚鸡丛书（纽约版），1977，第 110 页。

主义的文学技巧，表现整个美国社会生活中各个真实事例。他把他们的艺术方法概括为四点：1. 一个场景紧接一个场景的结构，以生动的形象反映事实；2. 以"第三者的观点"观察人物的思想感情，深入人物的内心世界，跟人物一道体验在现场的思想感情，报道者不仅要仔细观察行为，还要理解和解释动机，也就是说要有对人物心理的描写；3. 精辟的对话；4. 像巴尔扎克一样匠心独运的细节描写。沃尔夫强调，"新新闻报道"以真人真事为基础，但允许作者采用各种象征手法，允许作者虚构某些细节，写入作者自己的观察和想象，在艺术上打破虚构与非虚构的界限。因此，"新新闻报道"作品虽然有人称它们为小说，但评论家都把它们看成非虚构的小说。

非虚构小说的产生是与作家对传统的现实主义和反传统的现代主义的绝望联系在一起的。写作《草莓的液汁》（1969）的亨利·范戴克、写作《假发》（1966）的查尔斯·赖特、写作《通宵来客》（1969）的克拉伦斯·梅杰就认为，小说就像杜撰的历史一样，"在世界的这个时刻已经智穷力竭了"，因此他们的小说是一种彻底坚持其本身无虚构、坚持其本身结构真实特征的小说，它们结果成为"模仿小说的形式（好像它们是由模仿的作家写成的）……模仿作者的作用的小说"①。于是，作家从凭空虚构转而去寻找和发掘真实存在的事件，并用小说的艺术形式加以表现。他们不像传统作家那样通过想象对生活素材提炼加工，进行再构思、再创造，也不像现代派作家那样歪曲生活现象，剖析人的灵魂，寻找事物的深层意义，而是把生活中真实存在的典型事件进行艺术处理，赋予它们以文学性，把它们变成一种类似小说的独特的作品。

一般说来，非虚构小说的历史不仅仅起于 20 世纪 60 年代，早在它正名以前的一个多世纪里，甚至上溯到更久远的历史，都可以找到具有非虚构小说特征的作品。20 世纪 60 年代以来是非虚构小说蓬勃发展的时期，几乎出版的所有非虚构小说都能成为畅销书，这不仅为出版商和作家带来了巨大的经济利益，更重要的是壮大了非虚构小说的声势，证明了它在纯文学中有着不可忽视的地位。非虚构小说拥有大量的读者，它的纪实性质使它

---

① 〔美〕约翰·巴思：《疲惫的文学》，《大西洋》1967 年第 8 期。

比纯文学更受读者欢迎。就非虚构小说而言，虽然它经常以各种形式出现，但从其题材来说，可以分为三种主要类型：历史纪实小说、传记小说和社会纪实小说。

历史纪实小说是非虚构小说中最基本的类型，美国历史为这类小说的发展提供了肥沃的土壤。美国的历史虽然不长，但丰富多彩，到18世纪末，它已有一段可以引以为自豪的历史。美国历史有着史诗般的英雄气概，有着可歌可泣的英雄事迹，里面有众所周知的事实，也有不为人知的神秘。但就大量描写美国历史的著作而言，它们共同的本质特征是真实。历史的记录必须同客观事实相符，肆意篡改和歪曲都是绝对不允许的。历史是一门极其严肃的科学，一般由历史学家来书写。然而，文学家、小说家也开始向历史这块一直属于历史学家的领地进攻了，他们要用文学的语言更真实、生动地再现历史，发掘历史的丰富内涵，寻找留给人们的启示。因此，大量的历史小说应运而生。

但是在对历史的处理上，作家的认识是不尽相同的。大多数历史纪实小说的作家主要把历史作为背景来描写，在真实的历史背景中虚构人物、事件和情节。这类小说的历史背景是真实的，叙述的历史人物和历史事件往往也确有其事，但是大量的生活细节、情节、人物的经历，甚至事件，都很少同历史相符。这类小说是虚构的历史小说。美国最早的历史小说是库柏以独立战争为背景创作的长篇革命历史小说《间谍》，它从历史的意义上描写了华盛顿的英雄形象。其他如斯托夫人的《德雷德，阴暗的大沼地的故事》（1856），马克·吐温的《冉·达克》（1896），卡罗琳·戈登的《绿色的世纪》（1941），霍华特·法斯特的《两条山谷》（1933），詹姆斯·米切纳的《夏威夷》（1959），玛格丽特·沃克的《黑人欢歌》（1966），麦金利·坎特的《囚犯》（1932）、《永远记着》（1934）等，都是以虚构为主的历史小说。这些历史小说大多同瓦尔特·司各特的历史小说近似，主要以虚构的手段在真实的历史背景下描写事件和刻画人物。小说中的事件和人物同纯虚构小说比虽然往往确有其人，确有其事，但在小说中已被作者的想象大加修改了，事件往往也变得面目全非。不过，由于它们用文学的语言把过去的历史生动地再现在读者面前，因此这类小说对读者有着强大的艺术魅力。

真正非虚构的历史小说是那些纪实的历史小说，主要特征是它的非虚构性，即纪实性。亚历克斯·哈利的《根》（1976）就是这种小说的代表作品。这种历史纪实小说完全凭借博物馆、档案馆、图书馆的历史文件写成，作品中的人物、事件、时间、地点大都可以通过文件加以确认。小说的材料是非虚构的，能够同历史事实相符，在艺术上采用小说形式，使用了小说的各种艺术方法，故事真实可信，富有趣味性、吸引力。

《根》是一本反映黑人怎样来到美国以及怎样在美国繁衍生息的历史小说，被称为"超级畅销书"和"一份强有力的文献"。这部纪实的历史小说是作者哈利根据自己祖先口头流传下来的历史写成的，小说副标题叫"一个美国家族的历史"。早在作者读大学二年级应征到美国海岸警卫队服兵役期间，哈利就萌生了写一部寻根作品的想法。60年代初期，哈利的祖母为他讲述的是他们家族美国支系的传说，再一次激起了他想弄清他的祖先是怎样来到美国和怎样在美国生存下来的愿望，他企图寻找这个家族真正的根，并决心把它写出来。为了写这本书，哈利出入于华盛顿国家档案馆、国会图书馆、美国革命儿女图书馆搜寻资料。据作者所说：《根》是他"在三大洲50多家图书馆、档案处和其他博物馆中，多年深入研究的结晶"。

在艺术上，《根》采用了非虚构小说的形式。作者用文学的语言和形式再现历史，获得了比纯虚构小说更强的真实性。当有人问起作者在这本书里有多少是事实有多少是虚构时，哈利回答说："我是尽我所知并且尽我所能地使《根》这部书中关于每一代人的叙述，都能在我的非洲家族或美国家族保存得很好的口述历史中找到根据，其中很大一部分我都可以按例用文件加以确证。"他还说："由于大部分故事发生时我还没有出生，因此绝大部分对话和情节，都必然只能是我所知道的发生过的事，或根据我的研究使我感到可能发生过的事，《根》是两者的一种小说化的混合物。"因此，许多评论家认为，《根》是一部非常成功的非虚构小说。

在历史纪实小说方面，有许多是描写战争题材的。两次世界大战虽然已经过去，然而它们给人类留下的创伤是无法抹去的，无论是经历过战争还是未经历过战争的人，都对战争怀有特殊的感情和兴趣。因此，彼德·威登的《广岛悲剧》、杰拉德·格林的《大屠杀》、约翰·托兰的《日本帝国的衰亡》等描写两次大战历史的非虚构小说，显然要比那些描写两次世界大战的纯虚构文学更受读者欢迎。

《日本帝国的衰亡》是 1970 年美国的畅销书，记叙第二次世界大战中日本帝国主义于 1936~1945 年和希特勒勾结，在东部开辟战场，发动侵略战争，侵略中国，继而发动太平洋战争，偷袭珍珠港等重大历史事件。作者为了写作这本小说，进行了大量、广泛的调查，许多史料来自当时美日两国的战时档案馆，也有不少史料来自日本天皇以前的公卿贵族、军政要员和参战人员的回忆录。除此之外，作者还收集到一些曾被隐匿或散失多年的宝贵材料，如御前会议和大本营政府联络会议的记录、被焚毁的近卫文麿的部分日记、担任日军陆军参谋总长的杉山元帅写下的近千页笔记。作者在前言中说："为了准确起见，他们以及每一个与作者交谈过的，其经历被写入本书的人，都阅读了有关自己的段落，而且往往还添加了说明问题的评论。书中对话并非虚构。这些对话出自许许多多的谈话记录、档案材料、速记记录和当事人的回忆。"作者根据收集到的史料，按照事情的本来面貌如实写照那些被卷入人类最大规模战争的人，尽最大努力让事实本身说话，形象地再现了一段可怕的历史，从而使人们通过历史事实认识过去，认识侵略战争给全人类带来的巨大灾难。

杰拉德·格林为了"纪念六百人，劫后余生的人，以及那些奋起反抗的人"而写作的《大屠杀》，也是一本优秀的历史纪实小说。实际上，这是作者用第一人称为鲁迪·魏斯写的一部家史。小说交叉运用"鲁迪·魏斯自述"与"埃里克·多尔夫日记"的艺术形式，娓娓道来，使读者感同身受。为了写作这部遭受战争劫难的家史，作者两度访问欧洲，和许多经历过战争的人通信，调查了 20 个集中营里的幸存者，收集到一部党卫队员的日记。作品所有的细节直接引自文献资料，小说中大多数情节、人物、事件能够得到确认。小说真实地记录了人类历史上一场最可耻的大屠杀，揭露了纳粹德国对犹太人的残酷杀害，用艺术形象再现了令人发指的罪恶历史。

历史纪实小说在艺术上采用小说形式，在内容上记叙历史事实，并按照统一的结构组织真实的事件、人物，艺术上也显得更为完美。历史纪实小说的基本特点在于它的非虚构原则，在于它用对事实的记叙取代传统小说中的想象。但是它又不同于历史，而是小说。它允许在真实材料的基础上进行有限的虚构，用文学而非绝对真实的语言描写人物、叙述故事，具有小说的艺术特点。

除了历史纪实小说外，传记小说也是非虚构小说的一个重要类别。传记小说在艺术上接近小说，在真实上接近历史，同传统的传记文学又有所区别。

就一般传记作品而言，它的历史可以追溯到公元前 5 世纪希俄斯岛的希腊诗人伊翁为同时代的培里克里斯和索福克勒斯写的传略。在古代的希腊，传记文学已十分发达，但流传下来的甚少。在古罗马，传记文学继续得到发展，公元初罗马作家普鲁塔克写作的《希腊罗马名人传》，该尤斯·特朗奎鲁斯的《名人传》《十二恺撒传》，都是最早的著名传记作品。可以说，从古至今，文学传记的写作从来就没有间断过，每一个时期都有著名的传记作品流传下来。在中世纪，有伊德默的《昂塞尔姆传》、艾因哈德的《查理曼传》。文艺复兴时期，有托马斯·莫尔的《理查三世史》、威廉·罗珀的《伟大美德的明镜——托马斯·莫尔传》、乔治·卡文迪什的《沃尔西大主教传》等，成为文学传记的里程碑，被看成现代文学传记的先驱。在 17~18 世纪，有玛格丽特·卡文迪什的《封有亲王、侯爵和纽卡斯尔伯爵高贵的威廉·卡文迪什传》以及职业传记作家艾萨克·华尔顿写的传记作品。19 世纪，大量的文学家加入写作传记的行列，如柯勒律治、骚塞、海斯利特、盖斯凯尔夫人、梅瑞狄斯等，使传记更富文学性，同时也为传记小说的写作奠定了基础。

传记小说显然是在一批小说家的推动和参与下、在小说和科学的影响下发展起来的。20 世纪，热衷于文学改革的作家把改革的范围扩大到各个方面，他们对文学上的传统规则置之不顾，进行大胆的实验。这种反传统的文学思潮认为，传记作家无须把自己禁锢在材料的真实性上面，而应该重视传记作品的文学性，写作时应允许适当虚构，超越历史的真实，达到艺术的真实。这种将真实和虚构结合起来的作品，就其真实性来说，它是非虚构的，是传记，但就其某些虚构来说（这些虚构主要是作者在真实材料上通过想象得来的），它是想象的，是小说。这种传记小说基本上是真实的，不同于因缺乏材料而用传记体或自传体写成的小说。用传记体写成的小说基本上是假借传记之名虚构的，人物是真实的，事迹是想象的，如罗伯特·格拉夫为罗马皇帝克劳迪奥斯写的自传体小说《克劳迪奥斯自述》和《克劳迪奥斯和他的皇后梅莎丽娜》、格拉夫用传记体写作的《贝利萨利厄斯伯爵》、萨姆塞特·毛姆用传记体虚构的《月亮和六便士》（写高庚）和《大吃大喝》（写托马斯·哈代）等。这类小说与其说是传记体小说，不如说是用传记的艺术形式写作的虚构小说，与真正的非虚构传记小说是很不相同的。

非虚构的传记小说是在对原始性资料研究的基础上，以某个伟大人物为主角展开情节、叙述故事的。它以记叙历史事实为主要原则，但又允许杜撰材料，凭想象虚构场景和对话，把小说的故事性和传记的真实性糅合在一起。在传记小说方面，欧文·斯通是最著名的代表作家，写有一系列典范性的作品，如《渴望生活》（写凡·高）、《痛苦与狂喜》（写米开朗琪罗）、《受钟爱的人们》（写阿比盖尔·亚当斯）、《心灵的激情》（写西格蒙得·弗洛伊德）等。

欧文·斯通在写传记小说时虽然允许有限度的虚构，但其整个作品仍是非虚构的。他用有控制的想象填补某些间隙，但绝不改变历史。他像麦考莱一样，为了一件事实的准确性而不惜旅行几千英里，考察研究。他认为合理地使用一些想象会使人物更丰满，更富有人性。为了写作《教堂里的敌手》，他同50个人谈过话；为了写作《爱是永恒的》，他翻阅了大量的报纸，以查明玛丽·托德在少女时代走过的肯塔基州利克辛顿市的一条街当时是什么样子；为了给林肯夫妇写传记小说，他广泛征集回忆录、信件、报纸及其他原始材料，甚至弄清了林肯夫妇布置二楼的详细计划，如隔墙被移动过，改变了面貌，安装了新设备，林肯去世的客厅的大小和外貌等，其详细程度甚至连当时负责设计的工程师也自叹弗如。正是斯通这种孜孜不倦的努力和严肃认真的态度，使他能把艺术性和真实性融为一体，准确地、艺术地再现人物一生的历程，再现人物的性格和揭示生活中的真实。

在文学家笔下，传记小说往往更加小说化，罗伯特斯·派克特的《年轻的女教师》就是这样的作品。小说是根据主人公的口述写成的，记叙的是一个真实的故事。作者在当编辑时，他所认识的小说中的女主人公安妮·何柏斯·玻向他讲述了自己曲折的经历，从而使他产生要用文学形式把安妮的故事再现出来的念头。为此，他沿着安妮当年的足迹，多次深入阿拉斯加采访，会见了书中多数主要人物。小说以生动的笔触，叙述了安妮充满斗争和欢乐的一生，赞扬了她对种族偏见和传统势力进行斗争的精神和对爱情的忠贞不渝。小说写的是真人真事，作者在按语中说：他尽量使全书紧扣实际的情节与事迹，只有在明显的需要时，才予以增添和更改。尽管如此，这部传记小说的小说成分是很浓厚的，富有小说的艺术特点。

在写作人物传记的当代作家中，呈现的是一种百家争鸣、百花齐放的局面，艺术手法上也是日新月异。美国著名体育记者戴维·沃尔夫的《犯规》就是采用"新闻文学"艺术手法写成的一部传记小说，记叙了美国黑人篮球明星康尼·霍金斯的故事。作者广泛收集资料，深入采访调查，以事实为根据，真实地描绘了康尼·霍金斯前半生的遭遇。在作者笔下，霍金斯的性格得到了充分表现，心理特征也得到了很好的揭示。而且，这部传记小说在艺术上有着新的特征，作者在记叙人物时，新闻报道式地反映了美国社会各阶层的生活，证明了体育在现代资本主义社会中的商业性质。小说是在真实材料的基础上写成的，表现手法、写作技巧、艺术形式都受到新闻小说的影响，所以这种具有新闻报道性质的传记小说可谓异军突起，深受读者欢迎。

在非虚构小说中，传记小说的题材和形式受到作家重视，但不是其中的主体，社会纪实小说才是其中影响最大、最重要的基本类型。这类小说的主要特征是它的新闻性质。它采用小说形式，新闻报道式地反映社会上发生的重要事件，最能迎合公众关心社会和渴望了解社会的心理。社会纪实小说涉足政治，暴露黑幕，揭发丑闻，研究社会，报道事件，在争取读者、吸引公众兴趣方面甚至比新闻报道更有优势，因此，这种小说被沃尔夫称为"新新闻报道"。杜鲁门·卡波特、诺曼·梅勒、萨里·萨森、盖伊·塔里斯、琼·狄台翁、汤姆·沃尔夫等，都是社会纪实小说的代表作家。

杜鲁门·卡波特是一位影响较大的美国作家，他受到以霍桑和詹姆斯为代表的19世纪美国文学传统根深蒂固的影响，像霍桑一样主要描写善与恶、光明与黑暗的主题，如《草竖琴》《在蒂法尼的早餐》《别的声音、别的房间》。他的上述作品继承了南方文学传统，即类似写梦境与现实、怪诞与恐惧的南方哥特式小说。但是他后来的作品模式和风格发生了巨大的变化，从纯虚构小说的创作转而写作非虚构小说。

卡波特的第一部非虚构小说是《缪斯们受人倾听》，小说采用新闻报道的方式，记述得到美国国务院支持的美国民间歌舞团访苏的情况，读来真实可信，趣味盎然。卡波特最成功的非虚构小说是《凶杀》，主要写两个匪徒出狱后在堪萨斯州无故残杀一家四口的经过。犯人后来被捕，于 1965 年被处以绞刑。案件发生后，作者一直注视着它的发展，整整用了六年时间，进行了大量的实地调查和无数次的采访，采访对象有被害者的亲友、街坊邻居、警察，甚至还有罪犯。作者写了大量笔记，录制了大量磁带，收集到大量原始资料。最后作者用小说体裁描写了整个案件发生、发展和审讯的过程，写成了一部以真实事件为基础的非虚构小说。小说在《纽约人》杂志上分四期连载，卷首冠有编者的话："文中的所有引语若不是直接引自官方记录，就是作者与有关人物谈话的实录。"小说出版后成了畅销书，非虚构的社会纪实小说变成了流行体裁，被许多人仿效，从而进一步促进了社会纪实小说的发展。

社会纪实小说的另一个代表作家是诺曼·梅勒。他是一个在当代美国文学中风格独特的小说家，写作了四部"新新闻报道"，即非虚构小说。梅勒在开始文学创作时就表现出反传统和探索文学商路的倾向，在梅勒创作的后期，他的反传统倾向更为明显。他力图寻找既能进行艺术虚构，又能真实记录重大社会事件和政治形势的艺术形式，最后他决定写作"新新闻报道"，也就是非虚构小说。

《黑夜大军》（1968）是他采用文学新形式进行创作的最初尝试。沃尔夫在他编选的《新新闻报道》里，收入了这本小说的片段。《黑夜大军》的副标题叫作"作为小说的历史，作为历史的小说"。梅勒把虚构和历史混在一起，用第三人称描写美国群众反对五角大楼侵越战争的一次游行示威。小说记叙的是一个真实事件，作者自己成了主人公，诗人洛威尔也是书中人物。梅勒另外几部小说也记录了重大的社会事件。《月球上的火焰》（1971）描写美国宇航员第一次登月以及这一事件在人们心理上造成的影响。1979 年出版的《刽子手之歌》是梅勒非虚构小说的代表作，作者称其为"生活实录小说"，曾获得美国普利策奖。这部小说是作者根据犹他州杀人凶手加里·吉尔摩一生的经历写成，探讨了一个出入监狱 22 次、就刑时年仅 36 岁的罪犯犯罪的心理原因和社会原因。为了写作这部小说，梅勒进行了 100 多次采访，把法庭记录、主人公的来往书信以及采访录音等进行艺术加工、提炼，写成了 1000 多页的新闻报道体长篇小说。作者认为，社会上某些真实事件在他心目中跟他作为小说家所能想象和虚构的事件同样富于戏剧性和讽刺意味，因此通过对典型的真人真事的"解剖"，就可以把美国生活真实地展现在读者面前。通过对真实事件尽可能详细地描绘，就能正确说明用非虚构形式表现出来的生活本身与小说多么相似。所以作者自己认为，《刽子手之歌》虽是赤裸裸描写现实的书，但它从内容到形式都称得上一部小说。梅勒从新闻报道的角度观察、收集和分析发生的社会事件，同时又打破新闻报道的传统模式，在不违背真实的原则下，充分发挥小说家丰富的想象力，进行某些虚构，使客观描写真人真事的新闻报道具有了文学性，具有了虚构小说的特征。

综上所述，我们可以看出，非虚构小说的概念虽然在 20 世纪 60 年代才被明确提出，但这种纪实性的文学类别古已有之，其渊源可以追溯到远古的历史，涉及历史纪实小说、传记小说、社会生活纪实小说、报告文学等诸多文学形式。在艺术上，非虚构小说不仅具有小说的形式，而且几乎具有小说的一切优点，同时又可以避免小说的某些缺点。它虽然在构思上不能像虚构小说那样信马由缰，但由于它在内容上严格尊重客观事实，具有新闻报道的性质，因此其真实性是任何现实主义小说不能比拟的。

非虚构小说把小说和新闻报道两种形式融合在一起，取长补短，在文学中独树一帜。它同纯虚构小说相比，更能把存在于生活中的问题揭示出来，更真实、更客观地反社会历史和社会现实，同新闻报道一样吸引读者的注意和关心。正如卡波特认为的那样，非虚构小说具有"把事实的可靠性、影片的直接性、小说的深刻性和自由性以及诗歌的'精密性'糅合在一起的优点"。同时，它比新闻报道有更多的文学性，文字优美，描写细腻，结构完整，人物突出，有事件、有情节，内容十分丰富。由于采用了小说体裁的一切手法，因而它不仅记录了人物和事件，而且还能发掘人物内心深处，揭示人物心理，刻画人物性格，从而能够超越真人真事本身的意义，获得更广泛更深刻的社会内涵。

非虚构小说是带有美国历史、社会和美学特征的一种新的纪实文学，自 60 年代明确提出以来，迄今已有 20 余年的历史，出现了一批写作非虚构小说的作家和重要作品，在文学界产生了很大影响。许多在文坛上享有盛誉的作家也尝试写作非虚构小说，使这种以描写真人真事为基本原则的小说样式得到作家和批评家的重视。非虚构小说出版后大多成为畅销书和获奖作品，对读者的吸引力往往超过纯虚构小说，这从另一方面说明了非虚构小说的社会价值。当然，非虚构小说也有其自身的缺点，但总的来说，它仍不失为一种在文学界有着一定影响和拥有广泛读者的文学形式，将会得到进一步发展。

写作实践论[*]

颜纯钧[**]

和其他相关学科比较来看，写作学研究的理论水平从总体上说是不高的。除了历史和现实的诸多原因，还有一个更容易为人忽视的因素，这就是作为理论研究对象的写作实践，更准确地说，不是写作实践本身，而是研究者对写作实践的似是而非的看法。

什么是写作实践？有如在哲学上讨论什么是"存在"一样，"写作实践"也是个看似清楚实则糊涂的对象。如果用一个判断语句来界定，那么可以把写作实践看作通过文字符号来储存和传递信息的活动。这大致还是不错的。而一旦把写作实践看作写作理论的对应物，看作写作理论加以检验的标准，麻烦就来了。某个写作理论是不是科学的理论，唯一的办法是经受实践的检验。那么到底去哪里弄到这个"写作实践"来对写作理论进行检验呢？麻烦就在于：写作实践并不是如哲学实在论者所说的那种"实有体"，不是看得见、摸得着的东西；写作实践也没有一个为大家所公认的可作定量测试的标准。麻烦更在于：绝大部分的写作实践是个体的实践，而写作理论却是一般的理论，那么又是哪个个体的实践有资格作为检验这一般理论的标准呢？

然而，正是在尚未弄清楚"写作实践"这对象所在何处时，许多研究者仍然用"脱离写作实践"这样的观点来对待各种理论的尝试。那么他们所说的"写作实践"又是怎么回事呢？

目前被当作"写作实践"而用来检验写作理论的，通常是下面的两种情况。

---

* 原文刊发于《写作》1990 年第 8 期。

** 颜纯钧，福建师范大学传播学院教授。

其一，把"写作实践"等同于理论的可操作性。也就是说，判断一种理论是否脱离实践，其实并非真的拿实践来检验，而只是看这种理论是否具有可操作性。所谓可操作性，就是理论表现为一整套操作程序，它规定了写作实践所历经的环节和步骤。于是可操作的就变成可实践的，可操作性也就成为判断理论是否脱离实践的根据。从根本上说，写作理论是不能回避操作性问题的。但这里仍有两个需要辨析的观念。首先，可操作性只表明理论与实践的接近程度，对实践活动的科学描述，不管在哪个学科领域都是可以区分为不同层次的。从来没有人会说，只有最接近实践的低层次理论是联系实践、反映实践的，而抽象程度较高的理论都是脱离实践、歪曲实践的。其次，理论的可操作性并不同时表明它与实践有更高的符合程度。只要操作理论未能科学地描述实践，不管怎么接近实践也摆脱不了脱离实践的命运。反过来，学科的元理论尽管远离了实践，但只要能对实践作出科学的描述，它仍然是联系实践、反映实践的理论。这样一来，理论的可操作性便不能作为判断理论是否脱离实践的标准了。

其二，把"写作实践"等同于理论的可训练性。也就是说，判断一种理论是否脱离实践，其实也并非真的拿实践来检验，而只是看这种理论能否转换为一套能力训练的体系，能否直接运用于学生的写作能力训练。在这里，思想的混乱同样显而易见。能力训练确实是一种实践性很强的训练。但能力训练的分解特征，意味着它不是本来意义上的写作实践。能力训练又完全撇开文体的形式规范，只是着眼于对主体写作能力的描述。从这个意义上说，恰恰是能力训练的分解和只有一般没有特殊，才真正地脱离了写作实践。这样，把能否转换为能力训练体系作为理论的判决性根据也同样站不住脚了。

上述两种毕竟是相当普遍的关于写作实践的观念。不管是可操作性还是可训练性，把它们当作判断理论是否脱离实践的标准，来自一个影响广泛而又根深蒂固的思想，即写作理论只能是实用性的理论，只能是术科。这个思想在写作学领域所以能流行至今，又来自一个不言自明的事实，即目前写作学研究的基本队伍是那些在大专院校从事写作教学的教师。这样，教学实践又在写作实践之外，成为判断理论是否脱离实际的根据。在某些研究者的潜意识里，只要理论不能立竿见影地用之于教学实践，那就是脱离了实践的。至于是写作的实践还是教学的实践，便懒得去细究了。但正是教学本身限制了他们的理论视野，使他们满足于研究写作教学中的理论问题，把能否教会学生写作文看作理论研究的立脚点和最后归宿。这样一来，理论是否脱离实践的标准就更是从一般的写作实践不自觉地被偷梁换柱，进一步倒退为写作教学实践，他们可以对文学、新闻、秘书等写作实践中的大量反例视而不见，而对理论稍稍不适宜写作教学实践一点耿耿于怀。以这样的胸襟和目光从事研究，又能指望写作理论会有什么突破呢？

如果把实践看作研究对象，那么对理论研究所作的描述都是一个逐步逼近的过程。在这个过程中，理论每逼近一步都将留下自己的成果。距离远一些的（亦即抽象程度高的）可以看到整体，看到基本的面貌；距离近一些的（亦即抽象程度低的）可以看到局部，看到细节。不管逼近（亦即抽象）的程度如何，它们对于认识对象来说都构成一种描述，区别只在于各自有不同的理论价值。与一般的写作实践同样具有很强实践性的文学创作、美术创作、音乐创作，都可以而且必须既有逼近实践的创作理论，又有远离实践的抽象的文艺理论乃至文艺哲学，甚至应该说，正是有了文艺理论乃至文艺哲学，才反过来影响和促进了文艺创作论的发展，在这些领域，从来没有人说文艺理论乃至文艺哲学是脱离了文艺创作实践的。只有在写作学领域，我们才不时地听到这样的论调，只要谁想搞一点抽象的思辨，搞一点纯理论研究，便几乎无一幸免地被斥为脱离实践。这难道和写作学研究者本身的观念没有关系吗？这难道不正是写作学研究水平尚不能很快提高的原因吗？

从根本上说，理论只有科学与不科学之分，而没有脱离与不脱离实践之分；或者应该说，只要是科学的理论体系，不管其抽象程度多高，都必然与实践活动有密切的内在的关联；而且抽象程度越高的理论，它对实践的影响越是带有根本的性质。由此看来，判断写作理论是否脱离了写作实践，不是看它的可操作性和可训练性，不是看它对写作教学实践的可运用性，更不是看它逼近实践的程度，而应该看它是否科学地描述了写作实践的基本规律。所谓科学描述，当然不可能由某某人来决定或者由某种定量来测试。从科学的角度看，不管是物理学、化学，还是哲学、心理学，所谓科学的描述都是指理论克服反例和寻找更多的证据支持的可能性。也就是说，如果某个理论体系能比别的理论体系克服实践中的更多反例并找到更多的证据支持，它对实践的描述就是更科学的。从这里，便可以引申出两个对写作学研究至关重要的结论。

其一，写作理论是否脱离实践，应该从理论在描述实践时克服反例和寻找证据支持的情况去判断。这里的实践应该是以更具成熟形态的文学、新闻、文书等方面的写作实践为主。

其二，大中学生的写作实践（记叙文、说明文、议论文）主要是练习性文体，其特点是规范化。而把认识建立在这种特殊的情况下，其规范恰恰是缺乏普遍性的。于是某些研究者自诩为联系了实践的理论，反倒是脱离了最广泛、最一般的写作实践。

写作学研究者应该致力于基础理论和元理论的研究，因为学科理论的成熟，正表现在它能建立自己独有的范畴、形成自己独有的体系上。

写作价值论[*]

邓也穆^{**}

当市场经济以君临一切的身姿跨入社会生活的各个领域时，很快引出了整个社会结构和诸多学科结构的嬗变，人们的价值观念也随之发生振荡和更换，进而引发一场全面而深刻的社会文化革命。写作学是同市场经济有着某种血缘关系的学科之一，市场经济体制的建立，自然成为写作学科进行较大幅度改革和更新的难得机遇，一些新鲜的理论课题引起了人们的广泛兴趣。其中，如何重新审视和确认写作的价值问题，便成为令人瞩目的热门题目之一。本文试图就市场经济条件下写作的价值问题以及如何在市场经济运行中有效地发挥写作学科的功能与价值，提出自己的思考和理论构想。

一 在新的挑战面前，写作学科应积极 主动地调整自身的价值取向

价值问题不是经济学独有的专利品，哲学、文化学、艺术学、写作学以及美学等都在多方面涉及价值观念、价值标准和价值评定问题。马克思说："'价值'这个普遍的概念是从人们对待满足他们需要的外界物的关系中产生的。"[①] 他又说："使用价值表示物和人之间的自然关系，实际上是表示物为人而存在。"[②] 以此为方法论来研究写作的价值问题，我们会发现，写作的价值是一个多重的、交错的、动态的功能结构，范畴很宽泛，形态

* 原文刊发于《写作》1994 年第 6~7 期。
** 邓也穆，吉林艺术学院院长、教授，曾任中国写作学会副会长。
① 《马克思恩格斯全集》第 19 卷，人民出版社，1963，第 406 页。
② 《马克思恩格斯全集》第 26 卷，人民出版社，1974，第 326 页。

也比较模糊。按照市场经济的特性和运行机制，还可以发现，我们以往对写作价值（以及写作的模式与结构）的概括和认识显得比较单薄和脆弱，既经不住时代浪潮的冲击，也难得在社会生产力发展的历史运动中充分展示和发挥自己的功能。在改革开放成为时代的主调，市场经济成为经济体制改革目标模式的形势下，写作学面临着多方面的严重挑战，现实和未来也要求写作学积极主动地对自身的价值取向做出新的调整和变换。这种挑战和要求，可以归纳为十个方面。

1. 关于价值走向观念

市场经济体制要求各类文章强化传递经济信息、沟通科技情报的功能，加重经济与文化一体化的分量和色彩，进而打破传统写作中偏重于认识和欣赏的格局。

2. 关于时速时效观念

新的形势十分强调文章的时速时效性，突出"瞬间文化"的特色，要求快速抢先，时间就是效益，不提倡四平八稳、程式烦琐的写作方式。

3. 关于文体变通观念

改革开放的多种格局，要求我们冲破传统写作的体例模式，文体界限日显模糊，文体范畴不断扩大，文体变异日趋频繁；而且强调随机应变，随时善变，随事巧变，提倡一文多体，多种表达方式并用，增强文体的文化容量和表现力度。

4. 关于产品市场观念

市场经济体制主张写作产品摆脱传统的脱离商品倾向和封闭自赏状态，不做生活的装饰物和文人雅士的点缀品，而应较多地介入和反映经济活动，引导产品和商品勇于跻身市场，占领市场，参与交换，创造价值。

5. 关于实用有效观念

建立社会主义市场经济体制是经济体制改革的目标模式，是改革开放这篇大文章的主题词。市场经济讲究效益，讲究实利，它呼唤写作科学（特别是写作行为、写作过程、写作产品）都要注重务实，注重效益，注重对社会生产力的发展起到有力、有形的作用，反对空洞无物的文风，反对推磨式的论争，反对干巴巴的说教。目前，应用写作的一些门类（如广告文字、经济法律文字等），以其毫不掩饰的商业目标和获得的巨大利润令人咋舌，这既是写作学追求自身命运和价值的果敢行为，也是市场经济效益运行的有力杠杆。

6. 关于形象意识

在社会生活到处充满形象的当今时代，抽象议论和空泛说教的文章已失去市场，人们希望各类文章要形象生动、鲜明活脱，词语要新、形式要活、情感要浓、文气要足，富有吸引力和感染力。这就要求写作者必须形成浓厚的形象意识和善于勾画五彩缤纷形象的能力。

7. 关于论辩竞争意识

市场经济的鲜明特性就是竞争，因此反映并服务于产品生产、商品交换、市场竞争的写作，必须增强竞争与论辩意识，特别是商品广告和反映经济争执一类的文章，应在实事求是的前提下，表现出强大严密的论辩力量，拥有压住对手的猛烈文势和机敏深刻的竞争力度，方为上乘。

8. 关于广告文体意识

广告是商业经济的产物，也是市场经济的宠儿。改革开放以来，我国广告业勃然崛起，势如破竹，构成了新时期的强大文化要素，也是方兴未艾的第三产业中一个极为重要的信息行业。近年来，广告品种之多，花样之新，覆盖面之广，效益性之高，大大超乎人们的预料。任何广告都必须借助文字，借助文章（广义），因此写作学必须强化广告文体意识，扩大广告文体结构，提高广告写作（制作）的能力与水平，尽快形成一门广告写作学，有效地为商品流通、市场发育和精神文明建设服务，丰富写作学自身的价值体系。

9. 关于语言文风意识

新的时代必然给写作的语言文风带来新的意识与活力，在市场经济条件下，得宠的是那些主旨鲜明，文风明快，开门见山，简洁生动，富有表现力、鼓动力、感染力的各类文章；而那些机械呆板、语言干瘪、文风晦涩的文稿，理所当然地受到摈弃。这是文章写作中的一种竞争，也是写作学科改革的一种趋势。

10. 关于综合修养意识

改革开放和市场经济的生动现实，敦促写作工作者必须不断开阔信息视野，更新知识结构，扩大知识领域，加强综合理论与知识修养；尤其应当摆脱"文人轻商不言利"的旧观念，注意学习乃至通晓经济理论和市场经济常识，这样写起文章来，才能更好地适应市场经济需求，文章本身也会言简意赅、无懈可击，既有文采又有效益，成为名篇佳作。

依据上述事实与趋势，对写作学科的价值走向与价值体系问题，可提出如下结论。

第一，考察写作的价值，应注重运用现代系统论、信息论的观念与方法，摒弃教条化、简单化、线性化的演绎倾向和板块结构，避免陷入推磨式论争的泥沼中；应注重使用动态的思维方式，把写作价值放到历史运动和生产力发展的大背景下、大舞台上加以观察，开辟新的研究起点和理论道路，不在历史已有的轨道上无尽地轮回；应注重从当代社会经济文化的新态势、新水平、新特点出发，创造新的理论体系和理论方法，不必囿于前人现成的公理和言论，因为任何现成的公理都很难成为未来新兴学科的理论框架。

第二，写作的价值是多重的，认识价值，教育价值，宣传价值，审美价值，消闲价值，商品价值，文明载体价值，等等，这是一个互补性的统一体，其构成了写作的价值体系轮廓。在文学艺术价值体系中，可以说审美价值是统领；但在写作的价值系统里，以哪一种价值为主，目前很难界定。不同内容和不同体例的文章，面对不同的对象，其功能和价值总是有所偏重；同一篇文章，在不同时代、不同社会背景和不同人的心目中，价值也有所差异。但总的说来，写作学追求上述几种价值的共存与统一，并力求形成综合功能优势，这是新时期写作价值走向的重要趋势，是写作学改革和发展的基本目标之一。

第三，在市场经济条件下，写作的商品价值、经济价值日益加重，甚至在一定时期、一定程度上有左右或制约其他价值功能的趋势。这是市场经济体制下写作价值取向的一种必然选择，也是写作价值系统更丰富、更真实、更有效的重要标志。从经济与文化一体化的角度说，写作对经济活动的作用是直接而又能动的。因为写作行为本身不仅仅表达思想、传播信息、交流意向，而且在纷纷扬扬的经济活动中，写作行为还活跃其中、贯穿其中，并且发挥着某种杠杆作用（即启动支撑作用）、纽带作用（即协调联通作用）、制动作用（即机制调控作用）。写作的成果，应着重凝结在社会生产、经济活动、组织管理和文化建设上，而不必要将其偏重于所谓政治和单纯的理论形态上。我们以往这方面的教训不少，使写作学科的效益一直处于较为低下的状态。重视写作在社会生产、经济活动中的作用及其商品价值，这是新时期写作价值取向的巨大进步，也是在层次上的一种递升。

第四，要达到对写作价值本质层次的认识，还需要寻找研究写作价值的新的理论起点（或理论方向）。笔者认为，这个新的起点就是从总体上去探索写作对社会生产力发生作用的基本方式和影响力度。因为生产力是人类社会历史发展和进步的最终决定力量，写作的本质和价值主要体现在它对推进生产力发展所产生的作用与效能。这是唯物史观在研究写作价值问题上的原则要求，也是调整写作价值走向应遵循的基本思路。循此，我们才能从更本质、更深刻的意义上认识写作价值的本源与特征，才能从整体上把握写作价值体系的内部结构及其同外部世界的多重对应关系，也才能把写作和写作理论研究置于改革开放和现代化建设的大格局之中，更好地增强并有效地发挥写作的作用与功能。

二　写作也是生产力因素，并以独特的方式和力度作用于社会生产力的发展

有这样两个公式很令人开眼界。一个是表示科学技术渗透生产力三要素所发挥的作用，即生产力＝（劳动者+劳动工具+劳动对象）×科技；另一个是表述高技术（高技术群及高技术产业）对生产力发展的作用，即生产力＝（劳动者+劳动工具+劳动对象）^{高技术}。这两个公式说明，科学技术对生产力三要素的渗透由算术增值上升为几何增值，亦即呈指数式增长态势。从这个角度来观测，我们可以肯定，写作也是生产力因素。其主要表现为：一是写作是提高劳动者素质的一门不可缺少的重要课目，也就是说，劳动者素质和技能的提高须臾离不开写作；二是写作活动直接作用于社会生产过程和经济活动过程，也就是说，任何生产与经济活动都有写作贯穿其中，并起着某种杠杆和制动作用；三是写作与科学技术成果的形成、丰富和升华有密切关系，也就是说，任何科学技术成果的归纳、总结、提高与应用，

均须借助写作。这种认识并非把生产力范畴泛化，而是从马克思主义关于生产力理论中引申而出的必然结论。马克思、恩格斯在《德意志意识形态》中提出，生产总是表现为一种双重关系，"一方面是自然关系，另一方面是社会关系"（社会关系的含义是指许多个人的合作），"一定的生产方式或工业阶段始终是与一定的共同活动的方式或一定的社会阶段联系着的，而这种共同活动方式本身就是'生产力'"①。写作是一种创造，一种关系形态，一种共同活动方式。因此，可以理直气壮地说，写作也是生产力因素（注意：是"因素"不是"要素"）。

写作是生产力因素，同时又以独特的性能和方式作用于社会生产力，推动着社会生产与文明的进步。写作对社会生产力发生作用的基本方式和力度，可以从五个方面来考察。

1. 写作开发着劳动者的智力和劳动对象的"美因"，使生产力的要素得到不断更新和提高

写作作为人类认识世界、改造世界的有效实践活动（行为），它对生产力的要素（实体性要素、结构性要素、动态性要素、管理性要素等）的作用是直接而又能动的。一是写作能从更深广的方面开发人的思维与智能，受过写作训练的人（特别是写作水平较高的人），其智力发育程度、思维开阔程度、心理感应程度、决策成熟程度，都较一般人高。二是写作能提高人的创造意识和创造能力，在生产劳动中不断有所发明、有所创造，开展技术革新，改进劳动技能，提高生产效率。三是写作的审美特性可以有效地挖掘劳动对象的"美因"，扩大生产范畴，不断引入新"质"，使生产力的结构性要素和结构形态不断革新。

2. 写作是科学技术的重要载体，包含着诸多科技内容，因而直接或间接地推进生产力的发展

邓小平同志把马克思主义关于"科学是生产力"的原理上升为"科学技术是第一生产力"，这是一个划时代的论断。这种论断，来自对科学技术和生产力动态关系的历史唯物主义的考察与理解，来自对科学革命、技术革命、产业革命巨大价值的充分认识，来自对当代科技发展中科研、开发、

---

① 《马克思恩格斯全集》第3卷，人民出版社，1960，第33页。

生产、应用及组织管理一体化趋势的充分预测与估价，也是对中国国情和现代化建设的实践进行缜密而长久分析后总结得出的科学结论。科学技术的总结、表述、传播，都要以写作为载体和中介；有些写作行为（撰写科技论文、科技信息、科技新闻、科技情报等）本身就属于科学技术活动。从这个意义上来说，写作既是生产力因素，又是推进生产力发展的动力之一。

3. 写作贯穿于社会生产过程和经济活动过程，对生产劳动过程的组织与管理发挥着特殊的作用

写作对社会生产和经济活动的作用，已如前述。同时还要看到，写作对生产劳动过程的组织和管理，也起到直接的、多向的、能动的作用。对社会生产力的发展来说，起重要作用的，除生产力的基本要素，还有生产劳动过程的组织与管理。作为第一生产力的科学技术，既凝结于生产力的各个要素之中，通过劳动者、生产工具、劳动对象体现出来，同时，也通过这些要素的技术构成，即生产劳动过程的组织与管理体现出来。写作对生产劳动过程的组织管理，起着信息疏通作用、程序规范作用、美感强化作用、创新启动作用、文明导向作用等。作为第一生产力的科学技术，是指人类创造的全部科学技术的整体，包括社会科学乃至写作科学。写作在生产劳动过程的组织与管理中所起到的各种作用，也是凭借这个体系的网性结构和链性功能得以发挥、扩展并不断深化的。

4. 写作在表现和张扬先进生产力方面也有独到之功效与力度

写作历来以反映社会生活、张扬美好的事物和形象、推动社会文明与进步为己任。写作学的内容和体系，总是或明或暗地反映着一定时代社会生产力的发展水平与成果，鞭笞那些束缚和阻碍生产力发展的邪恶势力和消极社会现象。写作在这方面的社会功能与价值也是很强大的。在改革开放的年代，写作学科在自身改革与建设的进程中，必将进一步强化在表现与弘扬先进生产力和生产关系方面的作用，特别是在参与并规范社会生产、经济活动和市场体制方面，写作具有广阔的用武天地。

5. 建立写作文化市场，从更直接的意义上推动社会生产力的前进

我国社会主义市场经济体制的确立，不仅为经济体制改革和经济建设开拓了一条广阔的道路，而且为社会科学、写作科学的建设与繁荣提供了

新的动力与条件。随着社会主义市场经济体制的不断发育，相应的写作文化市场也将建立并逐步完善起来，大批写作文化产品可以进入市场，充分体现并发挥宣传价值与商品价值，打破以往写作文化市场冷落与封闭的状态，既可推进写作文化的繁荣，又有利于社会主义市场经济的丰富与完善。

三　掌握辩证运动，把握写作学科改革的科学方向

写作价值范畴的多重性、动态性、交错性和深层性是写作学科的优长与魅力所在，但在实践中，特别是在经济活动中，对写作的价值系统如何操作，又是一个很复杂、很容易出现偏颇的问题。这就要求我们掌握辩证法，在实践中敏锐、科学地把握和处理好几种运动关系。

1. 坚持综合价值与多种机制的协调运动

在市场经济日趋兴盛，而人们的商品意识（从文化结构的深层意义上说）还比较淡薄的情况下，强化写作的物质属性和商品性能是完全必要的。非此，写作学科就无法适应时代和社会发展的需要，就会失去自身改革与发展的极好时机。但同时，又不可忽视写作的认识价值、宣传价值、教育价值、文化价值、审美价值、文明载体价值等，必须运用多种机制，使写作的各种价值都活跃起来、发挥出来，造成一种综合价值优势。在写作进入经济活动和商品领域后，更应注重综合价值的作用，坚持科学的方向和导向，使写作价值沿着科学、丰满、协调的轨道前进。要做到这一点，不是单纯地加几句口号、多几句政治术语就能解决问题的，而应注重挖掘和体现写作的文化特性和文性品格。

2. 坚持写作经济学和写作文化学建设的并驾运转

建立一门系统的写作经济学，已属当务之急。这方面，相邻学科已有先例或尝试，如教育经济学、文化经济学、艺术经济学、卫生经济学、人口经济学、图书馆经济学等。建立写作经济学的目标在于：一是全面阐释写作与经济（经济活动、社会生产、商品流通、市场经济等）的关系，找准发挥写作价值的角度和功能点；二是寻求写作自身的经济价值、社会价值的全面实现，解决写作学自身的困惑与拮据问题；三是把各类应用写作融汇起来，建立起一门集应用写作之优势、富有理论内涵和社会效益于一

体的综合性新学科，扩大写作学的学科体系；四是进一步用科学的系统价值观来强化和武装写作学科，避免走上空谈低效、闭门自守、老生常谈以及拜金主义的路子。根据这个目标，我们看到，建构写作经济学，应以写作文化学为基础和指导。

从本质上说，写作首先是一种文化，是一种传播文明、激励创造，并对全社会的思想文化建设起贯通、疏导和规范作用的文化。文化是人类社会最基本、最普遍的文明特征，是人类所创造的全部文明成果的一种观念形态，也是规范和推进社会风习和道德进步的一种知识理论体系。文化表现为多种形态，诸如经济文化、艺术文化、教育文化、科技文化、思想文化、伦理文化、政治文化、军事文化、生活文化、群众文化、历史文化、民族文化、地域文化、宗教文化以及自然文化等，而写作文化均融入或贯穿其中。文化的发展推动着写作的发展与完善，写作传播着文明和时代信息，强烈地体现着写作者的追求与理想，从某种程度上说，写作规范着文化的品格和文化演进的进程。因此，完全有必要建立一门写作文化学，全面阐释写作学所包含的文化内容和文化特征，所体现的文化思想和文化范畴，全面揭示写作过程中的文化动因和文化轨迹，进一步明确写作在整体文化建设中的地位与作用，明确写作者应具备的文化修养与品格，从而赋予写作学以更广博、更强大的理论天地和理论风采。这些必然成为写作经济学的必要基础和指导力量。因此，我们提出了写作经济学与写作文化学建设并驾运转这一原则。在二者并驾运转的过程中，又必然涉及形象与思想的关系问题。

3. 坚持形象力量和思想深度的双重目标

在写作学和文艺学的发展史上，形象和思想的关系一直是关系到这两门科学的命运并引起纷争的重大课题。西方的后现代主义学者认为，当今的世界正在走向图片化、形象化、平面化，思想深度已经丧失了神圣的地位。这种说法明显包含着轻视思想理论指导作用的倾向，对写作学科改革容易产生消极的影响。

随着现代生活格局的形成与普及，随着写作更多地进入经济活动和流通领域，写作（文章）必须强化形象性，必须强化形象的生动与感染力量，这是写作学科改革的重要目标之一。但这同强化文章的思想深度并不矛盾。

形象作为社会生活的集中典型反映，必然包含着一定的理论成果和思想倾向，任何一篇文章（包括一篇很短小的广告）都有一定的思想和文化观念渗透其中，并对文章的价值及走向起重要作用。写作学科改革的目标之一，就是要建构理论体系，提高理论层次，强化思想力度。任何一个健康的国家和民族，在其发展和兴盛的进程中，都不能没有精神动力和理论营养；任何社会文明活动，无论经济建设、文化建设还是政治建设、军事建设，都需要科学的理论指导、精神支柱和思想导向。因此，我们主张追求文章的形象力量和思想深度，这应当成为写作学科改革的双重目标（也是统一的目标）。形象应当包含丰富的思想，思想应尽力渗透（体现在）形象之中，并以自己独立的个性和功能规范形象的走向，扩展形象的价值，挖掘形象的深度。从这种意义上看，在商品经济的浪潮中，任惊涛裂岸，任扑朔迷离，写作（文章）都可以保持廉洁的品格。

4. 坚持商品价值与廉洁品格的深层统一

写作要体现其商品价值，又要防止商品经济在运行过程中出现的各种消极现象的影响。看起来很难，实际是能做得到的。要点在两个方面：一是注意调动写作自身的文化优势，以文化和审美的光彩去提高和实现自己的价值，而又不沾染丝毫铜臭；二是注重提高写作者自身的思想意识修养，以高洁的品格和正当的竞争去协调写作产品的社会价值与经济价值，自觉抵制拜金主义。我们摒弃"文人轻商不言利"的传统观念，是从改变人们商品经济意识淡薄这一全局性的问题出发，而不是提倡金钱至上。进一步说，写作不仅可以在市场经济运行中保持廉洁清白的品格，还能对市场经济起到一定程度的文明规范作用。

5. 坚持市场竞争机制与文明规范功能的相互制约

写作既然介入市场经济，就要充分利用竞争机制，为发展生产、繁荣经济服务。但写作对市场经济的介入与服务，又不是被动的，它对市场经济具有思想导向、观念转换、文明规范的作用。比如，在目前的商品广告中，不正当的东西很多，有的胡编乱吹，言过其实；有的混淆真伪，欺世盗名；有的迎合世俗，粗鄙不堪；有的采用不正当的竞争手段，损人利己；有的盲目刺激畸形消费，造成消费秩序失调；有的套话连篇，毫无特色；有的语言文字很不规范，损害民族文化的形象。这些问题，亟待解决，强化写作的文明规范作用，便是解决此类问题的有力方式之一。运用竞争机制要讲文明与道德，要遵循有关的法规与原则；强调写作的文明规范作用又不离开经济效益、不束缚市场经济的运转与活力。既体现竞争，又注重文明；既勇于竞争，又发扬风格；既在竞争中敢于"冷面无情"，又在文明建设上"温文尔雅"。这就是辩证运动，这就是我们追求的目标。

市场经济体制的确立为写作学科的改革与发展提供了极好的机遇，为写作价值的全面实现展示了新的广阔的天地；同时也对写作学科的生存与发展提出了艰难的课题和多方面的挑战。我们应当打破传统的积习和观念，立足于改革，从市场经济的角度，对写作价值做出新的审视与阐释，以寻求写作学科改革和振兴的新机制与道路。

余华：由"先锋"写作转向民间之后*

陈思和　张新颖　王光东**

　　陈思和（以下简称陈）：余华在 20 世纪 90 年代是一个重要的作家，他的重要性在于：他从 80 年代的极端"先锋"写作，转向了新的叙事空间——民间的立场，知识分子把自身隐蔽到民众中间，用"讲述一个老百姓的故事"的认知世界的态度，来表现原先难以表述的对时代真相的认识，写出了《活着》《许三观卖血记》等作品。这种民间立场的出现是否减弱了知识分子批判立场的深刻性呢？余华的创作证明这种转换并没有削弱知识分子的精神，只是表达得更加含蓄和宽阔。我们不妨分析一下他的《活着》，如果从故事的层面上看，小说中一家八口死了七口，除了主人公的父母死于败家子的不肖之外，其余的五口都与五六十年代农村的苦难现实有关，如果在这个层面上反复渲染人的死亡，对现实生活的介入肯定会突出，但在艺术上却会令人产生重复和厌倦之感。余华故意绕过现实的层面，突出了故事的叙事因素：从一个作家下乡采风写起，写到一老农与一老牛的对话，慢慢地引出了人类生生死死的无穷悲剧……读者仿佛在老人的叙事里听到一首漫长的民歌，唱着人生的艰难和命运的无常，一个个年轻力壮的身体、善良美好的心灵，本该幸福活着的生命都被命运之神无情地扼杀了，而本来最不该活的福贵和那头老牛，却像化石一样活着，做着这个不义世界的见证。当作家把福贵的故事抽象到人的生存意义上去渲染无常主题时，那一遍遍死亡的重复象征了人向终极命运一步步靠拢的艰难历程，展示出悲怆的魅力。这个故事的叙事含有强烈的民间色彩，它超越了具体时空，把一个时代的反省上升到人类抽象命运的普遍意义上，民间性就具有这样的魅力，即使在若干个世纪后，人们读到

---

　　*　　原文刊发于《文艺争鸣》2000 年第 1 期。
　　**　　陈思和、张新颖，复旦大学中文系教授；王光东，上海大学文学院教授。

这个作品时仍然会感受到它的现实意义。

张新颖（以下简称张）：五六年前我们几个师友关于余华有一个对话，今天回想起来，感到里面谈到的一些问题值得重新思考。那个时候，我们几个人似乎都特别强调"先锋小说"拓展文学空间的"可能性"，基本的立足点与 80 年代中国先锋小说以及余华本人在 80 年代中后期的创作所提供的文学想象紧密相关，我们似乎有意无意地回避了不从"先锋小说"的角度看待问题的另一种可能性。如果继续沿着原来的思路，我感到很难对余华 90 年代创作的巨大变化做出有效的分析。不过说到"分析"，倒是"先锋小说"特别适合"分析"，"分析"了之后才清楚哪里好，又如何好；像《活着》和《许三观卖血记》这样的作品，不待"分析"就觉得它好，待要"分析"，倒真不知从何说起了。有一点可说的是，我觉得这样的作品特别能够唤起朴素的、深厚的、本土的现实感受和文学感受，这样的感受不仅存在于专业的读者身上，而且潜藏于更多的普通读者身上，一经唤起，即已证明文学的力量。而文学的这种力量，也正是人们需要文学、文学会继续存在的理由。

王光东（以下简称王）：陈老师和张新颖分别从不同的角度谈了余华创作转变所具有的意义。在走向民间的过程中，余华是有自己个性特点的，他不同于张炜以诗性的想象，把自己与民间大地融汇在一起，并在其中感受那种无拘无束的自由和生命蕴含于民间之中的那份完整、纯朴和生动的质感，他更多的是以理性的目光审视民间大地上的生命运演过程。他的《活着》和《许三观卖血记》在揭示这样一个事实：绝对的"自由"在民间是不存在的，在现实的民间社会中，自由只能是相对而言的，民间的生命还有被"奴役"的一面，我们常说"生存的艰难"，这种艰难就是与"奴役"抗争。生命被"奴役"是多方面的，有政治权力的侵犯，也有物质生存环境的逼迫……但是被"奴役"所困的民间生命仍然有着自己的生存方式，他们在承受与忍耐中获得了生命自身的某种快乐。正是在这里，我们看到了民间生命的伟大——它在抗争外部侵犯的过程中获得了生命自身的价值。我想，余华在 20 世纪 90 年代文学中的意义也正在于他在走向民间的过程中保持了自身的精神向度，并在民间获得了艺术的纯朴、生动与丰富。

陈：余华由"先锋"创作转向民间之后的意义大家的看法大体上是一

致的。我想在这里再提出一个问题：在 90 年代余华写出了《活着》《许三观卖血记》这样优秀的作品之后，为什么这两年没有这样的作品出现？这好像并不是余华一个人的问题。当然，对于一个优秀的小说家来说，不能要求他不间断地写出好小说，一个作家的创作不可能总是处在高峰状态。我最近一直在想，这是作家个人的创作问题，还是"民间"这样一个审美维度本身有问题。我觉得我们对这个问题还缺乏研究。

张：说到余华创作从个人的先锋性向民间世界——姑且用这个词吧——转型的问题，能够做得这么出色，真是非常了不起。《活着》和《许三观卖血记》，特别是《许三观卖血记》，从结构到叙事等各个方面都能把握得那么恰到好处，充分显示了作家非凡的才能。但问题也可能出在这里，如果从民间的立场，或者说从生活本身的立场，我们会发现，民间或生活本身的一些毛毛刺刺、难以把握和控制的东西被排斥在小说的世界之外，作家所创造的小说世界是一个非常干净、精致，没有枝枝蔓蔓的世界，因而也是一个多少有些抽象的世界。有的时候，我想，过于醉心或追求小说的世界或思想的抽象性，反倒可能会限制作家才能更充分的发挥。有的时候真的很需要那种不管三七二十一、泥沙俱下的气概。我个人也许对于太完美的东西有点偏见，譬如说沈从文的小说《边城》，确实是中国现代小说的经典，但我读沈从文另外一些大量的湘西题材的中短篇，虽然没有《边城》那么精致，却能从随意、粗糙、缺憾中感受到更真切、更鲜活、更有生机的力量。

王：余华写完《活着》《许三观卖血记》之后曾提出"首先应该把自己明白的东西送给别人"。这句话显然包含着一个意思——他小说中的民间世界是个人思想中的民间，还缺乏充分的感性经验，观念形态的生活相对于丰富的民间世界而言，其内在的活力总是要受到某种限制的。

陈：余华小说创作转向民间之后所体现的问题是一个有待于大家进一步讨论的话题，它所涉及的内容并非只有如上几个方面，其原因可能要复杂得多，进一步讨论对当代文学的发展无疑是有益的。不管怎么说，余华是一个非常了不起的作家，他在每一次时代发生变化的转折点上，都能够敏锐而且深刻地把握时代的变化，以艺术的形式表达出自己的感受、思想、情感，并且在艺术上达到了相当的高度。在 21 世纪将要开始的时候，余华肯定会奉献给文坛更好的作品。

女性写作与历史场景

——从 90 年代文学思潮中"躯体写作"谈起[*]

董之林[**]

"躯体写作"或"身体语言"是 20 世纪 90 年代对女性写作的一种说法，其中又潜含理解的诸多歧义。且不论把女性"躯体写作"当作一道欲望化"风景"的商业动机，与开始提出这种主张的女性主义者本意有多大距离，仅从一般字面理解，这种表述似乎暗示女性写作是游离于历史和社会生活的幽灵。

即使我们假定："躯体写作"是指 90 年代一部分表现女性私生活，从而游离了社会和历史主题的作品，那么，这种"躯体写作"也依旧是"文革"结束后，文学张扬和凸显人性的历史使然。实际上，女性写作一方面与历史密不可分，另一方面又在重新讲述历史，并透过传统对女性的种种定义，不断超越将女性本质化的写作倾向，通过对历史间隙一次又一次的描述，不断改写包括她们自身也曾参与构筑的历史。于是，女性与历史无法摆脱地纠缠在一起，"她"或者进入这样的历史，或者进入那样的历史，总之要在历史中承担一个角色。这种独具女性主义意味的叙述历史或解构历史的倾向，拓展了文学维度，使叙事获得新的契机，也使女性写作在今后的历史言说中更为可观。

一

任何写作都有自己的发生背景，"躯体写作"最早在西方女性主义研究

---

[*]   原文刊发于《文学评论》2000 年第 6 期。

[**] 董之林，中国社会科学院文学研究所编审。

界提出，也包含特定历史赋予它的文化语义。

20 世纪八九十年代之交，欧美女性主义批评理论陆续被介绍到中国大陆，"躯体写作"的说法也在这一时期渐为人们所知。然而，当新颖的词句频频登场亮相，被一些望文生义的字面理解所诠释的时候，词语的本义以及它和历史的关系反而变得模糊不清。

"躯体写作"说到底，还是在以男性为中心的文化传统中女性如何表述自身、如何突破传统限制、保持女性写作想象自由的一种概念。追溯到 20 世纪初，弗吉尼亚·伍尔夫对文学传统中妇女视角的匮乏深有感触，她说，英国"文学中的妇女形象，直到最近还是由男性所创造的"，在这种作品里，"关于我们的母亲、祖母、曾祖母，又留下了一些什么印象呢？除了某种传统之外，一无所有。她们有一位是美丽的；有一位头发是红色的；有一位曾被王后亲吻过。除了她们的姓名、结婚日期和子女数目之外，我们一无所知"。因此，妇女一定要摈弃靠他人代言的幻想，自己动手书写自己的形象。值得注意的是，伍尔夫接着便阐述了她对妇女写作的具体设想：创作中"一位妇女必须为她所做的工作"，就是"把当代流行的句式加以变化和改编，直到她写出一种能够以自然的形式容纳她的思想而不至于压碎或歪曲她的句子"①。这种主张与她的意识流创作观念大体一致，因此也具体体现在她的小说《到灯塔去》《海浪》等作品里。她当时实践的正是这种新创作观：小说不再是对现实的复制，或刻意编造一个圆熟的故事，而是着重表现被"现实"遮蔽而难以界说却又真实的瞬间感受。60 年代，西蒙·波娃在详细分析"女人"一词的文化含义后，提出"女人不是天生的，而是被塑造成"的论点②，把研究视角集中于对男性中心文化传统的审视；到了七八十年代，西方女性主义研究者进一步探讨女性文本和性别政治等问题……与后来这些女性主义研究成果相比，人们更看重伍尔夫当年对妇女写作物质条件的考察，即她所说的妇女要写出真正富于"诗意"的小说，写出她努力追求的"变化多端"的人生，必得"到了那个时代"，那时，妇

---

① 〔英〕弗吉尼亚·伍尔夫著，李乃坤选编《伍尔夫作品精粹》，瞿世镜译，河北教育出版社，1990，第 398、402、403、404 页。

② 〔联邦德国〕爱丽丝·史瓦兹：《拒绝做第二性的女人——西蒙·波娃访问录》，顾燕翎等译，中国友谊出版公司，1989，第 15 页。

女获得了"许久以来一直被剥夺了的东西——闲暇、金钱以及一间她自己的房间"①，却忽略了她谈到的妇女与小说的上下文联系，即她要通过一种特殊的方式表现以往历史言说难以涵盖的女性经验；而意识流的创作观念在这时由伍尔夫特别提出，也意味女性写作有一种疏离主流写作传统的天然倾向。

法国女性主义批评家埃莱娜·西苏在《美杜莎的笑声》② 一文中，从性别角度揭示女性写作的特殊含义，并阐述了"躯体写作"概念。尽管西苏关于女性的表述与她的女性主义前辈有许多不同，但在论述女性写作应该反抗现实遮蔽这一点上，她与伍尔夫的看法却不谋而合。她们都敏锐地觉察以往文学史由于缺乏女性观点，女性的生命状态没有得到出自女性自我的真实表达。因此，西苏在这篇文章中对女作家说："写吧！写作是属于你的，你是属于你的，你的身体是属于你的，接受它吧。"接着，她通过揭示女性写作在男性中心社会和文化传统中遇到的阻力，进一步说明"妇女必须写妇女"的意义：

> 写吧，不要让任何人、任何事阻止你，不要让男人，让愚笨的资本主义机器阻止你，它的出版机构是狡诈的、趋炎附势的戒律的传声筒，而那些戒律则是由与我们作对并欺压我们的经济制度所宣布的。也不要让你自己阻止自己。自鸣得意的读者们、爱管闲事的编辑们和大老板们不喜欢真正替妇女伸张正义的文章——富于女性特征的文本。这类文章会吓坏他们。

从"愚笨的资本主义机器""趋炎附势的戒律的传声筒""欺压我们的经济制度""替妇女伸张正义的文章"等词语中可以看到，西方的商业化环境并"不喜欢"女性"躯体写作"这种"富于女性特征的文本"。在这里，西苏明显感受到环境和传统对女性写作的"欺压"，因此她也不可能把女性"躯体写作"排除在历史特别是政治的历史之外，做纯粹个人化的女性表

---

① 〔英〕弗吉尼亚·伍尔夫著，李乃坤选编《伍尔夫作品精粹》，第406页。
② 〔法〕埃莱娜·西苏：《美杜莎的笑声》，张京媛主编《当代女性主义文学批评》，北京大学出版社，1992，第188~211页。

述，她甚至从比较鲜明的社会政治立场出发，呼唤被"资本主义机器"和
"经济制度"压抑的妇女"从远处，从常规中回来"；"从女巫还活着的荒野
中回来"；"从潜层，从'文化'的彼岸回来"，从以男性为中心的传统
"拼命让她们忘记并宣告其'永远安息'的童年回来"。这些富于历史含义
的词语如"深处""常规""潜层""'文化'的彼岸""'永远安息'的童
年"，说明"躯体写作"真实的内涵绝不是一种纯粹生理上的躯体感受，而
是强调女性写作在历史中的无可替代性，其中潜藏着错综复杂的以及被以
往历史和文化遮蔽的那些历史和文化内涵。

　　埃莱娜·西苏是一位具有阿尔及利亚出身背景的法国女性主义批评家，
她说："我的写作诞生于阿尔及利亚，一个有着亡故的父亲和异国母亲的已
逝的国度。"① 西苏的写作体现了"背井离乡"的生活赋予她对历史的复杂
感受，"对我而言，写作的故事一如生活的故事"，总是充满了"现实"无
法覆盖的种种异乡人和"他者"的感受。她甚至为这种感受创造了一个词
"Oriant"，这是她的故乡"奥兰"（Oran）和同样遥远的"东方"（Orient）
的联合体，将此作为对她个人疏离西方主流文化传统的女性身份的指认。
西苏文本中流动着对历史变动不居的想象，为强调文化身份的差异性，她
一再拆解历史和传统赋予"女人"的不真实形象，使女人的本质在现实滑
动中难以界定。她把这种滑动比作演员的表演："演员们跃过自我所设的鸿
沟。这种甩脱自我以融入他人的行为，这种将自己无保留地借予他人的行
为，本身便是一种圣洁的形式。演员永远在某种程度上是圣徒，在某种程
度上是女人。他必须通过自我隐让而使生命降生。"② 女人扮演的是以男性
为中心的社会与文化传统赋予她的角色，她通过"自我隐忍"使其生命形
态呈现于世，或者说她的"自我"总要通过一定的"角色"呈现出来，但
这个形象又不完全是她自身，不可能全然体现她潜在的心灵感受，而且女
性形象在男性笔下又常常成为厌女主义策略的具体呈现者。因此，她呼吁：
"妇女必须参加写作，必须写自己，必须写妇女。就如同被驱离她们自己的

---

① 〔法〕埃莱娜·西苏：《美杜莎的笑声》，张京媛主编《当代女性主义文学批评》，第212页。
② 〔法〕埃莱娜·西苏：《美杜莎的笑声》，张京媛主编《当代女性主义文学批评》，第232页。

身体那样，妇女一直被暴虐地驱逐出写作领域，这是有着同样的原因，依据同样的法律，出于同样的目的。妇女必须把自己写进本文——就像通过自己的奋斗嵌入世界和历史一样。"

在这种复杂的历史语境中，西苏再次表述了"躯体写作"概念：

> 我从未敢在小说中创造一个真正的男性形象，为什么？因为我以躯体写作。我是女人，而男人是男人，我对他的快乐（jouissance［法］）一无所知。我无法写一个没有身体、没有快感的男人。

换句话说，男人或以男性为中心的文化传统对女人也"一无所知"；男性笔下的女人也是"没有身体、没有快感的"，也是非真实的女性形象。这种结论也许把纷纭复杂的文学史简单化了，不过这与其说是西苏的偏激，不如说是她执守女性主义立场，通过审视西方男性中心的写作传统，揭示其中的虚构与偏见，鼓励女作家以自我对历史独特的体验进行写作，并以此颠覆传统对女性种种不真实的界定与表达。无论伍尔夫还是西苏，她们的理论都试图证实女性写作的合理性，说明女性介入历史建构的种种可能。如果说这是一种欲望，那么这种欲望最终体现的仍旧是女性的历史要求。当年西蒙·波伏娃从唯物史观角度考察妇女问题，她绝不相信"妇女有其天性"的说法，认为女性是社会、历史和文化的综合产物，而不是在二元对立基础上对男女两性的定义：女人是混乱、欲望型的，男人是清醒、理智型的……如果执意要对西苏的女性主义观点做一种纯粹身体欲望的阐释，认为女人比男人更具动物性和非理性，女性写作便有可能重新落入女性主义学者极力回避的男性中心文化将女性本质化和本质先于存在（essentialism）的性别歧视的陷阱。

二

西方女性主义批评始终面临一个悖论：如果迄今为止的文化传统是她们所要颠覆的以男性为中心的传统，而她们本身又来自这一传统，那么哪里是她们的立足之地呢？她们的思想和理论资源又来自何方？尽管她们断言："目前大西洋两岸进行的女性主义批评，我们怀疑它是形成现代西方思想的重要的知识分子思潮的产物，然而我们确信，这种批评必然试图中断它赖以形成的传统。"① 但从她们的具体文字中，可以清楚地看到女性主义理论所受到的"现代西方思想的重要的知识分子思潮"的影响，只是她们在此过程中采取了一种女性主义运作方式，"吸收了西方哲学和文学的话语，并且开始解构这种话语"②，在对历史的重新言说中，把以男性为中心的文化传统所形成的种种叙事拆解得七零八落，使历史呈现出与以往全然不同的景象。

弗洛伊德精神分析学中的"男性生殖器崇拜"曾受到西方女性主义者严厉的批判，但与此同时，弗氏精神分析学的有关理论又是女性主义研究重要的思想资源，恰如伍尔夫在 20 世纪初所言："我们生活在精神分析学的世纪，开始理解环境的巨大影响和它对心灵的启示。"③ 女性主义批评在揭示男性中心文化传统贬抑女性的同时，也利用这一传统中的精神分析方法对历史做别开生面的诠释。例如，弗洛伊德在分析"不可思议"的心理状态时说："归根结底，现实中的不可思议性不是新的或外来的因素，而是心灵中某些熟悉或早已形成的，只是在表现过程中被疏远了。"或者说："当熟悉的东西不熟悉了时，是隐秘的自身的他性，打乱了'现实'表面的标记和条理。"④ 女性主义批评家运用这种理论，认为"妇女在父权制文化中开创性的事业，也许准确地说，就是对不可思议性的正视与挖掘"。她们说，传统的女人形象就像男人的一面镜子，它可以"照映出两倍正常大小的男人形象，具有神奇和美妙的作用"。但当女人注视镜子里自己的形象时，却感到一种"熟悉的陌生化，即弗洛伊德涉及的不可思议性"，女人断言"这不是我"，因为这面"镜子"的功能正在迫使女性去接近一个贬抑自我的"女性范式"，或使女性的"自我敌视具体化"。于是，她们对自身展开疏离传统的想象，"在描述自我与世界、读者和本文的过程中，突然在中

---

① 张京媛主编《当代女性主义文学批评》，第 271 页。
② 〔英〕弗吉尼亚·伍尔夫著，李乃坤选编《伍尔夫作品精粹》，第 3 页。
③ 〔英〕弗吉尼亚·伍尔夫著，李乃坤选编《伍尔夫作品精粹》，第 399 页。
④ 〔奥〕西格蒙德·弗洛伊德：《"不可思议"性》，〔德〕菲力普·雷弗：《心理学研究》，Collier 出版社，1963，第 53 页。

断的一瞬，出现了华莱士·史蒂文曾指出的，'越真实越陌生'"。① 女性主义理论的来源十分庞杂，但弗洛伊德关于潜意识的论述的确产生了不可忽视的影响，上述"镜子"说，可作为女性主义学者运用潜意识理论对女性文本疏离性的揭示。

在这些女性主义批评理论被介绍到本土之前，当代中国大陆的女性写作已表现出与某些宏大叙事主题的疏离倾向。对当时这些作品而言，理论不过是一种后天的说明。50年代末60年代初，茹志鹃小说引发的论争就是明显的例子。与当时主流趋向有所不同，茹志鹃没有描写炮火硝烟的正面战场，也没有表现轰轰烈烈的土改和农业合作化运动，总之，她的小说没有表现当时特别流行的大主题和大场面，而流连于这些大主题或大场面的边边角角：《百合花》中小战士与新媳妇之间发生的"没有爱情的爱情牧歌"②；《静静的产院》里谭婶婶对新接生法喜忧参半，却又硬撑面子，不肯输给年轻女人的微妙心理；《春暖时节》的静兰在一个忘我的革命年代对丈夫怅惘而不安的细腻感受……当时有的批评家对茹志鹃这些作品的特点不以为然："选取大题材，把人物放在尖锐斗争中，并用强烈色彩烘托，用粗线条勾勒，恰恰是作者的短处，她的能力不能运用自如地发挥出来。"③ 但女作家冰心对茹志鹃小说的理解却更具灵犀，她说，茹志鹃是以一种"妇女的观点，来观察、研究、分析解放后的中国妇女的"，因此她的作品，"特别是关于妇女的，从一个女读者看来，仿佛只有女作家才能写得如此深入，如此动人！作为一个女读者，我心里的欢喜和感激是很大的"。④ 不过，尽管他们对茹志鹃小说的评价不同，却都从不同角度认为这位女作家对当时流行趋势采取了一种疏离姿态，一方说她缺乏驾驭"大题材"的能力，另一方则强调她的女作家身份。实际上，茹志鹃小说对当时的"大题材"

① 〔德〕桑德拉·吉尔伯特、苏珊·格巴：《镜与妖女：对女性主义批评的反思》，张京媛主编《当代女性主义文学批评》，第288、289页。
② 茹志鹃：《我写〈百合花〉的经过》，孙露西、王凤伯编《中国当代文学研究资料·茹志鹃研究专集》，浙江人民出版社，1982，第45页。
③ 伊新：《关于茹志鹃创作风格的讨论》，孙露西、王凤伯编《中国当代文学研究资料·茹志鹃研究专集》，第177页。
④ 冰心：《一定要站在前面——读茹志鹃的〈静静的产院〉》，孙露西、王凤伯编《中国当代文学研究资料·茹志鹃研究专集》，第291页。

也有贴近和一致的地方，作家的表述方式也不是意识流的，但读者还是从大量时代写作中一眼看出她的小说与众不同，这些作品在"大题材"无暇顾及的边缘处，把女性写作的"不可思议性"潜入故事表层叙述的底里。

伍尔夫曾把女性写作的疏离性解释为女性在历史上幽闭的境地。她说，"甚至在十九世纪，妇女也几乎仅仅在她的家庭和情感之中生活"，写小说的妇女，"由于她们的性别，而被排除在某些种类的人生经历之外。而人生经历对小说有重大的影响，这是无可争辩的事实"，由于"她们被强行剥夺了在中产阶级的客厅内所能遇到的事情之外的一切经历，对她们而言，关于战争、航海、政治或商业的任何第一手经验，都无从获得"。① 一般说来，当代中国大陆妇女的生活经验与 19 世纪英国中产阶级妇女有许多不可比性，当时流行的说法是"时代不同了，男女都一样""妇女能顶半边天"，而且大批妇女走向社会，与男人一起参加各种社会工作也是事实，按说她们不能算是在历史幽闭境地的女性。但这一切在革命之后来得那样突然，仿佛一夜之间，旧貌变新颜，新人换旧人，冯沅君、庐隐、凌叔华、苏青、张爱玲等现代女作家描写的那些被遮蔽在社会屏风背后的女人生活，已经成了遥不可及、差不多被遗忘的历史。实际上，文化并没由于政权更迭便随即"改朝换代"，千百年来女人须在男权社会里讨生活，在依傍男性中寻求生命归宿的历史，不是政治和社会变动在一朝一夕间所能改变的，所以张爱玲曾不无沮丧地说："女人……女人一辈子讲的是男人，念的是男人，想的是男人，永远永远。"② 历史和文化塑造了女人，使她们不仅更看中自我生命寄托的方式——一个必须有所皈依的情感世界，同时也造成她们疏离主流叙事的写作倾向，使她们的作品比较侧重她们的自我生活体验。承认这种女性的历史和文化境遇，女性写作也许并非拥有"她自己的一间房间"，拥有和男人一样的工作，就可以表达和男人一样的"关于战争、航海、政治或商业"的宏大主题，而将依旧传递出亘古以来文化浸染的一段心曲：一个游离于流行趋势，更关乎自己命运的叙事主题。

丁玲是中国文学史上与现代政治联系紧密的女作家，她坎坷的身世与

① 〔英〕弗吉尼亚·伍尔夫著，李乃坤选编《伍尔夫作品精粹》，第 401 页。
② 张爱玲：《有女同车》，《杂志》月刊 1944 年第 13 卷第 1 期。

她写作的疏离状态关系密切。丁玲早期的小说就已表现出疏离倾向，比如
《梦珂》发表于人们为沐浴着欧风美雨的现代想象而雀跃欢呼的时代，但是
她却以女性的敏感，表现一个村姑对现代都市的仰慕，不过是十分盲目的
一厢情愿的期许。作品具体讲述的是女青年梦珂从乡下来上海姑母家，从
爱上有现代绅士风度的表哥到爱情幻灭的故事，当梦珂悲叹自己纯洁的感
情被表哥玩弄、亵渎时，现代都市唯利是图的丑恶嘴脸便被暴露得一览无
余。"梦珂的故事象征了走入资本主义都市生活的女性的共同命运：从乡村
到都市，从反封建到求自由，非但不是一个解放过程，而且是一个从封建
奴役走向资本主义式性别奴役的过程，也是女性从男性所有物被一步步出
卖为色情商品的过程。"[1] 女性对现代都市怀疑的目光，恰恰游离甚至瓦解
了一个关于现代性的神话。至 40 年代《我在霞村的时候》和《在医院中》，
丁玲笔力更见犀利，当文学普遍赞颂"解放区的天是明朗的天"，她描写的
却是解放区生活的斑驳杂色。一个被日军强奸，后来又被派遣打入敌人内
部的女性——贞贞，胜利后却被村民们鄙夷："尤其那一些妇女们，因为有
了她才发生对自己的崇敬，才看出自己的圣洁来，因为自己没有被人强奸
而骄傲了。"（《我在霞村的时候》）另一篇描写一位知识女性被派往延安后
方妇产医院，她周围的领导和同事"对女同志既不需要尊敬和客气"，又对
业务"完全是外行"，由于她不能与这些人"打成一片"，自己也成了流言
蜚语攻击的目标，最终不得不离开这所医院（《在医院中》）。革命化环境
中却处处闪现旧生活的幽灵，女性遇到了前所未有的两难处境：她们本来
怀着反抗阶级和民族压迫的满腔热情投奔革命，但革命并不像她们想象的
那样圣洁，革命营垒中的一些人骨子里很可能全是腐朽观念，使她们在表
面上"男女平等"的日常生活中依旧摆脱不了"风刀霜剑严相逼"的压抑
感。因此，在对解放区一片光明的写作声浪里，丁玲的小说和她本人却很
快受到批判的遭遇，的确让人不得不留意这位女作家在一个革命大时代孤
寂的身影。

---

[1]　孟悦、戴锦华：《浮出历史地表》，河南人民出版社，1989，第 110 页。

三

女性写作的疏离倾向并不意味着像丁玲这样的女作家试图逃离历史，或者索性躲到历史帷幕背后，让自己的作品不再与历史发生联系。女性写作往往在拆解历史的同时，形成女性对历史的另一种叙事。70 年代末 80 年代初曾汇入人性启蒙写作潮流的女作家，后来对这一命题的拆解就是一个说明。王安忆曾有一段道白："我们正在经历一个人性大启蒙的时代，这个时代说实在开始得有点晚，同时又延续得过长了。那是因为我们从无视人性的历史里走来，所以我们格外迷恋这个肯定人性的时期。我们曾有过几次走进这个时期，又走出这个时期，再又走了进来，爱不够似的，也叫作历史的重复，这是充满人道主义热情的世界，特别能够满足对人对己的感情需要。"① 这"格外迷恋"和"爱不够似的"说法里包含她对时代的反省。

启蒙就其本义而言，是通过教育使人自觉到自己所处的环境和他（她）作为一个自然体与生俱来的权利。80 年代初许多作品通过讲述"伤痕"的故事宣传人道主义，启发人对"文革"扭曲人性的批判。与当时流行的"伤痕小说"相比，王安忆的作品不侧重表现启蒙者对芸芸众生的悲悯，而是让读者和人物一起体验平实生活中那些扣人心弦的瞬间感受。80 年代中后期她的《小城之恋》《锦绣谷之恋》《荒山之恋》《岗上的世纪》描写的都是一些普通人的人生际遇，人物经历的"文革"背景只是故事的由头，作家并不打算追随时尚，倾诉"伤痕"，反思历史，做忏悔人生的自我表白。在"这个肯定人性的时候"和"充满人道主义的世界"，她的小说不仰视启蒙者高大的形象，或期待传统叙事中英武高大的男性形象救助女性，而把男性和女性放在人性思考的"同一地平线"上，认为"大家的视野都是同等的疆域"，以体察和探测男女生活交往中人性的力度。

依从时代潮流，《岗上的世纪》本可以把生产队长杨绪国和知识青年李小琴的感情纠葛写成一段美好而略带伤感的爱情回忆，就像流行歌曲《小

---

① 王安忆：《漂泊的语言》，作家出版社，1996，第 79 页。

芳》中唱的那样。但王安忆并不打算迎合时尚，作品从李小琴为争取"招工"指标而挑逗杨绪国，逐渐转移到两性相吸而一发不可收拾的性描写上，展示在一个特殊环境中，人性从孱弱到"开创了一个极乐的世纪"的过程。在一个思想荒芜、文化专制、男女之间一点私情也被视为大逆不道的时代，小说却揭示在激烈而浮泛的政治声浪底层，生活依然有故事：劳动的故事、性爱的故事……王安忆在讲故事时也没扮演悲天悯人的角色，她的小说只是令人信服地表示不论什么年代，只要有人群就有生动的故事，由于存在这些故事，文化专制对人性的压抑才显露出愚昧、荒谬和脆弱的底色。小说中人物带有时代印记又不拘囿于此，李小琴主动接近杨绪国，目的是得到一张招工表，当她料定杨绪国不会出演一场"英雄救美"的正剧，在回城近于绝望的时候，生活的河流却未就此干涸、停滞，它汇聚着青春的冲动和生命的渴望汩汩淙淙地流淌开来，让李小琴和杨绪国享有生命的巅峰时刻。"伤痕小说"的"伤痕"意向往往编织在爱情故事里，表现理想和美好的爱情对人性的拯救，而《岗上的世纪》不谈爱情，小说中性爱描写也不断面临传统和世俗严峻的挑战，但是"这里确实有着对人性的普遍尊重，以及平易近人的谦虚"，王安忆无意做"给大众上课的老师"[1]，她只给读者讲述"文革"上山下乡运动中发生过的一个故事，却开拓出80年代"伤痕小说"难以囊括的另一片人生疆域。

一般说来，人们比较乐于接受传统或时尚的写作模式，喜欢好听的故事，反而把文学和人生的关系淡漠了。对此，王安忆有对自己写作的承诺：

> 一个人面对着世界，可以与大家携起手，并起肩，共同战斗。而他对着自己的内心，却是孤独的……可以欣慰的是，当一个人孤独地与他自己作战的时候，几乎所有的人都在孤独地与自己作战。我想，我的文学，就将是为这些个孤独的战场进行艰难而努力的串联与联络，互相提供消息，告诉人们，他们并不是孤独的，整个人类就在他们背后。[2]

[1] 王安忆：《漂泊的语言》，第 79 页。
[2] 王安忆：《香港的情与爱》，作家出版社，1996，首语。

如果说，王安忆 80 年代的小说是从文学角度向人们"提供消息"，"告诉人们"：还有"人性大启蒙"远不能涵盖的一些既是普通人的又关乎"整个人类"的内容；那么，90 年代她的《叔叔的故事》①就彻底颠覆了流行于 80 年代的一个启蒙者的神话。作品开篇写道，"我终于要来讲一个故事了。这是一个人家的故事，关于我的父兄"，即"叔叔的故事"。也可以说，这个有关叔叔的故事讲述的是 80 年代一个"启蒙者"的往事。这里不想具体分析作品的元小说方式，形式主义的诠释几乎无法传递叙述人不断出入"叔叔的故事"所形成的对 80 年代的文化反思。这里只把小说分为两部分：第一部分是"我"介绍叔叔个人遭遇的不同版本，除了那正版的、在读者中流行的受苦受难的"普罗米修斯一般"的英雄故事之外，几乎每个版本都在瓦解正版叙事，瓦解叔叔头上启蒙者的光环；第二部分描写在倾诉苦难成为时尚的年代，叔叔的"流氓"和"右派"问题平反了，他进城当了专业作家，在他终于踏上人生红地毯后，却发现自己并不是生活的"幸运者"，解构的意向蕴含在比较直观的小说内容里。

在一群没有"普罗米修斯"般人生体验、比叔叔更年轻的"我们"中间，叔叔背负沉重的历史来追逐时尚，力不从心是必然的，但他最终败下阵来，却不是由于和"我们"的角逐，而是他原来承载信仰并当作资本的那段历史，被他的女人和孩子彻底拆解了。女人是实在的，女人生的孩子更是实在的，他们无情地摘下叔叔的面具，使他无法在虚构的天地遨游。那女人的话简单明了："你撇得掉女人，撇得掉儿子吗？"现实中的女人和儿子找上门来，意味着叔叔再也圆不了一个无辜受难者经历心灵炼狱的故事。叔叔的故事曾感动了成千上万读者，甚至使她（他）们想充当其中一个角色，做中国的"十二月党人"和俄罗斯"鹰和乌鸦"童话中高翔的鹰。但他的故事却感动不了他的女人，作为故事的重要角色，她根本不想了解其中的微言大义，尽管叔叔曾对此做了令"我们叹服不已"的解释：女人同意离婚时是这样说的，"人在危险时，就当拉一把，人有了高远的去处，则当松开手"，但在叔叔为女人设定的"镜子"里，读者马上看出"那不是"她。在她看来，叔叔必须对儿子尽父亲的责任，但恰恰是这个逻辑简

---

① 王安忆：《香港的情和爱》，第 1～77 页。

单却又很实际的问题难倒了叔叔。因为这个儿子在他生活中再度出现，意味着他将失去自己在精心构制的历史之上所得到的一切，包括获得那些迷恋"受过苦难的男人"的"我们的女孩"。于是还没等到叔叔与苦难的历史一刀两断，儿子大宝就向他举起菜刀，就在大宝举刀向父亲（即"叔叔"）劈过去的瞬间：

> ……叔叔忽然看见了昔日的自己，昔日的自己历历地从眼前走过，他想：他人生中所有的卑贱、下流、委琐、屈辱的场面，全集中于这个大宝身上了……这一夜，叔叔猝然地老了许多，添了许多白发。他在往事中度过了这一夜，往事不堪回首，回忆使他心力交瘁。叔叔不止一遍地想：他再也不会快乐了。他曾经有过狗一般的生涯。他还能如人那样骄傲地生活吗？他想这一段猪狗和虫蚁般的生涯是无法销毁了，这生涯变成了个活物，正缩在他的屋角，这就是大宝。

苦难不是人生的财富，苦难使人丧失理智和尊严。与其说这是叔叔的忏悔，不如说是作家对那种把苦难当资本炫耀的社会时尚不留情面的讥刺。

《叔叔的故事》发表于90年代初，但它对人心灵的震撼却延续了将近十年。直到近两年出版的铁凝的《大浴女》[①] 和张洁的《无字》[②]，读者依然不难体会尹小跳和吴为的女性人生所潜在的对一个时代的男性神话的拆解。《大浴女》小说扉页上是这样介绍故事梗概的："一个美丽善良的母亲为了两个女儿，为了家，不期有了外遇……然而，来自各方的心理黑暗，却像潮一样弥漫了这爱的鲜活的结晶……多少年过去了，所有人发现这生命并未死去，负罪感随岁月发酵，改变着每个参与者的个性、爱情和命运。"这种概括比较抽象，具体说来，就是"文革"中尹小跳和尹小帆的母亲从干校回城治病，为了延长假期，与医生发生性关系，生下尹小跳的妹妹尹小荃，尹小荃因对尹小跳和尹小帆的嫉恨早夭，最后尹小帆夺去了尹小跳的恋人。这并不像一部描写女性如何"美丽善良"的小说，倒像是在

① 铁凝：《大浴女》，春风文艺出版社，2000。
② 张洁：《无字》，上海文艺出版社，1998。

讲述女性如何伤害女性的历史。但小说引人思索的在于它揭示这种伤害并非出于所谓的"女性本质"，而是畸形的社会环境和男性传统中无限占有的意识给女性带来的无穷灾难。在这个进击的男性社会，尹小帆是击败姐姐尹小跳的"成功女性"：说一口流利的英语，找一个金发碧眼的美国男人结婚，移居美国，获工商管理硕士学位，然后离婚，再找个条件更好的美国人结婚……所以尹小跳对尹小帆的内心评价是："尹小帆是多么忙呵，忙就是参与，忙就是破坏，忙就是破坏加参与，忙就是参与加破坏。不参与不破坏就不足以证明她的存在。"在尹小帆身上倒映出尹小跳由爱而鄙视的男人方兢的影子，而方兢和伊小跳的关系是《大浴女》中描写的又一个"叔叔的故事"。方兢也是80年代初"伤痕"潮里的明星，以此为资本他获得"导师"角色，"他的四周，围满了俊男靓女"，而且他还要去捕获更多的像尹小跳这样的、他未曾体验过的女性。小说描写他用"你是最不寻常的"这类容易俘获女性的字眼和手段，深深打动了尹小跳："她隐隐约约觉得她在这个备受折磨的男人面前是担当得起他要的一切的，如若他再次劳改，她定会伴随他一生一世受罪、吃苦，就像俄国十二月党人的那些妻子，甘心情愿随丈夫去西伯利亚厮守一辈子。"这种仰视男人的心态使他们之间的关系从开始就很不对等，所以当尹小跳"要以一个准备与方兢结婚的人的姿态来判断和要求他的行为"时，方兢鄙夷地说她"婆婆妈妈"，他不想为他们的关系承担责任，他们建立在不对等基础上的感情堤坝随即便塌陷了。这时尹小跳才逐渐开始质疑她生活的时代："那真是一个崇拜名人、敬畏才气的时代呵，以至于方兢所有的反复无常、荒唐放纵和不知天高地厚的撒娇都能被尹小跳愚昧地合理化。那的确是一种愚昧，由追逐文明、进步、开放而派生出的另一种愚昧，这愚昧欣然接受受过苦难的名流向大众撒娇。"

从根本上说，方兢和尹小帆在生活和感情上不断进取的那种 aggressive（侵略的、侵犯的、攻势的）倾向，正是被尹小跳斥为"由追逐文明、进步、开放而派生出的另一种愚昧"，也是现代西方文明的组成部分。如费孝通所言：

　　亚普罗式的文化认定宇宙的安排有一个完善的秩序，这个秩序超于人力的创造，人不过是去接受它，安于其位，维持它；但是人连维持它的力量都没有，天堂遗失了，黄金时代过去了。这是西方古典的精神。现代的文化却是浮士德式的。他们把冲突看成是存在的基础，生命是阻碍的克服；没有了阻碍，生命也就失去了意义。他们把前途看成是无尽的创造过程，不断地变。①

费孝通所说现代社会无尽变化的欲求，不仅指物质占有，也包括它对男女恋爱关系的影响。作品中这种影响先表现为方兢对女人的不断"征服"，后来是尹小帆对姐姐的男人不断"占有"，这些人物在历史场景中频频出现，说明他（她）们的表现已不是纯粹的个人行为或出于偶然，而与社会的历史内涵有某种必然联系。"文革"结束，社会生活义无反顾地在现代化路上渐行渐远，当人们开始普遍思考它利弊得失的时候，却"由于这个时代说实在开始得有点晚"，而越发感觉时尚的潮流锐不可当，它并不由于人们的反思，特别是尹小跳的警觉而有所收敛，相反，她从与方兢分手的感情创伤中刚刚恢复，又受到来自妹妹尹小帆更符合时尚也更强烈的打击。对现代潮流的思考与疏离，使《大浴女》这部也可作为揭示"文革"灾难的"伤痕"之作，有了独特的出自女性视角的人性内容。

四

《大浴女》结尾把人性复归的希望寄托在只活了两岁而且不会说话的小女孩尹小荃身上，希望她像"仙草一样的生命"，化作女人"心房花园里的一株嫩芽"，化作洗浴现代女性焦虑心态的一滴甘露，也许这是作品提供的一个隐喻。按照伍尔夫的说法，直到 19 世纪历史还是由男人写的，"女人"也是在这种男性写作中被完成的。而女性最初的历史究竟是怎样的？除了关于母系社会的一些断简残片，"我们一无所知"，正如尹小荃是一个无法表述自己的小女孩。所以伍尔夫说："只要稍加思索，我们即可明白：我们

---

① 费孝通：《乡土中国》，三联书店，1985，第43页。

所提的问题，只有以更多的虚构来作为解答。"① 她在这里使用了"fiction"（中文既可理解为"虚构"，也可理解为"小说"）这个词，如果做一语双关的理解，是否也可以这样说："我们所提的问题，只有以更多的女性创作的小说来作为解答。"伍尔夫接着又说：

> 这答案目前被锁在古老的日记本中，被塞在陈旧的抽屉里，有一半被湮没遗忘在老年人的记忆之中。这答案要到那些地位低微的无名之辈的生活中去寻找——要到那些几乎没有灯光的历史的长廊中去寻找，在那儿，幽暗朦胧地、忽隐忽现地，可以看见世世代代妇女们的形象。

《无字》中吴为和她母亲叶莲子（秀春）、外祖母墨荷三代女人的故事，正是在那"几乎没有灯光的历史的长廊中"与伍尔夫关于女性历史的预言不期而遇。《无字》讲述的是被以往叙事遮掩的"世世代代的妇女们的形象"的一部分。20世纪初，出身"一溜大瓦房"、从小"大门不出、二门不迈"的墨荷小姐下嫁穷困潦倒的叶家后，被婆婆和小姑呼来使去，与家里长工没什么区别，墨荷婚后的身份已和出身门第没有关系，她只是男人"投篮"的"篮筐"——生育器。墨荷在经历了"九死一生"的生育痛苦后死去。叶莲子的婚姻不比她母亲墨荷好多少，只不过墨荷是为叶志清的"投篮"和娘家"大男人"的疏狂送了性命；叶莲子是遭东北军丈夫顾秋水的遗弃而丧失了生活来源。而吴为更惨，她因婚姻失败而"发疯"。三代女人生活跨越一个世纪，与墨荷、叶莲子在历史上黯然无语的境遇相比，吴为后来成为驰名中外的女作家，她与胡秉宸的婚恋惊世骇俗，似已不能被归入"幽暗朦胧"的"世世代代"的妇女们一族。但她的婚姻是不能近观的，胡秉宸是现代国家高层干部，而他身上却发散着"老四合院""彪炳胡家千古的家谱"的霉味，他写给吴为的那首小曲《疼》是对这个人物复杂性的绝妙写照，尽管从字面上"怎么分析，那支小曲也没有黄色的成分"，但在表面对性讳莫如深的语言中，却赋予性一种神秘色彩，引发人在"极

---

① 〔英〕弗吉尼亚·伍尔夫著，李乃坤选编《伍尔夫作品精粹》，第397、398页。

具挑逗性"的暗示中产生有关性的暧昧想象。这首小曲文字粗俗，比古代话本小说里一些作引子用的曲子词之类等而下之，近似民间下层社会流传的有点"荤"的段子。在仕途和政治上，胡秉宸给人以严肃、庄重的外貌，但婚姻生活却暴露了他颇为古旧不堪的文化身份，在他看来，吴为是"一个偷过人、养过私生子的女人，应该很有风月"。与胡秉宸开始追求吴为，并给吴为带来浪漫情怀的场景相对照，新与旧只不过是换个说法，正如钱钟书在《围城》中所言："据说'女朋友'就是'情人'的学名，说起来庄严些，正像玫瑰花在生物学上叫'蔷薇科木本复叶植物'，或休妻的法律术语是'协议离婚'。"女作家吴为在胡秉宸心目中还是"尤物"的角色。吴为虽不喜欢这支小曲，"可是到了胡秉宸给她写这种小曲的时候，她对他的爱已经病入膏肓，不论什么只能照单全收了"。

　　与那种把女性写作当作抒发自恋情绪的表述不同，《无字》不仅表现女性，同时也在审视女性。吴为并不完美，明显的缺陷在于她始终仰慕一个男性的神话。她把想象的历史和想象的男性合为一体："吴为总是把男人的职业和他们本人混为一谈，把会唱两句歌叫作歌唱家的那种人，当作音乐；把写了那么几笔、出版了几本书叫作作家的那种人，当作文学；把干过革命、到过革命根据地的那种人，当作革命……"吴为热爱革命，感激革命使她们母女生活发生的变化，甚至"爱屋及乌"地把革命与革命的参与者混为一谈，不知不觉地就把这人物也理想化了。当婚姻和家庭把一切都变得非常琐碎和具体的时候，如诗如歌的理想情境云消雾散，悲剧便发生了。因为像吴为这种以理想为自己生命常态的人，最可怕的问题不在于生活本身平庸，生活本身就是平庸的，而在于吴为为它涂上理想的光泽，但这层光泽却经不起时间打磨，就像演出结束，大幕徐徐落下，观众不得不回到现实之后产生的心理落差，吴为经受不起她一生都在寻找和憧憬的男性神话破灭的打击，于是陷入一种梦醒来却无路可走、极度焦虑的精神崩溃状态。小说从吴为婚姻破裂写起，细腻而生动地表现了在女性视角中，一个理想的男人偶像坍塌的过程。而且就在吴为精神恍惚却又异常清醒走出"神话"的时刻，历史一幕幕从眼前掠过，其实她所遭遇的一切，早就有她母亲和外祖母痛苦的婚姻做了铺垫。因此，这部近似自传体小说所描写的不仅是吴为个人的经历，也是她记忆中女人"几乎没有灯光"的历史，是她的玫瑰梦破灭后男人"无字"的脸，是女人在历史和文化中的真实处境。

现实与历史仅一步之遥，小说却并不抱怨历史，而是透过传统叙事的版本，从女性角度重新读解历史。在作品中，女人触摸和感知历史的机缘往往就在恋爱、婚姻和家庭这些与男人交往的过程中。尽管小说也描写历史上一些重大政治、军事斗争片段，但那些描写只不过是作品为交代一些必要的人物履历而提供的线索，作品并不十分关心如何评判"他们"在历史上的是是非非，而特别描写女人被抛弃在男人政治生涯之外冻馁交加、漂泊无定的生活，特别是这种生活留在吴为幼小心灵的累累伤痕。于是无论顾秋水还是胡秉宸，他们的现代政治追求、宏大的历史抱负，却与古人对功名利禄的追逐有相似之嫌，因为在这种角逐中女人全都不过是一些"家事"，是男性社会的点缀或附属品，顾秋水可以为他对长官的承诺而狠心抛弃叶莲子母女；而胡秉宸最终需要的也不是吴为这种女人，在他看来，吴为经常想入非非却又往往刺到他的痛处，败坏了他的成就感，不像与他复婚的妻子白帆，俗虽俗了点，却恪守夫贵妻荣的传统，终归使他在人前人后不失体面。作品从吴为失败的婚姻中提出一个尖锐问题：在现代天翻地覆的生活变化中，女人作为性别角色的境遇究竟改变了多少？有谁在认真倾听她们的诉说？现实距离历史到底有多远？吴为对母亲一生的总结，也可看作她对自家三代女人的总结：由于她们试图坚守某些人生信条，保持她们在社会中做人的尊严，于是她们便错过了许多改变命运的机会，从墨荷到吴为这100年左右，女人在社会中的地位并没有多少实质性改变。作品写道：

> 正如吴为的母亲……不可能像有些女人那样幸运，参加选美、上大学、办女报……数尽时代风流，或是当秘书、招待、工人、演员、二奶、作家等等自谋生路，更有跳舞、唱歌、骑马、游泳、演讲、演戏等等，想也不曾想到的人生享受。
>
> 如今，一个世纪即将过去，各种花式虽有翻新，本质依旧。所谓流行时尚，不过是周而复始地抖落箱子底儿。本世纪初的女人和现时的女人相比，这一个的天地未必更窄，那一个的天地未必更宽。

西方有人预言，随着冷战结束"历史终结"，小说也将由于缺乏叙事对象而衰亡，"虚构的危机说到底是意识形态的危机，也就是'历史终结'的后遗症"①。但女性写作的历史和现实都提醒我们，这种说法很可能是需要拆解的又一种历史虚构。在有关冷战的历史叙事之外未必就再没有了历史，就像并非出自西苏本意而在商业化的女性"躯体写作"的喧嚣之外，未必就再没有了女性写作一样。女性的社会边缘性和女性写作在历史上的疏离状态，说明女人充分表述历史的愿望还远远没有实现。说不定哪一天，女性写作会给读者带来关于历史更多的想象和惊讶：原来历史是这样的，至少在女人眼中是这样的！因为有像丁玲、茹志鹃、张洁、王安忆、铁凝这样的女作家，她们的作品已然给了我们这种启示。

---

① 陈晓明：《"历史终结"之后：九十年代文学虚构的危机》，《文学评论》1999 年第 5 期。

关于现当代文学史写作的几个问题[*]

田建民^{**}

2000 年可以称为现当代文学史写作的讨论年。在本年度，现当代文学史写作的问题成为现当代文学研究的重点和热点问题。对这一问题，学术界有两次大的集中讨论：一次是 3 月 20 日至 25 日在海口召开的由《文学评论》编辑部和海南师范学院中文系共同主办的"中国现代文学史编写"研讨会；另一次是 11 月 4 日至 10 日在广东肇庆市西江大学召开的中国当代文学研究会第十一届学术年会，这次会议的主要议题是讨论当代文学史的写作与学科建设。另外，钱理群、陈美兰、曹文轩、程光炜等人就洪子诚先生新出版的《中国当代文学史》一书，集中发表了一组"中国当代文学史写作笔谈"①；李杨、王光东、刘志荣等人就陈思和主编的《中国当代文学史教程》展开了讨论②；而王富仁先生又以《关于中国现代文学史编写问题的几点思考》为题发表了长篇论文，就"史""文学""现代性""文学史"等概念进行了理性的辨析与阐释③。这是新文学诞生以来就新文学史的编写问题所进行的群体性的规模最大的讨论，或说是前些年王晓明、陈思和诸位先生呼吁"重写文学史"所掀起的一次冲击波。学者们就文学史的创新、分期、多元性、现代性及编写的方法、体例、内容等方面进行了富于个性的深入思考或讨论。本文仅就现当代文学的内涵、主流与多元、普及型的

---

* 原文刊发于《河北学刊》2001 年第 3 期。

** 田建民，河北大学文学院教授，国家"万人计划"教学名师，中国现代文学研究会副会长。

① 见《文学评论》2000 年第 1 期。

② 李杨：《当代文学史写作：原则、方法与可能性——从陈思和主编的〈中国当代文学史教程〉谈起》，《文学评论》2000 年第 3 期。王光东、刘志荣：《当代文学史写作的新思路及其可行性——对于两个理论问题的再思考》，《文学评论》2000 年第 4 期。

③ 王富仁：《关于中国现代文学史编写问题的几点思考》，《文学评论》2000 年第 5 期。

文学史和研究型的文学史、述史立场与价值标准等几个问题谈谈自己的看法。

一 关于现当代文学的内涵

从 80 年代中期开始有学者提出 20 世纪文学的概念，现在已经有多种冠名有 20 世纪中国文学史的书问世，可见，20 世纪文学的概念取得了部分学者的认同。这种以整体的时间切割来消解现当代文学观念的提法，当时在将人们从长期形成的以政治为核心的一元思维模式下解放出来是起了相当的启示和促进作用的，但是，就文学史的实际情况看，它并不是完美而富于科学性的。某一时期或某一阶段的文学史是要描述出这一时期或这一阶段文学的总体概貌、发展走向及它与其他时期或阶段文学的不同特色，而不是不考虑文学发展特点的时间切割，也不应如勃兰兑斯似的只论述一个世纪的某种文学思潮或流派。文学史不像一块豆腐，可以由着我们整整齐齐地切割成大小均等的方块。文学的发展更像绵延流动不息的长江大河，我们对这条大河的把握，考察它某一段的地形地貌、水流情况等，比量出它的长度进行等距离地分割更有意义。所以，按照 19 世纪、20 世纪、21 世纪……这样的分期法来写文学史，显示不出文学发展的特点和规律，因为文学的发展变化不一定都发生在世纪之交的交界点上。可见，用 20 世纪文学的概念来消解或代替现当代文学的概念是不妥的。

既然 20 世纪文学的概念不能消解或代替现当代文学的概念，那么，是不是现代文学和当代文学的概念就名副其实呢？它们分别具有什么特定的内涵呢？其实，用现代文学和当代文学的概念也是特定时代下的权宜之计。一般来讲，就时间上来说，现代文学是指从 1917 年的五四运动到 1949 年新中国成立前夕，当代文学则指自新中国成立至现在。从整个文学史来看，不可能在几千年的文学发展长河中专门截出 30 多年称为现代文学，当代文学也不可能像滚雪球似的永远无限期的当代下去。其实，现代文学和当代文学不是两个性质不同的概念，而是同一事物不同发展阶段的两种名称。从发展的趋势来看，或者是现代文学逐步地占领当代文学的地盘，阶段性地向 60 年代、70 年代、80 年代推进；或者是把当代文学变成名副其实的当代文学，把它规定为一个恒定的变量，以近 10 年或 20 年为当代文学，而当代文学这个雪球滚过去的都归现代文学。就现代文学和当代文学这两个概念的特定内涵来看，所谓"当代"，即"当前""现在"之义，即与英文的"contemporary"一词同义；但它还寓有"当朝""本代"的含义，与我们现在的《当代文学史》和《共和国文学史》是同一概念，即与"当代"的后一个寓意相合，因而模糊了它的"当代性"。所谓"现代"一词用在"现代文学"这一词组中也不等同于英文的"modern"，它有"现代性"的含义。所谓"现代性"：一是指形式，即不同于古典文学的白话文形式；二是指内容，即"五四"科学民主的理性精神。这种"现代性"是现代文学，也是当代文学最本质的特征。正是由于这一特征，我们才说现代文学和当代文学是同一事物不同发展阶段的两种名称，而不可以决然打为两截。它们不能笼统地被 20 世纪文学的概念消解，它们自己组成了"五四"新文学的河流。所以，所谓"中国二十世纪文学史""中国现代文学史""中国当代文学史"都不如"中国'五四'新文学史"更为科学和合理。如果要分段的话，可以根据历史发展情况分为若干阶段，如"中国'五四'新文学史"（新民主主义阶段、社会主义阶段等）。

二 主流与多元

多年来，我们对主流文学的认识走进了一种误区。我们总是把那些与时代政治运动结合紧密的文学视为主流文学。比如，从 20 世纪 30 年代的"左翼文学"、三四十年代的"抗战文学"、新中国成立前后的"土改文学"和"农业合作化文学"、"文革"时的"革命样板戏"到新时期的"改革文学"，都是我们以往所说的主流文学。其实，现当代文学从本质上来说，都属于"五四"新文学的源流，我们写文学史都要着眼于这个大的文学源流。考察现当代文学中的作家作品、文学思潮、文学运动和文学流派，都要把其放到"五四"新文学这个大的源流中来分析和定位。首先看其是否在形式和内容上都符合"五四"新文学的本质规定。即形式上是白话文作品，那种旧体诗或文言小说、散文无论写在什么时期，反映什么样的主流思想，我们都不能让其占领我们现当代文学史的地盘；从内容上讲，那些反映"五四"科学民主精神的作品和思潮，不管它在当时特定的时代环境下多么处于边缘，多么不受重视甚至受到排挤或批判，我们现在写新文学史的人，应该着眼于整个新文学发展的源流而认定它是新文学的主流。相反，有些在特定时代与政治运动结合紧密却与"五四"科学民主精神背离的所谓主流文学，把它放到"五四"新文学这个大的源流中来考察，它只不过是一个小小的支流甚或是逆流。这里要认清的一个问题是，"五四"提倡的科学民主的理性精神，到现在已经将近一个世纪了，这种思想是否已经过时了呢？我们说，"五四"提出的科学民主的任务远未完成，现在各种封建迷信活动的泛滥、人们民主意识的淡漠就是明证。"五四"的科学民主精神，具体到文学中就是反对封建迷信和封建专制，主张人性、人的独立平等意识的"人的文学"，特别是妇女解放、个性解放、婚姻自主，构成了"五四"的民主激流。这种"五四"的科学民主精神，是新文学现代性最重要的特质，我们写新文学史的人不能够忽视，更不能够丢掉，而是要坚持和深化。我们有些学者就是在自觉或不自觉地坚持这种"五四"精神的原则上，写出了具有突破性的文学史。比如陈思和先生的《中国当代文学史教程》，其中所提的"潜在写作"坚持的就是这种"五四"科学民主精神的原则。

了解在整个新文学发展的源流中，那些反映了"五四"科学民主精神的作品和思潮属于这个源流的主流这一事实，我们再来谈主流与多元的问题，就容易得多了。在现今的这种多元文化格局之下，许多人呼吁打破以往现当代文学史的一元价值观，构建多元格局。我们说，就整个新文学发展的源流来说，所谓"多元"就是承认"众声喧哗"，而绝不是"无主题变奏"。具体来说，这个"多元"，就是在形式上的无限"多元"和内容上的有限"多元"，所谓形式上的无限"多元"，就是要打破以往只认定现实主义，甚至社会主义现实主义或革命的现实主义和革命的浪漫主义相结合的所谓"两结合"的创作方法，而承认我们的新文学史中既有现实主义、浪漫主义，又有超现实主义、唯美主义、象征主义、现代主义、后现代主义等，不管什么主义，只要它提供了一种值得人们欣赏的文学范式，我们都可以把它写进文学史进行介绍和欣赏；所谓内容上的有限"多元"，就是打破以往单纯地以政治标准和阶级立场为标尺来选择和衡量作家作品，而尊重文学这种"允许人们以任何方式讲述任何事情"的特点来选择和评价作家作品。① 这样，我们的眼界才会放宽，才不至于把眼睛只盯在那些有明显的阶级色彩和政治倾向的作家作品上，而同样关注那些表现爱情、亲情、友情及人类之爱、自然风光、生命体验、命运抗争等以人性和美为描写对象的作家作品。但是，我们在注意文学范式的多样性和文学内容的宽泛性的同时，更要注意反映新文学的现代性，即理性与科学民主的"五四"精神，拒斥那些宣扬封建迷信、强权暴力及没落情调的作家作品。这就是我们的既注意"五四"新文学发展源流中的主流，又注意文学自身特点的多元的宽容态度。

三 普及型的文学史和研究型的文学史

我们的文学史可以有两种类型，一种是普及型的，一种是研究型的。所谓普及型的，就是一般用为高校教材或写给一般文学爱好者看的。这样的文学史，要求通俗全面。所谓通俗，就是以一个导游的身份，把新文学的发生发展以及新文学这个奇妙园林中的每一处景点介绍交代清楚，在这个介绍交代的过程中，也应该像导游一样，使用朴实凝练而不妨带点轻松幽默的语言，尽量少用或不用学术术语。所谓全面，就是全面系统地考察新文学发生发展的全过程，要点、线、面兼顾。所谓"线"，就是理清新文学发生发展的脉络，各种文学运动、文学思潮或流派的承传关系。如 20 年代初的"为人生派"与 20 年代的"乡土文学流派"、20 年代以李金发为代表的"象征诗派"与 30 年代的"现代诗派"、40 年代的"中国新诗派"（"九叶诗派"）以及新时期开始后的"朦胧诗派"等的承传关系；所谓"面"，就是从总体上对文学背景、文学现象及作家作品的概括介绍或论述；所谓"点"，就是对那些在文学史上起到重大影响、改变了文学的面貌或发展方向的文学运动、文艺思潮或论争及重点的作家作品的论述或评析。总之，这种普及型的文学史，既要有清楚的线索、全面的反映，又要重点突出。

① 〔法〕雅克·德里达：《文学行动》，赵兴国等译，中国社会科学出版社，1998，第 3 页。

研究型的文学史是写给圈内人即搞现当代文学教学或研究的同行们看的，这些人对新文学园林中的各个景点都已比较熟悉了，他们不再满足于导游一般性的引导和介绍。他们希望有新的发现，最起码是对旧景观有新的体验和新的认识。他们需要的不是导游，而是具有创新精神的探索者和发现者，是具有独特个性的欣赏者和评论者。并且，既然这种文学史是写给圈内人看的，语言可以华丽典雅，甚至行话、"黑话"都可使用。所以，这种研究型的文学史，不要求面面俱到，也不要求拉出清楚的文学史的线索，但要求作者充分地显示自己的学术个性，要求必须在方法或观念上有新的创意。我们以前众多的文学史，基本上是普及型的文学史，我们所说的"重写文学史"，在很大程度上，特别是对我们圈内的人而言，是期待这种研究型的文学史的出现。

四 述史立场与价值标准

为了摆脱过去文学史写作的单一政治模式的束缚，有的学者采取一种"还原历史"的述史方法，力图以不带倾向性的评价而只是按照历史的本来面貌来冷静客观地描写新文学发展的历史。我们说，这种努力是可贵的，却是难以实现的。因为历史是不可能"还原"的。历史只是一堆零乱的原始的材料，把这些材料原封不动地搬来不仅是不可能的，而且就算能够搬来堆在一起也算不上一本史书。所以只要作史就要对这些材料进行梳理和选择，就要把选择出来的材料进行贯穿和连缀，选择哪些材料和用什么样的方法和线索把它们贯穿起来就显示了作者的述史立场和价值评价。就是在这个意义上，我们可以说"一切历史都是当代史"。有人把写史比为搭积木，一堆零乱的积木，可以搭出各种各样的形状，是搭成长城、楼房还是搭成桥梁，全看我们的选择和用意。文学史也是这样，是肯定"学衡派"还是肯定"新青年派"，是肯定"民族主义文艺"还是肯定"左联"，是把胡适作为专章来写，还是把鲁迅作为专章来写，是把徐志摩作为专章来写，还是把茅盾作为专章来写，这就有一个述史立场和价值评价问题。我们认为以单一的政治立场不科学、不妥当，也不必就采取怀疑主义或取消主义的立场。笔者认为，我们的新文学史家应该承认新文学的产生是中国文学发展史上的一场革命，它具有现代性，即科学民主的理性精神；它促进了文学的发展，促进了人的意识的觉醒。这些基本的观点，对搞新文学的人来说，就像数学中的公理和定义一样可以去使用而无须去证明。只有站在这样的立场上来叙述历史，才能比较科学而真实地描绘出新文学发生发展的历史。

文学史写作躲不开的除述史立场外，还有一个价值评价的问题。一部文学史选择哪些作家的作品并怎样表述这些作家的作品都有一个价值评价的问题。洪子诚先生的《中国当代文学史》被人们认为是以客观冷静的态度"努力将问题'放回'到历史情境中去审查"的"触摸历史"式的叙述。但作者自己又不无困惑地表示："我们究竟能在多大程度上搁置评价，包括审美评价？或者说，这种'价值中立'的'读入'历史的方法，能否解决我们的全部问题？在这条路上，我们能走多远？""各种文学的存在是一回事，对这些作出选择与评价是另一回事。而我们据以评价的标准又是什么？这里有好坏、高低、粗细等等的差异吗？如果不是作为文学史，而是作为文学史，我们对值得写入'史'的文学的选择依据又是什么？如果说文学标准、审美标准是必要的话，那么，我们的标准又来自何方？在这种情况下，'历史还原'等等，便是一句空话。我们最终只能依据强烈的主观性，来作出我们的选择和判断。"① 从洪先生的表述可以看出，在写文学史时"搁置评价""还原历史"只能是一种理论的设想，在实践中是行不通的。洪先生所困惑的是：评价的标准是什么？它们来自何方？我们说，评价任何事物都要有一个标准。比如，我们说一辆车或一匹马的好坏，是以其速度和载重量为衡量标准的；说一台电视机好不好是以其尺寸的大小、接收信号的强弱、清晰度的高低为衡量标准的。评判作家作品，也应该有一个标准。但这个标准不像评判一辆车、一匹马或一台电视机的标准那样显而易见，那样容易被人们普遍地认可或接受。人们会因政治立场、认识水平、性格爱好甚至个人的利益或恩怨选取不同的标准，并对同一个作家或同一部作品做出不同甚至决然相反的评价。正像鲁迅在论到《红楼梦》时所说："单是命意，就因读者的眼光而有种种：经学家看见《易》，道学

---

① 钱理群：《读洪子诚〈当代文学史〉后》，《文学评论》2000 年第 1 期。

家看见淫，才子看见缠绵，革命家看见排满，流言家看见宫闱秘事……"①就是人们这种"随其嗜欲""准的无依"的情况，造成对同一个作家或同一部作品评价"缁渑并泛、朱紫相夺、喧议竞起"（钟嵘《诗品序》）的混乱局面，我们说，评价标准或说文学批评标准，会因不同的时代、不同的地域及人们认识水平的不同、审美趣味的不同、政治立场的不同、看问题角度的不同而有种种。如我国著名的孔子的"兴、观、群、怨"说，钟嵘的"滋味"说，金圣叹的"人物性格"说，李渔的"情、文、风、教"说，王国维的"意境"说直至"政治标准、艺术标准"及"真、善、美"标准，等等；西方也有柏拉图的"政治效用"标准，亚里士多德的"艺术本身"标准，贺拉斯的"寓教于乐"标准，郎加纳斯的"崇高"标准，狄德罗的"启蒙"标准及"别—车—杜"的"人民性"与"现实主义"相统一的标准直至现代派的"反传统"的标准，等等。在这众多的标准中，我们既不能随心所欲地选定一种标准去衡量世上所有的作品，也不能把所有的标准都套在同一部作品之上，而是应当使批评标准与批评对象对应统一，即要依据作家作品产生的特定时代和特定环境及作品的特定形式和内容来选取不同的批评标准。这个标准既不能笼统地说成"真、善、美"那样抽象的概念叫人觉得无法操作，又不能具体到以是否对某项社会运动有利或篇幅的长短，把其变成毫无概括力和普遍性的功利主义或形式主义的标准。评价一个作家伟大与否，要看其作品是否有历史的穿透力而具有长久的生命力，就其作品来说，应主要从审美、价值和道德三个方面来衡量；就其作者来说，应该和同时代作家做横向比较并考察其对后世的影响。比如评价鲁迅，就要联系其作品产生的特殊时代条件，衡量他作品的审美标准应该看其是否有原创性，衡量他作品的思想价值标准应该看其是否表现了反封建的科学民主的"五四"的理性精神，衡量他作品的道德标准应该看其是否表现了人道主义或人性和人民性。就作家自身来说，要看其是否比同时代作家卓越，是否对后世有较大的影响。就作品的原创性来说，鲁迅在我们的新文学史上贡献了第一批新文学作品，显示了"文学革命"的实绩。并且"又因那时的人认为'表现的深切和格式的特别'，颇激动了一部分青

---

① 鲁迅：《绛洞花主小引》，《鲁迅全集》第 8 卷，人民文学出版社，1993，第 145 页。

年读者的心"①。所以，鲁迅是我们小说新民族形式的创造者，我们不能拿史铁生的《我与地坛》来否定鲁迅的《从百草园到三味书屋》，正像我们不能拿现在的霓虹灯或日光灯来否定艾迪生发明电灯一样。就思想价值来看，鲁迅的作品典型地表现了反封建的科学民主的"五四"精神，是《狂人日记》首先揭破了封建礼教"吃人"的本质，是鲁迅的一批小说和杂文最先为妇女解放呼吁，最先表现出对农民的同情，表现出反专制争民主的思想，明确指出中国封建文明的实质就是"其实不过是安排给阔人享用的人肉的筵宴。所谓中国者，其实不过是安排这人肉筵宴的厨房"②。就道德标准来看，鲁迅一开始创作就坚持以人或生命为本位的"人的文学"，其支撑点就是人性或人道主义，后来更是站到了以人民为本位的立场上，为大多数人的解放而战斗，表现了可贵的人民性。他决不听命于任何集团或个人的权力，也不为自己的名利而写作。这种"俯首甘为孺子牛"的精神是最可宝贵的。和同时代的作家相比，无论是从思想的深刻性上，还是从技巧和手法的圆熟方面来看，鲁迅都确实是高出一筹。当人们争相驾起"个性解放""婚姻自由"的船帆在"五四"的时代潮流中搏击风浪时，鲁迅在《伤逝》中却向这些单纯为个性解放和婚姻自由而搏击风浪者显示，前面只有一片"死海"，只有把个性解放和社会解放结合起来，才能开辟出一条通向自由和幸福的航道。当人们都在为娜拉的出走鼓掌喝彩的时候，鲁迅却冷静地追问一句"娜拉走后怎样？"指出在妇女没有独立的经济地位的社会里，娜拉个人的反抗是无力的，所以走后也只有堕落和回来两条路。鲁迅作品中表现的诸如此类的深刻见解和思想，不但与他同时代的作家无人可比，就是在现在，他的一些思想也是无人超越的。至于鲁迅的影响这是有目共睹的，且不说20年代在鲁迅的影响下形成了一个著名的"乡土文学流派"，就是今天，我们的知识分子有谁没有读过鲁迅的书呢？谁不是在鲁迅文学思想的乳汁营养下成长起来的呢？可以说，鲁迅的典范文体，他最清醒的现实主义精神，他韧性的战斗精神熏陶和影响了中国一代又一代知识分子。

---

① 鲁迅：《〈中国新文学大系〉小说二集序》，《鲁迅全集》第6卷，人民文学出版社，1981，第238页。
② 鲁迅：《灯下漫笔》，《鲁迅全集》第1卷，人民文学出版社，1981，第216页。

当然，我们评价一个作家并不是要把这些标准都套到他身上去，只要他具备某一方面的条件，比如他的作品有原创性，或者他的作品表现了反封建的科学民主的"五四"的理性精神，或者他的作品表现了人道主义或人性或人民性等，我们都应该给予肯定。总之，我们的评价标准是依据"五四"新文学发生发展的实际情况，依据"五四"新文学所具有的现代性的特质而确定的，它既是具体的，又是宽泛的、宽容的。

网络时代写作学科的现代化*

金振邦**

一 网络时代的写作学科

在网络时代，写作学科的内涵、性质和功能应该重新进行科学定位。写作学已经不是一门与其他学科相并列的普通学科，而是辐射性很强的综合性、边缘性学科。它开始全方位地向各个领域和学科进行渗透和扩展，并且成为多学科的关注热点和对象。与此同时，许多其他学科的专家却在"侵占"传统写作学科领域，做出了富有成效的研究。可见，在网络时代，写作学科已经没有明确清晰的边界，它正在被新的信息媒介所消解和重构。

写作学科所要培养的能力，是信息时代新型人才必须具备的核心技能之一。从某种意义上说，写作能力是一个人生存的基本条件，是从事专业研究和教学工作的基础。南洋理工大学传播学院蔡崇仁认为："未来一切最好的，例如学校、公司和创意，都不会有人为的划分。未来的特点是打破所有界限，通过多学科研习或经验，促进互补增效作用。""多元化的事业选择——最专业的领域除外——带来了一个很重要的趋势：一个学生如何修读所选择的科目，比科目本身来得重要。我的意思是说，重要的不是课程内容，而是一个学生在研读课程内容的过程中，最终所获得的核心技能。"这些核心技能包括："思路清晰的书写能力、对数字应付自如、善于利用信息科技（使用它们也能培养逻辑思维和伸缩性）和应变的能力。"[1]我们可以说，写作不仅是中文学科学生必修的课程，也是所有人文学科乃

* 原文刊发于《广播电视大学学报》（哲学社会科学版）2002 年第 1 期。
** 金振邦，东北师范大学资深教授。

① 蔡崇仁：《新经济时代的教育》，叶琦保译，《联合早报》2000 年 3 月 31 日。

至自然科学学科所有学生应该掌握的一种核心技能，是任何一个接受高等教育的学生所应该具有的基本素质。

在信息时代，写作学科将被激发出新的生命活力。写作行为从来没有受到这样的重视，它将成为人们生存的一种基本方式。过去，国际上把未能获得读、写及计算能力的人视为"功能性文盲"。现在，这个概念被注入了新的含义。在信息时代，凡是不能适应现代化社会生活方式，不会使用电脑进行写作和信息交流的人，将被视为时代新的"功能性文盲"，即使是那些高智商的专家、教授也不例外。写作学科不仅要面对在校的广大学生，而且还要适应社会各阶层人士学习电脑写作的迫切需求。信息时代赋予了写作学科艰巨和光荣的历史使命。21 世纪，写作将成为人们生存的一种基本方式。人们为了掌握和交流信息，融合于世界文化的潮流之中，必须熟练掌握电脑写作这门信息技术。

二　写作学科面临时代挑战

我们正在进入一个信息化的网络文化时代。它将影响社会生活的每一个层面，深刻地改变人类的思维模式、行为规范、价值观念、审美取向。其中电脑写作，就是一种重要的网络文化现象，它是信息时代人们新的生存方式之一。传统的写作学科正在受到网络文化的严峻挑战。

1. 电脑写作将改变几千年来传统的写作方式

一支笔、一张纸的传统写作方式正在逐渐被淘汰，而电脑键盘的文字输入和屏幕显示将成为一种新的信息表达和传递方式。在传统的写作中，文本的结构总是受三维物理空间制约，并按照时空的线性流程来展示文字，表达作者的思想和情感。作者视点的切换，完全受自己所处空间范围和时间向度的限制。而电脑写作，尤其是多媒体电子文本，完全超越了三维物理空间的局限。它可以使作者的思维处于一种超时空、跨媒体的自由境地，优游于广度概述和深度细节之间，整个写作过程就像在建构一个全息的分子模型。80 年代后期，出现了电脑创作的超文本小说，其叙事结构中穿插了特殊格式的注释、引用、枝节、旁白等，使作品具有了非线性叙事的特色。1990 年 Michael Jovcel 创作的《下午，一个故事》，就是一部艺术上成功的超文本小说。电脑写作具有极高效率和很大的灵活性，文字输入快捷流畅，大块文字可以被随意重新组合，句子可以随意扩张，信息的剪切、复制、粘贴，以及跨文本的调用，都极为方便。

2. 文本的传播和阅读方式，也将发生重大变革

电子文本可被所有网络终端的成员所共享，能瞬间传播，不受时空限制，同图书馆中的印刷文本有着本质的区别。由于网络的连接，所有的电子文本将形成一个巨大的文本信息库，其信息检索功能要远远超过世界上任何一个现代化的图书馆。多媒体电子文本存储的是全息、立体的信息，能从一种媒体流动到另一种媒体，能以不同的方式述说同一件事，能触动各种不同的人类感官经验。它是一系列可随读者的行动而延伸或缩减的交互式信息。各种观念都可被打开，从不同的层面予以详尽分析。其信息的接受和利用率要远远高于单一、平面的书刊文本。而读者阅读电子文本，尤其是"超文本"和"超媒体"，将进入一个更加开放自由的艺术创造天地。他可以互动式地从文本的任何一个媒体或维面切入，进行网状检索，或对某个节点进行放大，以获取图像、声音、文字及其引申说明。他还可决定文本每一部分的阅读顺序，并运用标记代码为文本文件生成一个具有一定格式的层次结构。读者用这种独特的调用和组合，参与了文本的艺术创造，并体现出读者个性化的文化观照。

3. 电子文本同传统文本相比，表现形态也发生重大变异

其一，文本从原子式的稿纸和书籍形态，转化为电脑屏幕上的比特显示。文本的原子形态的传播受三维物理时空的限制，读者十分有限，并随着时间推移使用价值日益降低。而文本的比特形态没有体积和重量，可无限地复制，以光速进行传播，不存在任何时空障碍。它可供无限多的人阅读，其文本价值会因读者的增加而越来越高。其二，电脑文本的体式日趋规范化、标准化、统一化。现在有些电脑软件如 Office2000、WPS2000、写作之星、Works 等，都装载了一些标准文体的模板，有的还有设计精美的封页，作者只要照式填写就行。其三，电子文本的语言风格将日趋简洁。由于网络把时空几乎压缩为零，文本信息的传递将十分快捷。语言的简洁将成为电脑文本的主要特征。尤其是电子邮件，简洁是它的灵魂。精雕细琢的文字和构思精巧的结构，将被简洁的文风所涤荡。其四，电子文本创造

出新的表达方式。它突破了传统文本单一文字媒体的限制，可加进声音、图像甚至动态影像等多媒体因素，极大地丰富了文本的表现力。在电子邮件中，人们还用各种符号，创造出不同的"脸谱"来"眉目传情"，以增加写信情趣。其五，电子文本的差错率将降至最低程度。电脑软件大都装有自动校对系统。如果出现英文拼写错误，中文词汇使用不当，都可得到自动纠正。

4. 写作中传统的线性单一的思维方式，将让位于一种新的非线性网络型思维模式

电脑写作具有三个重要特点：一是非线性，由于电脑超文本的链接功能，作者能随意地从电子文本的一点跳到另一点，从而打破了线性叙事的神圣规律；二是网络性，作者借用电脑的链接功能和丰富的表现力，在不同的媒体、文本之间穿梭往来，不同的因素相互影响和交叉，形成网状结构，大大拓展了思维的自由空间；三是自主性，它指电子文本表达媒体和形式自主选择的丰富性，以及不断复制增长的自我控制能力。电脑写作中的这种新思维，不仅会改变传统写作模式，文本的写作方式、表现形态、传播途径，而且还会改变整个高等教育的模式，并将最终改变人类的整个生存方式。

传统的写作理论将被网络文化重构为一种更加开放的、科学的大写作理论。它不仅研究传统的写作行为及其规律，而且将重点探讨网络写作的新现象、新特征，研究网络写作迅猛发展的哲学基础、思维方式、全新理念。网络文化将写作学科引入了一个无限广阔的发展空间。传统的写作理论已经无法说明网络中的写作现象，并且正在受到网络写作实践的严峻挑战。现在是实践走在了理论的前面，网络时代的大写作理论将应运而生，获得前所未有的发展机遇。

三　写作学科发展的网络文化背景

信息时代的网络文化背景，就像一种"物理场"，制约着整个社会的发展，其中包括写作学科的发展方向。网络文化的基因、核心，就是信息传播新媒介比特的基本特性。比特具有完全不同于原子的性质，没有颜色、

尺寸或重量，能以光速传播，是信息的最小单位，是一种存在的状态，是数字化计算中的基本粒子。比特可无限复制，超越时空障碍，不存在任何边界和疆域。它是一种新的"DNA"突变基因，正迅速取代原子而成为社会发展的基本内核，并创造出全新的理念和社会。

美国莱茵戈德的《思想工具》（1984年）对信息革命做了十分形象的比喻，即毛毛虫要蜕变为蝴蝶之前，须经历独特的巨大生理变化：成虫细胞在蛹身体里的每一个部分制造细菌群；毛毛虫的细胞随之开始死亡，新生的菌群连接起来形成了蝴蝶的身体构造；毛毛虫经细胞蜕变之后重新组合，从蛹中飞升而起，成了春天空中五彩缤纷的蝴蝶。人类接纳新知的过程与蛹蜕变为蝴蝶的变化极为相似。① 网络文化正处于成虫细胞的阶段。网络文化为写作学科的时代转型，提供了全新的观念和理论。

1. 非线性的网络思维

线性思维，是一种直线的、单向的、缺乏变化的思维方式，而网络思维则是由众多点相互连接起来的，是非平面、立体化的和无中心、无边缘的网络结构。它类似于人的大脑神经和血管组织的一种思维结构。比如传统的写作和解读，常采用线性顺序，由于受稿纸和书本有限空间的影响，人们必须按一定的时空和逻辑顺序，来书写或解读某种信息。而电脑写作和解读，信息载体几乎没有空间限制，通过超级链接完全可以突破时间和逻辑的线性轨道，自由翱翔于思维的广阔天地，进行随意的跳跃和生发。思维不再被强制地运行在一个线性维面上，而是允许在四通八达的网络中穿梭往来。传统文本的定位常常靠页码的前后顺序，其修改也是从前往后逐句逐字地进行。而电子文本利用"查找"或"定位"功能，可以超越时空顺序瞬间到达具体目标，尤其是相同问题的修改，可以利用"替代"功能瞬间同时完成。而传统文本属于线性叙事，事件的发展顺序都是精心安排的，就是有插叙、倒叙、补叙等，其叙事流程也不可更改。

2. 信息传递的多感觉通道

电脑多媒体手段，消解了不同感觉通道之间的界限。它意味着人们可

---

① 〔美〕约翰·布洛克曼：《未来英雄》，汪仲、邱家成、韩世芳译，海南出版社，1998，第239页。

同时使用几种感觉，而且可以根据读者需要自由选择感知方式。它以电脑技术为基础，实现了不同媒体的新的艺术综合。尼葛洛庞帝在《数字化生存》中说："多媒体隐含了互动的功能。多媒体领域真正的前进方向，是能随心所欲地从一种媒体转换到另一种媒体。""多媒体必须能从一种媒介流动到另一种媒介；它必须能以不同的方式述说同一件事；它必须能触动各种不同的人类感官经验。""技术和人文科学、科学和艺术、右脑和左脑之间，都有着公认的明显差异。多媒体可能像有些学科——比如建筑学——一样，在这些领域之间架起桥梁。"① 多媒体包括文字、声音（音乐、语音）、图像（图形、图像、动画、视频）等媒体。它们之间可以进行完善的信息交互、转换和融合。人们能够从多种感觉通道去感知关于同一作品的信息，从而获得更加形象、完整、深刻、系统的认识。然而，多媒体多种感觉通道有时会相互妨碍。互动式多媒体由于表现方式过于具体，因此留下的想象空间不足。而传统文本媒介能通过意象和比喻等手段，充分调动接受者主体的创造性想象。不过，电脑文本运用超级链接弥补了它在这方面的缺陷。

3. 时间和空间被压缩为零

比特世界已经超越了时间和空间的概念。在一张光盘上刻录 100 部小说与没有任何信息的光盘相比，重量不会有一点改变。这就意味着通过网络连接，世界将变得越来越小，像一个"地球村"；同时也意味着世界将变得越来越大，人们可以摆脱地域的局限，来到网络所延伸的任何地区。网络中没有空间方位的坐标，只有一个个网点，时间和空间被压缩为零，这对一个民族的文化精神具有十分重要的深远影响。它意味着工作和社会的节奏将大大加快，并会改变人们传统的生活方式。它会溶解学校、社区乃至国家的边界，于是出现了超时空的网上大学、网上商店、网上诊所、网上书店、网上游览等新的事物。然而，电脑网络导致的社会快节奏，也会带来负面影响，网络也是一把"双刃剑"。

4. 超文本的全方位辐射

传统文本只能按照固定的线性顺序一页页读下去。然而人类的记忆属

---

① 〔美〕尼古拉·尼葛洛庞帝：《数字化生存》，胡泳、范海燕译，海南出版社，1996，第 89~148 页。

于网络结构，不同的联想检索导致不同的路径，传统文本无法管理网状信息。超文本类似于人类的网状记忆，像一个全息的、多维的、几重时空的重叠。传统文本虽然在语言方面留出空白，让读者进行充分想象和联想，但结构上没有多少灵活余地，读者只能遵循作者原有思路进行解读。而超文本结构却极富弹性，它允许一组信息以多种方式进行编排，如果一个超文本拥有多个层面，每个层面又有多个可以展开的节点，那么，超文本所能提供的信息组合方式就十分可观。传统文本的结构是封闭的，它们自我完善、彼此无关，我们阅读一部作品时，无法调用另一部作品的信息，更不能将另一部作品的信息纳入阅读的作品结构，而超文本却超越了个别文本的局限，从而使众多文本互联为一个大文本系统。尽管我们需要的文本存储在世界各地的电脑终端，但只要建立了链接，调用另外电脑中的文本信息就易如反掌。然而，传统文本和电脑文本是一种互补结构，传统文本有助于提高和训练逻辑推理能力，电脑文本有利于增强发散想象，拓展思路，摆脱思维定式，但会削弱定向性深度思考。

5. 中心消解的边缘化

在电脑网络中，不存在统辖所有电脑的某个中心，每部电脑既是中心又是边缘。网络上所有电脑都处于平等关系，并且形成一种四通八达的多通道联系。中心消解和电脑终端边缘化，使整个网络充满生命活力。一个中心的消解，激活了所有局部的潜能；一元向多元转化，是事物发展的方向和规律。这种格局使网络上的电子文本都具有平等的地位，其文本价值、效应可以参与网络上的公平竞争，从而使得一些作者的巨大写作才能得到充分的展示和显露。

6. 信息无终极的流动

在传统文本中尽管作者有时留下了情节的空白，并提供了艺术想象的天地，但它仍属扁平的静态结构，缺乏厚度感和立体的延展性，其信息的流动有终极的界限。在网络时代，信息不再是名词，而是动词，信息是情景，是一种活动，信息发生于两个心灵之间，流动不息，每一则信息的价值来自智慧之间的关联。知识的处理和服务将增值，知识性的资产本身在贬值，信息的价值就在活动中。电子文本可以进行网络化或接力式的集体创作，任何一个作者都可以变动文本的结构，改写其中的情节和结局。集体创作的电子文本，总是处于动态的格局之中，不会有终极的形态，作品不可更改的说法已成为历史。网络将更加重视艺术作品形成的过程，而不是为了展现最后的成品。

7. 人机对话的互动性

在传统信息传播方式中，信息流动常常是单向度的，接受者无法对信息施加影响。这种传播方式，往往强化共性，导向一元发展，从而削弱个性的主体地位，抑制多元并存的格局。而在电脑网络上，信息的流动则是双向度的，人们不仅具有自由的选择性，而且能对信息对象施加影响，能按照个性的意愿进行加工和改造。这种人机对话的互动性，有利于人们主体意识的强化，使人类的文化艺术能够获得多元化的发展。电脑超文本，使作品的创作者和接受者相互沟通，创作者可以在网络上对自己的作品进行解释、说明，回答别人的提问，并提供作者的文化背景和创作动机；接受者可以直接参与作品的创作，改变作品的主题思想、情节结构、人物命运和结局。人机对话的互动性，唤醒了人们的主体意识，提高了人们对社会事务的积极参与性，大大激发了人类潜在的创造力。人类通过与电脑网络彼此沟通的经验，可以引发新的思想，并逐步使电脑网络成为改变我们思考模式的主要途径。

8. 将抽象化为现实的虚拟手段

电脑虚拟手段，是连接现实和未来的中介、桥梁。它可以成为人们的理想、预测、设想等超前意识的一个模拟实验室。美国电脑科学家、作家杰伦·拉尼尔曾说："我喜欢虚拟现实的地方在于它提供人类一个新的、与他人分享内心世界的方式。我并没有兴趣以虚拟世界代替物理世界，或创造一个物理世界的代替品。但是我非常兴奋，我们能够穿越真实与虚拟世界的屏障。人类有无限的想象力，一旦退回到自己的脑子、自己的梦想、自己的白日梦中，就成为完全的自由人，世界上的人就此消失于无形。但是每当我们想将梦幻世界中的事情与他人分享时，就发现自己如何受困于现实与幻想之间。我期待虚拟现实提供一个让我们走出这一困境的工具，提供一个和真实世界一样的客观环境，但是又有梦幻世界般的流动感。"[1]

---

① 〔美〕约翰·布洛克曼：《未来英雄》，第239页。

四　写作学科的现代化重构

写作学将重新建构新的开放的学科体系和理论框架。它在与其他学科的融合中，逐渐模糊自己的学科界限，在新的生长点上向其他学科进行浸润和渗透，不断开拓新的学科领域。由于电脑文化的传播和扩散，写作学与计算机学、文化学、传播学、信息学、编辑学、美学等学科的关系日益密切，写作行为很难再成为一种独立的社会现象。电脑及其网络将成为文本信息生成、存在和传递的重要媒介和途径。因此，传统的写作理论已无法适应电脑文化时代的需求，其中相当部分内容将面临淘汰和更新。电脑文本的写作机制、文化差异、传播方式、信息特点、编辑生成、美学形态等将是写作学充满活力的新的学科生长点。随着电脑信息技术的发展，写作将日益成为一种世界性的重要文化现象，反映写作行为规律的写作学理论和体系，应该在一个新的层次上得到更新和重构。

1. 传统的写作学应该尽快转型

数字化和网络化是时代发展的必然趋势，写作学科要生存和发展，就必须使其现代化。信息时代的现代化，其主要含义就是数字化和网络化。如何数字化、网络化，是写作学科现代化一个重要的关键问题。我们应该以一种积极、开放的心态，运用电脑网络所带来的新观念、新理论、新方法，来改造传统的写作理论，重构写作学科的理论框架。写作学科应该从多学科视野的角度进行研究，比如社会学、文化学、心理学、传播学、哲学、美学、计算机学等，不同的研究维面和方向会给写作学科带来发展的生机和一方全新的天地。

2. 应该关注信息时代所面临的崭新的写作研究课题

电脑写作学将是写作学科中一个极富生命力的生长点，它将衍生为信息时代写作学的主体和支柱。电脑写作学将研究电脑写作的思维模式、电脑写作的文化哲学、电脑写作的文字平台、电脑写作的输入方法、电脑写作的信息检索、电脑写作的文体模板、网络文学的艺术创造、电脑学术文体的写作、电脑应用文体的写作、电脑写作的多媒体手段、电脑写作的编辑技术、电脑写作的审美形态、电脑写作的文本管理、电脑写作的网络传输、电脑写作的教学模式。上述内容应该作为一门重要的高校基础课程——"电脑中文信息处理"——在文理科大学生中普遍加以开设，同时还应担负起培训社会在职人员的重任。信息时代的写作学科任重而道远。

3. 网络文学的创作是写作学一个十分热门的话题

网络文学正如火如荼、方兴未艾。网络文学应该理解为是运用网络新的媒介和载体来创作、传播、存储和欣赏，并且以文字为主要媒介的新文学形式。它不仅指运用网络多媒体技术和超文本手段创作的作品，同时也包括传统文学作品的网络化形态。传统文学作品一旦网络化，其文学的艺术功能、社会价值和接受方式，都将发生重大变化。网络文学最根本的还是具有文学特征，它应该像基因那样植入网络文学的机体，成为网络文学与传统文学的融通点。网络文学正在不断地侵蚀、消解其他学科的边界，拓展着文学新的生存空间。网络文学是 21 世纪文学的裂变，是对传统文学的一种更新与重构、挑战与超越，并将最终取代传统文学的主体地位。网络文学的创作规律，是信息时代写作学科又一个新的生长点。

五 写作学科的现代化趋势

在世纪之交社会文化大转型的时代文化背景下，写作学科的理论体系和学术框架，面临着现代化的更新和重构。传统的写作理论已经无法解释和指导信息时代电脑文化中的写作现象。在电脑文化的渗透下，写作的思维模式和运作方式、文本的表现手法、语言风格和形态体式、其传播和阅读方式，都将不断地现代化。写作学将重新建构开放的学科体系和理论框架。它在与其他学科的融合中，逐渐模糊自己的学科界限，在新的生长点上向其他学科进行浸润和渗透，不断开拓新的学科领域。它与计算机学、文化学、传播学、信息学、编辑学、美学等学科的关系将日益密切。电脑文本的写作机制、文化差异、传播方式、编辑生成、美学形态等，将是充满活力的新的学科生长点。现代化是写作理论和实践发展的总趋势。

写作理论在中西方新的学科、理论、方法的冲撞和渗透下，呈现新的发展态势，它主要体现在以下几个方面。

1. 数字化

写作学科的数字化，就是指写作的制作形态、承载媒体、传播方式将实行历史性的转型。所有的写作媒体和写作内容，都可以被0和1这两个数字所分解和整合。这不仅表现在写作学科，其他学科乃至人类生活的其他领域，都面临被数字化的命运。传统的写作方式、原子状态的纸质媒体、常规渠道的传播，将被键盘和屏幕的写作方式、比特形态的信息媒体和网络式的传播速度所取代。在信息时代，写作的网络化趋势已经不可逆转，人们将逐渐运用电脑及网络等新的手段和功能，来写作比特形态的文章，传播写作信息，实现沟通的目的。它同时还包括传统文本的网络化形态。这是传统文本获得新的生命活力，使负载信息增值的必要条件。馆藏的纸质形态的文本，随着时间的推移会逐渐丧失其阅读价值。文本的网络化趋势将引起传统文本质的巨大变化，并极大地影响其历史的发展进程。

2. 应用化

随着信息时代的到来和市场经济的飞速发展，应用性写作将成为人们生活的一种方式，尤其是电子邮件，会成为社会交际的重要手段。现代应用文是新时代经济和文化发展的产物，是社会上使用频率很高的文体。主体内容的经济化、使用范围的国际化、语言表达的双语化、操作手段的现代化已成为它与传统应用文相区别的重要标志。加强现代应用文的理论研究和学科建设，促进各地区经济的发展和繁荣，是现代应用文研究者的神圣使命。现在，有些院校纷纷开设应用写作课程，应用写作逐渐成为写作课程的主体内容。另外，大陆、港澳台应用文在类型体系、结构体式、语言风格、文化内蕴等方面存在差异，如何使应用文的分类、用语、格式等加以简化，采用统一的文字、格式、用语、文体，力求简易实用，以适应全球华人使用，是摆在写作学科面前的一个重要任务。

3. 国际化

由于信息时代各国之间的交往将日益频繁，写作行为将突破某一地域的局限，而成为国际间进行信息交流和文化传播的一种重要方式。写作语言的翻译转化、文本体式的融会整合、信息传递的统一标准等，将引起各国写作者的关注和研究。我们目前首先面临的是大陆、港台之间文本语言、体式等方面的融合统一，然后才是世界写作方式和标准的国际化问题。我们的写作理论应该在这个方面有超前性的研究。

4. 多元化

21世纪是一个多元化的时代，而反映多元化写作空间和需求的写作理论，也必将形成多元化的格局。人们可以从不同的维面和角度，去透视和反映不同领域中写作现象的规律。写作学将会有众多的学科分支，如电脑写作学、应用写作学、文化写作学、古代写作学、基础写作学、文体写作学，以及各领域的写作学科（文学写作、新闻写作、编辑写作、经济写作、科技写作、公文写作、军事写作、司法写作等）。不同的学说、理论可以百花齐放、百家争鸣。不管是古代写作理论还是现代写作理论、传统写作理论还是电脑写作理论、中国写作理论还是外国写作理论，它们都属于一种互补结构，相互渗透和相互整合，它们从不同的维面和层次反映了写作理论的部分规律，都是写作学科理论大厦一个有机的组成部分，某种人为的对峙、争论和辩驳，都是一种视野狭窄、只见其一不见其二的线性的单向度思维方式。任何一种写作理论体系和学说，在某种意义上说都存在一定的合理性，具有某种精粹的正确性内核。一个充满生命活力的写作体系具有高度的开放性、兼容性和整合性；而任何一种排斥其他写作理论的写作体系和学说必然存在先天的不足和致命的缺陷，不会被他人所接受。

从书写身体到身体书写

——90 年代新生代女作家创作漫论*

冉小平**

在中国文学史上，女性书写作为一种创作形态是在"五四"新文化运动中实现的。随着"五四"新文化的个性解放狂飙，一批率先觉醒的文学女性与先进的男性一道向封建世界"叫板"，发出了急迫的呐喊，在同一的启蒙与救亡的历史使命中与男性文学比肩偕行，并努力寻找属于女性的视角、叙事方式和女性话语，从而标示了中国现代文学的"女性书写"。整个20 世纪，女性作家们都在艰难地履行着这一使命。众所周知，现代文学的社会使命过于重大，频繁经历着现代革命行程的转换折叠，左翼文学、抗战文学、社会主义文学乃至阶级斗争文学等，消解着文学中的个性运作，女性书写也面临艰难之途。曾几何时，女性书写仅等同于"优美""细腻""清新""俊逸"等"女性风格"。是新时期女性文学的再次崛起并力续"五四""宣示自我、张扬个性"的"人学"传统，才使女性书写获得了真正的内涵。到 90 年代，女性书写在中国当代文学创作中已"成为一道靓丽的景观"，特别是第四届世界妇女代表大会在中国的召开，把女性书写推向了高潮，其中，"新生代"女作家功不可没。然而，"新生代"女作家的突破又留给我们新的似曾相识的困惑。

一

在中国文化背景下，女性书写是中国新文学的重要使命之一。建立真

---

* 原文刊发于《北京大学学报》（哲学社会科学版）2003 年第 S1 期。

** 冉小平，湖北民族大学教授，信阳学院特聘教授。

正的女性话语，表达女性的内在诉求，凸显女性的个体生存经验、情感经验和生命经验，是异常艰巨的任务，它要在庞大的文化框架中进行，要借重文化革命的成果，以文化的突破为前提。在 20 世纪的近百年间，中国女性文化受到现代西方女权思想与女性主义思潮三次大的冲击和洗礼，女性书写由此获得生长空间。第一次是 20 世纪初的"五四文化革命"，它使中国先进女性从封建家长制束缚下解放出来，实现婚姻自主，从而使自己有可能参与社会分工，确立了女性与男性一样的社会地位；第二次是七八十年代的"文艺复兴"，它使中国女性从性朦胧中苏醒，从停滞在以男女都一样、以像男性（说男性话、做男性工、穿男性衣）为标志的平等中，开始真正的性别觉醒，针对有史以来而且至今仍存在的两性间的不平等状态，审视其文化形式，争取性别权益；而 90 年代以来，配合西方女性主义与女性批评，掀起了女性解放的"第三次浪潮"，"它在解构与颠覆中求发展，强调个人性、抨击男性中心的精神理性和逻辑"[1]，以性别鲜明而理直气壮地"书写身体"表示女性的卓然独立。从社会的人到性别的人再到充分正视女性身体的人，演绎了 20 世纪女性解放的行程，也标志着女性解放的纵深发展。女性书写得到了一定程度的实现。

女性书写的先锋者徐坤在《双调夜行船——九十年代的女性写作》中对 90 年代出现的第三次妇女解放做了总结性描述："第三次解放，即是 90 年代女性对自己身体的解放……正视并以新奇的目光重新发现和鉴赏自己身体，重新找回女性丢失和被湮灭的自我。"[2] 这是别有意味的。不用说在中国男性文化统治的漫长历史中，女性书写成为不可能，即便在女性解放的文化中，女性书写也只能渐进地发展，90 年代前的女性文学是无法理直气壮地关注身体的。在女性解放的形式与口号下面，依然是强势的男性文化空间，女性被称作"第二性"，女性在文学中基本上属于道具，属于被男性把玩的对象。尤其可悲的是，文化的巨大笼摄性使女性作家也习惯于按照男性的要求体验和塑造自己。虽然女性书写的印记也相当鲜明地烙印在作品中，但主要限于"婉约"或"细腻"等文体特征，而内容及叙述策略

---

① 李银河：《女性权力的崛起》，中国社会科学出版社，1997，绪论。

② 徐坤：《双调夜行船——九十年代的女性写作》，山西教育出版社，1999，第 17 页。

并不出男性书写格套，只是从"人"的立场上表达与男性近似的对于社会历史以及文化的看法，性别意识相当含糊。"五四"时期丁玲、庐隐等女作家的创作标志女性书写的新生，其作品标志女性意识的觉醒，但并没有也顾不上似乎更不敢正视女性的身体，女性意识被社会人生的宏大叙事全部包容和强化。80年代初的女性文学，如张洁、张辛欣等虽有鲜明的女性主义倾向，但依然受制于男性书写规范，直到王安忆的"三恋"、《岗上的世纪》和铁凝的"两垛"、《玫瑰门》等才开始能够和男性一样塑造一个完整的自我，敢于关心包括身体在内的女性自我。

90年代的新生代女作家便从专注女性身体感觉入手，形成了"女性心理体验小说"，使女性主义文学的发展步入一个新的阶段，徐坤、陈染、林白、海男、徐小斌、卫慧、棉棉、周洁茹等一反男性文学重在开拓外部世界的趋向，开始强化内视，兴奋点集中于女性独异的身心感觉，纯粹地表现性爱，将传统的附加其上的社会道德的内涵剥离开来，蒸腾出浓烈的"私人化""自叙传"的主观体验色彩，形成了"个人化"的女性书写模式，使女性书写获得了本体内涵。

回顾20世纪中国女性文学的行程，不难看到创作模式建构的艰难，"五四"以来的女性作家奋笔疾书抒发内心感受，然而很明显，其总以与男性思想看齐为目标，因而，"女性书写"并未尽量体现女性特色，"个人化"依然是女性文学的理想目标。究其原因，主要是社会使命的重负掩盖、替代或消解了对自身关注的意义。从这个意义上说，只有到社会深入发展，女性可以充分关注自我的时代才可能实现完全意义的女性书写，90年代新生代女作家在女性文学方面颠覆附加使命，女性自身审视也成为必然。反过来说，不论"书写身体"相对于我们期待的女性文学有多么的不足甚至失误，其对于中国女性文学而言，都是有革命性意义的。

当然，新生代女作家们关注自身并非完全是理性自觉的女性革新文学，而是特殊时代的出身与经历所导致的创作态度的自然耦合，因而，其意义不可忽视，同时亦须从更高的理性层面冷静审视。

新生代男作家邱华栋有段表白可作为新生代女作家的注脚："对于我及像我一样出生于'文化大革命'开始以后的一代人来说，我们没有太多的历史记忆。我们受教育于八十年代，这时候中国改革开放程度日趋广大，社会处于相对快速的整体转型，进入一个商业化的社会，经济已成为社会发展的目标和动力，一切围绕着以经济建设为中心进行着，而我和我的同代人就生活在这样一个经济化的社会中，没有多少'文革'记忆的我们，当然也就迅速沉入当下的生活状态中。"①"迅速沉入当下的生活状态"使他们挣脱了社会重负，也躲避了历史阴影，同时也已是绝对以自我为中心，这就决定了他们创作的无使命感，可专注自我的姿态。对于前辈的价值观念、人生取向、生存形式与生活方式以及写作方式，他们大多采取否定与拒绝接受的态度。这在一定程度上玉成了女作家们对传统女性文学附着于无性别社会使命文学的有效反叛，使她们有可能在作为女性书写的性别意识的根本上超过先行者。她们肆无忌惮地书写只属于女性的包括性体验在内的生存体验、生命体验和个体欲望，使女性书写浓墨重彩地进入中国新文学。

当然，认为新生代的"个人化"女性书写只是对滞重的社会使命文学的意外背离还是不够的，还应该看到，新生代女作家无拘无束享受性别意识的资源无疑是重要因素。西方汹涌的女性主义浪潮、世界第四届妇女大会在中国召开以及长期以来女性文学进展的成果，都给她们以无限的营养。对于缺少传统意义女性文学意识的她们来说，这些新因素自然会成为她们创作模式建构的有效资源，如同一张白纸，好写最新最美的文字，好画最新最美的图画。自然，市场经济的全方位现实也乘虚而入，落墨成字，异常鲜明，增添了"个人化"女性书写的全色彩，使文学的文化意义得到了张扬，同时，其又明显选择了消解时代昂扬精神的一面。在女性作家营造的一间间心灵之屋里，她们厌恶传统的"家"，拒绝权利与社会，自我至上，身体欲望流溢，遍地梦境、想象、回忆与感觉，完全个人化。尤其是集中体现女性身体体验的性更是以完全敞开的形式言说，性就是性，性本身就是话语，并洋溢着女性的自适。她们让女主人公或脱得一丝不挂，对镜顾影自怜；或宁愿在性的焦渴中自慰，也不委身世俗男人，自恋与同性恋得到前所未有的正面渲染。如在林白的女性书写中，字里行间总流露着取悦自己的自恋情结，把自己的作品当作自己的镜像世界来建构，镜像的

---

① 邱华栋：《城市的面具》，敦煌文艺出版社，1999，第1~2页。

自恋是排除了他者眼光（男性欲望的眼光）的自我欣赏。她的《回廊之椅》虚化男性形象，着重写了朱凉与七叶的故事。这两个女人间的相互认同及神秘而诱人的想象，从身体上宣告了不依赖于男性的自立与自信。《瓶中之水》则表达"我"在隔着茶色玻璃门看到二帕时，"看到的也许正是自己"，"我"是"隔着茶色玻璃"在观照二帕与意萍的故事，对自己身体的叹服化为对男性的极端蔑视以及对整个女性的爱恋和崇拜。千百年的女性自立之梦，在这种"个人化"的书写世界中得到了轻易实现，强大的男权文化在女性的自我身体摩挲中灰飞烟灭。她们的个人化写作方式与取材，切中了传统文化的积弊，又摆脱了传统的群体民生、意识形态化的创作模式，使文学真正成为一种具有独特个性的个体色彩创作。她们以写实为基调的创作方法描写当下生活，十分真切地展示了年轻一代在当代社会中的生活与心态，也是一种不容忽视的成功。似乎可以说，女性书写已冲破最后一道防线，开启了女性文学的新局面。由此，新生代写作给文坛带来的影响远不止普泛意义上的个性写作这个层面。客观上，这种个人化的叙述也构成了文学审视的一个独特视角，尽管有很大局限。戴锦华教授认为90年代作家的个人化写作"有从个人的观点、角度切入历史"和"自传意义两个层面"[1]，对其文化意义与美学意义作了某种肯定。徐岱在对《大浴女》《欲望旅程》《欲望手枪》《像卫慧那样疯狂》《你疼吗》《我们干点什么吧》等作品的质疑中同时认为，这些作品也从一个角度传达了对生活的感受和关心，"能看到她们努力在张扬个性的姿势和不甘沉沦与平庸的心愿……"可以"触动着你的思考""是文学多元化的体现"[2]。其实女性作家们也有某种自觉，陈染将自己的长篇小说题名为《私人生活》，却同样申明："我是'个人主义者'……我认为一个人能够经常勇敢地站出来对这个世界说'不'是一种强烈责任心的表现。"从个人的感觉出发，同样是对这个世界的一种对待和回应。因此，"个人言说"的个人化写作在某种程度上也有一定的社会意义，当然是蕴藏在"个人言说"之中的。

应该说，个人化是通向时代精神的前提，作家首先只有带着个人的虔

---

① 戴锦华：《犹在镜中》，知识出版社，1999，第204页。

② 徐岱：《另类叙事：论"新生代"小说三家》，《南方文坛》2002年第5期。

诚进入此时此地的生活，并尊重其所感所思所悟，才可能发现与通向真正的时代精神——一种来自生活深处、结结实实充满人性气的时代精神。当个人面对真实的世界和真实的内心并承担真实表达的责任时，才有真实的写作可言。新生代女作家们选择从身体的独立开始，即女性解放的"内部语言"书写，规避了以往难以摆脱的概念化创作模式，这是个人化写作的基本意义，也是女性书写跨越男性话语模式进入身体书写的积极意义。

<h2 style="text-align:center">二</h2>

从书写身体出发，女性书写成功实现了个人化叙述模式的确立，从而也就建构起书写的"私人空间"，运用身体书写，这也是女性文学的题中之义。法国当代思想家西苏（Helene Cixous）就指出："女性必须通过她们的身体来写作。"有效的身体书写将"摧毁隔膜、等级、花言巧语和清规戒律"。身体书写从身体出发，写最内在、最真实的躯体反应，包含情欲书写，同时远甚于此，肢体运展间更有心理激迷怆悸的痕迹、生命能量的释现以及自我与他者交感互动的状态。因此，由身体书写建构的"私人空间"有其合理的存在意义，更不用说过去我们的文学是那么缺少"私人空间"。

卫慧在《上海宝贝》中自得于同"百分之七十的中国女人在性上存在这样那样的问题"相比自己是个"幸福的女人"，由"一个无与伦比的翘屁股"写起，无拘地展示了性的感觉与体验，入骨入皮的"湿了"的呻吟声，将身体敷演成一个感觉流动的自足世界。在《像卫慧那样疯狂》中直言："简简单单的物质消费，无拘无束的精神游戏，任何时候都相信内心的冲动，服从灵魂深处的燃烧，对即兴的疯狂不抵抗，对各种欲望顶礼膜拜，尽情地交流各种生命狂喜包括性高潮的奥秘……"与她的身体书写互证，棉棉的文本"身体性"感觉细腻，而且还努力表达着"我没有爱的感觉却也达到了高潮"的思索，通往思想的天地，不仅在女性书写的整体创作中不可忽视，还得到了同道的服膺。陈染称赞《糖》："只想说它实在过瘾。读着，一下子感到自己太沉重太'老'了。"[1] 林白对她的《啦啦

---

[1] 陈染：《声声断断》，作家出版社，2000，第235页。

啦》深表喜欢。① 所有这些身体书写都力图表达一个信息：女性不仅拥有身体主权，而且身体体验给了女性真实的存在与自信的快乐，并成为通向文学的通道。

如果说 80 年代的王安忆、铁凝和残雪突破了身体书写禁区，只是文坛的局部现象，也是特殊现象的话，90 年代新生代的女作家则将身体书写变成一种文学的普遍现象，变作一种常态。西方女性主义者关于"身体写作""躯体写作""躯体语言"的理论，成了新生代女作家自觉的创作姿态。她们的作品虽然被不断诟病，但不可否认，其所开启的私人空间总杂有些可观风景在里面，在其表述的身体感受中包含精神的意识，更为重要的是这种写作方式对于女性写作的意义。文学，包括此前的女性文学的话语方式一直是男权主义的，女性群体长期以来作为"沉默者"，不仅被剥夺了话语权，也被剥夺了话语方式。西苏说得好："男人受引诱去追求世俗功名，妇女们则只有身体。"女性要拥有自己的性别，只能退回身体，并由此出发来表征自己独立的生命体验与价值立场。西方一些女性主义作家发出"书写女性躯体"的口号，也是坚持女性身体是唯一不受男性文化"浸染""塑造"，是唯一保存了女性"真我"的部分，是女性之为女性的真正特质。

不过由此也可能使女作家们拿捏失当，内心感受之真切与否、诚挚与否是显在层面的考验，身体的动弹、呻吟，要远离"作秀"、杜绝"假唱"，未必不是难题；而从创作策略上将之扩大化、封闭化、绝对化，把文学简化为与男性的单质对立，使文学停留于富有抗争意义却鲜有建设特质的层面，不能步入更宏大、更庄严的殿堂，是身体书写难以逾越的障碍。新生代女作家的创作实践正是如此。她们过分欢呼身体主权的回归，陶醉于身体书写，当她们在欢呼某支匕首正中男性靶心时，更多、更大的攻击目标被深深遮蔽了。因此我们不得不遗憾地指出，她们所选择与创造的"私人空间"也存在难解的无奈。

从创作指向看，新生代女作家 90 年代的创作多执着于由身体感觉指认所围的价值指向，陈染、林白、海男、徐小斌、卫慧、棉棉、周洁茹等所表达的女性身体成长中的独异感觉与体验都是以前文学鲜见的，被长期掩

---

① 林白：《玻璃虫》，作家出版社，2000，第 245 页。

蔽并被控制在无名、混沌状态下。新生代女作家无所畏惧地将之推到文学前台，将女性在男权社会中的角色和地位集中体现于身体的"身体立场"，反叛男权文化，颠覆男权话语中心，其意义远不止于对普通的女性成长主题换一种方式复述，与之前的文学比较起来，其大胆与独特甚至超出了在精神分析学影响下的性爱文学在男性笔下的体验叙写，质上有所突破，也丰富了女性文学的色彩。

但此创作指向选择也有隐忧，对"女性"意涵理解得过于狭窄是一方面。新生代女性文学身体书写是从与男性对立的现实与想象中确立与固守的，表现的是对使唤了她们千百年的男性的深恶痛绝，否定男性营造的文化历史。在男女对立框架中，执着于女人的特殊性，要求撇开男性打女人的战争，创造女人的历史。以身体感觉为限又刻意表达某种理念，女性被界定成了特殊的绝对的性别，不仅与男人，也与社会、与文化隔绝开来，很显然这里有对西方女性主义理论"生吞活剥"的理解和演绎概念之嫌。而理论未被自身体验所融化，未与生活产生入血入骨联系，概念成了唯一与终极目的，就不再能引领作家通向纷繁复杂的女性体验之门。女性从"人"中分离出来，被过于特殊对待，"人"的解放的"宏大叙事"也成了幻想，"私人空间"由此僵化，其积极意义也就因此走向消解。

此外，就是走向良好动机的反面。本意是要给男性文化以致命的打击，却反被男性文化所利用。这也许是女性文学所面临的残酷的文化环境使然，也是女性作家始料未及的。她们的作品引来很多男性窥视，女性作家们射出的利箭，成了男性欣赏把玩的景观。对卫慧、棉棉是如此，站在男女二元对立之间更多注意身体与思想联系的徐小斌的创作也被作如是观，至于林白的《一个人的战争》出版时，书籍的封面竟被设计为一幅"春宫"画面，更是被有意扭曲误读。这些，虽然有男性文化可恶的一面，也不能否认女性书写积极进攻的同时对积极防御策略的疏忽。这样，从拒绝男人、解构男性话语出发的女性文学反而回陷男性话语中心，为男性话语所俘虏，成为给其送上门的"战利品"。这也表明寓于身体感觉的"私人空间"理论准备的不足，使自己乱了方寸。一些女性主义批评者已经认识到，由于女性主义批评并非一种统一的理论流派，也没有自身批评的根源，它以否定、补充、修正男性的理论假定和方法为开端，同时又借用了这些理论和方法为工具，这就宿命地决定了要承担由此带来的尴尬。"主人的工具永远不能摧毁主人的房屋"，建立于男性文学和男性经验之上的文学标准，适用于分析男性文学作品的理论、方法和范畴、术语，很可能将女性书写扭曲误读，反成为一种出卖，实际上充当了男性的同谋。

新生代女作家所竭力开拓的阵地就是这样被男性所侵略的，对新生代女作家而言难免事与愿违。性话语是身体书写的权威话语，是新的话语空间，却无形当中被置于男性窥视的视域之内。当作家们在灵异而大胆地张扬对性的自由支配权时，由于文化意义的缺席，性爱的意义空间也就变得十分狭小而僵硬，男性文化轻易即可将其击破。由五四开端的女性文学或性爱文学所开启的从文化与审美角度描写性爱的"宏大叙事"被无意终结。尤为尴尬的是，新生代女作家这样的书写在从男权话语的牢笼中突围而出的同时，又被统摄到无处不在的欲望化、商品化的陷阱中，其原初创作的主观愿望受到了严重的扭曲。

与性话语的南辕北辙一样，"私人空间"的密不透风，身体感觉的封闭指认，漠视生存困境，淡化生活之痛，也使文学失去了原有那种人格力量下的弹性与张力。

基于如上理解，90年代的女性文学虽然色彩斑斓，但其果实有欠实在。当女性作家要借此对女性解放的不彻底和陷入误区加以清算时，却囿于一隅，迷失于封闭的自身身体感觉中。这样，"第三次解放"的口号喊得震天价响，女性文学创作很热闹，而效果则是男权文化被千万次地唾骂，却在无序的推搡中屹立不倒；女性高贵的身体则被男性们偷窥，反驳男性文化的女性身体微妙细腻的感受描写也变成男性的免费午餐。这样，新生代作家竟无意中廉价地出卖了女性可贵的身体主权，新生代女性小说家将身体书写建成权威话语的美好愿望也成了乌托邦。

对新生代女作家独特的创作精神也应做两面观，它在对传统的颠覆与解构中形成，有其不同寻常的意义，但在解构的同时又有着创作指向的迷茫。

特殊的童年经历为新生代女作家的创作精神打下了底色。与父辈们的成长历程不同，在新生代作家出生的年代，中国已处于一个颠覆神话与英雄的时代，红宝书、个人崇拜、集体智慧于他们已成为不可企及的遥远话题。在新时代女作家生长的年代里，中国社会的主流意识发生了一个由极端压抑人本能欲望的乌托邦理想逐渐过渡到欲望的释放被追逐成全民族追求象征的过程。① 这对她们摆脱本该摆脱的传统十分有利，她们对"父亲"的解构就是明证。在她们的笔下，"父亲"作为男性的象征，是她们所极力颠覆的对象，父亲先验的缺席、对父亲存在意义的消解、对父亲生活方式的颠覆、对传统写作意义的背离等是常见的创作取向。棉棉、卫慧等表现尤其突出。在棉棉的《糖》中，"父亲"是一个为"我"提供婚姻经费的经济资助者。在卫慧的《像卫慧那样疯狂》中，那个可给"我""精神"皈依之所的生父却像影子一样在一次莫名其妙的冤案中消失，继之而来的是偷看"我"洗澡的继父……表现了大无畏的反叛精神。问题是解构"父亲"的同时，也解构了文学的基本使命感，代之的是作品主人公大都被性、毒品、酒吧、西餐……所吸纳，成了城市的"艳情部落"，"像一种吃着夜晚生存的虫子"（卫慧语），生活在黑夜与白昼的颠倒中。作者们自愿成为情绪化的年轻孩子的代言人，不厌其烦地讲述不安的青春故事。"让小说与摇滚、黑唇、烈酒、淋病……共同描绘欲望一代形而上的表情。"（卫慧语）她们如此颠覆与解构创作指向的意图是明确的，她们努力地拒斥传统，消解作品的意义，指向虚无。然而，在虚无的末端，文学这一抒写性灵的东西，其精髓何在？当意义从作品中消失或作品执意远离意义的时候，文学还可爱吗？身体书写还有必要和文学联系起来吗？

正如菲利浦·拉夫在 20 世纪中叶对拙劣模仿卡夫卡而产生的假现代主义的批评，"光知道如何把人熟知的世界拆开是不够的"，建设也是文学创造的题中之义。从创作精神论，对新生代女小说家的前卫与热闹冠以"先锋派"之名不虚，而在文学的建设性方面似乎不能过高估计。她们由外向内转，发掘个人生存经验，重视个体存在，走向了从书写身体到身体书写的艰难过程，这使女性写作摆脱传统，具有某种"现代性"，但其任务远没有完成。它体现了女性作家在解构传统时的迷惘和无奈，暴露了女性书写深进过程中种种错综复杂的矛盾。此外，理论与历史知识准备不可或缺。

---

① 陈思和：《现代都市社会的"欲望"文本——以卫慧和棉棉的创作为例》，《小说界》2000年第 3 期。

新生代女作家特殊的出身与创作选择成全了她们的崛起，但要立于不败之地，将女性书写引向深入与升华，则需要更多的准备与更广阔的联系。不应以切割历史与未来的手法来展示孤立的自我，不应曲解性别的社会性，不应在肆意的追求中把精神丢失。女性作家找到身体书写的很好起点，但切不可到此止步，困于令人窒息的经验胡同。男女两性分庭抗礼是女性走向精神独立的必由之路，然而独立精神的存在又不能仅仅建立在对男性的抑制之上，否则会重蹈男权传统的覆辙，导致新的失衡。女性写作是一种姿态，一种与世界对话的方式，一架通向身体与思想的桥梁。应以独立的人格和精神为基础，以鲜明的女性意识为旗帜，寻找一种不伤害自然与天性的健康本真、充满生机的女性特质，从身体出发而不囿于身体，书写身体又通向精神，延展到整个世界。让女性形象、女性命运在一种新的女性观上重写，展现女性历史与现实的真实存在。这时的女性文学才能真正成为文学皇冠上耀眼的明珠，才能真正成为传递精神的通道，成为点燃女性智慧、情感、生命之灵光的火炬。

关于身体写作的诘问 *

朱国华 **

当代文坛，精品之作不多，文学热点倒不少。时下围绕着身体写作的争论，或者就是所谓热点之一。前不久我有幸参加了一次与此相关的学术讨论会。与会者皆学术界中的名公巨卿，所谓大腕是也。发言自是个个精彩，只是除了颇有戏剧性的开头，并没有发生我所指望出现的思想交锋。因此会议发言中具体有哪些精义，现在不幸都已悉数忘却了。毕竟高头讲章的宣讲，还是不如剑拔弩张带点情绪化的话语冲突来得让人印象深刻。其实我以为，要真是发生激烈争辩，各自从积极、消极一面来对身体写作进行一番合法化或非法化论证，没准谁也说服不了谁。

让我们现在就来演练一下。要是从否定身体写作的角度出发，我会这样说：身体写作首先从命名开始就是错误的。我不是做出一种简单的望文生义的纠正，指出写作总是依赖于脑和手，口授时还依赖于嘴，身体别的部位无法写作；我是说就写的内容而论，所描写的身体也并未囊括身体的任何部位。所谓"身体写作"，我们其实第一联想乃是女性的身体写作——换句话说，除了罕见的例外，男人基本上是缺席的——并且读者关注的还不是一般女性的身体，而是那种成熟的、年轻的、敏感的、美丽的，一言以蔽之曰"性感"的身体，也就是构成男人欲望对象的身体。卫慧、棉棉等的文字，所预设的阅读效果其实无一不包含了我们这个社会对于身体概念的特定的色情想象。说白了，身体写作其实就是修辞上委婉化了的色情文学写作，性或者性感当是身体写作追求的核心。这本来并不新鲜，但是身体写作者通过色情与文学之间的某种张力，从而使自己可以保持其先锋

---

* 原文刊发于《文艺争鸣》2004 年第 5 期。

** 朱国华，华东师范大学中文系教授。

姿态，并像个楔子一样钉入不断滑移的文学符号秩序内部，使自己的话语实践得以凝固化，也就是占据文学空间中的一席之地。身体写作者因此遵循着这样奇怪的悖论：她们尽管诉诸性感化的身体，却以美学的名义拒绝承认自己是色情的，并自相矛盾地要求我们用文学来漂白她们的色情幻象。以那位以大胆出位著称的竹影青瞳为例，她在网上公布的毫无艺术水平可言的照片中，凡是裸露的必然是没有脸部的，而凡是有脸的必定是不裸露的。在此情形下，她居然还一再宣称，不要格调太低地观赏她的身体，应该关注的是通过这个身体写出来的文学。她要求我们拒绝她用来诱惑我们的东西。

这种藏头露尾的行状即使可以解释为对过于强大的道德保守主义者的让步，也还是不能逃脱对其道德虚无主义倾向的指控。这种道德虚无主义的反动性表现在，身体写作的哲学基础来自一种未加约束的审美现代性，由于感性被赋予本体论地位，由于感性——而且是一种非常狭隘的只是集中于性的感性——得到不负责任的强调，理性至高无上的地位遭到了挑战。但对于一个现代性还远未完成的民族国家，如果对其听之任之，启蒙精神就会有被釜底抽薪之忧。不仅如此，身体写作貌似前卫的姿态实际上在客观上强化了男性统治的逻辑。与男性肌肉的发达意味着智力的低下相反，从父系社会以来，女性在很大程度上就是通过她们的身体得到定义的。作为"被感知的存在"，她们在自己的身体被他者所支配之前，总是预先按照他者的逻辑自愿地对自己的身体进行自我消费。一个具有女人味的女人，通常对自己的身体总是感到不满，生活的一个重要目标就是不断地经营自己的身体，她们有的人不仅在购买化妆品和衣物方面慷慨解囊，而且不惜以美容的名义对自己的身体施加种种骇人听闻的"惨刑"，希望以此将自己打造成在淫荡的尤物与贞节的淑女之间保持紧张度的一个美学形象。极端地说，"女性气质"种种迷人的文化仪态（温柔、矜持、文静、高贵、娇羞等）无非是指向身体或性这一莲心的朵朵花瓣，前者显然构成了后者的条件，也就是它参与了"性感"的构建：女性气质的文化属性以否定身体自然性的形式却吊诡地强化了身体的自然性，正如掷铁饼者要想获得爆发力总得先退几步再往前冲一样。女性被身体化的意思也就是被自然化，也就是被他者化，屈从于文化支配下的被统治地位。这样，身体写作强调对于身体的书写，看似在颠覆某种陈腐规则，结果却满足了男性的窥视欲望；看似寻求女性身体的解放，结果却掉入了男性统治逻辑早已布下的色情陷阱。并且正因为如此，身体写作构成了一个对于性的文化消费的基础，或者说，构成了炒作自己、叫卖自己的商业契机。身体写作通过自己的命名活动进行一场符号动员，其客观目的其实并不在于文学，而是在于通过文学的名义获得文学之外的经济的或符号的利润。这样说起来，它作为一种被极力建构出来的文学现实就多少有点不名誉。

现在让我们姑且学学古代的诡辩家，再从肯定的一方面加以论证。身体写作的合法性来自身体自身的解放性。自然是文化的敌人，身体作为人的自然，总是忠实于自己，反对任何强加在自己身上的意识形态。自古以来的合法文化谱系中，无论在中国还是在西方，灵与肉、理性与感性、精神与身体、天理与人欲，所有这些二元对立中的前者都无一例外地支配着后者，并且后者还常常被认为是妨碍前者自我实现的手段。在某些极端的情形下，例如在宋儒的论述中，天理到了要消灭人欲才能自我保存的地步。灵魂、理性、精神、天理常常以自我合法化的方式成为统治者的压迫机器。作为符号暴力，它们的自然化贬低了我们身体的自然，它们的常识化扼杀了我们身体体验的常识。从这方面来说，身体构成了一个主流话语无法招安的异数，它是反抗精神永不枯竭的策源地。事实上，正如阿多诺所论证的那样，支配我们这个社会的物化现实是某种工具理性，它有时候在我们商品社会体现为交换价值，它以强求同一性的方式驱使人们臣服于它的意志。而救赎的力量，也就是解魅的源泉，来自自然和艺术。自然和艺术因其永恒的他者性可以去解缚、弃除理性的施魅，从而使人得以还原为其本真状态。因之，身体作为一种感觉的现实，它总是无法被化约为某种观念，也总是拒绝被某种统治性话语所收编。它体现为一种精神所无法穷尽、无法通约的盈余，它不能被理性所完全解释、超越、掌控、覆盖或同化。这一特点规定了它就是一种异质性。从历史上来看，对人情人欲的积极肯定总是来自身体的呼唤，感性欲望对于我们试图冲破理性铁笼而言从来就是最有效的利刃。对此我们既可以回顾西方文艺复兴时期例如《十日谈》那样的文艺作品，也可以缅想一下中国古代的"三言二拍"、《西厢记》和《红楼梦》。这些关于身体的叙事以边缘的姿态反对中心，它们具有爆破主流意识形态"防火墙"的颠覆功能，也正因为如此，它们获得了自己在文学史中理应获得的适当位置。

对于身体写作的正当性的诉求，不仅仅意味着我们利用审美/文化现代性对于社会/启蒙现代性的纠偏功能来申说自己的书写权利，而且它本身甚至就可以理解为中国启蒙规划的一个必要组成部分。中国新文化运动的发动者们固然呼吁德先生和赛先生来中国常住，他们还呼吁个性解放。鲁迅先生《伤逝》中的子君说道："我是我自己的，他们谁也没有干涉我的权利！"鲁迅在一封信中又如是说："生命是我自己的东西，所以我不妨大步走去，向着我自以为可以走去的路。"这些话于今听来仍然有其振聋发聩的作用。事实很明显，我们的身体在长期以来被实践理性所驯服了，道德化的身体使我们丧失了对自己身体的支配权。所谓"身体发肤，受之父母，不敢毁伤，孝之始也"，这还只是一种对身体微不足道的控制。更为血腥的表现形式，是我们的报章媒体上仍然会不时出现的某些刚烈少女因为不堪受辱而跳楼自杀之类的报道。贞操观仍然是许多即使受过现代高等教育的男男女女的一种隐秘的符咒。个性解放的福音不应该仅仅局限于对精神自由的承诺，并在此前提下以妖魔化自己的身体欲望为条件。对个体生命价值的珍重，实际上就逻辑地包含了对自己身体呵护的要求，进而言之，也包含了它追求自己快乐的权利。自由而快乐地享用自己的身体，它与社会进步、人类解放等宏大叙事并无直接关联，但是这些宏大叙事却应该以个体生命对自己身体的自由享用的可能性为基本条件。对身体写作的任何道德主义的指责无论来自文学内部还是来自外部都是不经一驳的。就文学内部而言，身体写作可以以艺术自主性的名义来拒斥任何外部指责，无论这些外部指责是政治的、经济的，还是伦理的；就文学外部要求而言，我们刚刚已经指出，身体写作在本质上是个性解放这一启蒙现代性规范原则的纵深发展，它不仅仅是启蒙现代性的同盟军，而且它就是启蒙现代性在美学领域中的某种表现。

现在我已经进行了一场模拟驳辩。我并不想通过这种自我独白式的双簧戏表演来进行一种黑格尔意义上的综合或者所谓否定之否定。我们已经看到，尽管看上去针对同一问题，上述论证其逻辑的出发点并不一样，应该说每方面各有其逻辑不能自洽之处，但也都各有其绝非浅薄的道理。我现在不打算对身体写作的积极或消极意义作出最后评估，因为这样做势必有过于简单化之虞，我倒是想对争论双方默认的共识提出质疑。换句话说，我很怀疑身体写作具有多大程度的问题性。这就是说，我们同意坐下来就身体写作问题发表看法，那至少有一个共识，即这样的问题是值得研究的。这就涉及对于身体写作在当前或以后的文学地盘中占据位置的一种美学判断。撇开文学政治学的考量，我们认为，一种文学，只有当它已经在当代文学空间中取得了相当的文学实绩，也就是已经初步积累了令人瞩目的一些文学资本，从而显示了它在文学场域中的重要存在；或者，退一步说，尽管它现在是小荷才露尖尖角，但我们已经从这个文学种子中看到了其灿烂的未来，看到了新的文学增长点或至少是某种未来趋势，只有基于如此的认识，只有基于我们承认其为重要的文学实践的结论，我们对身体写作发表的宏论才可能具有比较实在的价值。如果这个问题搞不清楚，如果我们像媒体记者一样，被制造文学热点的焦虑所驱使来切入这样一个未必具有问题性的问题，那么，我们可能会遮蔽一些真问题，也就是看不到当下更具普遍性的文学实践的存在（因其普遍而显得稀松平常，不易进入为创新冲动所折磨的先锋学人的视野）。这当然就要求我们对身体写作的发明者、赞成者、反对者，亦即所有卷入这场话语游戏中的学人（当然也包括作者本人）进行某种自我反思。对赞成者，我们要求他们论证一下身体写作何以成为一个值得讨论的问题，论证一下身体写作决不会成为文学海洋中美丽的泡沫，决不会转瞬即逝；对反对者，我们仍然要指出，他们的反对违背其本人意愿地成为身体写作者增加符号筹码的一份厚礼，通过他们的反对，身体写作的问题性得以凸显，文学炒作的辩证法也以这种悖谬的方式得以生成。这样，他们在客观上变成了他们反对的对象即身体写作者的同谋。

但是，什么才够得上一个文学事实的问题性呢？具有普遍性的文学存在是通过什么条件被逻辑地推出？这显然是一个更为复杂的难题，此处我不想回答它。以虚拟的辩论为一篇文章的主要内容，以疑问为一篇文章的结尾，这多少显得有点首鼠两端。不过，就一篇笔谈所允许的篇幅而言，拒绝（容易导致思想短路）简单回答身体写作的客观意义，我相信，这至少在学理上是诚实的。

"底层生存写作"与我们时代的写作伦理[*]

张清华[**]

以令人猝不及防的速度，"现代"的神话裹挟混合着政治、文化、人文以及个体的物质梦想，依次派生出发展、进步、启蒙，还有自由与幸福等词语，我们这个号称保守的农业民族，已经成功地建立了一个由上述词语所构成的、不容置疑的、诗一般激情洋溢的新的"宏伟叙事"。在今天，这一诗性的叙述正夹带着日益合法化的关于财富、欲望和现代生活的奢侈梦想，像正在崛起着的摩天大楼、竞相扩展着的都市建设蓝图一样，推动着我们的时代不顾一切地飞速前行。可是，在这一诗性外表下所掩藏的某些个体的命运，却也不可避免地经历和承受着时代变革中的屈辱的眼泪、失去土地的茫然、背井离乡的苦痛、生存根基被动摇之后的心灵失衡。谁会关注和写下这一切呢？

> ……也有人只是经历了漫长的白日梦
> 开始是苦难，结束也是苦难
> 列车的方向再度是命运的方向

这是杨克在《广州》一诗中的句子。它让我在熟视无睹中猛然看见，时代的列车是在怎样碾压和支配着一个乡下青年的命运——他不能不茫然地屈从它的方向。它在南方，在那个制造着财富的神话和汇集着屈辱、梦幻、汗水和命运的方向。这名青年在朝着这个方向进发，不知道等待他的

---

* 原文刊发于《文艺争鸣》2005年第3期。

** 张清华，北京师范大学文学院教授，北京师范大学国际写作中心执行主任。

是成功还是失败，他只是默默地倚靠在拥挤的车厢壁上，眼里闪着茫然失措的呆滞和对未知世界的向往，宛如一条被烘干了的沙丁鱼。

这是我们时代千千万万个青年中的一个，空间的移动改变了他的生活和命运，也改变着我们这个国家。无数的个体汇成了潮水和泥石流，然而他们参与制造的经济学数字和 GDP 的神话却淹没和覆盖了这些卑贱的生命本身，遮蔽了他们灰尘下的悲欢离合和所思所想。现在，有人要为他们书写这身世，书写这掩藏在狭小的工棚、闷热的车间、汗臭熏天的简易宿舍中的一切，书写他们内心的欢欣与痛苦，这怎么说也是一件大事。

我意识到，这篇短文将要讨论的是一些基本的甚至是"ABC"的问题，但因为这些作品的出现，这些问题再度变得重要起来，使我不得不冒着陷于浅陋的危险来谈论它们。

尽管我一直认为，诗歌只与心灵有关而与职业无关，但是在我们的时代，职业却连着命运，而命运正是诗歌的母体。历史上一切不朽和感人的写作，都与命运有着密不可分的关系，在我们的时代尤其如此。当我们读到了太多无聊而充满自恋的、为"中产阶层趣味"所复制出来的分行文字的时候，这种感觉就愈加强烈。

"底层生存写作"，我意识到，这是一个包含了强烈的倾向性，还有"时代的写作伦理"的庄严可怕的命题。从字面看，它大概包含了两个方面的问题，一是写底层，这恐怕是问题的主要方面，我们现在可以看到的绝大部分作品应该是属于这一类的；二是底层写，这个问题比较难以界定，究竟什么样的生存算作底层的生存？什么样的身份才符合一个"打工诗人"的标准？我注意到，像柳冬妩这样的诗人可以说"曾经是"一个"打工诗人"，但现在他是否还是一个打工者的身份？因此我想，写作者的身份固然是重要的，但也可以不那么重要，他只要是在真实地关注着底层劳动者的命运就可以了。

但我这里不想仅仅从感情的层面上谈论一个伦理化的命题，因为那样可能会把问题简单化。底层的生存者并不仅仅是进城的"农民务工者"，在社会急剧分化的今天，农村的贫困家庭、城市失业者的生存状况并不比他们更好——如果是农村的生活状况可以维持的话，怎么还会有这么多进城务工的农民？那么这些人的生存状况要不要书写？所以，问题还需要深入。

我联想到"五四"新文学诞生之后不久出现的"乡土文学"，为什么会出现一个乡土文学？在古代中国有"田园诗"，却没有"乡土文学"，这是颇为奇怪的，那时的田园未必总是好的，兵火之灾常常使得"白骨露于野，千里无鸡鸣"，但那样的描写也还称不上乡土文学。为什么呢？是因为我们民族整个的生存方式并未发生根本变化——换言之，"文化"并没有出现根本的变动。现代意义上的乡土文学的诞生，正是基于两点：一是传统的生产与生存方式发生了深刻变动，因此文化的结构与价值形态也相应地发生了变动，在这样的一个变动下，人作为存在物，其命运，也即其悲剧性的诗意得以显现；二是现代意义上的知识分子启蒙主义意识的烛照，使得乡土生存的深渊状况被照亮了，否则，"从来如此"又有什么不好？知识分子把农人的苦难"解释了出来"。当资本的流向和工业化的进程阻断并破坏了传统的生存方式与伦理观念，在致使农民贫困化的同时，任其从土地上流离出来，这样便导致了乡土文学的诞生。在现今，情况大致是相似的，大量的农民或是出于对城市的向往，或是由于失去土地，由于贫困所迫，背井离乡涌向城市，这里表面上看是一个个体生活空间位置的变化，但实际上意味着一种生存、伦理、价值和文化的巨变，这一切对于个体来说，除了解释为个人与历史之间的冲突以外，别无其他可能的解释，这正是诗意产生的时刻。

但这样的"诗意"未免太过宏伟了——它是历史性的，其不可抗拒性在于它是不可逾越的"历史代价"，马克思早就说过，历史前进的杠杆正是恶与欲望这样的东西，时代的"进步"与"发展"理所当然地要以某些人的悲剧性命运为代价。但这是政治家所思考的，19世纪欧洲的作家们并不清楚这些，或者他们对这个充满理性的估价并不感兴趣，巴尔扎克和司汤达们对当年的"外省青年"（在某种意义上他们和现今中国的"进城务工人员"的身份不也很相似吗？）的命运的描写，与19世纪30年代法国贵族被资产阶级打败的编年史一起，曾经意外地成为比历史学家、政治经济学家还有统计学家们的数字之和还要多的翔实记录，为什么？就是因为他们书写了人、书写了个体生命、书写了他们在这个时代的命运，这样才留下了具有血肉的而不是只有冷冰冰的文字叙述的历史。19世纪伟大的批判现实主义作家们的不朽之处正在于，他们所关心的并不是所谓"历史的进步"，相反，他们关注的是在这场所谓的进步中遭受了失败、挫折和悲剧命运的那些人。因此，如果说要有一个现今意义上的写作伦理的话，那就是这样的一种"反历史"的伦理。

也许有人会对这些写作的意义甚至动机表示怀疑，比如会简单地将之归结于一种"现象"或者"问题"的写作，一种概念化的和"非纯粹"的写作，等等。我不否认对于每一个具体的写作者而言他的动机的无意识和含混性，甚至他的思考和观察角度的某种"不健康"趣味等，但正是这些作品强化了我们时代的一个关于写作伦理的庄严命题。我得说，它们令我感到震撼并产生了强烈地想为之辩护的冲动，因为我以为最重要的还不是"对苦难的拯救"，而是"看见"。你不能要求对苦难的叙述者去消除苦难本身，他们做不到，事实上"悲剧"的意义也许从来就不意味着对命运本身的拯救，古典悲剧的美学与精神内涵同样也不包含这些，它们只包含怜悯、恐惧、净化和崇高的意义，而这些意义产生的基础在于"命运是无可改变的"。所以，我们并不能去苛求写作者，对他们的写作动机提出虚妄的质疑。但是，我又认为这是拯救我们时代的良心和每一个个体人性的有效途径，因为悲剧的意义正在于对局外人，即那些观众的良知与心灵的唤醒和救赎。从这个意义上我认为，这些作品的感人和有价值之处就在于，它们表达的是作者希望通过自己的发现和书写来实现对劳动与劳动者价值的一种伦理的捍卫，并由此完成对自己心灵的净化和提升。

这与鲁迅他们当年的写作是不一样的，某种意义上，作为写作者的他们和这些诗歌中的人物并没有多少差异，他们都是同样意义上的"生命"和"生存者"，并没有什么特殊的优越感。而相比之下，在鲁迅和文学研究会的作家眼里，乡村是破败的，他们眼里的农民也只是愚昧和麻木的。为什么会有这种差别？那是因为他们试图去拯救这些人，试图去改变他们的命运，或者换句话说，他们以为自己是高于底层劳动者的。《故乡》中鲁迅虽然对那里的人民充满了热爱，可是连闰土据说也偷拿了老爷家的东西，这是多么让人感到悲凉和绝望的消息，鲁迅的拯救意识导致了另一种更具悲剧性的体验——那就是绝望，他的作品由此产生了另一种接近荒诞的诗意。除了"五四"作家，还有另一种书写的角度，这就是沈从文式的，把乡土和劳动者的人生进行诗化的处理，使之变成知识分子最后的精神乌托邦。我以为在现时代最朴素和最诚实的写法，就是这种再现和呈现式的表达，他的所有主题都还原为"生命""命运""生存"这些初始的概念，而不只带有社会伦理意义上的那些层面。当然其中也包含了写作者的感情，但是写作者不会高于被描写者，这样反而带来完全不同的朴素和真诚的诗意。

这也使我联想到古代诗歌里的那种写作，在一个时期我们曾经很意识形态化地把那叫作"诗歌的人民性"，从《诗经》到汉乐府，从杜甫的"三吏""三别"到元白诗派所描写的底层百姓的疾苦，那种写作同样充满了对生命的体恤和对命运的怜悯，所以让人感动。但在文人创作中，这种关怀底层和体恤生命的精神与其称为"人民性"，还不如称为"知识分子性"，因为无论什么样的人民性，究其根本都是写作者知识分子性的体现。在《中国打工诗选》中，我们同样可以看到写作者强烈的亲近底层劳动者的立场，而且他们所充当的角色也不再是旁观者的吁请，而多有置身其间的切身体验。宋晓贤的一首《乘闷罐车回家》中，就有这样设身处地的感人句子："一颗牛头也曾在此处/张望过，说不出的苦闷/此刻，它躺在谁家的厩栏里/把一生所见咀嚼回想？//寒冷的日子/在我们的祖国/人民更加善良/像牛群一样闷声不语/连哭也哭得没有声响。"这是坐闷罐车回家的打工人的感受，这本来是用于运送牲畜的运输工具，现在被临时用于运送回乡的民工。作为"人民"本身，他们可能并不会感到特别的屈辱，因为这和他们在异乡住低矮潮湿的简易工棚，干最脏、最苦、最累的活本身比起来，又算得了什么，但是我们的诗人却从中感受到非同一般的处境和命运，并写下了让人落泪的诗句。

与此同时，在《中国打工诗选》中我们还可以看到，大多数作品是从一个隐含着的角度展开的，即自己是站在一个城市的人、一个与打工者相比有"合法居住权"的人的角度来反躬自问的，这也应该是他们的"知识分子性"的另一种体现。在卢卫平的《在水果街碰见一群苹果》中，他用了"苹果"这样一个形象来形容那些乡下来的女孩子，对这些贫困但充满纯洁与健康气息的生命，表达了一个城市生存者的深深感动与赞美之情，同时也暗示了他所代表的城市的自惭形秽："它们肯定不是一棵树上的/但它们都是苹果/这足够使它们团结/身子挨着身子，相互取暖，相互芬芳/它们不像榴梿，臭不可闻/还长出一身恶刺，防着别人/我老远就看见它们在微笑/等我走近，它们的脸就红了/是乡下少女那种低头的红/不像水蜜桃，红得轻佻/不像草莓，红得有一股子腥气/它们是最干净最健康的水果/它们是善良的水果/它们当中最优秀的总是站在最显眼的地方/接受城市的挑选/它们是苹果中的幸运者，骄傲者/有多少苹果，一生不曾进城/快过年了，我从它们中挑几个最想家的/带回老家，让它们去看看/大雪纷飞中白发苍苍的爹娘。"这是多么淳朴和美丽的生命啊，却是这样的廉价。这样的作品使人相信，"打工诗歌"绝不是一个来自"慈善机构的宣传品"，或者是什么人施舍作秀的产物，而是可以"成为艺术"的真诚的写作。

关于"现实"和"真实"是另一个至关重要的问题。这并不是从现在开始的，事实上关于"真实"的问题从来都不但是写作的基本要求，而且还是一个写作者基本的伦理标尺。"忠实于现实"，这是我们过去很多年里一直强调的东西，但是现实究竟在哪里？我们何曾接近过它？我们曾经把"现实主义"这样一个概念伦理化甚至法律化，而写作却依然远离现实和真实本身，这是我们一直没有很好反思的。基于这样一个历史，我不愿意把这样的写作称作"一种再度出现的现实主义写作思潮"云云，这样的命名有可能会带来曲解甚至伤害。远的不说，即便是出现在 20 世纪 80 年代前期的那种"新现实主义诗歌"，也堪称是悲剧的例证——它们不是反映了现实，而是肆意篡改了现实。在一首"获奖诗歌"中，诗人设想自己是一名纺织女工，在产假结束之后的"第五十七个黎明"推着婴儿车去上班，这车子就推上"生活""希望和艰辛""一袋炼乳、两棵白菜，还有夜大课本……"之类，然后就是一路"绿灯"和"致敬"，接着就得出了结论："旋转的婴儿车，就是中华民族的魂灵。"这是什么样的现实主义？它何曾触及生活的真实状况和人物的心灵？全是"概念化了的现实"。在这种写作成为风气之后，类似的"打工题材"诗歌也已经出现，比如"清晨，我登上高高的脚手架""我骄傲，我是一名板车工""街头，有一个钟表修理摊"……这些曾成为这年代的一种"生活抒情诗"的典型句式，但这种写作同样也未曾抵达现实和真实半步，写作者假代当事人，虚构了他们的幸福生活，而把汗水、辛劳和他们所忍受的屈辱生活诗意化了，有的批评家笔下早就揶揄和抨击过这种虚伪的"灰色的市民意识形态"。这是一种典型的"假性写作"，写作者冒充劳动者，假借他们的名义表达的是对现实的粉饰和认可。

所以，真正的现实是回到人物的命运。这是活生生的"具体的个人"——"That Individual"，而不是建立在"典型意义"上的概念化的代表。而且某种意义上，真实的"多元性"中最重要的是真实的"残酷性"，如果一个写作者认识不到这一点，那么他的写作就不曾达到应有的深度。事实上所谓"深度"就在"底层的现实"中。我之所以强烈地反对我们时代写作中的"中产阶层趣味"，就是因为它在本质上的虚伪性。我当然不否认，即使是"中产阶层趣味"下的生活者也有他们自己的"现实"，但如果在一个依然充满贫困和两极分化的时代滥用写作者的权力，去表现其所谓的后现代图景，就是一种舆论的欺骗，对于"沉默的大多数"来说，谁能够倾听和反映他们的声音？作家莫言曾提出过"作为老百姓的写作"的说法，这无疑是真诚的，但我在事实上仍然愿意将其看作知识分子写作的另一种形式，因为真正的老百姓是不会写作的，他们根本没有可能和条件去写作，莫言说法的潜台词是要知识分子去掉自己的身份优越感，把自己降解到和老百姓同样的处境、心态、情感方式等，这样才能最大限度地接近他们，并且倾听到他们的心声。因此，在一定程度上也可以说，只有实践了"作为老百姓的写作"的诺言，才有可能达到"现实主义"的真实。在游离的作品《非个人史》中，他这样书写一个乡下青年的履历："遗弃、绝望、乌托邦，它们/规范的称呼是：乡下、县城、省城。/这几乎是我三十年的拉锯历程……//三十年，我仍在拉锯。切割的进程/跟不上年轮的增长，越来越深的木屑/掩埋着来自地底下的蚯蚓的呼喊：//有一把锄头可以切断我，有一根草/给我呼吸，有一个街头供我曝晒尸骨，//有一张纸，在第四个空格写下：身份，其他。"在这里，"我"介入对象之中，成为那个卑微的生命的另一个身体，它让我们听见了来自那体内的声音，使我们感到，关注一个生命比起关注一个宏大的词语和概念，不知道要真实和重要多少倍。

此外，真实也并不纯然是紧张或者崇高庄严的悲剧，它也有可能是喜剧。小人物本身就带着天然的喜剧性，他们的弱点甚至愚昧和他们的不幸与屈辱一起，构成了丰富的人生内涵。这同样是真实性的体现。马非的《民工》就让我看到了另一种真实，一个百无聊赖的打工人在"人民公园"

的一角和一个暧昧女子谈起了皮肉生意，这虽然不雅，却使人看到了底层生活的另一景象，我们可以想象那些远离了女人的人，在单调沉重的体力劳动中内心的贫乏与虚空焦灼。这并不会使我们对他们产生鄙视，相反一个严肃的读者会由此生出由衷的悲悯之情。相形之下，写得更好的是伊沙，因为他没有简单地写喜剧，他是用了喜剧的笔调去写一个悲剧，所以更有让人感动的力量。这首叫作《中国底层》的诗选取的是"西安 12.1 枪杀大案"纪录片开头的一个片段男女主人公的对话。通常人们习惯的是妖魔化地理解这些犯罪者，对他们切身的生存处境不会予以考虑，但这里伊沙偏偏要设身处地，他模拟了电视片中贩枪女孩和盗窃枪支的男青年"小保"之间的一段对话，原来所谓的犯罪实际上动机也极其简单，不过是出于一种饥不择食的生存欲望，而女孩的犯罪则纯然是出于一种简单的同情心。是这样简单的动机毁了他们的一生，其实一切不过是一念之间的事情，片刻之间就区分了人类和妖魔。最后我们的诗人是这样说的：

> 这样的夜晚别人都关心大案
> 我只关心辫子和小保
> 这些来自中国底层无望的孩子
> 让我这人民的诗人受不了

这就是还原到生命个体的真实！它重新揭开了被法律、舆论和所谓道德所遮蔽的原始的真相，在诙谐中让我们看到被概念覆盖和捆绑中的生命的绝望与哭泣，它让我们相信，最终还世界以公正的不仅仅是法律，还有诗歌。

最后我想还可以谈一谈所谓"叙事"。因为一方面，据说叙事已经成了90 年代以来诗歌最重要的表现手段之一；另一方面，要表现底层生活的现实，当然也离不开力求"客观"和"实录"的叙事，所以它也似乎成了事关写作伦理的大问题。叙事的时代表明了抒情在一定程度上的退席，但当代诗歌的贫乏症之一就是抒情的弱化，这看起来是一个技术或者文本的问题，但实际上是一个主体的写作立场与态度问题。写作者普遍充满变态自恋的自我放大，攫持和支配了叙事的趣味，也使得叙事变成了一种虚伪造作的伎俩。我当然并不想说，是这些记录底层人群生活状况的作品"挽救了叙事"，但至少，在这些作品中叙事变得不那么"面目可憎"了。上面所举的伊沙诗中的叙述几乎占了全部的成分，但它给我的阅读感觉充满灵魂的震撼，它的表现力达到了惊人的丰富和厚重。无独有偶，还有一位叫作管上的作者的一首《王根田》，也是以实录的形式，用了诙谐和平静中又带有悲伤的口吻写了一个外出打工人的命运，他在外面苦熬，家里村长却霸占了他的妻子，并且"超生"下了并不属于他的孩子，王根田蒙羞之下只有铤而走险，杀了村长，自己也被判了无期徒刑。我们可以感叹这可怜的人不懂法律的愚昧，但设身处地去想一下，但凡王根田有一点说理的去处他也不会这样不计后果，事实是他别无选择。在这首诗中，作者并没有去刻意地说理和为这个当事人辩护，但其叙事中所生发的丰富含义却能够使读者思量良久。

试图谈叙事，还有技术方面的动机。因为我对这些作品叙事方面的自然生动和流畅自如留下了深刻印象。江非的《时间简史》甚至用了"倒叙"的手法，在极简练的笔墨中写出了一个十九岁青年的一生："他十九岁死于一场疾病/十八岁外出打工/十七岁骑着自行车进过一趟城/十六岁打谷场上看过一次，发生在深圳的电影/十五岁面包吃到了是在一场梦中/十四岁到十岁/十岁至两岁，他倒退着忧伤地走着/由少年变成了儿童/到一岁那年，当他在我们镇的上河埠村出生/他父亲就活了过来/活在人民公社的食堂里/走路的样子就像一个烧开水的临时工。"这样故意地轻描淡写，是刻意地要体现一个生命的卑微，就像他不曾来到这个世界，一切都这样快地结束了，没有留下任何痕迹，也没有引起任何的悲伤。这首诗中我们不难看出作者丰沛的悲悯之情，以及对于我们这个时代的冷漠与失德的尖锐反讽。

说来说去还是又回到了起点。我并不想说，有了"打工诗歌"一切就变得好起来了，无论是现实还是诗歌都不会仅仅因为一个伦理问题的浮现而解决所有的问题，但是我确信它给我们当代诗歌写作中的萎靡之气带来了一丝冲击，也因此给当代诗人的社会良知与"知识分子性"的幸存提供了一丝佐证。在这一点上，说他们延续了一种真正的现实主义的写作精神也许并不为过。

汪曾祺小说"改写"的意义[*]

杨红莉[**]

细读汪曾祺，可以发现他有改写文本的嗜好。他的小说《复仇》《异秉》都曾改写过，一篇不及两千字的《职业》前后竟然写过四稿。汪曾祺不但改写自己的作品，还改写以往的经典作品：他改写了《聊斋志异》中的 12 篇小说，取名为《聊斋新义》；改写过《夜雨秋灯录》中的作品；现代文学史上典型的"茶馆""酒馆"意象，在他的笔下被彻底改写了；他的小说《求雨》，不但和赵树理的小说同名，而且对同一个民俗事项做了完全不同的理解和处理，可以解读为对赵作的改写；他的散文《岳阳楼记》《桃花源记》则更是对范仲淹、陶渊明作品的改写。

"改写"，固然可以笼统地理解为作家对艺术精益求精、追求完美的情结，但如果综合而深入地考察汪曾祺的"改写"行为，我们会发现，在汪曾祺这里，改写不仅仅是改变内容，也不仅仅是改变艺术形式，更是改变原文本的文化精神。因此，汪曾祺的"改写"不应该简单地理解为对艺术的表面化的打磨，等同于一种追求完美的艺术冲动，他的"改写"实际上是一种文化行为，其背后隐藏着更为深刻的文化意义：他试图通过"改写"小说，达到"改写"人的生活模式的目的，试图给人们提供另一种文学和生活的样式。"改写"作为一种有意行为，表征着他独特的艺术观和独特的生活观，是汪曾祺独特的文化精神的隐义，是一种"文化重构"活动。

一

汪曾祺对自己旧作的改写从艺术上讲非常成功。比如《异秉》，1948 年

---

[*]　原文刊发于《文学评论》2005 年第 6 期。

[**]　杨红莉，石家庄学院教授，中国中外文艺理论学会会员，河北省写作学会副会长。

初写稿中的人物只有一个王二，作家的着眼点也仅仅局限在王二的发达史和"异秉"上，整个文本的社会辐射面比较窄；1980 年的改写稿不仅语言上更加流畅、老练，就社会辐射面的广度而言也大大增加了。改写后的小说以一个熏烧摊子和一个药铺为参照点，将民间社会的喜、怒、哀、乐统统收束在文本中，隐含着作家对小人物的温情、同情下的微微的嘲讽，以及对民间生活的浓厚兴趣。除了主要人物王二外，保全堂的陈相公以及食客张汉也被刻画得形象鲜明，让人过目难忘。尤其王二身处一个浓郁的民间生活世界，他原本神秘的"异秉"也具有了日常生活的油烟气味。概括而言，通过改写，作家让王二从一个赋有"异秉"的"奇人"退回到了一个富有生活气息的"常人"，让小说有了更为广泛的现实生活基础。《职业》的三次改写也是如此。作家不断加入各色小贩的各种吆喝声，即不断地将卖椒盐饼子、西洋糕的孩子下放到民间真实的生活背景中，让这个孩子从特殊恢复到普通，从而使小说更具有日常生活的辐射性。总之，汪曾祺对自己旧作的改写可以归结为一句话，即增添了普通人的和日常生活的情趣。

对《聊斋志异》，汪曾祺说他遵循的原则是"小改而大动"，即"尽量保存传统作品的情节，而在关键的地方加以变动"，目的是"使它具有现代意识"。[①] 而"现代意识"在汪曾祺其实就是生活意识、人的意识。比如对于《瑞云》篇的改写。蒲作中，女主人公瑞云只是道德主题的工具，是贺生的陪衬人而不是真实生动的女人。作品所赞叹的是贺生的道德完美，是对有情人终成眷属、好人有好报的又一次验证。正因如此，蒲作《瑞云》只能被作为逸闻阅读，其审美的价值是有限的。而在汪曾祺的改作中，围绕着故事的中心情节——瑞云容颜的得失，瑞云和贺生都表现出丰富的感情：瑞云容颜突然丧失后对自我完全否定，在睡觉时要吹灭灯烛；而在容颜恢复后则反复揽镜自赏，睡觉时都要高烧银烛。容貌对于任何女人而言，都是一件大事，美丽容颜的丧失在女人的心中是会掀起惊涛巨浪的。瑞云对自我从否定到肯定，行动上的一吹灯一点灯，女性丰富而复杂的内心情感便被表现得淋漓尽致。因此，瑞云"人"的一面显露无遗。相比于瑞云

---

① 汪曾祺：《〈聊斋新义〉后记》，《汪曾祺全集》第 5 卷，北京师范大学出版社，1998。本文所引汪曾祺作品，均来自该版文集，为免重复，后文仅于正文中标注篇名和所在卷，不再一一注释页码。

由悲到喜的变化,贺生则是由喜至忧。丑陋的瑞云让贺生踏实幸福,瑞云丽容的重生则让贺生"若有所失",忧心忡忡。现代日常生活中男人的心理情感被真实地反映出来。如果说在古代生活中,夫妻尚可借助道德力量维系婚姻的平稳,那么,在现代社会中,家庭的稳固程度已经大大降低了,夫妻任何一方境况的改变,都有可能导致家庭生活的变化,往日有情人一旦成为眷属便过上幸福生活的故事已经成为神话。贺生的"若有所失"即是这种境况的反映。因此,瑞云失容后的沮丧、自卑和不肯正视,容貌恢复后的得意和敏感,以及贺生微妙复杂的心理活动,都有着坚实的现代生活基础和心理依据。或者说,汪曾祺所改写的《聊斋新义》,是在借古代的素材表现现代人的生活,是在借原来的"神(鬼)"写现在的"人"。所以,汪曾祺虽然只是在某些细节上稍加改动,但文本却由远离生活的逸闻变为现实生活中可能的事件,原来飘浮在虚空中的神女、仙女、鬼女、狐女被转移到了现实生活的平面上,实现了从"非人"到"人"的转化。

20世纪50年代,赵树理写过一篇小说《求雨》;1983年,汪曾祺也写了一篇《求雨》。对比这两篇小说,可以看出两人截然相反的生活与创作观念。赵树理的《求雨》把民间向龙王"求雨"的民俗和共产党员领导的"开渠"对立起来,将"求雨"作为封建愚昧的活动、新生活的障碍予以批判和嘲讽;汪曾祺则反其道而行,写儿童们在大旱之年自发地走向街头虔诚地"求雨",写了"求雨"仪式的美及农家儿童对艰辛生活的理解,对于美好生活的渴望和信心。在赵树理的作品中,"求雨"以失败告终,共产党员领导的"开渠"获得成功;在汪曾祺的作品中,儿童们的"求雨"则获得了成功,瓢泼大雨为人们带来了丰收的希望。在对同一个民俗事项的利用上,赵树理挖掘其"丑",汪曾祺欣赏其"美";赵树理从意识形态价值的角度探讨其政治意义,汪曾祺则从人的民间生存的角度发掘其审美价值。显然,汪曾祺将"求雨"这种风俗从政治意义上重新拉回到民间生活中来了,拉回到普通的人身上来了,小说也从政治主题回到了民间生活和人的生存论主题。以汪曾祺和赵树理二人的关系及赵树理小说对汪曾祺的影响而言,我以为很难说汪曾祺不是故意改写"求雨"意象的主题。

从汪曾祺对"茶馆""酒馆"意象的改写上,更可以发现他的文化价值取向和艺术精神。酒馆、茶馆在20世纪中国文学中是颇富典型意义的意象,在多数作家笔下，都被书写为担负着巨大社会性主题意义的公共领域。鲁迅笔下的"咸亨酒店""茂源酒店""一石居酒楼""华家茶馆"等无一例外地都隐含着展示社会风云和世态人心的重大命题；沙汀笔下的"其香居茶馆"更成为扭曲社会中利益争斗的公共场所；老舍笔下的"裕泰茶馆""则以更丰富的人间世相和跳跃式的时空切割，借古都小小一片茶馆透视了半个世纪的历史嬗变"①。上述这些作品无不以借"茶馆""酒馆"的小世界来映照社会动荡的大世界的精巧构思和所容纳的社会深度广度而著称。而汪曾祺却对这一传统意象进行了改写，甚至彻底颠覆了已有的主题，转而赋予"茶馆""酒馆"以全新的民间日常生活意义。

《安乐居》是汪曾祺的一篇代表性小说。在这篇小说中，几个整天泡在"安乐居"里的酒友，每天都喝一毛三分钱的酒，吃三四毛钱的兔头。然而，不管是看大门的老吕、扛包的老王、传电话的老聂、说话挺"绝"的上海老头，还是风度翩翩的画家、怕媳妇的瘌子、卖白薯的大爷，这些生活在民间最底层的人，都把日常的平凡生活过得有滋有味：他们为有兔头吃而满意，为有钱挣（其实很少）而知足；如何喝酒、如何吃兔头，在他们这儿都是有章法的，能用两个鸡蛋打出三碗蛋花汤是可堪夸耀的；分享一盒腌香椿让他们快乐，吃到一只烧鸡则能获得自豪；一次打抱不平成为他们津津乐道的壮举，被老婆拎着耳朵回家也不算丢人现眼……对眼前事情的评价、看法，对往事的追忆，对现实的感慨，以至于每天到"安乐居"里来喝酒、吃兔头，都成为他们显示自己价值的方式。在这里，小酒馆"安乐居"既不承载"窗口"职责，也不负担"透视"任务，它只是几个酒友享受日常生活的场所，是他们体会活着的滋味的地点。所谓"安乐居"是"安"于世俗然后才能"乐"在其中。因此，相比于现代文学史上"酒楼"意象的博大而沉重，"安乐居"显然不再是社会风云的缩影，而完全回归到了民间生活中，回归到了人的日常状态中。

汪曾祺笔下的酒馆毫无例外都承续着这一方向："如意楼"是三个朋友甘苦与共、肝胆相照生活的见证（《岁寒三友》）；"烤肉刘"是作家观照一种不可索解的生活方式的场所（《捡烂纸的老头》）；即使是"绿杨饭

---

① 杨义：《中国叙事学》，人民出版社，1997。

店",它从兴盛到衰败的变化固然与战争和时代有关系,但作家在文本中依然更着眼于个人的精神,把饭店的兴衰与个体精神的有无对接,更注重探讨的是个人应该具有一种怎样的生存状态(《落魄》)。不仅"酒楼"如此,"茶馆"也同样被赋予日常生活精神的指数。汪曾祺有一篇散文《泡茶馆》,历数昆明茶馆的类型、位置、特点,将"泡茶馆"作为一种有意思、有意义的生活方式。尽管作家也说"泡茶馆可以接触社会"之类的话,但他这里的社会只是形形色色的人群及其不同的生活方式,而不是老舍、鲁迅、沙汀眼中阶级间的斗争、历史的兴衰更替和社会现实中的矛盾。汪曾祺说:"我对各种各样的人、各种各样的生活都发生兴趣,都想了解了解,跟泡茶馆有一定关系。"(《泡茶馆》,第 3 卷)但他的"了解"只是把日常生活的一个场所及其中的个人作为审美的对象,并不是为了"揭示社会的病痛,以引起疗救的注意",绝不让它成为承载社会变革的主题。

酒馆、茶馆本来就是日常生活的场所,如果说在鲁迅、沙汀、老舍那里,让它们成为负载社会的窗口是对于生活文学式的想象和加工,是"文学化"手段,那么,汪曾祺则走了相反的路子,他将以往被"文学化"了的民间生活场所重新"生活化"了,以文学的形式恢复了酒馆、茶馆的民间生活状态,将被宏大化了的日常生活重新恢复到了细微、琐碎、温情的水平面上。

汪曾祺不仅改写小说,而且也改写散文,他对于《岳阳楼记》的改写几乎是对知识分子形象的翻案。范仲淹的《岳阳楼记》以其"先天下之忧而忧,后天下之乐而乐"的名句为历代知识分子立法,赋予了知识分子家国天下的社会责任,哺育了中国知识分子身上一种最重要的为民请命的人文精神。从此之后,孔子为知识分子所指出的"兼济天下"和"独善其身"这两条道路,只有前一条道路得以突出和张扬,而后一条道路则日渐萎缩,直到现当代时期,这后者甚至完全失去了合法性。汪曾祺的《岳阳楼记》则反其道而行。汪曾祺在文章中虽则感叹"匹夫而为百世师,一言而为天下法"的"立言的责任之重且大",但这种感叹绝不与自身价值连接。我们看到的是汪曾祺站在旁边,提醒这些"立言者":"可不慎哉!"他没有也不肯把自己算到"立言者"之列。其后,汪曾祺干脆不管什么立言不立言,而将笔锋一转,一门心思去考证岳阳楼并非为滕子京所建,范仲淹也并没有亲眼见过岳阳楼的问题上。这种考证结果甚至直接否定了范仲淹写作《岳阳楼记》的合法性和合理性。范仲淹的《岳阳楼记》给汪曾祺的启发也根本不是思想的震撼，不是人生的启迪，而只限于文章之美和语言修辞之工。最后，汪作干脆将目光投注到对楼体建筑之美的赞赏和对咏岳阳楼诗句的评点之中，而再不谈什么"先天下之忧而忧，后天下之乐而乐"的话。从范作为知识分子设定的精神导向和社会化价值，到汪作对社会价值的疏离和仅仅立足于个体生命、文章得失的审美判断，汪曾祺颇有解构范仲淹千百年来为知识分子所立之"天下法"而彰显个体审美价值的意味。

范仲淹、鲁迅、老舍、赵树理，岳阳楼、酒馆、茶馆，在以往的文学史上，这些人物和意象因为承担着同样宏大的社会使命，为社会当时的体制提供（或储备）着文化基础，贯穿了一条从古代、现代再到当代的绵延不绝的"文化再生"线索，从而成为阿尔都塞所说的"意识形态的国家机器"。汪曾祺则通过文本的"改写"，将这条线索予以了革命性的转换，将漂浮在日常生活之外的人拉回到了生活本身，让宏大虚幻的理想离开人身，让背负着沉重的启蒙任务的人享受到日常生活的乐趣，让人降落到平凡但自适的日常存在中来。因此，汪曾祺的"改写"行为明确地表明了另一种完全不同于主流的人生方式和文化精神。而一当这种"改写"的确呈现出一种新的生活方式，彰显出与以往完全相左的新型生活和价值观念，显现出新的文化精神的时候，这种"改写"就不能仅仅被视为一种单纯的艺术行为了。所以，汪曾祺的"改写"绝不只是出于"艺人"情结，绝非仅仅为了将艺术作品打磨得更加精致、更富有光彩，他的"改写"是一种文化行为，具有革命性的意义，隐喻着文化"重构"，他的"改写"行为在暗示：应该回到生活本身，回到人本身。

汪曾祺否定宏大虚幻的社会价值，同样也不赞成自欺欺人的个体隐逸。他的散文《桃花源记》就是这种观念的表达。怀有"安邦定国"之志，准备着"学而优则仕"，这恐怕是中国大多数知识分子最初的美好理想。但这种理想一般只是知识分子在入世之初的一厢情愿，残酷而冷漠的社会秩序经常将这些志存高远的文人从云层推向地面，并给予狠狠的打击和嘲讽，既无法实现"安邦定国"之志，也无法"回到生活本身"安居于世间，是中国历代知识分子的存在性困惑命题，因此，"逃离"或"隐居"就成为知识分子对抗社会、保存个体的最佳方式，成为他们永远的梦想。陶渊明的《桃花源记》无疑是对这种梦想的集中表达。自此，那个桃花盛开、不知今夕何夕的"桃花源"成为知识分子无法抹去的情结，成为永远的精神避难所。但是汪曾祺的《桃花源记》却将这虚幻的梦境戳穿，并将"桃花源"从乌托邦幻象改写为人间的生活状态。在汪曾祺的《桃花源记》中，他处处设置对比："桃花源"是假的，"吃擂茶"是真的；"秦人洞"是假的，磨碑石的小伙子的生活是真的。这些对比无不是为了将人从虚幻的想象中拉回到生活的现实中。显然，如果说陶渊明尚须借"桃花源"来幻想幸福生活的实现并假想性地满足虚幻的个体人生理想，那么汪曾祺则根本无须借助什么"桃花源"，他完全能在"吃擂茶"的日常生活中安享生活的欢悦，也完全能在磨石碑的小伙子身上体会"无怀氏之民的风度"，而感知到真实生活的乐趣，从而真实地满足个体审美人生的理想。在汪曾祺这儿，他不需要任何假借的"桃花源"，他已经是精神上真正的"桃花源"人，他的日常生活处处都可以是"桃花源"。因此，就两篇《桃花源记》而言，陶文把个人的理想生活寄托于虚幻，借虚幻的想象架构起生活的乐趣；汪文则把个人的理想生活安放在现在，安放在每个人唾手可得的身边。汪曾祺显然比陶渊明具有更为清醒和明确的现实主义精神。而如果我们再将文化的目光回溯到屈原，那么，从屈原因不见容于帝王而自沉到陶渊明的主动逃离并构建一个自我"桃源"梦，再到汪曾祺"与君安坐吃擂茶"的洒脱，可谓是一部知识分子从理想逐渐走向世俗、与之相融并逐渐体味日常生活之乐趣的生存史，这其中所隐含的文化意味当是无穷无尽的。

总结汪曾祺的"改写"行为，可以发现，不论是改写自己的作品，还是重写文学史上已有的作品，他的终极目的是要将漂浮在现实生活之外的人拉回到生活中来，让背负着沉重的启蒙任务的人卸去重担而享受日常生活的乐趣，让披着宏大虚幻理想外衣的人脱去英雄的披挂降落到人平凡自适的存在中。总之，让人和谐地与日常生活共处，让人欣然感知"活着的欢悦"（《谈谈风俗画》，第3卷）才是汪曾祺"改写"所要彰显的要义。

二

20世纪文学充满了历史的跌宕、政治的起伏，似乎与汪曾祺式的舒缓与和谐并不相称，那么，汪曾祺安享日常生活的文学资源来自何处？或者说，汪曾祺的这种和谐式的文化观是怎样形成的？它和20世纪小说是怎样的关系？其实，汪曾祺的文化观念既与他独特的个人经验、特殊的社会环境相关，更是他汲取了多种营养元素，并做了有效整合后确立起来的。

汪曾祺对沈从文的师承当然是较早开始也较明显的。沈从文对汪曾祺的影响表现在建立纯正的艺术观和积极的人生观两个方面，而这则是汪曾祺在20世纪特殊的社会环境中疏离现实的根据。从艺术观说，沈从文高蹈个体人生体验，倡导通过文学艺术的审美功能达到教育民众目的的观念深深地植根在汪曾祺心里。沈从文说："我们实需要一种美和爱的新的宗教，来煽起年轻一辈做人的热诚，激发其生命的抽象搜寻，对人类明日未来向上合理的一切设计，都能产生一种崇高庄严感情。国家民族的重造问题，方不至于成为具文，成为空话。"[1] 而在沈从文那里，通过美育的熏陶或中介达到改造社会目的的前提是文学的艺术性："读者从作品中接触了另外一种人生，从这种人生景象中有所启示，对人生或生命能做更深一层的理解。"[2] 所以在沈从文那里，文学以审美性为本位，以生命个体之间的理解体验沟通为桥梁。沈从文这种"审美功利主义"的文学观念深刻影响了汪曾祺[3]，并成为汪曾祺的艺术信念。汪曾祺努力让文学和社会生活保持距离，认为"小说是回忆"，强调"写作要经过一个时期的酝酿或积淀"（《小说的思想和语言》，第5卷），要"淬尽火气"，又强调"文学要有益

---

① 沈从文：《美与爱》，《沈从文文集》第11卷，花城出版社，1984，第379页。

② 沈从文：《小说作者与读者》，刘洪涛编《沈从文批评文集》，珠海出版社，1998，第143页。

③ 杜卫在《审美功利主义——中国现代美育理论研究》一书中，提出了"审美功利主义"概念，并将其内涵概括为："审美内在地具有超越世俗功利目的欲念的功能，通过美育，以审美的'超越性'和'普遍性'使国人的本能和情感得到解放和升华，摆脱物欲和私欲，最终形成完整的人格和高尚的德行。所以，审美功利主义不排斥审美与道德的内在联系，而是十分强调美育内在地涵养国人德行的作用。"杜卫：《审美功利主义——中国现代美育理论研究》，人民出版社，2004，第3页。

于世道人心",显然正是对沈从文包括京派文学观的继承。而正是这一点成为后来汪曾祺得以成功疏离庸俗社会学的根源。从人生观上说,沈从文也同样帮助汪曾祺树立了一种比较积极的生活态度。沈从文怀揣着远大的理想从遥远的湘西僻壤一步步丈量到大都市,连标点符号都不会使用的他居然用一支笔闯出了一片文学天地,支撑他的该是如何强大的精神力量!陌生的都市生活给予他的失败、屈辱、欺诈、打击等一连串黑色体验,始终没有动摇他试图以文学"重塑民族品德"的意志,他始终想造"供奉'人性'"的"希腊小庙"①,始终坚持"用一支笔来好好地保留最后一个浪漫派在 20 世纪生命取予的形式","在'神'之解体的时代,重新给神作一种赞颂。在充满古典庄严与雅致的诗歌失去光辉和意义时,来谨谨慎慎写最后一首抒情诗"②。然而,他的这种理想在 20 世纪 40 年代末期社会转型之后彻底失败。因此,沈从文既是一个做着强烈、浪漫的梦的人,同时,也是一个无法真正在现实世界实现自己"重塑民族品德"梦想的人。然而,以文学的形式表达自己对人性的信心,对美的生活的信心,这种信念却深深地扎根于汪曾祺的心中。汪曾祺说:"我是一个乐观主义者。对于生活,我的朴素的信念是:人类是有希望的,中国是会好起来的。"这种"乐观主义"的生活态度其实直接来自沈从文不断的鼓励和教导,显然,这种坚定的信念恰恰支撑汪曾祺比较顺利地度过了日后一会儿进牛棚,一会儿当右派,一会儿被推到浪尖,一会儿又被抛入谷底的生活,甚至即便在人生最黑暗的时期,他都能感觉到生活的诗意,发出"生活是很好玩的"感慨,成为他相信人能够"欢悦地活着"的根源。

第二个深刻地影响了汪曾祺的是鲁迅。初看起来,鲁迅和汪曾祺似乎是截然不同的两种类型的作家,但事实上鲁迅对汪曾祺的影响也相当深远。且不说汪曾祺的老师沈从文事实上是从鲁迅那里受到写作的启发③,之后才开掘出了一片生机勃勃的文学园地,其实鲁迅对汪曾祺的直接影响也是很大的。汪曾祺说:"中国现代作家的作品我读得比较熟的是鲁迅。我在下放

---

① 沈从文:《阿金》,上海开明书店,1943,第 2~3 页。
② 沈从文:《水云》,《沈从文文集》第 10 卷,第 294 页。
③ 沈从文自言鲁迅"以乡村回忆做题材的小说"对他有启示性意义。范家进:《现代乡土小说三家论》,上海三联书店,2002,第 109~114 页。

劳动期间曾发愿将鲁迅的小说和散文像金圣叹批《水浒》那样，逐句逐段地加以批注。搞了两篇，因故未竟其事。"（《谈风格》，第 3 卷）他又说："我受的影响比较多的，中国作家一个是鲁迅，一个是我的老师沈从文。"（《文学语言杂谈》，第 4 卷）可见鲁迅对汪曾祺影响之大之深。但在这里需要说明的是，我以为鲁迅之影响汪曾祺，主要不在鲁迅深刻而博大的思想层面，而在艺术技巧层面。汪曾祺曾经说："近年来研究鲁迅的谈鲁迅的思想的较多，谈艺术技巧的少。现在有些年轻人已经读不懂鲁迅的书，不知鲁迅的作品好在哪里了。看来宣传艺术家鲁迅，还是我们的责任。这一课必须补上。"（《谈风格》，第 3 卷）在汪曾祺这里，他所要宣传的是"艺术家鲁迅"，而不是"思想家鲁迅"。所以，汪曾祺从鲁迅那里主要学到的不是思考生活、批判生活的方法，而是表现生活的技法。而且在某些篇目章节中，我们的确也看到汪曾祺甚至在很明显地模仿鲁迅。① 除此之外，还有一点必须强调：也许正是从鲁迅那里，汪曾祺获得了以风俗文化写人的灵感。20 世纪文学史上有很多擅长风俗描写的作家，鲁迅、沈从文、老舍、赵树理都在其列，甚至一般被称为"乡土文学"的作品都会涉及风俗内容。在这个行列中，鲁迅更是超越了将风俗作为"异域风情"以增加小说趣味性的范围，开始发掘风俗对于人的命运的构成力量，风俗开始成为他结构小说、结构人物的重要因素，在一定程度上写出了人的风俗化模式，因而蕴含了风俗从表现题材转化为表达方式的可能性。《祝福》中，有大量的关于鲁镇地方风俗的描写，比如"煮福礼""捐门槛"，关于女人洁与不洁的观念，等等，而这些风俗事实上对祥林嫂的悲剧命运起了决定性的作用，

---

① 在《羊舍一夕》中，汪曾祺对"老九放羊"是这样写的："放羊的能吃到好东西。山上有野兔子，一个有六七斤重。有石鸡子，有半媳子。石鸡子跟小野鸡似的，一个准有十两肉。半媳子一个准是半斤。你听：'呱格丹，呱格丹！呱格丹！'那是母石鸡子唤她汉子了。你不要忙，等着，不大一会，就听见对面山上'呱呱呱呱呱呱……'你轻手轻脚地去，一提就是一对。山上还有鸥鸥，就是野鸽子。'天鹅、地鹕、鸽子肉、黄鼠，'这是上讲究的。鸥肉比鸽子还好吃。黄鼠也有，不过滩里更多。放羊的吃肉，只有一种办法：和点泥，把打住的野物糊起来，拾一把柴架起来，烧熟。真香！"显然，这个场景和语言、语调都来自鲁迅《故乡》中"闰土"的形象。在《异秉》中，汪曾祺写药店小伙计经常挨打，只有到晚上，百事通张汉到店里来大讲各种见闻时，大家都比较快乐，这时候，小伙计即使犯了错也不会被发现，不会挨打。显然，这个"小伙计"是从鲁迅《孔乙己》中的小伙计处拓来的。

甚至可以说，其实正是鲁镇这些愚昧的文化观念将祥林嫂逼死的；再看汪曾祺的《大淖记事》，看看"大淖"的风俗文化又是如何让一个"不洁"的巧云获得了纯洁的爱情，给了她承担贫苦生活的动力，给了她再生的希望。原来，祥林嫂和巧云命运的不同根源于"鲁镇"和"大淖"文化的不同；原来，《祝福》和《大淖记事》其实从写作方法上讲是如此相同！其区别在于，如果说鲁迅看到的是风俗文化落后的一面，看到的是它对人形成的负面力量，因此，他采用了批判的书写姿态；那么，汪曾祺所看到的则是风俗文化与人性相融合的一面，是对人的正面影响，因此，他要表现的是人在风俗生活中的诗意生存，是和谐地生活于其中的状态。所以，鲁迅对汪曾祺的启发是文化性的、根源性的。

除此之外，还有一个深刻地影响了汪曾祺的人，这就是赵树理。20世纪50年代，汪曾祺曾在《民间文学》任编辑，而赵树理当时是《民间文学》的主编。其时，赵树理正被树为大众文学的"方向"。在这种小环境和大局势下，赵树理必然会对汪曾祺产生影响。李陀曾谈到赵树理对汪曾祺的影响："我以为赵树理对汪曾祺的写作有很深的影响，可能比老师沈从文的影响还深。"① 李陀只是就语言而言。其实赵树理对汪曾祺的影响远不只是语言角度，我以为还有另一个必须注意的问题：沈从文和赵树理影响汪曾祺的层面不同，或者说，两人从不同的角度影响了汪曾祺。1949年以后，汪曾祺因被贴着"洋派""沈派"的标签②而无法持续他的小说创作，在和赵树理这个"方向"朝夕相处的时间里，他必然要思索他的小说的"方向"问题。而正是赵树理的影响，才促使汪曾祺的文学视野发生了转向，让他将文学关注的对象从个体知识分子向民间生活拓展，而这个方向性的转化才使得汪曾祺最终有可能将他已经形成的艺术观落实到大众世俗生活的平面上。所以，赵树理对汪曾祺的影响发生在艺术对象的层面上。在这之前

---

① 李陀：《汪曾祺与现代汉语写作——兼谈毛文体》，《花城》1998年第5期。

② 邓友梅有这样一段记述："汪曾祺和林斤澜是1949年后我结识得最早的朋友。……曾祺虽已出过小说集，是沈从文先生的入室弟子，但这没给他戴上光环，倒还挂点阴影，被认为曾是另一条道上跑的车；……我与曾祺、斤澜感情密切，好心的同志还提醒：'交朋友要慎重，不要受小资产阶级意识的影响！'""他是上过旧大学的知识分子，是曾有过小名气的作家，……他申请入党时曾责成我与他保持联系，进行'帮助'。"邓友梅：《漫忆汪曾祺》，《文学自由谈》1997年第5期。

(40 年代)，汪曾祺的小说写作固然有"两支笔"①，但事实上，即便是这些被称为"传统乡土派"（严家炎）的作品，也只是和他那部分意识流作品相对而言的。其实，这部分作品因为大多在"自我"体验和"望乡"主题之间游移，叙述人的个体情绪始终控制着作品的基本感情，因而作品具有强烈的抒情效果，体现出浓烈的个体生命意识，而且他 20 世纪 40 年代的文本多采用第一人称叙述模式，很少采用第三人称的全知叙述方式，或者即便使用，也尽量将其视点缩减到内视角，这种特征使得他这一时期的作品和20 世纪 80 年代的小说明显区别开来，所以，很难说他 20 世纪 40 年代的作品已经开始纯粹地面向民间生活了。而正是 20 世纪 50 年代赵树理的影响，使得汪曾祺将小说开始正面朝向民间生活者，开始了纯粹意义上的有关民间日常生活的叙述。即赵树理对汪曾祺的影响主要表现在"文学对象"的层面上，即文学面向谁的问题，是"写什么"的影响；而沈从文、京派对汪曾祺则是"怎么写"以及"为什么写"的影响，是观念的影响。在"怎么写"以及"为什么写"上，汪曾祺和赵树理的观念是完全相反的。对于赵树理"问题小说"的主张，汪曾祺非常反对，后来甚至把这种"问题意识"概括为"代圣贤立言"，"就是揣摩上意，发意称旨，就是皇上嘴里还没有说出来呢，我就琢磨着他要说什么"，他认为赵树理最优秀的作品恰恰不是"问题小说"（《漫话作家的责任感》，第 4 卷）。当然，赵树理自身的艺术才华使他的小说并不完全是功利性的，很多作品在具有功利功能的同时也兼具审美功能；而汪曾祺在审美功能第一的前提下，也绝非审美唯一，他的小说同时也兼具文学的社会功能。因此，这是两个各具特色的艺术家。汪曾祺在 20 世纪 40 年代以写个体知识分子心理为主体，而到 20 世纪 50 年代之后，再也没有涉及这类题材，个体知识分子似乎一下子被汪曾祺推到了边缘，推到了记忆之外，推出了小说，这种方向性的转变不能说不与赵树理在这个"方向"的影响有关。当然，这个"向民间"的转向经历了很长的时间，并且在相当一个时期之中表现出某种程度的不成熟状态。汪曾祺 20 世纪 60 年代的小说都带着"向民间"和"向意识形态"的双重痕迹，

---

① 严家炎先生所说："汪曾祺在 20 世纪 40 年代有过两支笔，同时写作乡土派的传统小说和现代派的新型小说。"严家炎：《人生的驿站》，黑龙江人民出版社，2004，第 139 页。

这正是他刚开始向民间生活转向的不成熟之作。汪曾祺后来把这类作品概括为"说谎的浪漫主义",正可以看作他一方面向民间生活靠拢,另一方面又一时无法不兼顾意识形态的结果。

汪曾祺在将文学关注的对象移向民间生活的同时,也开始对民间生活产生审美认同。汪曾祺在《民间文学》任编辑期间,第一次大量地接触民间文学,并对于这种直接来自民间生活中的文学形式产生了极大的兴趣,认识到民间文学的魅力,对民间生活开始产生审美认同,并成为日后他的文化观念向民间生活转向的心理基础。汪曾祺曾多次谈起民间文学对他的影响:"我曾经编过大约四年《民间文学》,后来写了短篇小说。要问我从民间文学里得到什么具体的益处,这不好回答。……不过有两点可以说一说。一是语言的朴素、简洁和明快。民歌和民间故事的语言没有含糊费解的。我的语言当然是书面语言,但包含一定的口头性。如果说我的语言还有一点口语的神情,跟我读过上万篇民间文学作品是有关系的。其次是结构上的平易自然,在叙述方法上致力于内在的节奏感。民间故事和叙事诗较少描写。偶尔也有,便极精彩。……一般的故事和民间叙事诗多侧重于叙述。但叙述的节奏感很强。"(《我和民间文学》,第3卷)汪曾祺所说的民间文学的语言、结构、叙述特征,不就是他的小说最重要的特征吗?可见,民间文学对汪曾祺的影响是非常巨大的。"我是搞了几年民间文学的,我觉得民间文学是个了不起的海洋,了不得的宝库。"(《文学语言杂谈》,第4卷)"一个作家读一点民间文学有什么好处?我以为首先是涵泳其中,从群众那里汲取甘美的诗的乳汁,取得美感经验,接受民族的审美教育。"(《我和民间文学》,第3卷)这正是汪曾祺对民间文学进行审美认同的最直接的表白。

汪曾祺三年半的"右派"生活,则是他在民间生活中寻找心灵安顿之地的阶段,是对民间生活进行生命体验的阶段。而体验民间生活显然是他真正认同民间文化的基础。汪曾祺谈他下放的感受时说:"从某个角度看当然是很倒霉了,不过,我真正接触了中国的土地、农民,知道农村是怎么一回事。晚上就在一个大炕上,同盖一个被窝,虱子很多,它们自由自在,从东边爬到西边的被窝去。农民和我无话不谈,我确实觉得中国农民,一身很沉重的负担,他们和中国大地一样,不管你怎么打法,还是得靠他们,

我从农民那儿学到了许多东西。"（《作为抒情诗的散文化小说》，第 8 卷）
生活的艰苦和像大地一样的坚韧同时融合在农民身上，这样的生活感受对
于汪曾祺是新鲜而且有震撼力的："……我这才比较切近地观察了农民，比
较知道中国的农村、中国的农民是怎么一回事。这对我确立以后的生活态
度和写作态度是很有好处的。"（《随遇而安》，第 5 卷）事实上的确如此。
在这段"右派"生活之前，汪曾祺一直是以知识分子的身份高居在民间生
活之上，直到这一段真正的农民式生活之后，汪曾祺才有了民间生活的体
验，才有可能真正发现民间生活的内核，发现民间生活者的精神，将对民
间文学的审美认同落实到生命精神的认同上。所以，汪曾祺说他"从农民
那儿学到了许多东西"，这绝非客气话，更不是空话，实在是他为自己的
哲学找到实实在在的生活基础之后的由衷之言。只有在产生观念性的认同
之后，汪曾祺才能够踏踏实实、彻彻底底地将文学视野转到民间生活之
中，关注民间生活模式下人的各种生存状态，并从中淘洗出诗意的美。由
此，他的"我当了一回右派，真是三生有幸"（《随遇而安》，第 5 卷）的
说法并不完全是嘲讽，实在也是因为他在民间生活中才学会了如何在艰难
中得到仅存的一点乐趣，而正是因为生活的艰苦，这点乐趣更显得弥足
珍贵。

由此，在整合了来自鲁迅、沈从文、赵树理，整合了来自知识分子、
民间文学系统，以及他早已储备下的中国古代文化和西方文化的营养，再
加上他切身的民间生活体验之后，汪曾祺终于义无反顾、一往情深地转入
民间生活，将其熔铸于个体知识分子的审美眼光并着力发掘其中的美和诗
意。而有着这样鲜明的艺术理念并经过了这样的生命淬炼之后，这种"诗
意"才可能是植根于普通人日常生活的实实在在的诗意。

三

汪曾祺笔下的人都安于自然的生活，对生活没有虚妄的期待，对现实
也没有太多的怨言，他们只是接受着生活的样子，并享受着生活中存在的
乐趣。钓鱼的、遛鸟的，摆摊的、卖菜的，纳鞋的、绣花的，店东、店伙，
画家、教师，无不在自己的那一份生活中自适地踏实地欢悦地活着。民间

日常生活在汪曾祺的笔下充满了趣味。

这显然得自汪曾祺的文化观念。汪曾祺说:"我追求的不是深刻,而是和谐。"(《〈汪曾祺自选集〉自序》,第 4 卷)"和谐"不仅是汪曾祺小说的美学追求,也是他所倡导的生存精神。作为生存精神的"和谐",其要义首先是和自然、社会和平共处,是人与人之间的平等交往和相互尊重,是和周围一切美好事物的融合。自觉、自愿地与他人、自然、社会融合,这是汪曾祺人生观的起点,是汪曾祺小说里人的日常生活的起点,是"本分"。当人具有了这样的"本分",他的生活才可能是和谐的,这个人在汪曾祺眼里才呈现出美的素质。所以,一个满足于一天三顿吃"拨鱼儿"的"闹市闲民"、一对儿到野地里拾枸杞子的老夫妻、从早到晚纳鞋底的老奶奶、从晚到早绣花的少女,都能成为他的艺术对象。"本分"既是一种生活态度,也是一种人生境界,汪曾祺从平平常常的风俗生活中发掘的正是这种安分于生活从而享受生活的态度和精神。因此,他的"和谐"既不是倡导人和现实社会的抗争,也不是一厢情愿地构建一个虚幻的人生模式;既不是假想性地填补人与生活之间的沟壑,也不是逃避到遥远的僻地边壤自欺性地忘情于自然山水,而是植根于人的平实而日常的生活,是踏踏实实地建构在人与人所组成的风俗生活中。

在这种观念下,汪曾祺即使对伟人、圣人,也要用一把"人情"的审美标尺去度量,他把"无人情"的假人、伪人、非人、超人统统排除在他的文学视野之外,而当他在"伟大"者身上寻找到"人情"的一面时,他又是如此欣喜:"我觉得孔夫子是个很有人情味的人,并且是个诗人。他可以发脾气,赌咒发誓。"(《自报家门》,第 4 卷)伟大如孔圣人者,汪曾祺是在可以"赌咒发誓""发脾气"的常人性情中理解并接受他。写人如此,写花草虫鱼、吃食风物莫不如此。他笔下的花草是荷花、绣球、报春花,而不是牡丹、玫瑰和竹兰;他笔下的虫鱼是蜻蜓、麻雀、花大姐,而不是热带鱼、波斯猫和法国狗;他笔下的吃食是萝卜、豆腐、腌咸菜,而不是满汉全席、鲍鱼宴。这些平凡的日常的事物被汪曾祺写得生机盎然,因为他能在"小"中见出其"大"——一种发自本能的日常的生命力和美。汪曾祺说他喜欢陶渊明笔下的"暧暧远人村,依依墟里烟。狗吠深巷中,鸡鸣桑树颠",因为这是"充满人的气息的'人境'"。"人境"就是汪曾祺为人、为文的追求。

但如果因此将汪曾祺的"和谐"理解为对自然、社会无原则的妥协，或者理解为阿Q式的自欺欺人，那就完全错了。汪曾祺的"和谐"不是无原则的妥协，而是在对人的现实存在的可能性有清醒认识之后的积极选择和主动适应；汪曾祺的"和谐"不是无原则地放逐对于流俗的盲目认同，让人的本性沉落并消弭于世俗的混乱与琐碎。其实，在汪曾祺看来，个人的力量是十分有限的，不可能以一己之力改变整个外在的世界，因此，人生的第一步是勇敢地担当，是知道不可抗拒之后的忍受和承担。而当人一旦有了担当的勇气，他的生命也就由被动转化为主动，才可能去追求属于自身生命和生活中的快乐，并因此获得个体生命的自足。所以，汪曾祺的"和谐"是基于对个体生命有限性的认识，是在认识到这种有限性后积极地为个体生命寻找诗意生存的可能。因此，他的"和谐"是一种清醒的"现实主义"观念，其中既有对无往不胜的抽象乐观主义的反驳，也有对在深重的历史和艰苦的现实面前悲观失望的宿命论的反驳。这种正视现实并尊重个体生命的精神，汪曾祺用"皮实"概括。他说："能够度过困苦的、卑微的生活，这还不算；能于困苦卑微的生活觉得快乐，在没有意思的生活中觉出生活的意思，这才是真正的'皮实'，这才是生命的韧性。"在汪曾祺看来，唯其有苦才有乐，人生的乐趣也正在于苦与乐的纠结中，既能承受其苦还能体验苦中之乐，才更见人的生命之力量。他引用林斤澜的话说："单单活着不算数，还活出花朵叫世界看看，这是'皮实'的极致。"（《林斤澜的矮凳桥》，第4卷）所以，汪曾祺的文本并不排斥生活的复杂性、多义性、苦难性。恰恰相反，他所倡导的是体验一种完整的悲喜交集式的人的生活，他所赞赏的正是在苦难、痛苦的必然中努力获取个体生活和生命中那点仅存的乐趣的精神。因此，汪曾祺的"和谐"更包含着超越世俗、超越琐碎，向着艺术与审美人生努力的终极目的。

汪曾祺一生命运几番起伏，既被打成过"右派"，也曾参与样板戏的创作，成为一时的"红人"；既在别人挨整时被提前"解放"，也在别人被"解放"后再次接受"调查"。20世纪中国文人命运多舛，汪曾祺尤为甚者。但命运的巨大起伏既不曾让他失去生活的信念，也未曾成为他晋升的资本。他只是承受并体验着这种命运的更迭变化并努力在其中感受生活的滋味。他在塞外的艰苦劳动中，还能感受到为果树喷药带来的美，认为"这活有诗意"（《果园杂记》）；在坝上采到一个大蘑菇也要带回北京为全家人做一碗汤，让家人尝鲜（《坝上》）；一顿莜面窝窝，竟被他反复回味，认为是一辈子很少吃过的好东西（《七里茶坊》）……因此，他的"我当了一回右派，真是三生有幸"的说法（《随遇而安》，第 5 卷），并不完全是嘲讽，实在也是他在领悟"皮实"精神之后的肺腑之言，他说"生活，是很好玩的"时候，也不是故作惊人之语，是他将人的现世生活看成人的根本存在状态之后的必然之义。从汪曾祺作品中的那些民间生存者身上、从汪曾祺自己身上看到的不正是这种"活出花朵"来的"生命的韧性"吗？而这种"生命的韧性"才是"和谐"的核心内涵，是其小说所要表现的精神。因此，汪曾祺的"和谐"是以合于世俗、融于世界为起点，而以追求个体精神对世俗的超越为终点；他的"和谐"从生存论开始，而以艺术化人生为终结。孔子曾经说："饭疏食，饮水，曲肱而枕之，乐亦在其中矣。不义而富且贵，于我如浮云。"这正是汪曾祺人生观的写照。人生艺术化，艺术人生化，在生命的切实体验和艺术超越之间达到无隙的沟通，这才是汪曾祺的追求。

汪曾祺将"欢悦地活着"作为自己人生的哲学，他的小说就是这种人生态度的文学表达。在他的小说中，他不是用相对于恒常的民俗生活而言更为短暂和易逝的政治或战争与人共处，而是排除了生活表层因素的干扰，沉潜于民间日常生活的底部和根部，让他的人物和千百年来缓缓流动但生生不息的风俗文化融为一体，他的小说因而呈现的是和自然同体和历史同生的人生，他的小说结构如同树的自然生长过程一样富有生命活力，他的小说完全"贴到"人的文化身份，透过语词的外表而直抵语言的神韵，出于人工却合于天籁。概而言之，汪曾祺的小说是以恢复人在民间日常生活中的本来样态为最高的真实原则，以为人的民间存在建构诗意的栖居方式为最高的艺术追求。从而，无论从人的生存精神，还是追求文本的艺术美，汪曾祺都以他的作品为样板构筑起了一幅"和谐"的民间日常生活的艺术图景。

人在日常生活中和谐生存的图景，我们在《诗经》的某些篇章中能够读到，在两汉民歌中能够读到，在唐宋诗词和散文中能够读到，甚至在元、明、清的诗词曲子中还能读到，但在小说中很少能发现它的踪迹。小说似乎是专门为了表达人们的愤怒、不满而生成的，尤其 20 世纪小说主题更是以忧患意识为主潮。这一方面与中国近代以来的现实有关，另一方面也与小说是更适合表达跌宕起伏人生故事的艺术类型相关。而汪曾祺的小说重新发掘了人的和谐生存的生活模式，并将其作为人存在的一种唾手可得的状态提供给文学和人类，为现代小说展现了一片新的天地。由此，这种古已有之的生活方式及审美传统才未被完全忘却，并得以成为烛照现代人"繁忙"生活的篝火。

增强应用文写作高效性的
教学模式探析[*]

颜 琳^{**}

应用文写作在一般高等院校中是作为一门公共选修课程来开设的，在学校里这门课所处的地位是既重又轻。之所以说它重，是因为一般本科院校的任务主要是为社会经济发展培养各类应用型人才，而书写能力、阅读能力则是现代人才必备的素质之一，因此作为素质教育的一部分，应用文写作理应受到重视。说它轻，则是因为应用文教学效果距离实际要求甚远，在一般高校里实际上是处于"鸡肋"状态，以至于出现老师不愿教、学生没兴趣学的尴尬情形；或者说，由于其内容缺乏学术性，大部分人认为谁都能够上这门课；有时即使花大力气，最后却仍然是教学高投入、少产出的低效益状态。造成这些现象的原因是多方面的，但来自应用写作教学本身的无力、低效却是毋庸置疑的。如何适应社会发展和教育发展的需要，改革一般高校应用文写作教学内容和方法，提高学生的写作能力，是每一个应用文写作教师必须思考的问题。

一 一般高等院校应用文写作教学
低效性的表现及原因

在实际应用文写作过程中，不少的同学都怕写作，因为不知从何处入手，不知写什么，普遍反映"应用文一看就懂，但一写就错"。学了"应用文写作"这门课程之后，一些写作知识即使在课堂上弄清楚了，可在实际

* 原文刊发于《写作》2007 年第 1 期。
** 颜琳，仲恺农业工程学院人文与社会科学学院教授。

应用当中却仍是漏洞百出、张冠李戴、残缺不齐。具体来说，应用写作教学低效性主要体现在这样四个方面：一是相近文种选择出现错误，各文体的基本格式和写作技巧不能自如运用；二是写作目的不甚明确，只懂得对文本格式的模仿，以求基本格式正确，而行文缺乏可操作性；三是找不到应用文的语感，难以对相关文体展开准确的书写；四是行文了无深意，枯燥乏味，学生兴趣渐失。

那么，造成应用文写作教学低效性的根本原因是什么呢？当然，我们可以罗列搜寻到很多理由，譬如归咎于学生文字基本功差，选修课不受重视，教学内容枯燥单调，教师教学水平低，等等。这些问题的确存在，但笔者始终认为其根本症结不在这里。究其原因，笔者认为应用文写作教学之低效性主要跟传统的教学模式有关系。传统的应用写作教学模式主要是"闭门造车"，其表现形态为"理论+例子+训练"，一般教学过程是先由教师讲授有关理论知识，如某一文体的含义、特点、写作格式、写作内容或技巧以及写作注意事项等；然后在教师指导下分析例文，一般是用具体的例文来印证所讲理论，以便加强对所学理论的认识和理解；最后再实施写作训练，即用所学理论去规范自己的写作行为，培养写作能力。

这种传统的应用文写作教学模式其实就是一种从理论到实践，从他人到自己的过程。这种教学法，优势在于能在一定时间内较多较快地传授较丰富的知识，而它存在的偏差和缺陷也是很明显的。一是这种教学一般重理论、方法，轻写作训练；重课堂讲授，轻社会实践，也就是说实际的教学主体仍然是以教师为主。二是极易误导教师把精力花费在对例文的剖析和对写作要点的强调证明上，从而步入视学生之理解为教学最高追求的歧途，而忽视应用文写作贵在"应用"二字，故教学重点仅仅放在能理解所谓概念、知识，是远远不够的。三是忽视写作过程中对学生思维能力的培养，弱化学生实际写作能力的训练，致使他们在具体写作时因没有活跃开放的思维而常常笔下涩滞，导致"理解了，却写不了"的苦恼情形，以至于抱怨"写作课不管用"，从而心灰意冷，失去学习应用文的兴趣和耐心。

二 增强应用文写作高效性教学模式

(一) 重视量趣效应的教学模式

量趣效应就是指强调数量和兴趣。强调数量，并不是单纯地增加个体单位的工作量，而主要是借助单元时间里多组、多元的对接与整合，使学生进入一种自觉、自在的状态中。量趣效应可以大量地应用于写作教学实践，即在应用文写作教学中不拘泥于单一文体，而是提倡一次性训练多组题目，一个材料多种要求或是多种不同构思方案的模式，这样就避免了一堂课单一训练项目的低效、乏味。在应用写作教学中诸多内容可以采用该种方法，如公文写作中的文体训练，就可以采用不同的组别进行，通知与通报、请示与报告、通告与公告就可以放在一堂课中分六组进行，由于实施项与要求不同，学生就会以超出常数 2~3 倍的注意力集中在授课内容上，实现了量、趣同步，以量促趣，它强调的是参与意识和授课的实际效益，目的是易于区分每种文体的不同之处，总结出学生存在的共性问题，使授课更有针对性，进而激发学生的学习积极性。实际上，量趣效应的实质就是分组教学和比较教学相结合，它一方面可以对相邻文体的应用文从标题、内容、格式、结构、表达方式、惯用语等方面进行比较，通过比较明确其相同点和不同点，并从中得出更深广的规律性认识；另一方面可以实现教学主体的转变，增强课堂教学的民主氛围；最主要的是这种做法可以起到一石数鸟、举一反三的作用，收到触类旁通、敢于标新立异、富于创造性的功效。如此，不但课堂气氛好，而且趣味强、效益高、辐射面广。

(二) 激活情景模拟法的教学模式

模拟情景式教学就是把现实生活、学习、工作中已然存在的材料及其发生、发展、变化的内部和外部环境条件，置于一定的背景中，引导学生追根溯源，探讨事实材料产生的成因，给出解决问题的思路及方法。在课堂教学中，根据不同文体的不同教学要求，设置一定情景，将实例穿插进来，让学生进入角色来学应用文，进行仿真训练，写出相应的文体。这样可以极大地激发学生的兴趣，体现学生主体性精神，调动他们的积极性，使他们意识到学习应用文写作是在培养一种技能，是在为未来工作打基础。

模拟情景材料的选择一定要贴近现实，符合现实实际。让学生在模拟的情景中真切、准确地认知社会，感受生活，让他们感觉新奇、有趣、实用，这样他们在学习过程中才会处于积极状态，进而增强感知创造的能力、独立思考和解决问题能力、组织策划能力等。如给学生模拟一个简单的会议通知，就应将材料置于一定的情境中，否则学生是无法体会公文在现实社会中的实际效益的。例如，笔者就曾将材料设定在本校范围内并且以相应职能部门的名义要求学生写作一份《关于五一国际劳动节放假的通知》，由于学生脱离社会实践，故无法准确地完成该份通知写作。教师此时不应急于给出答案，而应引导学生采用逻辑的推理方法，提出一系列问题：应由什么部门发出该份通知？由什么部门接受该份通知？通知的具体事项包括哪些？有什么具体要求……并逐一地讨论出准确的答案。在课堂中融入实践，在实践中融入理论指导。当然，模拟情景的种类、方式、内容可以多样化，如我们可以模拟国家机关条条块块的情景，让学生熟悉我国各级组织机构之间、上下级之间的隶属关系。在情景模拟训练中，教师适时适当的引导非常关键，当学生进入模拟的情景中，就会明显地产生因知识和社会实践经验不足而带来的畏难情绪，适时点拨，就会消除学生由此而引发的焦虑；大学生对联系现实需要具备的条件往往不够清晰，教师就要适当引导学生分析面对的情况和问题，正确地筛选材料、提炼主题。模拟情景教学能够启发学生联系实际，对现实问题进行深度研究和思考，使课堂教学内涵得到延伸和扩展。由于学习内容与相应的情景相结合，有助于学生从整体结构上感知和把握学习内容，真实的情景贴近学生的生活体验，极大地调动了学生的感受力，并获得经验。

（三）加强实践环节的教学模式

现行大多数应用文写作课堂教学中的实践训练内容是给出材料及要求，这种形式在具体操作中未能取得很好的效果。在应用写作教学实践中，最为有效的教学方法不是教师的讲解和已经给定的材料，而是学生直接参与的社会实践。因此，除了课堂教学过程中鼓励学生参与教学实践活动外，教师还应将主要精力集中在课堂教学外的社会实践教学中，只有这样才能真正提高学生的学习积极性，变被动学习为主动学习。比如过去讲授调查报告文体写作时，在讲完相关理论和写作格式后，即刻要求学生练习写作，学生坐在教室里常常难以下笔；即使闭门造车，勉强成文，也多不如意。采用实践体验教学法后，让学生带着选题深入社会，采用参观、采访、座谈等不同方式进行实地调查。学生通过调查，可以发现问题、了解不同人群的心态、关注社会现象……这些平时在教师那里和书本上无法学到的知识，对于善于思考的大学生来说，有很大的启发，这时他们动手写作调查报告，就会很自然地把理论知识与实际调查结合起来，习作质量也必然会有所提高。

（四）推广"全部课程的写作"的教学模式

一般高等院校往往只开设"应用文写作"选修课，安排 30 学时左右。但是学生的写作能力只有在整个学习生涯中通过反复的实践才能获得提高。所以，仅仅是一个学期的写作教学，是不可能提高学生应用写作能力的。为此美国一些专业人士在全美各高等理工院校兴起一种"全部课程的写作"（Writing Across the Curriculum）教学运动。"此项运动的目的在于把应用写作与大学各门专业课程更加充分地统一起来……一旦在所有课程中布置写作任务时，学生学习写作的效果将更加良好，它可以使写作技能与分析思维能力协同发展。"鉴于此，在课程设置上，首先我们可尝试考虑突破课时计划的局限，逐步加强应用文写作教学与大学生 4 年学习生涯之间的联系，有梯度地安排写作训练，增加学生从事写作实践的机会，延长常规的 30 学时；其次将写作训练从应用文写作的公选课渗透各院系的专业课，将应用文写作教学与专业课教学联系起来，由专业老师介绍自己的研究心得，讲本学科的前沿信息，给学生布置"小论文"式的作业，意在提升课程的学术性，拓宽学术视野，赋予学生提出问题、分析问题、解决问题的思维形式，掌握论文写作方面的技巧及研究性的学习方法。

（五）侧重综合评价的教学模式

应用文写作水平的提高不是一朝一夕的事，所以综合评价法的策略，即注重形成性评价，课内外实践结合，综合评定学习成绩，更符合应用文写作教学的特点。所以我们主张注重形成性评价，通过督促学生平时加强演练，使每一次的学习都能有所收获，而且其进步能在总评价中得到充分体现。为了达到这样的效果，我们采取了这样一些策略。首先，明确宣布平时成绩占总成绩的50%，由作业、上课表现、课外表现和读书笔记几方面构成。其中，作业占平时成绩的50%，其中包括1篇与他人合作的3000字以上的调查报告、8篇各类应用文体练习等；上课表现主要包括考勤、批改作业情况、讨论发言情况；课外表现主要包括参加人文类活动，是否积极向校刊、报纸、广播台等媒体投稿，规定凡在校刊以上报刊发表文章者，都可获得平时成绩加分，根据发表文章或参加演讲、论辩获奖名次可获得相应的加分，最高可获得平时优秀成绩。这样一来，就会使学生放弃"临时抱佛脚"的念头，加强平时的学习和积累。采取这一制度后学生都对平时作业产生了极大的热情，而且完成得非常认真。其次，对期末考试也进行改革，一方面强调基本功，严格要求学生掌握文体的基本形式和运用母语的基本规则，书写或基本格式不规范均要扣分；另一方面，尽量减少死题，多采用结合实践的应用型题目，鼓励学生创造性利用材料和结合实践体验进行写作，鼓励合理综合和创新，给学生充分发挥的余地。

常言道："教学有法，教无定法。"应用文写作教学是一个无止境的探索过程。高等院校的应用文写作教学只有不断改革，突出自身的特点，才能从根本上提高教学质量，改变目前教学的低效性窘况，从而培养出合格的现代化复合型人才。

方言生态危机与方言写作[*]

董正宇^{**}

1971 年，美国斯坦福大学的 E. Haugen 在《语言生态学》一文中最早提出"语言生态"（language ecology）概念，其宗旨是要"研究任何特定语言与环境之间的相互作用关系"，并将语言环境作隐喻类比。① 本文所取的"方言生态"概念由此延伸，指的是汉语方言与所在的语群、社会及文化环境相互依存、相互作用的生存发展状态。众所周知，汉语是一种多方言的语言。在第一层次上，汉语有七大方言，即北方方言、吴方言、闽方言、粤方言、客家方言、湘方言和赣方言。七大方言之下，还有无数的次方言、话、腔等。如同人的血管、树的枝杈，在漫长的民族社会历史以及文化的演变长河中，汉语各方言之间声息相通、共存共容、相互作用、相互渗透，构成一个丰富多样、生机勃勃的语言生态系统。

一 "推普"与汉语方言生态危机的迫近

在现代国家建设过程中，在社会经济发展和个人语言交际的双重需求和作用下，汉语各方言的地域被打破，语言求同正在成为中国人语言生活的主导趋势。1955 年"全国文字改革会议"后，"推普"（即推广普通话）活动正式启动。在国家语言文化战略的支配下，语言规范化意识得到大多数中国人的认同。一代代中国人接受普通话教育，普通话正成为越来越多的中国人语言生活的首选。客观地看，"推普"活动的确在推动现代国家一体化进程、促进社会经济发展等方面立下了汗马功劳。但是，语言求同趋

---

　　* 原文刊发于《写作》2007 年第 3 期。

　** 董正宇，怀化学院党委副书记、教授。

　① 范俊军：《生态语言学研究述评》，《外语教学研究》2005 年第 2 期。

势被简单置换为学习、使用普通话（民族共同语），在"推普"的浪潮中，在普通话与方言之间以及各方言之间这两个层面，一幕激烈的语言竞争几乎伴随"推普"活动同时展开；汉语各方言的话语空间和生存格局正在发生急剧的变化，一场方言生态的危机随之迫近。

细细看来，汉语各方言的生态环境并非一律恶化。北方方言，无论是分布地域还是使用人口，在各大方言中都拥有绝对优势，生态环境最好。打开中国方言地图一看，整个广袤的长江北岸地区包括西南地区只有一种方言——北方方言，其他六大方言全部处于长江以南，而且基本上是在东南角；从使用人口看，70%以上的中国人说的是北方方言，其余六大方言加起来只占30%。整体的不平衡格局十分明显。北方方言强势的原因很简单，一是历史因素。中原地区一直是汉民族的中心区域，北方方言一直是汉民族的主体语言，历史地位决定了今天的优势。二是国家语言政策使然。《国务院关于推广普通话的指示》（1956年2月6日）明确规定："汉语统一的基础已经存在了，这就是以北京语音为标准音、以北方话为基础方言、以典范的现代白话文著作为语法规范的普通话。在文化教育系统中和人民生活各方面推广这种普通话，是促进汉语达到完全统一的主要方法。"换言之，推广普通话就是要广泛系统地推广北方方言。北方方言的优势地位早早从国策的高度被确立。

80年代以来，随着改革开放后华南经济的强势，粤方言也大大地改变了自身"蛮语"的形象。粤语歌一度成为中国亿万青年的"心声"，最早大约是从电视连续剧《霍元甲》的主题歌开始，随后是大量香港歌星的感召，粤语成为一种特有的"音乐语言"！一时间，全国人民心荡神摇，原来被贬为"嘎嘎"的粤语，怎么听怎么"来劲"，突然觉得人类的很多微妙复杂的情感似乎只有用粤语才能表达"到位"。在这种强大的话语霸权暗示下，越来越多的北方人，悄然地在口语中掺进广东口音，比如本来能分清平卷舌的人，硬是改换门庭，把"是不是"说成"四不四"，本来圆滑流畅的口语，一定要变成一字一顿、口型夸张的广东普通话，一时间，普通话（民族共同语）在粤语面前，也颇有些"自惭形秽"的感觉。

相形之下，其他几大方言的生态环境就不那么乐观，均面临程度不等的生态问题。下面以古老的吴方言为例，看看汉语方言的真实生态困境。

一是趋同普通话，方言特色减退。江苏是吴文化的重要省份，特色各异的方言是吴文化特色的一个重要组成部分。在"推普"的作用下，江苏各地说普通话的人越来越多，普通话的水平也越来越高。同时，各地的方言正在向普通话靠拢。语言学家刘丹青按使用者的年龄把南京话分为四派：最老派——城南 80 岁以上老者使用的方言，语音特点跟赵元任《南京音系》所说大体一致；老派——50 岁到 80 岁城南人的方言；新派——20 岁到 55 岁城南人的方言；最新派——25 岁以下城南人的方言。他指出了普通话对南京方言的影响，提到城北三区所说的混合型的普通话或新南京话势力日大，城南的方言也迅速变化，形成了南京方言的特殊局面：内部差异巨大，原有方言特色减退，北方话成分日增。这些分析是全面系统的。①

二是方言话语生存空间逐渐缩小。苏州是江苏吴方言的中心，标准吴语的声母有清浊的对立，例如"布"和"步"、"到"和"道"都不同音。但是据语言学家对城区一些年轻人的调查，已经有人不能区分这些不同音的字了。处于分界线上的方言，也正在北化。例如，溧水、金坛县原本都在吴方言区，但现在两个县城的人已普遍说江淮方言（属北方方言），公共交际已不再使用吴方言，老年人之间和农村还有吴方言的存在，但已日见衰微了。此外，江苏还有不少方言岛，据语言学家调查，这些方言岛也正在萎缩。② 可见，作为吴文化一个重要标志的吴方言正在日益缩小自己的范围。

三是方言的影响力（活力）减退。上海话是吴方言的重要分支之一，正在发生的事实也令人深思。在"推普"的政策下，除了允许沪剧、越剧、滑稽剧等戏曲存在外，报刊不准刊登上海方言文章，一个时期还停止上海话的广播，不准发行上海话歌曲磁带，不准讲上海话的电影电视片播出和方言话剧的演出，也不组织专家审定方言用字，因此上海方言还停留在不见书面语的状态。而上海话原来是一种十分丰富的方言，尤其是近代社会中，上海话中曾造出和引进了大量词语，如"自来水""电灯泡""马路""洋房""沙发""麦克风""文化""经济"，等等，极大地丰富了现代汉

---

① 李荣主编、刘丹青编纂《南京方言词典》，江苏教育出版社，1995。
② 郭熙：《对新时期"推普"的一些思考：以江苏为例》，《南京大学学报》（哲学·人文科学·社会科学版）2001 年第 2 期。

语，现在却到需要保护的时候了。中国社会科学院语言研究所方言室主任周垒接受《新闻周刊》采访时说，表面上看，在上海这样的大都市，仍然有千万以上的人在说上海话，而实际上，使用上海话的范围越来越窄。任何来自书面或者媒体的信息都要用普通话表达。上海话只能用在几乎没有文化层次的吃饭、睡觉之类日常生活狭小的范围内。他认为，长此以往，就会造成上海方言的词汇贫乏，上海话正在走向名存实亡的不归路。专门研究上海方言的上海大学钱乃荣教授也举出了例证，根据他的统计，上海话中有特色的而在普通话中没有的单音动词，其中有 74 个词在现今大学生一代中已消失不再用了。①

发生在吴方言上的事实，同样也在闽方言、客家方言、湘方言和赣方言中发生。这些信息传递一个清晰的信号：汉语方言的危局正在加剧。

二 文化的多样性与方言的生态保护

语言的确有自身的发展规律，不以人的意志为转移。语言理论告诉我们，随着时间的推移，如果一种语言或语言变体的规模得以扩大，就形成了所谓的语言传播。在一般情况下，任何一种语言，不是在传播，就是在缩小使用的范围。一种语言的传播常常导致别的语言缩小使用范围。自从1955 年开始推广普通话，汉语方言的话语权就逐步被削弱；在之后的城市化进程中，方言更是被打上了浓重的乡村烙印。普通话传播所带来的另一面必然是方言的萎缩。从这种意义上讲，方言的出生、发展和消亡，是语言和语言之间的较量，"物竞天择，适者生存"。我们能做些什么呢？全球化的年代，必须要有一种公共语言交流。就世界范围而言，强大的无处不在的英语正在成为国际通用语；对中国，确定以北方方言为根基的普通话作为民族共同语同样有其必然和合理的因素。

但是，从汉语发展的角度来说，方言话语空间的缩小和趋同于普通话，可能会影响汉语的生态。我们可以把普通话、方言的共存看作一个语言生态链，普通话和方言在相互接触、相互影响中得到发展。汉语就是在同各

---

① 罗雪挥：《拯救方言》，《新闻周刊》2004 年第 30 期。

种语言的接触中发展起来的。汉语中有大量的同义词如"乘机"和"趁机"、"成规"和"陈规"、"一班人马"和"一拨人马"等可能就是因方音不同而形成的。有些词的形成很有趣，例如"滑杆"这个词，本来应该是"筏竿"，因为当地人［f］［h］不分，就写成了前者。事实上，即使是今天，普通话仍然在从方言中吸取营养。不少语言学家已正确地指出，方言已经成为普通话新词构成的重要途径。没有方言，普通话就成了无源之水。从这种意义上说，维系方言的生态平衡，让各方言拥有自由的发展空间，与"推普"并不矛盾。

从文化多样性的角度看，开展语言、方言生态保护，对民族文化、社会历史等研究也有重要价值。联合国教科文组织第 31 届大会 2001 年 11 月 2 日通过的《世界文化多样性宣言》指出，文化在不同的时代和不同的地方具有各种不同的表现形式。文化多样性对人类来讲就像生物多样性对维持生物平衡那样必不可少。宣言同时强调，文化多样性是发展的动力之一，它不仅是促进经济增长的因素，而且还是个人和群体享有更加令人满意的智力、情感和道德精神生活的手段。捍卫文化的多样性与尊重人的尊严是密不可分的。每个人都有权利用自己选择的语言，特别是用自己的母语来表达思想、进行创作和传播自己的作品。

由于地域的阻隔和分离时间太长，汉语各方言之间差异很大，特别是北方话和粤语、闽语的差别。正如语言学家戴昭铭所指出的："汉语方言之复杂大概可以称得上世界之最……汉语的方言差异远远超过了欧洲的许多民族语言的差异。"美国汉学家罗杰瑞也指出："对历史语言学家来说，汉语更像一个语系，而不像有几种方言的单一语言，汉语方言的复杂程度很像欧洲的罗马语系。"① 形形色色的方言是最自然本质地表达中国多元文化的根基。方言，不仅是语言，它还是中国地域文化的载体，是总体文明的土壤。文化的多样性以及它们之间的互动、激励和竞争，就是中华文明长盛不衰的内在机制。不让一种方言顺其自然发展而受到压制，地方特色就会消失，地域文化也会萎缩。"皮之不存，毛将焉附?"方言，是中国多元化地域文化的承载者，是中国民间思想最朴素的表现形式，也是含义最丰

---

① 张卫中：《新时期小说的流变与中国传统文化》，学林出版社，2000，第 265 页。

富最深刻的语言。所以，保护方言，就是保护民族多样性的文化，也就是捍卫绚丽多彩的中华文明。

三 方言写作：汉语方言的诗意栖居之所

针对方言的危局，笔者认为，文学工作者应该承担起自己的使命，倡导"方言写作"就是一种正确的选择。所谓方言写作，就是在现代汉语写作中，鼓励作家们从词汇、语法、语气、语感等各方面大量吸纳汉语方言话语资源，创造具有方言特色的文学作品。借助诸多方言写作文本的生产、传播和接受，让汉语方言的精髓在一种动态的方式中生存、流传。无疑，这是一种积极的方言生态保护方案。

首先，文学是语言的艺术，更是语言真正的"诗意栖居之所"。可以说，一种语言的最高成就，它的节奏和韵律、幽微和曲折、本质和秘密，都是通过最优秀的文学文本得以展现。或许中国的每个人都会自豪地说，汉语是世界最美的语言。然而汉语何在？作家王蒙说，汉语的美表现在唐诗宋词里，表现在汉赋里，也表现在唐宋八大家的古文里。没有唐诗宋词、汉赋以及唐宋八大家的古文等古典文学经典，汉语的美如何呈现和流传？同样的道理，汉语方言是一种生活的语言，是一种活的语言。要保持方言生鲜活泼的原生态，文学无疑是其最佳的诗意栖居地。还是以吴方言为例。在中国文学史中，吴语区的歌曲、戏文、话本小说、弹词说唱、俗谚笑话，都留下了幽婉吴语的深深痕迹。被称作"百戏之祖""中国戏曲活化石"的昆曲，是目前中国唯一的联合国教科文组织首批授予的"人类口头和非物质遗产代表作"。昆曲的底子就是有名的"苏州白话"。近现代文学史上，《海上花列传》《九尾龟》等都是著名的吴方言小说；吴语区产生的一大批现代作家在创作中也不时采用吴语词汇。如鲁迅《阿Q正传》就采用了"骂'虫么'""押牌宝""蹩跳""晦气""堂馆""乌篷船""肚里一轮""栗凿""兜搭""画花押"等吴方言词语。

其次，方言能成为文学语言的重要组成部分，是因为其厚重的地域文化承载。方言的话语，除了传达信息，往往透射出一方人们的性情喜好、想事和言谈的特点。在本地人和异乡人眼里，这种话语能显示出地方风韵，传达出独特的情趣，而独特的乡土情趣恰恰是文学意境所珍视、所追求的。干脆利落的北方话和吴侬软语，一北一南，语音上差异甚大，表现在词汇的运用和语法方面也有明显的分歧，而这些特点体现在各自的文学作品中，就有着不同的情致和韵味。比如，以北方方言创作的《水浒传》《西游记》《红楼梦》与以吴方言为主创作的《海上花列传》《海天鸿雪记》《九尾龟》，在语言风格和语言所体现的情感状态上截然不同。北人的豪放、硬朗，吴人的温软、阴柔，形神尽现。可见，方言的地域性特征常常是我们认识人类文化地下河的最佳向导，有时它本身就是很宝贵的文化化石和标本。

再次，文学创作中作家采撷和运用方言资源，基于强烈的方言情结。根据语言本体论理论，无论是"响亮的京腔"还是"绵软的苏白"，无论是"兰花花"的信天游还是"上酸菜"的东北话，作为一种语言，它承载的是特定地域人们对人生、社会、文化的印象、经验、感受，反映了他们独特的世界认知方式和图景。到目前为止，绝大多数的汉族人（包括北京人）的母语即生下来最初学会的语言（或者说不需要学的语言），都是方言，也就是说，他们最自如地表达思想感情的语言都是方言。"少小离家老大回，乡音无改鬓毛衰"，中国人对方言母语的执着是不言而喻的。反映到文学创作上，就如现代作家刘半农所说："语言在文艺上，永远带着些神秘作用。我们作文作诗，我们所摆脱不了，而且是能运用到最真挚的一步的，便是我们被抱在我们母亲膝上时所学的语言；同时能使我们受最深切的感动，觉得比一切别种语言分外亲切有味的，也就是我们的这种母语。这种语言，因为传布的区域很小（可以严格地收缩在一个最小的区域以内），而又不能独立，我们叫它为方言。"① 可以说，作家们自幼习得的母语——方言，是他们终生文学创作激情、灵感、动力的源泉、资源和载体。

最后，提倡方言写作，不仅有助于汉语方言生态的改善，而且也有助于缓解现代汉语写作的危局。回顾 20 世纪汉语文学，从文学语言的路向观察，基本上呈现三种发展维度：一是崇"洋"，比如语言的欧化、俄化、拉美化在"五四"时期、"十七年"、90 年代等不同时期轮转，成为文学创作

---

① 刘半农：《刘半农诗选》，人民文学出版社，1958，第 82 页。

一时的时尚和主流；二是尚"古"，即从古代汉语吸取养分，虽然五四那一代作家最激烈地反传统，但民族文化的"集体无意识"仍然深深地影响他们，鲁迅小说杂文话语依稀可见魏晋"简约"风范，周作人散文小品则尽显晚明"闲适"风流；三是朝"下"，即重视运用民间话语形态的方言土语进行文学创作，这种倾向从 20 世纪 30 年代"大众语"运动就开始提倡，至 40 年代有赵树理、周立波等人的文学实践，但总体上没有大的起色，无法与前两种路向抗衡。事实上，纵观 20 世纪中国文学，除了五四那一代作家能够保守"古今中西"的平衡，为现代汉语写作创立种种范式外，后起的作家都很难坚守和创新。可喜的是，90 年代以来，方言作为一种自由自在的民间话语资源为作家自觉或不自觉地采撷和运用，韩少功、李锐、莫言、张炜、阎连科等不约而同地向方言伸出橄榄枝，并创作出了《马桥词典》《无风之树》《檀香刑》《丑行与浪漫》《受活》等一批有着鲜明方言色彩的文学作品。对这些文本进行分析，能够看出，这些作家对待方言的态度较以前有了比较明显的变化：他们开始有意识地将方言视作一种"资源"，体现出了鲜明的语言本土化追求自觉。这种对方言的自觉态度以及随之而来的创作行动，必将大大缓解当下不少文化人士"汉语危机"的焦虑，为现代汉语写作开拓出一条新路。

经济新闻写作如何创新*

谭云明　杨天洁**

随着我国市场经济的深入，经济新闻越来越受到新闻媒体的关注和重视。然而，在众多的经济新闻中，可读性强、读者满意的经济新闻却不多。究其原因则是传统经济新闻写作模式在作祟。传统的经济新闻写作往往是"经济术语+数字+新闻事件"，或是"生产过程+生产措施+生产效益"。这样，给人一副枯燥、呆板、生硬、乏味的面孔，造成"业外人看不懂，业内人不愿看"。

国民经济的运行是纷繁复杂的，人民群众的经济生活更是丰富多彩的。倘若我们秉持经济新闻写作创新的精神，深入采访，调查研究，那么写作出可读、耐读、必读的经济报道也应是不难的。经济新闻写作创新的"新"，在此主要指两个方面，一是要善于优化写作思维，二是要善于寻找好的表现方法或形式，以实现最佳的传播效果。下面详述之。

一　写作思维的优化

一般而言，新闻写作创新，关键在于写作思维的优化，经济新闻写作创新也是如此。辩证思维，逆向思维，推断思维，从微观思维走向宏观思维，从直觉经验型思维走向理性思维，从保守趋同思维走向发散求异的创造性思维，从平面单一性思维走向立体系统性思维，等等，都是写作思维优化的方法。

比如，发表于2007年12月28日《中国证券报》上的《新丝绸之路》，就是一篇典型的运用推断思维写作的作品。推断思维写作是站在原来新闻

*　原文刊发于《新闻与写作》2009年第10期。

**　谭云明，中央财经大学文化与传媒学院教授；杨天洁，中央财经大学新闻传播系硕士研究生。

事件的基础上，采取向外辐射型的思维，对原有报道加以改进和提高。通过这个事件向外辐射，记者也许能够推断出在某个具体事件背后，还有一个影响更广、意义更大的故事。文章开篇讲述了古代丝绸之路的辉煌，由此延伸到甘肃省的发展。古代的辉煌与甘肃长期滞后于东部沿海地区的发展现状形成了鲜明的对比。记者经过一路的走访，才道出"金融与产业的对接不足，才是甘肃经济的短板"。基于资金短缺的瓶颈，省政府推出了相应的政策，变化正在发生："我们分别见证了酒钢宏兴的国际资源战略、长城电工的风电技术储备、敦煌种业的良种合资开发，也先后目睹了借壳后的 XR 国投电、靖远煤电、中电广通、方大科技的新生。"

辩证思考也是经济新闻写作的方法之一。当人们普遍接受一种观点时，它容纳该观点的对立面，然后对这个对立面进行理性分析，并试图把两者融合成第三种观点，即成为一种独立的新观念。在 2009 年全国两会上，湖南省委、省政府面对尚未见底的金融危机提出"弯道超车"。随后，"弯道超车"成了流行词，并被越来越多的地方党政决策者引用。一时间产生了两种不同的声音，即对"弯道超车"理论的支持和对该理论的质疑。为此，《经济日报》进行了深入采访，形成了"'弯道超车'看湖南"系列报道——《满怀信心攻坚克难实现又好又快发展》《优化发展战略夯实发展基础》《"两型"建设迈新步》《向新的发展目标大步迈进》《牢牢守住底线拓展发展空间》。通过这个系列报道，回答了湖南凭什么"弯道超车"，湖南"弯道超车"的基础、目标、保障又是什么。

二　写作手法的故事化

《华尔街日报》的经济新闻写得生动活泼、通俗有趣，得益于其自成特色的"华尔街日报体"：用一个小故事做叙述式导语，先激起读者的好奇心，再慢慢切入经济事件的报道。过渡到新闻主体时，记者笔下的文字用量剧增，为的是按照逻辑顺序推导出新闻主题。前面叙述式导语的人物故事情节起伏跌宕，容易引导读者进入期待状态；而在叙论式的主体部分会推出其他更有趣的故事和人物，并把侧重点放在分析热点经济现象上；结尾一般会做到首尾呼应，导语所讲的人物或故事会再次登场，有时也会在结尾揭示一个哲理，升华主题。这种写作手法也被人简单归纳为小故事（导语）—过渡—新闻主体—再提小故事（结尾）的模式。

《华尔街日报》的这种写作模式很值得借鉴，而《人民日报》2009 年 8 月 24 日刊登的《农民工就业明显回暖》一文也是一个很好的例子，其导语讲述了几位农民工的故事：

> 8 月 15 日下午两点，36℃的高温使广州火车站格外闷热，罗碧琴等十几位来自安徽巢湖的农民背着大包小包，汗流浃背地出了站。"老乡介绍的，去长安的电子厂，每月 1600 元，包吃包住。"高温天气没有影响他们对新工作的兴奋和期待。

然后在其主体的前半部分道出了"农民工回城"的经济原因：宏观经济形势回暖和内需扩大带来用工需求。主体的后半部分则揭示了"农民工回城"存在的问题：产业升级和结构调整，使用工单位对劳动力的技能要求也提高了。目前的农民工就业形势回暖带有"补工"性质，提高劳动力素质才是根本。结语则是讲述了另一个农民工的故事：

> 几天前，来自安徽铜陵的吴淼到广州市人力资源市场服务中心找工作。她原来在东莞一家工厂做工，金融危机爆发后工厂暂时停工，她也来广州"闯一闯"。但吴淼很快发现，由于没有经验、不懂技术，很难找到心仪的工作。陪她前来应聘的同乡谢敏已回了老家，准备读个大专再出来闯。"还是要有一技之长，那样才有好工作。"吴淼说。

本篇以农民工的故事为导语和结尾，在描写人的活动、人的思想、人的喜怒哀乐的同时，报道经济活动、经济现象、经济问题。而且报道中尽量写明人物的真实姓名，引用人物的原话，所以读者看到的是一幕幕人物情景剧。

三 写作角度的平民化

经济新闻写作，不仅要向民众传达国家重大的、宏观的经济政策和数据，更重要的是要向民众传递经济信息，使民众更加准确地了解经济发展的最新动态，为自己的经济活动、经济决策提供参考依据。为此，写作的视角要尽可能地平民化。要将距离民众实际生活有些"遥远"的宏观经济政策和数据等信息尽可能"落地"，让它们切实与民众日常生活对接、"微观化"，从而产生所谓的"钱匣子新闻"，即结合宏观经济政策和数据，做足投资理财服务的新闻。

例如，"CPI"在宏观经济报道中异常抢眼，《南方日报》经济新闻中心的新闻版面"南方财富"就对 CPI 数据、CPI 与宏观经济形势及货币政策走势、CPI 对民众理财及企业投资的影响、如何趋利避害等新闻话题展开了高频度、大篇幅的分析报道，体现了经济新闻民生化的特点。如 2007 年 6 月 21 日《南方周末》刊登的《一块猪肉引发的通胀焦虑》，讲到了关乎百姓生活的猪肉价格：在北京最大的农副产品批发市场新发地，肉价 20 多天涨了 14 次，比上年同期翻了一番。"在深圳，星罗棋布的连锁快餐店'嘉旺'贴出公告，宣布 6 月起调整快餐价格。"由肉价上涨来体现民众对 CPI 上涨的担忧和对通货膨胀的恐惧。这样一来，就把宏观经济新闻讲得有血有肉，并防止了就数据谈数据、就政策理论说理论的现象。

再如，《华西都市报》作为都市报的代表，其经济新闻平民化写作特色很是明显。2009 年 8 月 18 日发表的《暑期接近尾声机票本周起降价》开篇就说："暑期即将接近尾声，旅游客流逐渐消退，国内机票价格保持高价态势很快会有所缓解，从本周开始将有一段短暂的'低价期'，想购买实惠机票的市民要把握机会。"报道从普通市民最关心的角度去思考，想方设法让市民的利益最大化，给市民实实在在的服务与指导。这种平民化视角的写法，既传递了经济信息，又具有一定的指导意义，达到了经济新闻指导性和服务性的统一。

四 写作语言的通俗化

一直以来，经济新闻写作的专业性和通俗性是一对矛盾。一方面，经济新闻属于专业性新闻的范畴，它离不开大量经济学的专业知识、经济数字和经济术语；另一方面，传统的经济新闻写作常常使用过多的专业名词，一般读者很难看得懂,传播效果大打折扣。想要在这方面做出创新,就要注意专业性和通俗性的对立统一。关键在于记者要在经济理论和读者之间"穿针引线",把晦涩难懂的经济新闻事件"翻译"成一般读者能够理解的通俗话语。亦即在写作中少用专业术语,尽量采用典型的群众语汇,深入浅出地加以解释和分析。

如2009年8月18日《新京报》的一篇报道《消费金融锦上添花 白领更需雪中送炭》是这样向读者讲述"消费金融"这一经济词语的:

> 有句俗话说,"年轻的时候有牙齿,但没有花生,等到老了有花生了,却没有牙齿了",说的就是人的消费能力和收入能力的背反,尤其是在专业分工的现代社会,个体的收入轨道大体随其技能的提升而提升,年轻时缺钱,到年老时钱最多,可是,个体生命周期以及繁衍后代的需求,又使得消费轨道与此相背。为了克服这一矛盾,消费金融遂应运而生。

要把"消费金融"这一专业性很强的概念解释清楚,而又不使报道变得晦涩难懂,这是需要记者在经济新闻写作中动点脑筋的。本文作者用了一个最有效的办法,从普通读者最熟悉的生活写起,先把消费能力和收入能力比作"牙齿"和"花生",这样,消费和收入这个矛盾关系就变得浅显易懂了。进而再指出解决这个矛盾的方法是消费金融,有了前面生活味十足的铺垫,让读者理解消费金融的任务自然迎刃而解。

五 写作技巧的多元化

经济新闻如果枯燥乏味、语言干瘪、数字堆砌,不仅会使精彩的新闻事件淹没于平铺直叙的枯燥文字中,而且传播效果也会大打折扣。为此,经济新闻写作应采用多元化的写作技巧,把抽象的经济理论变得具体形象,把静态的经济事件变得生动活泼。

1. 标题善用动词

俗话说:"看书先看皮,看报先看题。"经济新闻标题与其他新闻标题一样，对于吸引、引导受众阅读经济新闻具有举足轻重的作用。因此，记者要在吃透内容的基础上，多站在读者的角度，从中提炼出读者最感兴趣、最需要了解的要素在标题中加以表达。在标题制作过程中，恰当地使用动词，会使标题富有活力，动感十足。如：

《银行贷款不可急刹车》（《中国证券报》2009 年 8 月 24 日）；

《动车走走停停 乘客如蒸桑拿》（凤凰网一财经频道，2009 年 8 月 24 日）；

《海南生态模式全国"复制"》（《中国经济周刊》2009 年 8 月 23 日）；

《创业板开户"渐入佳境"》（《中国证券报》2009 年 8 月 22 日）；

《全球主权基金开始"抱团"投资》（《中国证券报》2009 年 8 月 21 日）。

2. 文字结合图表

如，2009 年 8 月 11 日，《21 世纪经济》报道的《中科院首度回应"出售联想"》，就配发了"联想集团股权结构"一图。这幅图使原本复杂的股权结构变得直观清晰，读者也更容易理解。2009 年 8 月 17 日《经济日报》的《小电池里有"大宝库"》，也配发了"三种电池部分金属含量对比"和"我国手机电池生产"两幅图：两图清晰地展示了废旧手机电池蕴含的宝贵资源，让读者认识到废旧手机电池的回收再利用可以带来巨大的经济价值。

3. 巧用插图、漫画

为了美化版面，吸引读者的阅读兴趣，在经济新闻写作中，还可配发经济插图或漫画。如，2009 年 8 月 22 日《中国证券报》刊登的《深圳部分银行二套房贷依然宽松》就配了图（见图 1）。画面中勒紧的"二套房贷政策"皮带和喂到嘴中的"优惠贷款"形成鲜明的对比，向读者揭示了二套房贷政策收紧的政策执行明紧暗松，同时，这也使版面更具视觉冲击力。

图 1

"作者之死"与作家重建[*]

刁克利^{**}

罗兰·巴特（Roland Barthes）的《作者之死》和米歇尔·福柯（Michel Foucault）的《作者是什么》是现代作者理论中两篇最著名的论文，引发了西方学界对"作者之死"的争论与作家重建的反思。澄清作者与作家概念的混淆，区分体现文本意图的"作者"和创作文本的"作家"有重要的理论意义，是重建作者理论的必要前提和基础。

一　关于"作者之死"的争论

关于作者的研究，20世纪最著名的文论莫过于巴特的《作者之死》和福柯的《作者是什么》。巴特所谓的"作者之死"不是说作者不再写作戏剧、小说和诗歌，而是说这些文本的作者在阐释中已不再重要，甚至会压制读者，影响读者对文本的理解。

其实，早在形式主义者那里，当他们用"文本"（text）这个概念取代传统文论中的"作品"（work）时，就切断了作者与文本的联系。后来，新批评理论提出所谓"意图的谬误"，明确指出阐释中重要的是文本而不是作者的思想。福柯回溯了作者概念的产生，认为作者在18世纪末19世纪初才逐渐被看成他们创作的文本的所有者，也是到那时，所有权制度和版权观念才建立起来。①

巴特和福柯提出如此极端的说法，所要表达的是一种哲学的观念，所

---

　*　原文刊发于《中国人民大学学报》2010年第4期。

　**　刁克利，中国人民大学外国语学院教授。

　①　Michel Foucault. "What Is an Author?", in Josué V. Harari (ed.). *Textual Strategies: Perspectives in Post—Structuralist Criticism*. Ithaca: Cornell University Press, 1979, pp. 141–160.

想改变的是文学批评的方向。他们把近代意义上的启蒙运动看作作者的发端，认为作者是启蒙运动的产物和个人主义高涨的结果，即现代的作者是一种人为构建和社会的产物。可以看出，巴特和福柯否认的不是作者创作文本这一事实，而是反对将作者看作历史人物的批评方法。他们反对试图精心重构作者作为人物的历史角色，理由是，这种角色是压抑性的，会限制读者的自由。为了读者的自由和阅读狂欢，作者必须"死掉"。此后，很多理论家都竭力从不同方面证实"作者之死"的必然性与必要性。① 比如，皮特·拉马克（Peter Lamarque）在《作者之死：分析报告》中，从四个方面检查了"作者之死"和"作者是什么"的问题。他认为，从历史上看，作者的诞生发生在现代时期，只是在中世纪以后的某个时间点文本才被视为像现在这样的作者。他仔细检查了"作者之死"的含义，指出一个文本的作者行使分类和限制的功能，而不是指一个写作了文本的人。② 这些论述和解构主义一道，使得"作者之死"和读者狂欢理论被普遍接受，作者在文学阐释以及文学理论构架中黯然失色，直至逐渐消失，成为被称为文学批评的世纪——20 世纪——留下的诸多具有颠覆性和理论冒险的遗产。

当然，对"作者之死"的质疑和回击也时有所闻。亚历山大·内哈马斯（Alexander Nehamas）在《作家、文本、作品、作者》一文中，对福柯所阐述的"作者是什么"的理解和解释是，福柯难以把作者作为一种功能和作为一个实在的人区别开来。他对作家和作者的区分是：作家是一个牢固局限于具体境况之内的历史人物，这个具体境况即促使文本产生的原因；而作者则是为读者所理解的、产生了那个文本的任何人。作者的这种角色有更多的阐释自由，隐含于作者功能中。③

---

① 相关的论文除了《作者之死》和《作者是什么》之外，还有：Merold Westphal. "Kierkegaard and the Anxiety of Authorship", David Weberman. "Gadamer's Hermeneutics and the Question of Authorial Intention", Jason Holt. "The Marginal Life of the Author", Peter Lamarque. "The Death of the Author: An Analytical Autopsy" 等。

② Peter Lamarque. "The Death of the Author: An Analytical Autopsy", *British Journal of Aesthetics*, 1990（4）, pp. 319-331.

③ Alexander Nehamas. "Writer, Text, Work, Author", in Anthony J. Cascardi（ed.）. *Literature and the Question of Philosophy*. Washington D. C.: The Johns Hopkins University Press, 1989, pp. 267-291.

尼古拉斯·帕帕斯（Nickolas Pappas）在《作者身份和权威》一文中指出，强调抗拒权威是福柯的一个主题。帕帕斯建议把对作者意图的注意转移到读者动机上。他以阅读普鲁斯特、尼采和柏拉图为例，认为对这些作者的尊重并不必然等于尊重他们的权威。①

罗伯特·斯坦克（Robert Stecker）在《表面的、隐含的和假定的作者们》一文中，讨论了表面作者、假定作者和隐含作者等概念。他认为，区分文化构建的作者和真正的历史中的作者没有实质意义，甚至会造成不必要的混淆；如果关心作者意图，就没有必要建构作者。②

琪瑞尔·沃尔克（Cheryl Walker）在《女性主义文学批评和作者》中指出，在阐释中建构的作者角色对女性主义批评构成了一个有趣的两难处境：一方面，她们应该站在巴特和福柯一边来反抗作者权威和对读者的压抑；另一方面，也应该支持作者作为人的真实存在的观点，以此来推动和提升那些较少为人所知的妇女作家的地位。沃尔克的结论是，虽然我也许不希望把文本当作那些作者的私有财产，但我也不愿意失去那种至关重要的联系。③

乔基·格雷西亚（Jorge J. E. Gracia）在《作者理论》一文中，进一步明确区分了创作文本的那个真实的"历史作者"和我们在阐释文本时创造出来的作为历史中介人的"假设历史作者"。他支持更细致区分二者。他认为，历史作者是生产文本的真实的人；假设历史作者是一个建构，而不是一个真实的人，他是一个我们所知道的或者我们认为我们知道的那个历史作者的复合体。因为我们关于那个历史作者的知识总是有限的和近似的，我们的假设历史作者是那个历史作者的不完美的对应者。作者建构绝对不是武断的，而是应尽可能建立在历史事实基础之上。④

---

① Nickolas Pappas. "Authorship and Authority", *The Journal of Aesthetics and Art Criticism*, 1989 (4), pp. 325–326.
② Stecker Robert. "Apparent, Implied and Postulated Authors", *Philosophy and Literature*, 1987 (11), pp. 258–271.
③ Cheryl Walker. "Feminist Literary Criticism and the Author", *Critical Inquiry*, 1990 (16), pp. 551–571.
④ William Irwin. *The Death and Resurrection of the Author*, London: Greenwood Press, 2002, pp. 169–189.

威廉姆·埃文（William Irwin）在《意图主义和作者建构》中认为，意图主义者可以从作者建构中受益，也需要作者建构。[1] 埃瑞克·布朗森（Eric Bronson）在《塞万提斯之死与唐·吉诃德的生命》一文中，检查了作者死后这部名著的生命，得出的结论是：对唐·吉诃德的完全不同的阐释实际上与塞万提斯广阔开放的意图相吻合。[2]

从以上关于"作者之死"和作者建构的诸多争论中，可以得出两个启示：一是在已有的作者理论中，对作者的重建主要是在文本解读的层面上，立足点停留在巴特所框定的作者原意与文本阐释之间的关系上；二是区分体现文本意图的作者和创作文本的作者有重要的理论意义，是重建作者理论的必要前提。

二　作者还是作家

作者还是作家？自巴特提出"作者之死"以来，这种概念的混淆一直存在。那么，果真存在"两个作者"吗？答案是肯定的。

其一，具体文本中的作者。这个概念带出的相关问题是：作者与文本是否有关系，作者是否一定要死去才能带来读者的狂欢？他的意图是否真的重要，又在何种程度上重要？对作者与文本关系的不同理解，是巴特的现代作者理论和传统的作者理论的根本分歧。否定作者与文本的联系，忽略文本中的作者意图是巴特和福柯作者理论的支点。注重作者意图在文本中的体现，强调作者与文本的必然联系是传统的作者理论的基本观点。这种分歧代表的是两种不同的文学理念和批评实践。

与此相连的一个事实是：必须在文学文本发表之后，作者意图与文本阐释是否关联才能成为一个命题。没有读者阅读的文本不成其为作品的说法也是基于这个基本事实。所以，巴特的作者理论和意义阐释只能发生在文本发表之后，关注的只能是读者阅读中的具体文本。

其二，现实生活中以文学创作为诉求的作者。这个概念带出的相关问

---

[1]　William Irwin. *The Death and Resurrection of the Author*. pp. 191-201.

[2]　William Irwin. *The Death and Resurrection of the Author*. pp. 205-216.

题是：作者如何创作文学作品，作者的素质特质构成为何？通俗地讲，这些问题就是：谁在写作？谁能够写作？如何写作？为什么写作？文学作者是什么样的人，他对文学有何期望，对文学与人生、与社会的关系如何理解？他在这个物质世界里的生存状况、精神存在和情感诉求如何？

与此相连的一个事实是：在文学创作之前和创作过程中，这些问题就有研究的必要，并且可以进一步延伸。如果文学作者是一种职业，他和其他职业比如科学家、工程师、体力劳动者的区别在哪里？如果文学是一种精神存在，它和其他的知识领域和作为精神存在的宗教、哲学和艺术的区分在哪里？这些问题远远超越了对具体文本的阐释。

从像巴特和福柯一样的哲学家和文学批评家那里获取这些问题的答案无疑有些冒险。要回答现实生活中以文学创作为诉求的作者所带出的上述问题需要新的研究方法和理论建构。换一种思路来看，如果能从真正从事文学创作的作家那里了解他们对这些问题的回答显然有益于文学理论的建构。这里包含着一个作家和哲学家不同的思考起点和思考方式，即作家从创作的源头和文本的产生思考文学的问题，哲学家和批评家惯于从文本本身和文学生产的结果开始他们对问题的思考。所以，对作家创作动机的探寻包含了对文学产生意义的体验和追问，包含了对文学产生之前、创作过程之中的体验和了解。这种思路至少对哲学家和批评家的思考是一个反拨、矫正，至少也是一种必要的补充。

作者理论的重构首先要区分"作者"和"作家"，进而确立"作家"的概念。被形式主义、新批评、结构主义及解构主义所精心营造和构建的"作者"概念显然不适合回答上述相关问题和延伸问题，因为这种区分远远超出了作者与文本是否相关这个问题的范畴。

与上述问题相联系在一起的是"作家"，就是对深谙文学魅力，为之折服，下决心为之增添荣耀并倾心其中，尽力为之，以文学为精神寄托、职业追求和思想所依的那一类人的一个称号。这可以是一种职业，一种精神生活领域的从业者、追求者，一种在现实物质世界中从事以虚构和想象为主要事业的人。他们具有独立的精神追求，不管这种追求是否或在多大程度上体现在了他们的作品中。他们这种精神追求本身具有的启发性应该得到重视。在文学边缘化的今天，他们的存在本身就是一种坚持和态度。他们应该被称为"作家"（而不是"作者"），他们的创造应该被称为"作品"（而不是"文本"）。

这种"作家"，是小说、诗歌、散文、戏剧等所有文学形式的创作者的一个合称，是文学的书写者和创造者。他们的创造不仅是供批评家分析阐述的"文本"，而且是与他们的生命体验和对生活的深度观察及思考密切相连的"作品"。作品是他们的生命体验。如果能把这种体验和观察过程挖掘、还原，作为一种生命存在的方式，会给我们更多更丰富的启示。这超出具体文本的启示，而与读者自己的状态相关。

根据以上的阐述，作品阐释中的"作者"和创作作品的"作家"是两个概念。"作者"是文本阐释的产物，是一种阅读和批评的角度，是虚构的、阐释中的，因而是多变的；其产生和出现在文学作品完成出版、流通并被阅读、批评之后。"作家"是具体的人，是现实中的、活生生的存在；其早于文学作品的产生，与文学作品的产生相伴相随，并在作品中体现和永生。虽然可以是同一个人，但一个是人的文本属性，另一个是人的现实存在。

作者不等于作家，正如文本不等同于作品。文本是批评和阐释的素材，作品是有传统光辉和生命力的独立存在。任何文本都是构成作家作品整体的有机组成部分。从作者到作家的认同，可以不但体会作者阐释的一切，包括文学技法、形式、素材和内容，还能体验作家的生命和思想，体验人类思维的高度、情感的强度和胸怀视野的广度。对于作家，我们遗忘了很久，我们忽略得太多。

三 作家的责难与辩护

在不同的时代和语境中，所谓作家，也可以称为诗人、艺术家和作者等。由于诗歌的历史最为悠久，由于诗歌在人类大多数时期是现在意义上的文学的主要形式，也由于诗歌最能代表文学的品质，在人类历史上相当长的时期，"诗人"这个称号被普遍用来指称文学的作者。

在西方文论中，诗人曾经被定义为很多不同的角色。在《伊安篇》中，柏拉图诱使可怜的伊安承认，"诗人只是神的代言人，由神凭附着"①。柏拉图在《理想国》里，把诗人描述成模仿者，诗人的模仿都只得到影像，并不曾抓住真理。他给诗人的罪名是：不真不善。因此，在他理想的城邦里，不准许有这样的人。柏拉图同时也为诗人重返理想国开出了必要的条件："她不仅能让人愉快，而且对于国家和人生有益。"② 这样的诗人方可准许进入城邦。诗人的宿命从柏拉图那里就开始了：站在理想国的城门外候审。亚里士多德从一个新的角度定义了诗人：诗人写诗乃是出于人喜爱模仿的天性。"诗，按照诗人的个性，分为两种：较庄重的诗人往往模仿高尚的行为，较轻浮的诗人则模仿卑劣人物的行为。"③ 亚里士多德对诗人的看法简单概括起来就是：诗人应该回来，回到人间。

由于柏拉图的巨大影响，西方文论史后来对于诗人的定位，都是在把诗人请进来还是赶出去之间摇摆，或者都是对诗人合法性的辩与驳的延续。古罗马诗人贺拉斯赞成诗人的合法性和诗的功用。他觉得，诗之用大矣，好诗贵在"寓教于乐"，只要能做到这一点，诗人之用大到驯服蛮荒民族，甚至野兽，教化风俗，传播文明，指导人生；小用则能使书商赚钱，诗人扬名，作品畅销海外。朗吉努斯从诗歌风格与诗人心灵密切联系的角度论述了诗人培养崇高风格的五种途径和重要性。他说，崇高的风格是一颗伟大心灵的回声，养成伟大心灵的途径是：到大自然中观高山飞瀑，在古代经典中修养品性，同时既须挣脱奴性的枷锁，又要能够超越物质的引诱。

对诗人的责难一直不绝于耳，诗人们的辩护同样前赴后继。在神学统领一切的中世纪，奥古斯丁以上帝的名义斥责过诗人模仿的拙劣。文艺复兴时期，斯蒂芬·高森把诗人和吹笛手、演员、小丑等放在一起，把他们比作国家和社会的蝗虫，要求对之展开痛快的严惩。他反对诗的理由是：诗是谎话的母亲；诗是腐化的保姆，使人染上许多瘟疫性的欲念。针对斯蒂芬·高森的责难，锡德尼爵士为此写下著名的《为诗辩护》，对高森所责

---

① 〔古希腊〕柏拉图：《柏拉图全集》第2卷，王晓朝译，左岸文化，2003，第8页。

② Vincent B. Leitch. *The Norton Anthology of Theory and Criticism.* New York：W. W. Norton Company, 2001，p. 80.

③ 缪灵珠译、章安祺编订《缪灵珠美学译文集》第1卷，中国人民大学出版社，1998，第6页。

难的要点逐一进行了反驳。他得出的结论是，自然的世界原是铜的世界，诗人则为人类铸造一个黄金的世界。

另一次比较著名的论战在两个私下里关系不错的好朋友之间进行。英国作家托马斯·皮科克（Thomas Peacock）于 1820 年发表了《诗的四个时代》，对现代诗人提出了批评：在科学突飞猛进使人类生活舒适、给世界带来文明的现代社会里，诗歌只是一种不合时宜、毫无用处的东西。"今天的诗人，是文明社会里的半野蛮人。他生活在过往的岁月里。他的观念、思想、感情、联想，总是带有野蛮的风俗、已废弃的习惯和被破除的迷信。他的理智的发展宛如蟹行向后倒退……今日的社会情况下，一个作诗的人是一个虚抛自己岁月的浪子和一个夺取他人光阴的强盗。"① 次年，雪莱以《诗之辩护》为题，为"被侮辱的缪斯"进行了全面的辩护。他激情洋溢地宣称："诗人是不可领会的灵感之祭司；是反映出未来投射到现在上的巨影之明镜；是表现了连他们自己也不解是什么之文字；是唱着战歌而又不感到何所激发之号角；是能动而非被动之力量。诗人是世间未经公认的立法者。"②

在为诗人正名的论述中，几乎所有文论家都对理想的诗人形象寄予深深的厚望。柏拉图希望诗人能成为安定城邦、教化青年的良师，贺拉斯认为诗人是寓教于乐的榜样，朗吉努斯的诗行回响着一颗伟大心灵的激荡，普罗提诺的诗人心灵映照着绝美的神光。对于圣·奥古斯丁、圣·托马斯、阿奎那而言，诗歌是对上帝荣光的赞扬。华兹华斯把诗人定义为"一个向全人类说话的人"③。近代思想家叔本华寄予诗人解脱生之苦难，尼采祈盼诗人超越痛苦、超脱生死而精神飞扬，海德格尔更把看护人类诗意栖居的使命郑重托付于诗人。

作家消隐作为一种写作策略久已有之。自然主义提倡作家应在作品中主动隐退，詹姆斯·乔伊斯（James Joyce）在意识流创作中将作家定位为"漠然的上帝"，一边静观故事的发生，一边漠然修剪自己的指甲等做法，则是作家一种主动求变的写作技巧和策略改变。

---

① 缪灵珠译、章安祺编订《缪灵珠美学译文集》第 1 卷，第 69~70 页。
② 缪灵珠译、章安祺编订《缪灵珠美学译文集》第 1 卷，第 177 页。
③ Vincent B. Leitch. *The Norton Anthology of Theory and Criticism*, p. 655.

作者曾经被神化、被人化、被吁请召唤过、被放逐肢解过。他可以是神性的分有者，也可以是人性的集大成者；他可以与民族历史社会大义相提并论，也可以将他的私欲本能剖开来作精神分析；他可以被搁置在文本批评的边缘，也可以被看作阅读接受的一个对流源；他可以是文化生产活动中的一环，也可以在快乐的阅读游戏中被视而不见。在长长的人类文明史中，作家以不同的面目穿行了长长的历程。

四　作家重建的方向

从以上关于文论史的考察可以得出"作家"这个词的界定范畴：作家是历史现实中的作家，是创作作品的作家，是贴近人类学、社会学意义上的作家，而不仅仅是作为文本阐释的作家，不仅仅是作为心理分析的作家，不仅仅是存在于作品中的作家。作家不仅是一个静态的称谓，而且是一个动态生成的过程，也可以指称作品产生前和过程中的作家。应该关注作家包括关注他的生活状态和社会存在，比如作家生成的外部文化语境、写作环境和社会历史背景；还有作家自身的生成规律，如作家的教育背景与文学思想的形成等。

把作家缩减为作者，不是简单的名称的改变；从作者到作家，同样也不只是称谓的不同。由"作者之死"到作家重建，这不是一种简单的还原，不是对从形式主义、新批评、结构主义以至解构主义所精心营造和构建的作者概念的还原，以及对古典文论概念的简单的循环，而是一种对20世纪至现在的文学批评遗产的反思。这种由作者到作家的研究重心的改变还意味着文学边缘化大背景下文学理论构架新的方向。

对"作者之死"的误读及其带来的严重后果是文学持续不断地被边缘化：一方面是文学批评自说自话，像多米诺骨牌一样产生了后来的"小说死了""文学死了""理论死了"，以及"理论之后"的理论、"后现代之后"等理论表述；另一方面是造成了理论与实践的脱节。理论家热衷于论述"作者死了"，作家仍然在写作，批评家仍然从文学创作中获取批评的养分。经常有人问：作者死了，作家还写什么？文学死了，为什么还有写作？理论死了，文学研究何以为继？这些都是由于概念的混淆而导致认识的不清。每每这时，我们总能看到作家和读者对理论家的冷笑。

现代文学批评的巨大缺憾是：对于文学的现象，我们一向阐释得过多；对于文学的生成，我们已经遗忘得太久。以至于当"作者之死"被提出之后，很长时间，我们无法回应，我们亦无所适从。其实，对上述问题，简单的回答是：作者死了，作家还活着；作者可以被肢解，作家必须精气神一体；文本可以被解构，好的作品却常读常新；一种理论会死亡，文学却生生不息。因为作家和文学同在，固守在文学的源头，与文学的本原是一体。

所以，区分作者和作家、文本和作品有重大的理论意义。换言之，在新的文学理论的建构中，作家应该重新归位。在商业主义甚嚣尘上、所谓读图时代业已来临的当今，在新的文学理论的版图上，在文学理论与文学实践渐行渐远的轨道上，从《作者之死》的思路上拉回来，重建作家研究，重视作家研究，不但必要，而且刻不容缓。

有说服力的文学理论的重建也许还是要从关于文学和作家的基本命题开始。文学的基本命题之一就是：文学是因人而产生的，因作家的书写而存在的。从这个基本的事实可以说，文学的状况与作家的境况密切相连。所以，重视作家研究，有回到源头的意思。从文学发生的源头开始，对于找回文学的意义、唤回人们对文学的热情是可能的，对于新的文学理论架构是必要的，至少是一个可以而且可能的途径。

目前的文学现状是：实际上投身写作的人比任何一个时代都多。博客、个人空间等数不胜数，写作者渴望表达自己，但能力参差不齐，迫切需要文学创作指导和作家培育。什么人可以成为作家，即作家需要什么样的心理机能、素质特征或先天禀赋等；如何成为作家，即作家必要的知识储备、经验积累、写作环境与指导、教育背景与人生经历等；成为作家意味着什么，还有，作家与读者、批评家及出版者的关系是什么，在对很多职业进行职业咨询和就业指导时，对作家的这种研究不应该显得荒唐；还有为什么写作的问题；等等。对类似问题，其他的行业也许不需要回答得特别清楚，作家却要一直面对，永远不能回避。这些都应该被纳入文学理论和作家研究的范畴。

因而，作家研究要有新的方向。作家理论的建构要面对许多新的问题。

重视作家研究，重建作家研究，至少可以在三个方面进行拓展和深化。

（1）作家理论：以西方文艺理论史为资源，研究作家的产生、界定和职能，即以作家是什么、作家为什么写作、如何写作、作家的心理机制等为核心命题，研究作家作为一个整体与世界、与文学、与作品、与读者的关系，作家以及其创作的文学与其他知识领域的不同和联系，以及作家对人类文明史的贡献。这是文艺理论史的基本格局。

（2）作家批评：以国别文学史为资源，以作家生平经历与文学创作、作家个人创作与文学潮流的关系为中心，研究作家作为个体的产生、生平与创作的关系、创作特点的形成和概括，以及对文学史的贡献。这是传统作家研究的内容和国别文学史研究的目前状况。

（3）作家生态：以作家的当下存在为研究目标，考察作家与文学创作的实际状况，进行理论与实际相结合的实证研究。研究作家产生和成长的禀赋特征、早期经历、教育背景、写作环境、职业身份、素质特征，以及作家角色特征与定义，以及写作目的、个人写作与文学传统的关系、作家与读者及批评家的联系等。这是一个崭新的视角和研究领域。

重视作家研究，要回顾过往。文论史的资源中，实证主义的作家传记在各种文学选读中依然适用，精神分析对作家潜意识的探讨、直觉主义的分析、象征主义的意义仍有启发。作家传记与作品产生的关系依然有强大的影响力。重视作家研究，要重新发现、研究很多新问题。作家的角色需要重新界定，作家的教育背景、写作环境、成长历程值得关注，作家与读者、与批评家的关系应该密切，作家本人对文学的理解应该重视。

五　结语

"谁在说话真的重要吗？"① 巴特在《作者之死》的最后，借用塞缪尔·贝克特（Samuel Beckett）的这一句话提出问题。

我也想提出同样的问题。对于被任意阐释的作者来说，对于"狂欢"的读者而言，"谁在说话"的确没有太大的重要性，不过是多了一种说话的

---

① Samuel Beckett. *Texts for Nothing*. London：Carder and Boyars，1974，p. 16.

方式，多了一个恋人的"絮语"。而对于以作品为精神诉求的作家来说，这很重要，或者说，至关重要。中国当代作家莫言说："一个作家一辈子可能写出几十本书，可能塑造出几百个人物，但几十本书只不过是一本书的种种翻版，几百个人物只不过是一个人物的种种化身。这几十本书合成的一本书就是作家的自传，这几百个人物合成的一个人物就是作家的自我。"[①]《红楼梦》的作者曹雪芹说：都云"作者"痴，谁解其中味。谁在说话，意味深长；能解开其中味，会收获很多。

　　文学是人类深沉的需要，一位美国诗人如此说。[②] 从对"作者"的种种理解和阐释中，我们得不出这样的结论；从"作家"那里，这种断言比比皆是。对同样的文学，会有如此不同的判断和结论，是我们思考和对话的方式出现了问题，还是我们思考的问题本身遇到了问题？这应该成为当代文学研究的一个命题。

---

① 莫言：《我变成了小说的奴隶》，《文学报》2000 年 3 月 23 日。
② 刁克利：《诗性的对话——美国当代作家访谈与写作环境分析》，中国人民大学出版社，2008，第120 页。

"非虚构"写作：新的文学可能性？

——从《人民文学》的"非虚构"说起*

张文东**

    本文所讨论的"非虚构"写作或"非虚构"，主要出发点还是传统意义上的文学或所谓纯文学；同时在当下的语境中，我认同非虚构写作的合法性及合理性，但觉得其"文学性"等问题仍多有待厘清，故有所疑问。"非虚构"写作并不是一个新生事物，这倒不是因为从20世纪五六十年代以来英、美文学中开始流行所谓"非虚构文学"并成为一时的主流，而是因为仅从传统意义上的文学乃至文学叙事的发展来看，不论中西，即便在最简单的意义上，"非虚构"也都可算是一种历史悠远的传统和方式——中国文学叙事传统中的"史传"始终是最大的影响和模式之一，其中当然包含丰富的非虚构特质；而西方文学传统中具有较强非虚构取向的"史诗"，甚至恰好是其叙事文学的鼻祖，作为一种特殊的叙事取向，"非虚构"本来就是内含于文学之中的。不过按现代以来的文学定位和分类，上述非虚构的写作已经被特意划定在纯文学之外，单独划分成如报告文学、传记文学等纪实文学一类，从而与"文学"（尤其在叙事的意义上与小说等"虚构"文学）疏离甚至对立起来。很显然，《人民文学》现在所提倡的"非虚构写作"并不是对报告文学等纪实文学写作的重新张扬，而是试图以非虚构来重新定位甚至改造我们习惯意义上的文学（尤其是小说），并将其视为一种文学的"新的可能性"："我们认为，它肯定不等于一般所说的'报告文学'或'纪实文学'……希望非作家、普通人，拿起笔来，写你自己的生活自己的传记。还有诺曼·梅勒、杜鲁门·卡波特所写的那种非虚构小说，还

---

  *   原文刊发于《文艺争鸣》2011年第3期。

  ** 张文东，东北师范大学文学院教授，吉林省作家协会副主席，吉林省传媒学会会长。

有深入翔实、具有鲜明个人特点和情感的社会调查，大概都是'非虚构'。"① 所以，回到"文学"的层面上或者在"文学的视界"内来认真讨论并认识这种"非虚构"所内蕴的相关"文学性"问题，实在很有必要。

一

写作的实质是在建立一种关系——人与外在世界之间的一种存在与阐述关系，并且一定是依靠人自身来完成的，是人在"有限"中创造并体验"无限"的自我发现与实现。"文学的表述言词与世界有一种特殊关系——我们称这种关系为'虚构'。文学作品是一个语言活动过程，这个过程设计出一个虚构的世界，其中包括陈述人、角色、事件和不言而喻的观众（观众的形成是根据作品决定必须解释什么和观众应该知道什么而定的）。文学作品是指虚构的，而不是历史人物的故事……一部文学作品——比如《哈姆雷特》——就其特点而言，是一个虚构人物的故事，而这个故事本身又在某些方面具有代表性（不然，你为什么想读它呢），但同时它拒绝界定那个代表性的领域或范围——正因如此，读者和批评家们才能如此轻松自如地谈论文学的'普遍性'。"② 显然，不用再回到亚里士多德关于诗与历史哪个更富有哲学性的久远追问当中，文学尤其是小说必然具有虚构的本质这一点还是不容置疑的。但值得注意的是，这并不一定意味着文学只能是虚构并只有虚构的形态，因此，非虚构作为对应于虚构的逆性写作，既然同样也是以"表述言词"在人与世界之间建立一种"关系"，那么这种关系便同样具有了某种文学的本质。

事实上，就像任何本质的规定性都有可能被泛化或僵化一样，"文学是虚构的"这一命题在将文学区别于历史等其他写作的同时，也不免导致了自己的狭隘和异化，即不断使自己在虚构的意义上成为一种语言的"游戏"，从而在建立自己与世界关系的过程中，出现了某种片面强化"自我"

---

① 《留言》，《人民文学》2010 年第 2 期。
② 〔美〕乔纳森·卡勒：《当代艺术入门：文学理论》，李平译，辽宁教育出版社，1998，第 32~38 页。

的态势。当下的文学之所以在虚构的意义上时常被诟病乃至被否定，问题可能并不在于虚构本身，而是在于这些所谓文学往往是只有虚构，并以虚构消解了真实的生活及生活的真实。或许可以这样理解，非虚构之于虚构，其含义大概应有两层："不是"虚构和"反"虚构。所谓"不是"，意味着可以进入非虚构写作的材料都是"真实发生的事实"，未曾发生的（包括可能发生但事实尚未发生的）则不能进入；所谓"反"则是指一种书写姿态，即写作者不对生活进行某种主观加工，只是如实描摹事实甚或复制现场。尽管从表面看来，非虚构这种"不是"虚构与"反"虚构的书写策略，几乎完全否定性地对应于虚构及虚构文学，甚至还有着一种令文学回到历史或"纪实"的斜溢。但我以为，非虚构这种"写什么"与"怎么写"的明确界定背后，实际上是另一个更大的"为什么"或"为什么这样写"的背景问题，即它并不是一定要使文学仅仅回到事实或世相本身，而只是试图使文学重新回归生活及其真实。

《人民文学》没有对非虚构划出明确的界限："我们只是强烈地认为，今天的文学不能局限于那个传统的文学秩序，文学性正在向四面八方蔓延，而文学本身也应容纳多姿多彩的书写活动，这其中潜藏着巨大的新的可能性。"① 这一命题的合理性在于，当下的文学在遭遇巨大艰难和危险的同时，也正因此面临新生的机遇和可能，因为从 20 世纪以来，我们开始进入一个新的文学时代：知识和写作从来没有像现在这样普及过，新媒体的开放与自由让每个人都有可能成为诗人，日常生活的意义被充分放大并被赋予了日趋强大的美学意义……传统的文学"疆界"在人们的犹疑中不断地径自扩大，当下的文学"可能性"也不断地丰富、放大。因此，如同当初小说在现代的兴起一样，以"对普通人日常生活的深切关注"来试图回到生活及其事实本身的非虚构，便时常在历史或纪实，甚至个人记事的层面上创设出了前述所谓的"文学性"。《人民文学》一年多的努力，已给我们带来了许多具有纪实或个人记事性质的非虚构印象。例如萧相风的《词典：南方工业生活》，就是一个工人"2000 年至今起奔走于珠三角"的打工"纪实"，作者用一种关键词的方式结构出一个打工生活的词典，用日记一般的

---

① 《留言》，《人民文学》2010 年第 2 期。

真实记录诠释着这个词典里的每一个词，将他日常所经历的、所感受到的、所接受的、所抗拒甚至无可奈何的种种经验和体验如流水账似的细细道来……如果说"文本"必须借助读者方可成为"作品"的话，那么在这个词典里，作为一个读者我注意到，我那些原本生成于某种"文学阅读"的底层经验与这种"南方工业生活"有着很大不同，而我常常报之以同情地理解的打工者也与我的"文学想象"有很大出入，它甚至会时常让我惊诧——在放弃了所谓"文学欣赏"之后竟仍可以获得如此充实的阅读感受。因此，当梁鸿用自己的感受、体验和调查重新书写"梁庄"，或慕容雪村用自己在传销团伙中卧底 23 天的真实经历给中国开出"一味药"的时候，就让我们不得不承认，这些非虚构的写作，的确已经在打破传统文学思维乃至文学秩序的"新的生机、力量和资源"的意义上，成为一种新的文学可能性。

二

我认为"非虚构"是一种创新的叙事策略或模式，这种写作在模糊了文学（小说）与历史、纪实之间界限的意义上，生成了一种具有"中间性"的新的叙事方式。非虚构写作并不想，当然也不能摆脱所谓"文学的表述"。换句话说，非虚构虽然试图并有可能摆脱所谓文学的想象或虚构，但必须作为文学写作并因此被接受始终还是其根本愿望，《人民文学》刊发的"战争史""日记""回忆录"等皆是如此。例如，董夏青青在《胆小人日记》里就曾自语，希望自己的作品能有好运气，至少可以被当作"文学书"来看①；而事实上人们还早就认识到了，"传记作家像小说家一样，也面临着使紊乱的素材秩序化的任务"，并且在他使用的原始材料必须确凿无疑的同时仍必须采用某些小说家的技巧②，这就让我们不难理解韩石山，尽管是在写自己的历史，但还是有一种在"没有戏"的地方发现"好戏"的小说家"言路"③。凡此种种，便造成了非虚构写作"中间性"的特殊张力结构：

---

① 董夏青青：《胆小人日记》，《人民文学》2010 年第 4 期。
② 〔英〕艾伦·谢尔斯顿：《传记》，李文辉、尚伟译，昆仑出版社，1993，第 94 页。
③ 韩石山：《既辱且贱此一生》，《人民文学》2010 年第 2 期。

一方面极力试图回到历史或事实；另一方面还需要用作者和读者都认同的表现形式即"文学的表述"，其所构建的依旧是一种"文学的表述言词与世界之间的特殊关系"。所以在我看来，非虚构写作的理想和现实的可能性都在于：在尽可能模糊的文体界限中营造一种特殊的叙事策略，以某种"中间性"的创新模式打破传统文学（小说）叙事的存在样态，使历史或事实在被最大限度还原的基础上成为一种新的文学景观。

众所周知，在当下的文化语境中，按费瑟斯通的说法："大众文化中的琐碎之物，下贱的消费商品，都可能是艺术。艺术还可以在反作品（anti-work）中得到发现：如偶然性事件、不可列入博物馆收藏的即兴即失的表演，同时也包括身体以及世界上任何其他可感物体的活动。"① 因此，随着大众读者自身的日常生活以及阅读趣味已经不断形成并日益加强的对文学的实质性介入和作用，便使得非虚构的现实日常生活成为可能的审美呈现，文学及其阅读更加成为大众生活中的一种"日常化"的行为和存在。这种文学不再因外在的观察以及超越的想象而成为某种孤立的虚构，而只是立足于每个人当下生活的此时此刻，感知"发生在世界上每个人身上的事情都非常重要"，并以"内在的视角""带着人们赋予自身的多种意义"去看待这些事情②，从而使生命本身的丰富性得到了更加细致和细节化的文学性呈现。例如，《人民文学》2010 年第 11 期刊发的两篇非虚构作品，就都有这样的特点。李娟的《羊道·春牧场》里有一个"小小伙子胡安西"，作者用相当细致的笔墨写了他对幻想和游戏的热衷，也写了他作为劳动者的出色素质，这一切都不是故事，而只是他的日子，并仅仅止于他六岁的"此时此刻"，"胡安西的世界只有这么大的时候，他的心也安安静静地只有这么大"，但只有这么大的世界对胡安西来说同样具有非常重要的意义；王族的《长眉驼》"内在的视角"也很鲜明，在作者这次并未精心准备的"寻找"当中，长眉驼始终都在哈萨克族牧驼人叶赛尔家的平常日子里，就连它那原本十分传奇的历史，也并没有成为一个"完整"的故事，大多还留

---

① 〔英〕迈克·费瑟斯通：《消费文化与后现代主义》，刘精明译，译林出版社，2000，第96 页。

② 〔美〕玛莎·努斯鲍姆：《诗性正义、文学想象与公共生活》，丁晓东译，北京大学出版社，2010，第 54 页。

在阿吉坎·木合塔森老人的心里——这也许正是长眉驼对于叶赛尔一家的真正意义。因此，当文学以非虚构的样态走进这种大众文化并关注每个人的独立性及其合法性的时候，我以为，尽管它的核心问题可能已不再是传统的文学主题，但其对于个人日常生活的关注还是具有了某种现实意义上的文学价值。

可能还需要看到，置身大众文化背景下的非虚构写作，实际上还有一个大众传播的背景，并因此成为可以更加模糊不同写作界限的叙事文本。回望 20 世纪五六十年代兴盛于西方的非虚构写作，其概念缘起和文体生成大概都离不开美国的"新新闻主义"（New Journalism）及其纪实写作的理念（许多后来人们津津乐道的如梅勒等非虚构小说家，实际上大多有从事过新闻工作的背景）认为，"小说家能为记者和历史学家提供其研究专题欠缺的一个方面"，试图借小说家的笔法来使新闻写作从"客观的"走向"主观的"，"在这种新闻中，作者作为一个中心人物而出现，成为一个对各种事件进行筛选的个人反应器"①；然后再用记者杰出的社会观察和分析能力对小说家的眼力进行补充——将新闻与文学整合在一起，建立起了一个具有边缘性的写作文体"Non-Fiction Novel"（"非虚构小说"）或"True-Life Story"（"真实生活的故事"）②。也许正是这种"边缘性"或"中间性"的存在，使非虚构写作并没有被置于报告文学等传统样本里面，而是时常在大众传播的影子里成为一种时尚的媒体写作策略。所以不仅《人民文学》现在张扬非虚构，事实上早在几年前《中国作家》便曾分出《纪实》一刊并开设"非虚构论坛"，而本来就长于现场专题和深度报道的《新周刊》等时尚媒体，近年来也一直都在提倡把新闻的非虚构性与文学的审美特性融合起来……如此种种，其实都不仅从新传媒写作的角度为非虚构添加了注解，而且还使非虚构得以连绵不断地跨界，为文学在这个大众传媒时代里创设了更多的新的可能性。

---

① 〔美〕莫里斯·迪克斯坦：《伊甸园之门——六十年代美国文化》，方晓光译，上海外语教育出版社，1985，第 139~150 页。

② 王雄：《新闻报道和写作的新维度——论"新新闻学"对我国当代新闻报道和写作方法的启示》，《江苏社会科学》1998 年第 5 期。

三

《人民文学》将非虚构写作计划命名为"人民大地·行动者"，目的是"吁请我们的作家，走出书斋，走向吾土吾民，走向这个时代无限丰富的民众生活，从中获得灵感和力量"，并"特别注重作者的'行动'和'在场'，鼓励对特定现象、事件进行深入的考察和体验"。[①] 显然，作为当代中国最有影响力的文学杂志之一，《人民文学》这一计划的提出十分值得称赞，这既因为中国当下文坛的确需要大力张扬一种肯于行动并敢于行动、勇于发现并善于发现的精神和风气，也因为其中如上所述蕴含着"从个人到社会，从现实到历史，从微观到宏观，我们各种各样的关切和经验能在文学的书写中得到呈现"的巨大可能性。[②] 但换个角度看，假如这种非虚构写作的理想模式可以如此表述——行动起来，走进现场，用"行动"来发现"真实"，用"在场"来代替"虚构"——那么在鼓掌叫好之余，我们不禁要怀疑，所谓的行动也好，在场也罢，如果所有的参与、进入、在场和发现最后都落实在非虚构这种表现方式上，那这种表现的"文学性"是否足够充分？行动是发现的前提，就像主体是创作的前提一样，但对文学来说，行动与发现都不是目的，也不是结果，只有最终借助一种言语方式将行动及其发现"有意味""有价值"地"呈现"出来，这种行动及发现才真正具有"文学"的意义。再回到文学的本质来看：文学是人作为一种精神存在的特殊方式，其最大的价值和意义，应该就在于其是一种创造，而人们之所以把虚构性和想象性视为文学的特质，当然也就是因为文学的想象世界本质上是一种人自己的、自主的创造，并且正是在这种创造当中，人真实地体验并实现了自己的"本质力量"，从而使人在自身成为审美主体的同时，可以"诗意的栖居"。

非虚构之所以能够质疑并试图改造虚构，就是因为虚构与想象的创造常常是建立在事实真实的基础之上而不是停留在其本身，而非虚构所谓的

---

① 参见《留言》与《启事》，《人民文学》2010 年第 11 期。
② 《留言》，《人民文学》2010 年第 7 期。

"行动"与"在场"的最终意义则全在这种"真实"的发现与再现上。因此，对应"真实"建立一种什么样的关系，便成为重新思考非虚构之非文学化的又一关键。首先必须承认，在《人民文学》的非虚构作品中，"真实"始终都是第一位的，不论本文是否提及，但都明显得一看便知，其中的种种"真实性"与"现场感"，的确与一般虚构文学形成了鲜明的反差。但是，文学这样完全地回到生活真实，或将这种生活真实完全地等同于艺术真实，究竟是不是文学的真实意义所在？文学与世界之间这样一种关系的构建究竟是不是文学的真实本质所在？假如承认非虚构可以或应该是一种"现场"的"复制"的话，那么所谓作家或者写作者的主体以及他们区别于新闻记者、传记作者、历史记录者的特质又在哪里？而人类一直珍视的文学发展到了今天又将何为？作为小说家的王安忆曾就这个问题有过很好的追问：如果小说所做的就是反映真实、反映现实，那为什么要有小说呢？已经有历史学、政治学、社会学、心理学等那么多学科来直接描述现实了！电影的材料要比小说具象和真实得多，电视台"纪录片编辑室"搞的纪录片完全就是生活的真实，它们已经把真实做到家了，那小说还做什么呢？当我们看到一个东西，完全与我们真实的生活一模一样，何苦再去制作这样一个生活的翻版呢？所以她的回答是：小说是由一个人在他的"心灵的制作场"里创造出来的，是另外存在的、独立的、完全由它自己来决定的世界，它不是我们这个世界的对应或翻版，而是"拓展了我们的存在，延伸了真实世界的背景和前景"的"真正的创造，真正的造物"。① 也许这种回答因带有很强的个人经验性而不一定得到理论家们的认同，但并不妨碍我们可以就此深思：不仅仅是小说，其实整个文学的本质价值压根儿就不在复制生活的意义上！因此，我十分希望"行动者"计划可以消除某些作家身心内外的懒惰，使他们走进生活，回到现场；也真诚相信一定会有更多的非虚构能让我们不断见到愈发真实的生活和情感。但同时我仍想强调：无论在什么意义上，"文学真实"都不可能是"复制"的"事实真实"，而非虚构如果一味坚持这种"复制"的话，那它可能会在"非文学"的可能性上与文学渐行渐远。

---

① 王安忆：《小说家的十三堂课》，上海文艺出版社、文汇出版社，2005，第 10~15 页。

　　依我看，置身大众文化背景下的非虚构写作其实还有着很强的非理性色彩：其所谓的"现场"本身就有着某种"图画"或者"画图"的意味（这倒与大众文化的读图趣味保持了一致），而其所谓的"真实"，本质上也是在强调现实高于可能、存在高于创造。因此，表面看来非虚构是在努力地走进时代的"现场"，并试图投影般地成像这个时代的"真实"，但实际上它可能已经在开始回避时代，回避这个时代所能激发的想象和创造，即回避这个时代原本赋予它的反思与反省，以及任何一个时代文学都不应该放弃的理想和理性。因此我们不禁要问：当写作者的主体已经不复存在的时候，其所呈现的现实除了"图画"之外还会有什么？当某种生活仅仅被作为事实"复制"出来的时候，其原本丰富深刻的生命性及完整性又在哪里？而当提供给人们的阅读文本始终都是某种不是由主体而是由事实复制出来的图画的话，那阅读主体又为何要将其视为"文学"并始终保持对它的文学性想象？当然，这依旧可能不是非虚构本身的问题，而是非虚构写作在大众文化语境中的某种"可能性"问题。所以我喜欢李洱的说法：我们越是生活在一个非虚构时代，虚构就越是显得重要——当这个世界过多地沉浸在非虚构的语境中时，在某种意义上，虚构就成了"他者"。正是这种"他者"，这种异于现实的美学，让我们得以与体制化的现实疏离开来。而正是这种疏离，让我们不仅得以认清现实，而且有可能使我们的文字具有一种介入现实的力量，当然，它也让我们得以从另外一个角度来确立自己的身份。① 事实上，这倒不是一个虚构与非虚构孰轻孰重的问题，而是这种"介入"与"确立"对于作者和读者都同样具有深刻意义的问题。

　　回到《人民文学》一年来刊载的非虚构作品，起码可以看到两个主要特点：一是用"生活的在场"营造出的再现性；二是用第一人称叙事所形成的抒情性。就前者而言，这些非虚构作品并没有强调主题的深刻性，甚至也没有追求题材的重大性，都是在自己"在场"的生活里观看、发现并写作，希望借生活本身的"现场感"来呈现写作的"真实感"；从后者来看，这些作品大多是以"我"来展开叙事，用"我"的眼睛来观看，用"我"的身体来感受，用"我"的笔法来写作，甚至如祝勇的《宝座》（姑

---

① 李洱：《传媒时代小说何为?》,《社会科学报》2010 年 7 月 8 日。

且把它视作一篇学术随笔），也是把一个富有象征意味的发现置于"我"的学术思考和联想中，像其他作品一样具有了浓郁的主观抒情色彩。必须肯定的是，这些作品的确都以一种"向着各种艺术形式和纷繁的书写活动开放的文学态度"行动起来了[1]，并由此开始探索一条比报告文学或纪实文学更为宽阔的写作之路[2]，着实令人耳目一新。不过在我看来，这样表面融客观再现与主观抒情为一体的写作，实际仍没有超越生活现场本身，始终还都是有"我"在场的生活现场的复制，甚至都在努力还原生活事件或事实本身"片段"的同时，试图消解或者掩盖某种具有超越性的道德立场和价值判断，当然也就无从谈起所谓文学的完整性或深刻性。这就不禁让我想起当年傅雷在批评张爱玲时所说的："倘若没有深刻的人生观、真实的生活体验、迅速而犀利的观察、熟练的文字技巧、活泼丰富的想象，决不能产生一样像样的作品。"[3] 所以我说，"非虚构"这种模糊的"中性"叙述，在带给文学某种"可能性"的同时，也有可能在一定程度上模糊了文学的"自觉"。

当然，非虚构写作在这个时代里的大行其道，并不意味着它仅仅是这个时代的衍生物——既然文学本身已蕴含着丰富的非虚构质素，而虚构又经常被自己弄丢了生活和真实，而是在任何时代里都实际存在的一种选择和可能，所以当非虚构写作换了一副面孔（即不再以报告文学、传记文学等纪实文学的名义）试图挤进文学里来，甚至希望"可能"改造文学的时候，我们既不必惊恐，当然也不一定欢呼。或如我要说的：我们的文学确实出现了许多问题，但也许并没有哪个药方可以一下子医好它。因此我们不能否定非虚构吁请文学回到生活的努力和尝试，更不能基于某种传统观念而拒斥这种写作，而是应该同时明确：文学的意义不仅在于它告诉我们生活是什么样子，而且在于它告诉我们生活应该是什么样子，这也许才是它更大的"可能性"。

---

① 《留言》，《人民文学》2010 年第 1 期。

② 《留言》，《人民文学》2010 年第 7 期。

③ 迅雨：《论张爱玲的小说》，《万象》1944 年第 3 卷第 11 期。

"非虚构写作"：从文学"松绑"到"当代"困窘[*]

霍俊明[**]

说到当下的"非虚构写作"以及与此相应的文学与"现实"、"当代"和读者之间的关系，我首先想到的是十余年前一位作家的自陈——"当年在我开始写作的时候，我所在矿区的工长轻蔑地骂我：你还想当作家？当毬去吧。"（夏榆《非修辞的生活，非虚构地写作》）

近年来，《人民文学》（"非虚构写作计划"）、《中国作家》（"非虚构论坛"，2006年该刊改版时推出《中国作家·纪实》）、《厦门文学》（"非虚构空间"）、《延安文学》（"零度写作"）等诸多刊物相继推出有别于一般意义上文学类型的"非虚构写作"。这在希望拓展文学可能性以及现实指向性、文学写作的"日常化"以及重新思考作家与世界关系的同时，其内含的强烈的尴尬感、分裂感甚至时代和文学的双重焦虑症是足以想见的。具言之，"非虚构写作"在近年来逐渐成为文学热点的同时呈现了文学自身的新变以及文学在"当代"新语境之下的尴尬与困窘状态。这里所指涉的"非虚构写作"在指向文学本体性层面的同时，也不能不指向作家的身份、立场、姿态，以及"当下"文学和"非文学"场域的龃龉。当《新京报》等各大"主流"媒体以及各大书城（含各个网络书店、文学网）在每月推出"虚构类"和"非虚构类"（而目前关于"非虚构类"是否算是文学文本或一种文学文体仍存在巨大分歧）排行榜的时候，我们应该发现其中的"非虚构类"已经愈益成为带有明显"社会关注度"的被消费化、市场化和利益化的写作方式和写作姿态。当然换一个视角，其中带有一定文学品质

---

* 原文刊发于《文艺争鸣》2012年第1期。

** 霍俊明，中国作家协会《诗刊》副主编，研究员。

的"非虚构写作"也呈现了从文学精英化到社会化和大众化的转变，在一定程度上拓宽了文学的边界和写作可能。我们是否也会由此引发这样一系列追问：我们是否进入了"纯文学"式微的年代，或者这是不是一个文学遭遇更多挑战和"文学性"高度扩散甚至消弭的年代？由"非虚构写作"我们是否该重新思考传统意义上的"文学"和作家以及阅读与世界之间的关系？与此同时，我们是否该重新反思我们对"文学"的理解是否足够宽阔？目前的作家是否仍然在一定程度上坚持着精英知识分子的惯性"幻觉"和与那喀索斯一样的自我迷恋？多年来"圆滑""圆润""令人舒服"的缺乏真实感、摩擦感和疼痛感甚至原生粗粝感的文学趣味是如何形成的？而所谓的专业阅读者和评定者尤其是国家级大刊和国家级文学大奖的机构和评委是否该为此承担一定的责任？

一

"非虚构写作"（我一直好奇这个概念与"纪实性写作"之间是何种关系）在近几年渐成文坛热点，但在一定程度上我认为这种写作路径和方式并不一定会给多元化的文学空间提供广阔的前景和新的可能，当然这并非意味着其间没有出现"非虚构写作"的优秀文本，比如王树增、梁鸿、慕容雪村等的作品。而"非虚构写作"对"真实性"和"现实感"的精神诉求无疑体现了纪实文体与"小说"相结合的趋势。而无论是就中国古代的史传文学传统[①]、五四时期冰心等作家的"事实小说"、20世纪50~60年代美国等西方国家"非虚构文学"的热潮，还是1949年之后当代中国本土的"非虚构小说"[②] 而言，"非虚构写作"都不是一个崭新的话题。甚至早在1986年就有研究者试图对"非虚构写作"进行分层，即分为"完全非虚构"和"不完全非虚构"。而问题的关键在于"非虚构写作"本身和概念生

---

① 宇文所安（Stephen Owen）针对中国古代的诗学思想在《传统中国诗歌与诗学》一文中竟提出以诗歌为主体的中国文学传统具有"非虚构"（nonfiction）特征。

② 如新中国成立后即出现的"非虚构战争小说"，刘心武早在20世纪80年代就喊出"我正大量尝试非虚构性的纪实风格"，而1999年刘心武又推出了更自由的介于小说、报告文学和传记之间的"非虚构小说"——《树与林同在》（山东画报出版社，1999）。

成以及理论探讨都不能不涉及文学的本体性问题以及其同时所遭遇到的各种可能、限囿与悖论冲突。换言之，"非虚构"与"虚构"、"写作"与"亚写作""反写作"与"非写作"、"真实性"与"文学性"、文学与"非文学"、"现成性"与"可能性"之间是否重新设置了本质主义色彩的论调？这是否又重新设置了难以最终调和的"矛"与"盾"的悖论循环？当年的"自然主义""革命现实主义""社会主义现实主义""新写实""新现实主义"与"非虚构写作"之间在命名、立场，甚至意义与缺陷方面是否存在历史的谱系性和某种"可怕"的循环？

而由"非虚构写作"我们发问的是为什么文学的"真实性"重新成了问题。20世纪80年代的先锋文学通过元写作和修辞迷恋校正了以往主流文学"非虚构"经验化写作的整体性和宏大性，从而呈现了个体和诗学的双重意义。时过境迁，随着文学和社会语境的双重转换，文学的"虚构性"已不是问题，问题是我们的作家和文学、读者和"当下"的关系发生了脱节甚至是巨大的缝隙。面对着更为多元和个人化的读图读屏时代，文学面向现实和公共的能力重新成为时代的难题。在一般意义上写作就是"虚构"和想象的产物，而说到"非虚构"与写作之间的关系当然存在合作甚至容留的可能，比如报告文学、纪实性文学、传记文学、历史文学、口述实录体等"创造性纪实作品"。这些类型的写作显然是具有"非虚构"性的。但我们是否注意到从来都不可能有"纯诗"和"纯文学"存在，尤其是在中国20世纪的社会政治文化和复杂的文学语境中更是如此。我们应该注意到非虚构"所呈现"的"真实"同样包括作家的写作伦理。当我们被"非虚构写作"打动的时候，我们需要进一步追问：是什么打动了我们？是"非虚构"的力量还是"虚构"的力量？实际上"非虚构"与"写作"之间存在明显的龃龉关系和矛盾甚至冲突。姑且搁置一般意义上的"文学性"写作，即使是史传文学和一般意义上的历史叙事和社会纪实、新闻记录仍然会带有程度不同的"虚构"和"修辞"性。从本质上而言，"写作"就必然是"修辞"，而"修辞"又必然牵涉"虚构"、"想象"和"创造"。文学史写作显然更具备"非虚构"的必备特征，然而长期以来文学史不仅被视为一个时期文学思潮、流派、社团和作家作品的整体描述，而且更应是对文学发展规律、内在动因的一种"真理"揭示和客观总结。那么文学史的书写行为就不单是一个历时性概念，更是一种本质性的认知方式。而文学史作为一种写作和书写行为就必然会带有"修辞"性和想象性，由于各种文学之外的家国、民族、政治、意识形态诸多复杂的影响，历史叙述的真实和客观自身就大打折扣。只有如此，我们才能真正体味"一切历史都是当代史"这句话的含义。正是因为历史叙述的修辞性和变动性，我们可以说一切历史在不同语境中的叙述只能是不断的"重写"甚至"改写"。

"虚构"的字典解释是：凭想象造出来。① 据此，我们可以认定一些研究者和刊物推出的"非虚构写作"概念以及"非虚构"研究应该更多的是强调这些写作不是"凭想象造出来"的。那么既然不是凭想象造出来的，那么就涉及了现实、客观和事实。也就是说"非虚构"文本所涉及的事件和内容是已然发生的客观现象。而这种关涉"真实性"的"非虚构性"就要求这类写作具有类同于纪录片的要求："真实"的"底线"和"真实再现"的"渐近线"。但我们是否注意到这些"真实"意义上的"非虚构"成分到底在一个文学文本中占有多大的比重和程度；有没有意识到既然是作为一种写作，那么这些"非虚构"的成分进入作家主体的写作当中时有没有想象、夸张、修辞和必要的"虚构"；有没有写作者的个体主体性的介入、对话和其他方面的参与；如果不存在，那么"非虚构写作"和新闻记录的区别何在；如果存在，我们该如何认识和认定"写作"和"虚构"的关系。还需要强调的是我们现在所提出的"非虚构写作"对新闻纪录片的理解自身就存在一定偏误。我们往往认为新闻纪录片应该是完全客观和真实的，当然晚近时期提出的"新新闻主义"是对这一认识的补充，但是我们可能忘记了早在1926年约翰·格里尔逊对"纪录片"的最初界定是：纪录片是对现实的创造性处理。由此，纪录片仍然只是一种再现现实的处理和创造方式。那么既然连纪录片都有"虚构"的成分，那么"非虚构写作"就不可能排除"虚构"的成分，这多少是一种抵悟、抵消甚至悖论。可能会有研究者认为这种"非虚构写作"不应该被归入一般意义上的文学写作当中，这样可能就会强调"非虚构"的广泛性、可能性和理论与实践之间的可能性。实际上"非虚构写作"所涉及的仍然是"真实"与"真实感"

---

① 《现代汉语词典（试用本）》，商务印书馆，1973，第1158页。

之间的关系，换言之就是"真实"和表现之间的关系。而"非虚构写作"所指涉的"写作"并非只是文字空间，实际上我们已经注意到在全球范围内的艺术、电影、新闻、纪录片等都存在强化"非虚构"的声音甚至吁求。但是我们看看这些试图体现原生态意义上的反拍摄、反跟踪、反虚构的制作方式自身恰恰凸显的是这种姿态的悖论和陷阱。这也就是所谓的"非虚构"的仿写，或曰"仿非虚构"。这些试图强化"非虚构"的方式恰恰是在看似原始、本真、可信的画面和声音中更人为地蓄意制作出来的一种"拟真实"或"再现"场景。而这种"拟真实"和"再现"本身已经不可能是已经发生的客观事实的本来面目。实际上"非虚构"只能是进入历史、现实的一种通道和中介而已，它与"虚构""想象"创造出来的世界本质上并没有差异，二者之间也没有优劣高低之别。

二

同时，我们谈论文学问题又绝对不能坐而论道，而必须结合历史和当代的文学语境将问题对象化和具体化。一般意义上的写作必然涉及表达、观点、情绪，甚至态度、立场以及道德、伦理，对于"非虚构"特征更明显的新闻、纪实、报告文学等文体而言更是如此。而这种不可避免的个人表达和"客观"、"真实"以及"非虚构"之间就形成了一种关系或者是一种缝隙。而这个缝隙靠什么来缝合，能不能缝合是我们必须予以关注、追问和反思的。我个人认为"非虚构"写作只是反映了一定程度的文学写作"非虚构性"的一些征候，并且这种征候在不同的文体中的程度具有差异性。我认为如果理解为在纯粹的意义上存在一种十足的"非虚构写作"是荒谬的，这最多是一种文学价值预设和理论假想，或者说对文学写作的去"虚构"化存在一种写作伦理的理想主义倾向。而"非虚构"还体现了一定的民粹主张，甚至体现了技术主义和新媒介文化的影响。

实际上无论是从美国等西方国家最初的所谓"非虚构写作"，还是包括杜甫在内的被研究者被指认为"非虚构性"的诗歌写作，以及晚近时代鲁迅文学中"我"的主体"非虚构性"，等等，都只是呈现了一些作家和文学现象当中"非虚构性"的事实，但是包括这些文学事实在内的文学"非虚构性"只能是相对的。进一步，当"非虚构写作"排除了文学性和写作个人化更为弱化的报告文学、纪实文学和传记文学，问题就更为复杂。这种被鼓吹为新的写作可能性和新的文学写作的方向是否同时搁置了问题的复杂性和写作的难以归一性？显然《人民文学》在 2010 年推出"非虚构写作计划"是有其现实意义和指向性的。[①]《人民文学》强调的"非虚构写作"就是对"纯文学"和"纯文学刊物"的一种校正。而编者希望更多的"非文学""非专业"的各种职业的人写作个人的"日记""传记""调查""报告"等"非虚构"文本，不仅强调了写作者的多样性和可能性，而且会给在新媒体时代的非纸质传播分得一定的阅读份额，并强化渐渐被弱化的传统意义上文学刊物的影响力和传播空间。实际上早在《人民文学》之前，大量的纪实性和原生态的"民间"文本就已经出现，而它们所提供给我们的各种职业和各个年代的日记、报告、书信、诉讼文件、档案无疑同样具有"非虚构性"。而我想追问的是：为什么这些刊物、编辑、作家、研究者甚至读者都在近些年尤其是"新世纪"以来不断推出和强化所谓的"非虚构写作"呢？这才是将问题具体化和"本土化"的重要途径。稍微有些阅读观感的批评者和阅读者都可能已经注意到一个新的社会事实，而这个社会事实不仅影响甚至改变了我们对文学的认识，甚至在今天还反映出作家、出版机构、研究机构对这一社会现象和相应的文学写作应对和认知能力的低下。

首先应该注意到目前社会的分层化和各个阶层的现实及生存图景越来越复杂，越来越具有多层次性，越来越具有差异性，甚至这种复杂性、多层次性和差异性已经远远超出了一般写作者的想象和虚构能力。也就是说，现实生活和个体命运的复杂程度早已远远超过了文学虚构的限阈与可能。作家所想象不到的空间、结构和切入点在日常生活中频频发生，作家"虚构"和"想象"的能力受到空前挑战。由此面对各种爆炸性和匪夷所思的社会奇观一般读者是否还需要文学甚至文学刊物？我们不能不承认，文学的阅读者越来越呈现专业化、作协化和圈子化。或者说，文学写作、文学阅读和文学批评都越来越在"自说自话"，且"自以为是"。当然这并不意

---

① 《留言》，《人民文学》2010 年第 2 期。

味着我忽视甚至否定文学本体的自足性和作家的主体性以及一定程度上的文学自足性、个人性和想象修辞性，而是在思考当下时代的文学生态以及对文学诸多相关场域问题的影响。这种社会事实的复杂性、多层次性和差异性实际上并不是在近些年才出现的。我们普遍忽视了最为重要的媒体力量，这就是从20世纪60~70年代的"地下"刊物，从20世纪80~90年代的"民间"刊物，从2000年以来的网络、论坛和电子邮箱以及手机平台，从2005年以来的博客空间到最近几年的微博世界以及一些民主"异议"分子、青年人通过特殊手段的网络"翻墙术"，还有大量电子媒介空间的社会性、民生性、消费性、娱乐性等爆炸性新闻对主流"CCTV话语"的补充与丰富，这让人看到了在一个巨大的地理空间每天发生的那么多的惊天事实和"非虚构"文本。"天方夜谭"成了一个又一个与每个人息息相关的社会事实，这几乎涵盖了文学所能涉猎的任何题材：政治、战争、职场、经济、民生、官场、传奇、婚恋、战争、底层、打工、农村、玄幻、穿越，等等。当本·拉登被击毙登上世界各个媒体头版头条，当紧随其后的本·拉登的私人性生活和房间中各种黄色光碟被曝光的时候，还有什么文学文本能与之相抗衡？正是媒介和"电子"的力量，使众多在以前不可能被沉默的大多数所知晓的各种社会现象终于能够每天被及时性地传递和互动。可以想见，无论是一般意义上的文学还是"非虚构写作"都难以与读图读屏时代的电子化力量相抗衡。更为可怕的还在于从写作伦理学的角度被视为人类良知的作家，他们的认知空间、写作能力、修辞美学和想象能力已经被这个不断分层的社会事实所淘汰。换言之，具有预言性、真实性、针对性、超前性的文学写作在这个不断加速前进的全媒体时代几乎成为不可能。尤其需要注意的是更多作家个人化的想象力，尤其是对当下和历史的个人化的想象力，已经远远跟不上瞬息万变的各种"惊天动地"的关涉社会日常生活和"小人物"的个人事件和冲突。那么，当文学和写作已经无力对社会事实和更为繁复的精神事实与想象空间作出合理和及时有效的呼应和回应时，文学怎能不遭遇尴尬。或者简而言之，"文学"如何能与"新闻"相抗衡？据此，我们可以发现20世纪五六十年代西方的"非虚构写作"和"新新闻主义"无论是从写作者的身份到写作方向的调整都与记者、新闻工作者等有着非常密切的关系。换言之，文学与新闻之间的"紧张"或"互动"关系从那时候即已开始。当新闻都出现了松动与变化，文学的命运自然大同小异。实际上，新闻并不是完全客观的，而是因各种社会力量和主体的介入呈现被塑造的特征。我们一度认为文学失去了社会的"轰动效应"，那么包括《人民文学》在内的"非虚构写作"的推出动因是否也是希望文学重振思想性并以作家"在场"的方式来面对"广场"和"人民"以及"大地"，从而重新唤醒文学的社会轰动效应呢？我想应该是有这种考虑的，这从《人民文学》所刊载的相应文本中可以看出，"底层""历史""沉落的边域"等占据了核心位置。但是当十几二十几万字的长篇小说和报告文学已经不能抵挡一分钟甚至几秒钟的事实画面和手机及微博 140 个字以内的信息时，传统意义上的文学和刊物该何去何从？这是否印证了"日常生活的审美化"时代已经到来，只不过这种到来是以拒绝传统意义上的"纯文学"为前提的，或者说当下时代需要的是越来越尴尬、暧昧和妥协的"中性"之物？在此意义上，"非虚构写作"成了一种行动诗学和介入诗学。这是不是"干预生活"和"写真实"在另一种时代的翻版？其好处自不待言，这对于写作者以及刊物而言明显会赢得更多的读者。但是这种写作倾向的缺陷我们同样应该重视，如果我们不放弃传统意义上的文学标准和文学功能的话，正像前些年当底层文学和"打工诗歌"出现的时候，有评论家不无偏激却具有代表性地强调，对这些文学要从伦理道德的角度予以高度肯定和支持（换言之就是从文学性上要予以妥协和宽容），因为这代表了中国新的社会问题和社会现象。而我想新闻与文学之间的差异作为并不复杂的文学常识并不需要我赘述，只是在文学写作的伦理化热潮中有些写作者和阅读者丧失了文学的尺度和文学写作的可能性。飞速发展的自媒体让我们看到了其对文学的挑战，或者说其展示了被各种媒体空间"剩余"和"遗漏"的幽暗质素的价值体系？尤其是在社会分层和文学分野越来越明显的今天，写作者与作家是有一定区别的，显然，非专业意义上的写作者由于身份、视角和写作介入等诸多层次性的多元而呈现了一般意义上的精英和在书斋中玄想的作家所难以企及和"非虚构"的世界。

而我们不能不发现 1949 年之后，"当代"中国所出现的几次"非虚构性"热潮都是出现在时代剧烈的转折点上，比如 20 世纪五六十年代的战争与运动（此间大量出现的"非虚构性战争文学"和报告文学）、1976 年之后报告文学的博兴、先锋文学落潮之后的"新写实""新现实主义"、20 世纪 90 年代末的"非虚构小说"以及 21 世纪以来的"非虚构写作"等，无不如此。但中国文学的命运就是每一次发生的带有运动性的文学命名和现象，最后不是告以夭折就是走向了文学的负面和反面。当 20 世纪 90 年代开始的"非虚构性"的文本铺天盖地占领了中国城市和乡村的各大书店和街边书摊的时候，我们迎来的是将"现实"和"纪实"的庸俗化和消费化。甚至很多"现实"是被这类所谓的"非虚构写作"制造、策划和生产出来的。当 21 世纪的第一个十年结束的时候，当"非虚构写作"渐成潮流之际，我不希望具有一定的文学开创性和一定新的写作前景的写作被再次"非文学化"和"运动化"。

而当"文学"、"非虚构"和"写作"一起试图以新的方式、新的可能和新的空间来唤起文学力量和打破传统文学秩序的时候，其遭受的挑战和难度是难以预见的。在这一点上我承认和支持"非虚构写作"，尽管其学理上有诸多难以自圆其说的缺陷。但是作为一种写作和阅读以及社会精神而言，我认为这种类型的写作具有传统意义上的文学所不具备的新的对话能力和发现能力。总而言之，"非虚构写作"作为并不新鲜的文学话题，无论是其指涉的"文学"本体的认知，还是文学场域和写作空间的可能性，都不仅与中国当代文学每个时代转折点上复杂的社会和文学语境密切相关，而且还体现了文学生态、秩序、本体、功能、传播与"非文学"以及"当代性"、"现实性"之间的多重焦虑性关系。而在社会分层愈益明显、社会现象和民生问题愈益凸显的背景下，自媒体和"新闻体"效应对文学生态构成了巨大冲击，而这不能不影响到文学自身的反思甚至反拨。

创意写作：中文教育改革的突破口 *

张永禄 **

创意写作是一切创造性写作的统称，包含狭义虚构类创造性写作和非虚构类创造性写作等。创意写作不仅培养作家，还更多地着力于为整个文化产业发展培养具有创造能力的核心从业人才，为文化创意、影视制作、出版发行、印刷复制、广告、演艺娱乐、文化会展、数字内容和动漫等所有文化产业提供具有原创力的创造性写作人才。种种迹象表明，创意写作正在成为大陆高校中文系教学改革的排头兵和突破口。目前，大陆已有广东外语外贸大学等四所高校开设创意写作本科专业，复旦大学、上海大学等"985""211"高校带头招收创意写作方向的硕士生，这标志着大陆高校中文的教学和改革进入新的空间和轨道。针对大陆传统中文专业的颓势，为响应国家文化产业发展战略，跟上国际写作教学发展潮流，为更加稳健理性地发展创意写作，本文提出四个关联性问题。

一 创意写作是写作发展第三个阶段

中国写作教学和研究经历了大致三个阶段，即传统的文章学阶段、现代写作学阶段和创意写作学阶段。这三个阶段各自产生的背景、关注的重心和思想资源都不同。

传统文章学面对的主要是成形的文本，是对文本的研究。它着重对文章的义理、考据和辞章及其关系的研究，以桐城派为顶峰。但文章学研究传统被新文化运动打断，在 20 世纪 80 年代有过"回光返照"，但基本上是

* 原文刊发于《写作》2013 年第 Z3 期、2013 年第 17 期。

** 张永禄，上海大学文学院教授。

明日黄花。

现代写作学是随着大学教学在中国的兴起而逐渐建立，它的先驱者是叶圣陶、夏丏尊和沈从文等人。他们一边自己搞创作，一边在大学课堂教学生写作，催生了现代写作学，还促进了现代写作教学的发展。现代写作学的鼎盛时期应该是在 20 世纪 80 年代，武汉大学的周姬昌、南京大学的裴显生、福建师范大学的林可夫等大力提倡写作学的研究，试图建立现代写作学；他们提出了写作学的科学系统性或训练体系，创设中国写作学会，创办《写作》和《应用写作》等刊物，辉煌一时，但终因写作学在教育部本科专业目录和学科体制下的缺失，不得不寓居在文艺学门下，得不到学科身份和地位的承认。在高校教写作课是吃力不讨好的活，加之写文章难、评职称难，写作课教师的地位明显低下。很多年轻教师不愿意以写作教学和研究为业（大部分教师是任务性地被动选择教授写作，而非出自学术兴趣和爱好，他们往往伺机改换专业）。随着老一辈写作学学者的辞世或退隐，因为后继乏人，很多大学把写作课给砍了，现代写作学也就从"中兴到末路"。

这几年创意写作教学的兴起有两个方面的背景：一方面是大陆文化产业蓬勃发展，客观上需要创意写作为其提供智力支撑；另一方面是受到欧美大学创意写作繁盛局面的启发。目前在欧美等发达国家，创意写作已经有 80 余年历史，是包含近 20 个子类，设有本科、硕士、博士研究生培养层次的大学科。创意写作学科的诞生和发展，改变了欧美战后文学发展的格局，也彻底改变了欧美文学教育教学思想体系，为欧美文化创意产业的兴盛和发展奠定了学科基础。以美国为例，冷战结束后美国文化创意产业已占美国 GDP 比重的 20%，同时美国也成为世界第一大文化产业出口国，出口比重超过军工和一般制造业。显然，美国国力的强大，奠基于文化及其产业化发展，而不是我们过去理解的科技实力。中国大陆的文化产业只占GDP 的 5%。越来越多的有识之士意识到，中国文化产业的落后，主要是高校文学艺术教育落后所致。发展文化创意产业需要强大的文学艺术教育学科，但我们缺乏这一学科引擎。2009 年国务院文化产业振兴规划的出台，首次确认了文化可以产业化发展的思路，此后各地各级政府对文化创意产业的重视为我国走向文化资源大国、文化创造大国、文化消费大国、文化输出大国创造了条件（党的十八大则提出建设文化强国的目标），也为中国创意写作学科的创建和发展提出了要求。

在这三个阶段中，传统的文章学虽然也有宝贵的经验值得后来者学习和挖掘，但整体上已经成为学术史对象。现代写作学和创意写作学都是受到西方文化影响而来，二者关系复杂，转化在今天的大学教学中，直接表现为基础写作和创意写作的关系，令很多写作教师困惑。在笔者看来，它们之间只是教学理念、课程体系与授课方法之别。最大的问题是创意写作学势必取代现代写作学，并将把写作发展为一门与文学、语言学并驾齐驱的学科。

二 创意写作学（系）是大趋势

2012 年秋，香港浸会大学成立了文化与创意写作系，这预示在大中华范围内，创意写作迟早要从文艺学学科里面独立出来，获得学科身份，这也是大陆高校改革和发展的必然之途，理由如下。

1. 自主设置专业为创意写作创造条件

教育部在进一步推进高校教育教学体制改革过程中，逐步放权给高校，其中包括高校专业设置的自主权，鼓励高校面向市场需求开设专业，比如专科可以自行设置专业，本科可以在专业下面自己选定方向，"985"院校可以自己设置专业，只需要向教育部报备即可。这样一来，各大高校有了很大自主权，很多高校，像复旦大学、上海大学、温州大学的中文系这几年开始招收创意写作方向的硕士，上海大学在积极筹备创意写作方向的专业硕士（归属艺术硕士），这些院校是中国创意写作学科发展的先驱，在中国的创意写作学科发展史上应该有它们的位置。在未来几年，可以乐观地预想，很多高校中文系会纷纷跟进，在本科、硕士研究生层次普遍开设创意写作课程，发展创意写作学科，成立创意写作系（部）。

2. 教学实体化是发展专业的基本保障

创意写作一定要也一定会实体化，否则，它就会重蹈现代写作学的覆辙。在政府通过财政资助和促进学科发展的大背景下，那些没有学科身份的专业会逐渐萎缩乃至消亡。教育部明确规定，毕业生首次毕业率不到

60%的专业将被限制招生，而一般院校连续三年招不到生源，或者毕业就业率低的专业将被撤销。这就使那些传统冷门专业生存艰难，而与市场联系密切的专业容易获得支持。创意写作专业适应国家文化发展战略需求，与创意产业息息相关，是市场看好、政府需要、学生喜欢的专业（福建师范大学孙绍振教授做过调研，中文系大部分新生喜欢写作）。如内外因一起发力，会很快促进创意写作学像文艺学、古代文学一样，成为一门独立学科，获得与它们平等的教学法权，进而会出现像欧美一样的兴旺局面："写作"取代"文学"。事实上，在中国高校教育背景下，只有建立实体化，成为教育部的专业目录，成为学校的系（部），创意写作才能取得合法化的地位，发展才有基本的保障。

3. 中文专业内部分化催生创意写作系

现代化进程的学科分化迟早会促进创意写作系出现。20世纪80年代的中文系是"巨无霸"，有过极其辉煌的历史。但是，在学科不断分化大趋势下，发生过三次大的分化。第一次大分化是20世纪90年代，在高校专业大调整和学科细化背景下，新闻学、广告学、编辑学、公共关系学和秘书学等专业自立门户，那些具有直接上手性的技能不再属于大中文。第二次分化是21世纪初部分重点大学的中文系分家为文学系、语言学系，特别是对外汉语系也开始成立。第三次分化是2011年艺术门类从文艺学集体"出走"，获得教育部的"护身符"。艺术学获得和文学理论平等的身份，进一步缩减了文学的领地。事实上，经过三次学科分化，传统中文系已经元气大伤，成为最没有专业特点的专业，也是不能直接与市场对接的专业。昔日的香饽饽成为最难就业的专业之一。麦可思（MYCOS）中国大学生就业研究课题组有关"中国大学毕业生求职与工作能力调查"的报告表明，汉语言文学专业连续数年居最难就业专业排名前十位之内。新浪网文章将汉语言文学专业排在最难就业专业第七位，因为该专业"看起来什么都能干，其实什么都干不了"。

机遇和挑战并存，随着文化工业的进一步推进，直接为文化产业提供智力支撑和灵魂的创意及其写作将直接从中文系分化出来，成为创意写作系。这样，中文学内部至少形成三个学科——文学、语言学和（创意）写作学，即三足鼎立之势。

三　创意不神秘，写作有难度

目前学界对（创意）写作持两种有代表性的又是截然相反的态度：一种是天才论者，视写作为神授，不是可以教出来的；另一种则是技艺论者，认为写作是一门手艺，具备一定素质的人都可以掌握，从而瞧不起创意写作。我们的基本观点则是：创意不神秘，写作有难度。要进一步认识这个基本观点，需要从如下几个方面把握。

1. 审视创意和创意写作的关系

很多人把"创意写作"当作"创意"和"写作"的简单相加，这是比较粗浅的。第一，从词源学解释上看，创意是一个大概念。中文里，"创"是开创、独创、原创；"意"是意图、主意、意念、想法、思维。综合起来，创意就是突破原有思维，在旧的基础上创新，成为新灵魂，创造新的价值。"创意"首先是作为思维和意念而存在的。这个思维和意念萌发在创意者的内心，仅仅是一个初级阶段，需要表达并固定下来的时候，就需要"写作"了。第二，创意和写作是包含关系。创意写作首先是一种创意能力，其次才是写作能力，是把创意表述出来的能力。但是，这个"写"不是平铺直叙的讲述，而是一个别有韵味的展示。写作本身有技巧，也有规律，换句话说，创意写作是创意的一种形式，而创意写作则是创意物化的高级阶段。创意首先作为创造性的意念或者想法，仅仅还是在大脑中，不够明确和清晰，当用文字符号有序表达出来时，通过传播，让大家清楚知晓，创意的价值才能实现。当然，表述本身有个水平高低的问题，这个水平高低直接影响创意的价值实现，正是从这个意义上，我们说创意与写作的关系是包含的。因为写作也需要创意的思维和技巧，我们不得不承认创意写作是高端智力活动，而不是简单的技能。明白了这个基本内涵和外延关系，我们才能理解创意一点不神秘的道理，因为每个人的一生中都会冒出无数有创意的思维和意念来，只是有的人捕捉到了它，并利用它实现了其价值，更多的人则与它失之交臂，这也让我们认识到写作有难度的道理。不一定人人都能成为创意作家，这不是理论问题，而是事实问题。

2. 发展创意写作学科，要处理好几组关系

创意写作建设与发展，从世界范围内来看，主要靠高校教育完成，这就要高校能承担写作教育的历史性重任。高效要发展好创意写作学科，就要做好人才培养模式的规划，在人才培养目标、人才培养机制和课程设置体系的设计工作上下功夫。要做好如上设计，至少需要处理好如下三组关系。

第一，处理好写作能力和创意能力关系。创意写作人才培养的核心能力是写作能力，还是创意能力，如何处理二者关系？这是一个大问题。创意写作学有两个新视野：一是"创意"第一性，"写作"第二性；二是以"文化创意产业"的视野来对待写作。准确地说，它的学科重点不是作文本身，而首先是"如何实现创意"的问题，进而是如何把创意活动放到"文化产业"的各个环节来加以把握，因此它不是着力于单纯的写作能力培训，而是着意于培养有创造性的文化创意产业核心从业人员。这客观上要求我们在发展创意写作学科的时候，要研究什么是创意写作、如何认识创意写作规律、创意写作活动与文化创意产业的关系等；同时，它还要研究高校创意写作教育教学体系的建构、发展、课程设置、能力训练方法等问题，以便给高校创意写作课程体系提供理论支撑。在这个问题上，上海大学的摸索值得关注。上海大学创意写作研究中心把创意写作学的建设目标规定为：不仅培养作家，还要更多地为整个文化产业发展培养具有创造能力的核心从业人才，为文化创意、影视制作、出版发行、印刷复制、广告、演艺娱乐、文化会展、数字内容和动漫等所有文化产业提供具有原创力的创造性写作从业人员。为此，他们近年来全面搜集了美欧、澳大利亚等创意写作学科发达国家的相关资料，充分调研了创意写作学科近 80 年的发展脉络和状况，翻译了《创意写作的兴起》，组织编写了《创意写作：叙事与虚构》等系列教材，举办以"创意写作营"为形式的创意写作实验班、写作坊，以此回应中国当代文学创作新模式、文化产业化发展新需要、国际文化产业竞争新格局及高校文学教育教学体制改革新要求，这种探索体现了对中文系文学教育出路的探讨，对文科毕业生尤其是中文系毕业生就业现状的深度思考，试图在理论建设（引进与原创）、课程设置（实施与规划）、训练方案（课程与实践）等方面全面革新传统中文教育。

第二，处理好有所为和有所不为的关系。创意写作的外延如何界定，也是一个不得不慎重对待的现实问题。我们认为，它大致包括了欣赏类阅读文本创作、生产类创意文本写作和工具类功能性文本写作三大类。欣赏类阅读文本创作也就是传统纯文学范畴的文学写作，包括故事、对话、小说、随笔、剧本、游记、传记等内容。从现代文化工业角度来看，它们是文化工业和文学消费的终端产品（当然几乎都具有向其他艺术形式转化的可能）。但与此同时，它还研究众多非文学或与文学相关但本身又不是文学形式的有创造性的写作。其一是"生产类创意文本写作"，这类创作文本本身不是阅读欣赏的终端产品，不是作为艺术欣赏消费的直接对象，而是创意活动的文字体现，对应着创意活动的各个环节，其功能主要是生产新的创意文本及创意活动，具有再生产性，如包括出版提案、剧本出售提案、活动策划案等。其二是"工具类功能文本写作"，这类写作文本与中国高校传统应用写作、公文写作的对象基本重合，它们作为信息传达工具而存在，其价值体现于文本信息的沟通、交流、传达，不以欣赏性为创作目的。创意写作学把"生产类创意文本写作"的研究提到学科研究重点的位置，这与创意写作的培养目标相一致。中国高校文科教育的改革、中文系文学教育的出路与高校毕业生的就业息息相关，敏感的教育问题与严峻的社会问题纠缠在一起，要求创意写作学学科承担更多的任务，这也将是中国创意写作学学科发展的特色。但在现有教育教学体制下，全面实施如上教学内容不仅没有可能，也没有必要。特定院系在发展创意写作学科的时候，要根据学校已有条件和人才培养特色做好具体规划，要有所为，有所不为，形成差异，不能面面俱到，艾奥瓦大学的国际写作计划就是成功的例子。

在当下汉语言文学本科专业学分为 170 分，专业课程学分在 100 分左右的情况下，如果要发展创意写作教育，该如何设置课程？要凸显特色，就必须有所为，有所不为。但在哪些方面有为，在哪些方面不为，这是个需要探索的实践问题，不宜给出草率的答案。

第三，处理好学科建设的借鉴和创新关系。西方国家创意写作课程体系经过 80 多年的发展，已非常发达和完备，有 20 多个子类，包括本、硕、博三个层次。对于我们建设创意写作学科有一定的借鉴意义。创意写作学科视野下的课程是一个全新的系统，绝对不是从理论到理论的书呆子工作，而应该是实践性很强的工作。这就要求我们注重实际调研，从对国内外先进单位的创意写作教学经验调研开始，在对美国、英国、澳大利亚和中国香港、台湾等国家和地区的主要大学创意写作学科教学体系及教程调研过程中，要仔细琢磨它们在社区和中学开展创意训练的得与失。在普查的基础上，做出相应的个案研究。例如，美国爱荷华创意写作工作坊（Iowa Writers' Workshop）制度及"创意写作系统"（Creative Writing Program）经验研究；纽约哥谭作家工作坊（Gotham Writers' Workshop）课程设置与教学计划研究；英国文学创意写作教育教学经验及法尔茅斯大学（University College Falmouth）经验调研；澳大利亚创意写作与文化创业产业关联及墨尔本大学（The University of Melbourne）研究生课程、创意潜能开发系统研究；中国台湾赖声川"创意学"经验与突破作家障碍、开发写作潜能关系研究等。

在此基础上，结合本土学校教育体制和运行机制，积极建构本土化的课程体系和教育系统。就专业内部而言，要在 100 个左右的学分额度内，在基础性课程、专业主干课程和跨专业课程之间做好平衡。基础性课程如创意写作基础理论、创作潜能心理激发课程、写作技能技巧拓展课程、工坊制文学创作课程；专业主干课程如非虚构叙事理论与训练、虚构叙事理论与训练、创意活动的组织策划与创意产业、分体写作理论与训练、公文写作理论与训练；而跨专业课程，如文学类、语言类课程等，要做好统筹和平衡，要根据课程内容难度和学生接受能力做好合理的梯级设计，体现课程之间本身的逻辑性。特别是在传统中文专业过于成熟和强大的背景下，发展创意写作学科难度就更大了。不能简单地把基础写作换成创意写作基础与训练，把应用写作课程前面加上创意二字即可，或者只是加上 2~3 门创意写作课程。

这个过程中，同时要探索创意写作教育教学制度创新的问题，包括教学组织法（工作坊、研讨会、夏/冬令营、作家驻校进课堂制度）创新，教学主体创新，作家、实业专家教学体系的建构，过程教学法、集体创作等方法的研创与引进。中国高校创意写作系统的运作，可以把高校的创意写作资源，如教师、作家、组织者资源带到社区，组织退伍军人成立文学创作工作坊，让退伍军人书写自己；组织农民、农民工进行创作，就可以让农民和农民工在社会文化体制中找到发声渠道，让他们作为底层的心声得到真正表达。把高校的创意写作资源带到社区去、带到工厂去，跟居民结合、跟农民工结合、跟工人结合，就可以极大地丰富和发展我们的文学事业，为社会提供多角度的经验系统，甚至让文学成为一种公共文化服务。总之，改革高校文学教育教学体制，开设创意写作专业，搭建创意写作学学科体系，形成中国创意写作教育教学机制，建设以培养创意写作人才为目标的新型中文系势在必行，也任重道远。这一切都在探索之中，刚刚起步，但是让创意写作成为国人创意思维的发动机、文化创意产业的促进器、中国在未来世界竞争格局中占领更广阔产业舞台的愿望，已逐渐成为共识，相信在不久的将来，创意写作学学科建设和发展的春天就会到来。

四 创意工坊制的本土化和机制化

从国外创意写作学科发展的历史经验来看，创意写作学科发展最大的瓶颈恐怕不在于基础理论的创建，而在于实践训练机制的研究和具体行为的展开，这也是创意写作学和现代写作学的一个重大区别。创意写作学科在训练机制运作上目前普遍被认同的还是工坊制。工作坊（Workshop）这种组织形式最初来自艾奥瓦大学的写作工作坊（Iowa Writers' Workshop）。艾奥瓦大学是全美最早开设写作工作坊的大学，其他如波士顿大学、斯坦福大学、印第安纳大学、普林斯顿大学等高校的写作班也都有着悠久的历史。全美 350 多所大学的写作工作坊一般设在英语系（English Department）下，也有如艾奥瓦大学将其设在文理学院下（Liberal Arts and Sciences）。近百年以来，实践证明这是一种行之有效的工作、教学与学习单位。

不同于一般大学课程由学识渊博的教授向学生传授知识和思维方法，写作工作坊一般以 1 名在某个领域富有经验的主讲人为核心，配以 1～2 名助教，以 10～20 人的小团体在该名主讲人的指导之下，通过活动、讨论、短讲等多种方式，共同探讨某个话题，展开创意和写作。10～20 人的单位又可以根据兴趣、工作任务或者文体文类划分，进一步细分为多个二级单位，如小说工作坊、诗歌工作坊、戏剧工作坊、文案工作坊等，6 人或 3 人为一个小组。如果超过 20 人的班级，则可根据实际情况配置更多的助教，划分更多的小组。在国外创意写作班级中的工作坊小组，一般由 6 人左右组成，总数不超过 15 人，严格控制教学规模。根据我们的教学经验，创意写作教学单元应该朝这个方向发展。

1. 现实中文人才培养困境——不具有直接的上手性

创意写作学培养人才的目标是面向市场的，这是共识，没有问题。问题是如何让我们的学生适应市场并与市场顺利接轨。传统中文专业教师有一个固化的理念，认为中文系的学生在学校是培养素质的，只要学生人文素质高，不愁找不到工作，不愁适应不了市场。绝大多数高校教师都认为人的素质是不会轻易改变的，专业能力则是随时代要求变化的，我们不能总是动来动去的，发展素质是以不变应万变，这样的做法既安全，又省力。在这样笼统的"人文素质"培养观念的支撑下，目前中国高校文学教育主要集中在汉语和文学方面的基本知识教学上，文学教育主要是文学理论和文学史知识教学。这个体系培养出来的汉语言文学专业学生，普遍有知识却不能创造，能鉴赏却不会创作，"有文化修养"却没有文化技能，有"知识基础"却没有专业技术，这样的学生怎么能面对市场，怎么会有就业前景呢？实际上，中文教学的状况，也是中国高校文科教学状况的一个缩影，中国高校文科教学改革应该从中文教学的创意写作化改革中寻找突破口。

2. 写作素质可量化，也可通过训练来实现

现代写作学发展过程中曾经出现了以林可夫教授为代表的训练派。该派把写作作为"术科"，而不是"学科"来看待，强调通过大量的写作活动来教学生学会写，用其同人的一句话，即"在写作中学会写作"。这是很好的出发点和思路，它在很大程度上纠正了把写作课作为一门理论课、"只管讲不管写"的偏向。可惜的是，训练派重视训练的重要性，但是在训练的途径上则没有大的突破。笔者认为，写作的素质可以大体量化，通过训练来实现写作素质的提高，这是可以通过后天学习或者练习获得的。应把写作要求的基本素质能力化，诸如分为采集能力、观察能力、感受能力、想象能力、开合能力、思索能力、谋篇能力、言语与修改能力等；还可再把能力项目细化为能力点，比如将感受能力细化为察行色、知音响、辨气味、品甘苦、析冷暖的各个能力点，通过反复地训练这些能力点，从容地获得这些感受，进而提升叙事和抒情的综合能力，掌握叙事和抒情的基本素质；

而不是如过去那样只是重视叙事和抒情的基本理论，把理论知识化，强调叙事和抒情的理论，却不管如何来叙事和抒情。我们看一看学工科的学生，课程那么多，作业那么繁重，实验量那么大，还要去工厂、公司"真枪真刀"地实干，这是大部分文科学生没有体验和经历的。工科学生就是通过一个个实验来量化其能力和素质的，是用时间和汗水来考量其能力和水平的。所以，创意写作强调工坊制，其基本用意就是以学科特性来强化素质能力、扩展项目化思路，这对于整个文科教学都是有启发意义的。

3. 工作坊是写作者的实验室

创意写作要真正获得发展，成为未来中文系改革发展的主导型路径，就要发力研究和实施工坊制。我们初步认为对于写作素质和能力提升的办法是用项目来量化，以工学结合来考量，或者说工作坊就是创意写作的实验室。不要以为文科不需要实验室，文科生不需要进行试验项目。传统的一本书、一支笔可以学文学或文科的时代已然过去了。在文化工业生产的大背景下，创意写作作为文化产业链的顶端，作为创意的发动机，对文化创意产业人才的培养再也不能"从书斋到书斋"了，"书斋"培养不了创意写作人才，从"书斋"里出来的创意写作人才不会是市场需要的人才。一个有趣而令人深思的例子是，我们内地有那么多影视学院、戏剧学院和系部，但培养的演员无论是在数量上还是在质量上，都比不上弹丸之地香港的群星灿烂。要知道，香港的明星普遍没有进过影视院校，没有经过科班培养。同样，创意写作人才的培养也不能按照旧有的模式来进行，而应积极开展工坊制，走工学结合的道路。通过工作坊，把爱好写作的人召集在一起，可以发现写作天才或者激发写作热情，也可以为他们提供学习写作的环境氛围，颁发文凭和学位。就教学模式而言，在写作工作坊中，学生与教师组成合作团体，每个学生在课上朗读自己的作品，然后由其他人提出优点、缺点及修改意见。既尊重学生的写作创意和个性，又尊重创意写作规律；既可以教学，又可以讨论。工作坊形式比较灵活，它可以走出教室，采取田野采风、写作（夏令、冬令）营、户外互动、实地观察等形式，它没有严格的空间限制，也没有严格的时间限制，师生可以建立多种联系方式，比如建立网上讨论群组，通过网页、论坛、博客、纸面或电子刊物，随时在课堂内外交流沟通、分享，及时了解和掌控教学的进度。课堂教学可以围绕教学计划展开，根据写作的规律逐渐推进课目，也可以由项目或活动带动，全体成员参与其中。后者既是教学，也是工作。可以说，工坊制教学模式是真正开放自由的教学，是真正体现了教师主导性、学生主体性的教学原则，也是"以人为本"的教学模式。未来的写作教学要大力发展工坊制，因为其是大学写作者的实验室。

诗与真

——《野草》与鲁迅的"写作观"*

张洁宇**

一

1927 年 4 月，在编定散文诗集《野草》之际，鲁迅写下了一篇沉郁深刻的题辞，首句就是："当我沉默着的时候，我觉得充实；我将开口，同时感到空虚。"① 这句充满诗性的语言历来为研究者们所乐道，因为它不仅含蓄、深邃、极富张力，给人以丰富的阐释空间，凝练地体现了《野草》的整体艺术风格；同时，它也以一种既隐晦又精确的特殊方式，概括和暗示了鲁迅在创作《野草》时期的"写作观"，道出了他对于写作与表达的困境、方式与可能性等诸多问题的独特思考。

"沉默"中的"充实"与"开口"后的"空虚"，似乎是鲁迅一贯的问题。这里既有对于思想本身的黑暗与复杂状况的袒露，也有对于表达方式的怀疑和对写作行为本身的追问。可以说，《野草》时期的鲁迅所面临的最大问题，就是如何在从"沉默"到"开口"的过程中，准确地将思想情感转化为文学语言，使之既不丧失原有的丰富、复杂与真实，又能符合文学的审美要求与历史抱负。当然，这在实践的层面上是极为困难的，即便如鲁迅这样的作家，也常常感到困窘无措、力不从心。正如他几个月后在另一篇文章中所说的："记得还是去年躲在厦门岛上的时候""我沉静下去了。

---

* 原文刊发于《文艺研究》2013 年第 3 期。本文为中国人民大学科学研究基金项目"中央高校基本科研业务费专项资金资助"（批准号：12XNJ019）阶段性成果。

** 张洁宇，中国人民大学文学院教授。

① 鲁迅：《野草·题辞》，《鲁迅全集》第 2 卷，人民文学出版社，2005，第 163 页。

寂静浓到如酒，令人微醺。望后窗外骨立的乱山中许多白点，是丛冢；一粒深黄色火，是南普陀寺的琉璃灯。前面则海天微茫，黑絮一般的夜色简直似乎要扑到心坎里。我靠了石栏远眺，听得自己的心音，四远还仿佛有无量悲哀，苦恼，零落，死灭，都杂入这寂静中，使它变成药酒，加色，加味，加香。这时，我曾经想要写，但是不能写，无从写。这也就是我所谓'当我沉默的时候，我觉得充实，我将开口，同时感到空虚'。"①

鲁迅在这里所记述的是他内心中深沉的痛苦，这痛苦"不能写，无从写"，却时时压迫着他，令他最终"不得不写"。《野草》的写作，正体现了这样一个艰难的过程，也正是这个过程所造就的特殊成果。它以极为隐晦含蓄的特殊方式表达了鲁迅思想与内心最深处的真实。同时，《野草》特殊的表达与呈现方式也是鲁迅有意识进行的一次写作实验。对此，鲁迅有高度的自觉，这从《野草》中相关篇章就能够看出。以往的研究多着眼于《野草》所剖露的鲁迅的思想与情绪，关注其内心的虚无绝望及其对绝望的抗争，而对于鲁迅是如何在写作中以丰富多样的方式传达出这些复杂深邃的内容，如何把个人的感性痛苦转化为成功的文学性文本，却一直少有讨论。事实上，人生的苦难并不能自发地转化为文学，具有审美价值和历史意义的文学作品必须依赖作家充分自觉的写作。20世纪的中国并不缺少痛苦，也不乏对痛苦的感受与暴露，但将个人内心复杂痛苦的感受与文学性的写作方式相结合的成功例子却并不是那么多。鲁迅的独特意义在于，他不仅在对中国历史与现实的思想认识上达到了前所未有的高度，同时更在文学写作的层面上开创了一种现代性质的个性化写作风格。本文的讨论就要从这里开始，即通过《野草》来考察鲁迅的"写作观"。之所以使用"写作观"而非"文学观"的概念，是为了强调：鲁迅并非以文学理论家或批评家的姿态去审视和评价文学，而是以一个写作者的身份，从自己写作的困境与实践出发去坚持思考和写作。也因此，他关于"写作"的观念和思想始终是与他的写作行为和作品文本紧密联系在一起的。

事实上，作为中国现代文学最早的建构者与实践者之一，鲁迅既有代表性又有特殊性。一方面，他与"新青年"同人一道倡导并实践新文学，

---

① 鲁迅：《怎么写》，《鲁迅全集》第4卷，人民文学出版社，2005，第18~19页。

提倡"为人生"的、现实主义的"人的文学",发出时代的"呐喊";另一方面,他比其他任何同时代作家都更复杂、更清醒,因而也就更虚无、更怀疑。因此,鲁迅的写作,即便是在最高昂的呐喊声里,也仍流露着某种难于直说的隐衷,而其写作实践与相关思考也由此成为现代文学史上的一个独特现象。鲁迅内心的矛盾与两难,以及他在写作中对这些矛盾的自觉处理,都决定了他比同时代的其他人更关注"怎么写"的问题。在不断面对"写作之难"与"真话之难"的过程中,鲁迅展开了一系列关于"诗与真"问题的思考,其思考的过程与成果,就集中反映在《野草》及其同时期的部分文本之中。

正如有研究者所说:"一九二四年似乎是一个临界点和突破点。在这之前,鲁迅极力压抑自己的'黑暗'思想,不让它表露出来,而在这之后,鲁迅不但有意无意地放松了这种限制,并且一反先前的态度,逐渐公开地对自己进行自我解剖,把自己思想的'黑暗'底层有系统地呈现出来,这就是《野草》以及写于这一时期的其他更带个人性的文字。"① 事实确乎如此,《野草》时期(1924~1927)正是鲁迅人生与写作生涯中一个非常重要的时期。抛开他在生活中的种种遭遇不谈,他在写作的观念和风格上也表现出很大的转变。而1927年之后,鲁迅又完成了他"走向杂文"的转变,从此专注于杂文的写作,文字的内容和风格再次发生重大变化,转向了另一个新的方向。② 因此,通过《野草》考察鲁迅的写作观,无疑最能把握鲁迅在这一特殊时期内的文学思想,并且,从其承上启下的转变轨迹中,更能贯通地观察和理解鲁迅一生文学写作的历程。

此外,《野草》的特殊写法也为我们提供了一个透视鲁迅写作观的特殊角度。一方面,它作为鲁迅"写自己"的一个特殊文本,被公认是最深入、最真实地呈露了鲁迅人生哲学的各个方面,其中必然也包含了被鲁迅视为终生志业的文学创作,体现了鲁迅对于文学和写作的最基本的认识和理解。另一方面,由于鲁迅采用了极为隐晦曲折的表达方式,读者必须穿越种种晦涩的象征性意象或戏剧性人物形象才能抵达其思想的深处,这种写法本

---

① 解志熙:《生的执著——存在主义与中国现代文学》,人民文学出版社,1999,第94页。
② 张旭东:《杂文的自觉——鲁迅"过渡期"写作的现代性与语言政治》,《文艺理论与批评》2009年第1、2期。

身即与其对于写作问题的某种要求甚或某种尝试有关。因而，无论从哪个方面说，《野草》都是我们理解鲁迅写作观的最重要也最适宜的角度和途径。

二

1924 年开始写作《野草》之前，鲁迅很少在文本中暴露自己内心深处的情绪和思想，其中的原因他自己也曾坦白过："不愿将自己的思想，传染给别人。何以不愿，则因为我的思想太黑暗，而自己终于不能确知是否正确之故。"① 因为如此，鲁迅在早期的文本中有意识地压抑"黑暗"的思想，更多地发出"听将令"的"呐喊"，甚至"不恤用了曲笔""硬唱凯歌"，只为"聊以慰藉那在寂寞里奔驰的猛士，使他不惮于前驱"②。这样的"呐喊"一直持续到"五四"落潮之后，当理想愈发渺茫，周围的同道却"有的高升，有的隐退，有的前进"③，只留他"荷戟独彷徨"④ 的时候，鲁迅才开始按捺不住自己，尝试着以委婉曲折的方式暴露自己部分的内心真实，走向了《野草》式的内向型写作。走向《野草》，从"不说"到"说"，这一方面与"五四"落潮的现实大背景相关，但更重要的原因还是鲁迅本人写作观的变化与发展。诚然他内心的"黑暗"中有不少"时代症"的成分，但实际上并不是每个和他一样痛苦的人都尝试并找到了新的写作方式，也不是每一种时代的痛楚都能成功地被"文学"地表现出来。鲁迅的新尝试并不意味着他从此抛弃了早期"为人生"的启蒙文学观念，而是在原有的方式之外，他开始寻找一种新的传达自我内心真实的方式，而不再是一味地压抑和隐藏。也因此，作为文学文本的《野草》，不仅是一部具有极高艺术价值的散文诗作品，是鲁迅自我心灵最真实的"自画像"，同时也是鲁迅在写作中思考、尝试、寻求突破过程的真实反映。

---

① 鲁迅：《致许广平（1925 年 5 月 30 日）》，王世家、止庵编《鲁迅著译编年全集》第 6 卷，人民出版社，2009，第 240~241 页。
② 鲁迅：《呐喊·自序》，《鲁迅全集》第 1 卷，第 441 页。
③ 鲁迅：《〈自选集〉自序》，《鲁迅全集》第 4 卷，第 469 页。
④ 鲁迅：《题〈彷徨〉》，《鲁迅全集》第 7 卷，第 156 页。

事实上，从"不说"到"说"，鲁迅经历了长时间的痛苦挣扎。从"不能说，无从说"，到"不得不说"，这是外部的社会现实与内心的强大需要共同造就的。正如他后来说过的："我还有什么话可说呢？我懂得衰亡民族之所以默无声息的缘由了。沉默呵，沉默呵！不在沉默中爆发，就在沉默中灭亡。"[1] 若要抗争灭亡的命运，就必须打破沉默，这是鲁迅对文学的意义与价值的一个最基本的认识，这个认识伴随和影响了他一生的写作。

但是，即便是到了"不得不说"的关头，"说什么"和"怎么说"也仍然是问题。在这样困境中的挣扎，是从鲁迅写作的初期就已开始了的，直至他的晚年也未能彻底解决。可以说，"说"与"不说"的困扰，以及"怎么说"的为难，是作为写作者的鲁迅的终生困境，同时也是他毕生的追问和追求。对此，他在《野草》中曾专门写到过，那就是被大多数研究者忽略的《立论》。

《立论》是《野草》中为数不多的轻松明快甚至略带幽默感的一篇。历来的研究者一致认为其主旨在于讽刺当时社会上的"哈哈论者"这样一个现实层面上。[2] 这样的理解也不能说不对，但仅仅局限于这个现实层面的理解还是大有问题的。首先，《野草》式的散文诗与杂文相比，其主题和表达方式都存在很大不同，这在鲁迅的写作中是极为明确和自觉的。《立论》若以单纯批判"哈哈论者"这类社会现象为主题，则在"野草"系列中就显得分量太轻也太表面化了。事实上，《野草》诸篇无不关乎鲁迅内心中的重大问题（虽然有的篇章以浅显时事为"掩体"），尤其是到《野草》写作的后期，这一特征就愈加突出。《立论》作为《野草》的第十七篇，是不可能例外的。其次，从"立论"这个题目来看，也分明透露了该篇的主旨。对"哈哈论者"的批判显然并非"立论"的问题，而文本以"画梦"的方式起首就提出了"预备作文"和"请教立论的方法"的问题。因此我认为，《立论》是鲁迅关于"作文"和"立论"问题的一次深入讨论，"立论的方法"不仅关乎写作的方式，同时也关系写作的态度、立场和基本观念。虽

① 鲁迅：《记念刘和珍君》，《鲁迅全集》第 3 卷，第 292 页。
② 冯雪峰认为该篇"所讽刺的是有普遍的典型性和深刻的社会意义的现象"；日本学者片山智行认为这是"并非一定要借梦的表现来描写无序的世界，应该说是具有讽刺性的寓言作品"；孙玉石认为是"对于一种社会上流行的人生哲学的批判"。

然文章的风格是轻松幽默的，但其背后的问题却相当严肃和沉重。可以说，《立论》是鲁迅对于自己在写作中"说"与"不说"的根本性困境的剖露，更是他对于"说什么"和"怎么说"等重大问题的深入思考。《立论》的故事非常简单：在梦中身为小学生的"我"向老师请教"立论的方法"，老师给"我"讲了一个故事，一个"说谎的得好报，说必然的遭打"的故事，"我"对老师说："我愿意既不谎人，也不遭打。那么，老师，我得怎么说呢？"老师于是给出了一个办法："那么，你得说：'啊呀！这孩子呵！您瞧！多么……阿唷！哈哈！Hehe！he，hehehehe！'"①

"谎人"与"哈哈哈"当然都是不"说真话"。前者是"骗"，后者是"瞒"，都是鲁迅所深深嫌恶的，更是他一再强调要在新文学中坚决去除的旧文学的遗毒与糟粕。他在写完《立论》之后两周又写了一篇著名的杂文《论睁了眼看》，其中就曾说道："中国人的不敢正视各方面，用瞒和骗，造出奇妙的逃路来，而自以为正路。在这路上，就证明着国民性的怯弱，懒惰，而又巧滑。""中国人向来因为不敢正视人生，只好瞒和骗，由此也生出瞒和骗的文艺来，由这文艺，更令中国人更深地陷入瞒和骗的大泽中，甚而至于已经自己不觉得。世界日日改变，我们的作家取下假面，真诚地，深入地，大胆地看取人生并且写出他的血和肉来的时候早到了；早就应该有一片崭新的文场，早就应该有几个凶猛的闯将！"② 基于此，在他自己的写作中，鲁迅当然更不能容忍"瞒"和"骗"这两样东西的存在。可以说，鲁迅的写作——从原则上说——必然是"说真话"的写作。但问题在于"说真话"并不容易，这一点鲁迅深有体会。"挨打"还在其次，事实上，他在写《立论》之前，已经在为"说真话"而挨"正人君子"们的打了，更重要的是"毒气和鬼气"的问题。因为自知内心的"黑暗"，深恐传染他人，所以他曾说他最担心的是："我就怕我未熟的果实偏偏毒死了偏爱我的果实的人，而憎恨我的东西如所谓正人君子也者偏偏都矍铄。"③ 因此在他看来，"说真话"也要看时机、讲方法，在很多时候，直截了当和直言不讳未必就是最正确最合适的战斗方式，这是鲁迅在多年的战斗中深刻认识和

---

① 鲁迅：《立论》，《鲁迅全集》第2卷，第212页。
② 鲁迅：《论睁了眼看》，《鲁迅全集》第1卷，第254~255页。
③ 鲁迅：《写在〈坟〉后面》，《鲁迅全集》第1卷，第300页。

总结出来的。因此，"说真话"绝不是一种简单机械的表态，而必须通过智慧的方式。更具体到文学性写作——如散文诗而非杂文——当中，如何"文学"地"说真话"更是一个事关"诗与真"的重大艺术问题。

如何不"瞒"、不"骗"、不说假话，同时又避免简单机械地"说真话"的负面影响，这些都是鲁迅在写作中所面临的困境。进一步说，《立论》所表达的不仅仅是这些写作中的困境，其实更已深入如何认识世界、如何表达自我之类写作哲学的问题了。说到底，这是一个如何面对、认识、处理和表现"真实"的问题。并且，在这个"真实"当中，至少包含有"现实的真实""内心的真实""文学的真实"三个层面。

三

在"现实的"、"内心的"和"文学的"三重"真实"中，作为作家的鲁迅，关注的焦点当然最终还是要落在"文学的真实"上。前两种"真实"，说到底都是"说真话"的问题，也就是"写什么"的问题；而"文学的真实"，才是真话"怎么说"或文章"怎么写"的问题。确切地说，就是如何以文学的方式说出现实中和内心深处的真实，一方面让"真实"得以表达，另一方面也让说出来的"真实"成为具有艺术价值和历史意义的"文学"文本。这里，涉及了鲁迅对于三重"真实"之间关系的理解。在题为《怎么写》的文章中，鲁迅说："尼采爱看血写的书。但我想，血写的文章，怕未必有罢。文章总是墨写的，血写的倒不过是血迹。它比文章自然更惊心动魄，更直截分明，然而容易变色，容易消磨。这一点，就要凭文学逞能，恰如冢中的白骨，古往今来，总要以它的永久来傲视少女颊上的轻红似的。"① 这句话确实非常重要，因为它清晰而深刻地体现了鲁迅的文学观和写作观，即必须以"文学的真实"来反映"现实的真实"。因为，"文学的真实"（墨写的文章）要比"现实的真实"（血写的血迹）更具有长久的历史价值，因而，也只有"文学的真实"才能真正保存"现实的真实"。在我看来，这个关于文学的功用与意义的认识，应该也就是促使鲁迅

---

① 鲁迅：《怎么写（夜记之一）》，《鲁迅全集》第 4 卷，第 19~20 页。

当年毅然"弃医从文"、以文学为终生志业的动力之一。

虽然鲁迅曾在他最愤怒的时候说过："墨写的谎言，决掩不住血写的事实。"① 但他同时也更清楚地知道："造化又常常为庸人设计，以时间的流逝，来洗涤旧迹，仅使留下淡红的血色和微漠的悲哀。在这淡红的血色和微漠的悲哀中，又给人暂得偷生，维持着这似人非人的世界。"因此，纵然已是"实在无话可说"，甚至已"艰于呼吸视听"的他，仍在现实生活中常常"觉得有写一点东西的必要"，尤其是在发生了"血写的事实"之后。因为，能与"忘却的救主"相对抗的，只有那看似无用却终将胜于那"容易变色，容易消磨"的血迹（现实的真实）的文章（文学的真实）。② 是否可以这样说，鲁迅一生的写作，其实就是一种"为了忘却的纪念"。他"纪念"的目的就在于留住真实，以对抗"忘却的救主"；为自己、为他人、为民族、为历史"立此存照"，书写"诗史"。而他"纪念"的唯一方式，就是用笔墨写作，也就是将"现实的真实"与"内心的真实"转化为"文学的真实"。但是，究竟应该"怎么写"呢？在鲁迅看来，"事实"（现实的真实）并不直接等于"真实"（文学的真实），反之亦然。因为，文学作品"大抵是作者借别人以叙自己，或以自己推测别人的东西"，"即使有时不合事实，然而还是真实。其真实，正与用第三人称时或误用第一人称时毫无不同"。③ 相反，那些以日记体、书简体的方式标榜真实性的作品，反而让人觉得非常做作，读者从中看不见作者的真心，"却时时看到一些做作，仿佛受了欺骗"。因此他说："我宁看《红楼梦》，却不愿看新出的《林黛玉日记》，它一页能够使我不舒服小半天。"究其原因，就在于这类东西打着"真实"的旗号，实际上却"不免有些装腔"，反而引起读者幻灭的感觉。因此鲁迅说："一般的幻灭的悲哀，我以为不在假，而在以假为真。""幻灭之来，多不在假中见真，而在真中见假。"④

鲁迅批评和否定的是对于"真实性"的机械理解，因而也就同时表明了他自己对于"文学的真实"的独特认识。在他看来，"真实"不能依赖于

---

① 鲁迅：《无花的蔷薇之二》，《鲁迅全集》第 3 卷，第 279 页。
② 鲁迅：《记念刘和珍君》，《鲁迅全集》第 3 卷，第 289~290 页。
③ 鲁迅：《怎么写（夜记之一）》，《鲁迅全集》第 4 卷，第 23 页。
④ 鲁迅：《怎么写（夜记之一）》，《鲁迅全集》第 4 卷，第 23~24 页。

表面看上去的"事实",更不能依赖于自我的标榜。表面的做作或标榜只能透露作者内心的虚假,而"文学的真实"依赖的是作者对于事实的把握和内心的真诚。至于是否运用虚构等文学表达方式,则丝毫不会影响和妨害到"真实"本身。事实上,《野草》正是这样一个"假中见真"的有力例证。由于其"真实"更多地侧重于"内心的"层面,为了找到合适的方式说出他带有"毒气和鬼气"的内心,鲁迅在《野草》中尝试了多种方式,以托物、象征、戏剧化等手法,含蓄隐晦地表达出一种极为特殊的"真实"。《野草》的真实性并不在于它是不是"血写的",或者是不是以第一人称的、日记体的、纪实的手法写的,是它的变形、它的画梦、它的象征,让人"假中见真",从而更深入地体现出"真实"状态的复杂性与深刻性。在这个意义上说,《野草》是鲁迅的一次写作试验,并且是一次独特的、重要的、成功的写作试验。

四

《野草》是鲁迅"写自己"的特殊文本,它以最隐晦的方式写出了最深切的真实,是鲁迅文学性写作中一次"假中见真"的尝试。与他在小说和杂文中以"最清醒的现实主义"进行历史批判与社会批判的方式不同,《野草》的写作是他时时面对自己内心的过程。正因为内心中有太多的矛盾、痛苦、绝望和虚无等"黑暗"的东西,所以在写作的过程中,"怎么写"的问题就必然成为一个比他在任何其他写作中都更需要思考和应对的问题。或者说,对《野草》而言,"怎么写"的问题更突出、更重要,同时也更加困难。事实上,《野草》中的"真实"之所以难于直说,还不仅因为说出来以后可能有"挨打"或"传染别人"的严重后果,更重要的是,这"真实"本身就太矛盾、太复杂,作家自己甚至无法用语言将之准确地表达出来。正如鲁迅在《野草·题辞》中所说:"天地有如此静穆,我不能大笑而且歌唱。天地即不如此静穆,我或者也将不能。"[1] 这足见真话之难不仅来自外部环境的压力,同时也来自写作内部的困难。

---

[1] 鲁迅:《野草·题辞》,《鲁迅全集》第 2 卷,第 163 页。

在《野草》的第十五篇《墓碣文》中，鲁迅就提出了这个有关写作内部困境的问题。《墓碣文》是《野草》中最为晦涩难懂的篇章之一，多年来对此篇的理解和阐释仍莫衷一是。研究者大都承认这里包含了鲁迅的生命哲学，是他"对于自己曾经生活过的生命的存在"的"重新反省与确认"，是他"在努力发现自己身上存在的'毒气和鬼气'，并想通过一种文字上自我解剖的办法，竭力地去铲除它们，同时也获得在心理紧张方面的缓解与平衡"。① 我赞同这样的理解，但在此基础上，我认为还需要特别强调一点，即鲁迅在反省自己的生命哲学之外，更特别提出了文学与写作的问题，甚至可以说，《墓碣文》中墓碣背面的文字就是对《野草》写作姿态的一个总结。

墓碣的正面，写出了一个极度矛盾冲突的"自我"的生命，写出了这个生命中最尖锐的矛盾以及与之伴生的克服与反抗的力量："于浩歌狂热之际中寒；于天上看见深渊。于一切眼中看见无所有；于无所希望中得救"②。这个"化为长蛇，口有毒牙，不以啮人，自啮其身"的"游魂"正是鲁迅自己，而《野草》也正是他"时时解剖自己""自啮其身"的写照。墓碣背面的文字更集中体现了时时萦绕于鲁迅思想中的文学观和写作观："抉心自食，欲知本味。创痛酷烈，本味何能知？……痛定之后，徐徐食之，然其心已陈旧，本味又何由知？"这里提出的两个问题，正是鲁迅对于挖掘和暴露内心真实的方式的思考和讨论。这里所说的"本味"，首先是"内心的真实"，而"抉心自食"也就意味着要在写作的过程中充分面对、认识和表达这一内心的真实。但问题的关键在于：如何能将"心"的"本味"如实准确地保留并传达到文本中，使之成为"文学的真实"？很显然，这是一个关乎写作内部的艺术问题。

在鲁迅看来，"抉心自食"的过程是"创痛酷烈"的，而所得到的效果却未必理想。其原因在于"感情正烈的时候，不宜做诗，否则锋芒太露，能将'诗美'杀掉"③。这句话是鲁迅在1925年6月28日——写作《墓碣

---

① 孙玉石：《现实的与哲学的——鲁迅〈野草〉重释》，上海书店出版社，2001，第186页。

② 鲁迅：《墓碣文》，《鲁迅全集》第2卷，第207页。

③ 鲁迅：《致许广平（1925年6月28日）》，王世家、止庵编《鲁迅著译编年全集》第6卷，第276页。

文》之后的第十一天——与许广平的通信中说到的。他说的是许广平投给《莽原》的一首诗作："那一首诗，意气也未尝不盛，但此种猛烈的攻击，只宜用散文，如'杂感'之类，而造语还须曲折，否，即容易引起反感。诗歌较有永久性，所以不甚合于做这样的题目。"他接着就谈道："沪案以后，周刊上常有极锋利肃杀的诗，其实是没有意思的，情随事迁，即味如嚼蜡。"① 为此他明确提出了"感情正烈的时候，不宜做诗"的观点。这个观点的提出，完全是出于艺术（"诗美"）的角度，因为"感情正烈"的时候最易失去冷静，造成"锋芒太露"，因而失去了审美所需的距离，完全成为作者主观情绪的宣泄，失却了优秀文学作品本应具有的"永久性"和历史意义。且当作者与读者的情绪高潮都渐渐消歇之后，"情随事迁"，那种单纯宣泄情绪的作品也就"味如嚼蜡"，减损了审美与历史的价值。这正是《墓碣文》中所说的"抉心自食，欲知本味"的问题。这个问题，绝不仅仅事关狭义的诗歌文体，而且是一个根本性的艺术问题。以往的研究多强调鲁迅在这段文字中所流露的"创痛酷烈"，但笔者以为，痛不痛并不是最重要的，最重要的问题是"本味何能知?"——仍然是"怎么写"的问题。

鲁迅自己是从不在感情最烈的时候写作的，即便是那些锋利无比的杂文。正如他在"三一八"惨案发生十余天后所写的《记念刘和珍君》中所说："……我实在无话可说。我只觉得所住的并非人间。四十多个青年的血，洋溢在我的周围，使我艰于呼吸视听，那里还能有什么言语？长歌当哭，是必须在痛定之后的。"② 但是，"痛定之后"问题就解决了吗？"痛定之后"的"长歌当哭"就能艺术地再现内心的或现实的"真实"了吗？鲁迅的回答仍然是怀疑的，因为"其心已陈旧，本味又何由知"？也就是说，当写作与现实或内心之痛拉开一定的距离之后，却又面临了另一种困境，即感情的渐弱、"忘却的救主"的降临。因此，这样写就的作品又将出现由时间和情绪的"距离"所带来的损耗，因为"其心已陈旧"，所以作者的情绪力量和文本的感染力都有可能随之受损，似乎仍不能达到"欲知本味"

---

① 鲁迅：《致许广平（1925年6月28日）》，王世家、止庵编《鲁迅著译编年全集》第6卷，第275~276页。

② 鲁迅：《记念刘和珍君》，《鲁迅全集》第3卷，第289页。

的效果和目标。鲁迅在这里所提出的，显然正是他自己在写作中遭遇的问题——如何在"诗"中处理"真"？如何在"欲知本味"的写作中保留"诗美"、追求艺术？这个问题，他自己无法给出清楚的回答。他的答案——或说是他对答案的探索——都体现在《野草》等尝试性的文本之中。这让人不由得想起，鲁迅曾半真半假地承认自己"做惯了晦涩的文章，一时改不过来，初做时立志要显豁，而后来往往仍以晦涩结尾，实在可气之至"①。其实，下笔晦涩并不一定真的是积习难改，而更可能是他在某一种题材和环境的制约之下有意识的选择，是他在"诗与真"问题上的某种尝试和应对。

《野草》中有一首非常特别的作品——"拟古的新打油诗"《我的失恋》。这首诗从语言风格上说更像一篇"玩笑之作"，不仅在《野草》中显得非常"另类"，同时也造成了解读上的困难。对于这首诗的入选，很多研究者认为具有某种偶然因素，但在我看来，在偶然性之外也有其合理之处，否则就无法解释为什么在编集问题上从不随意的鲁迅在后来编定《野草》时保留了这一篇，那是因为《我的失恋》其实十分隐晦地体现了鲁迅独特的文学观。

这是一个非常严肃的文学观。鲁迅以恋人之间互赠礼物的贵贱美丑的悬殊，对所有自以为高雅尊贵的文学家开了一个玩笑：如果说，戴着桂冠的诗歌——无论新诗还是旧诗——是"百蝶巾""双燕图""金表索""玫瑰花"那样高雅优美、地位显赫的东西，那么，鲁迅情愿自己的《野草》以及其他一些作品就像"猫头鹰""冰糖壶卢""发汗药""赤练蛇"②那样，不登大雅之堂，不求名留青史，但让人或觉可近，或觉可惊，心有所动。鲁迅在这里颠覆的是古典主义文学的传统价值观念，他以一种革命式的态度将那些被供奉在文学殿堂中的经典价值奚落嘲弄了一番，尤其消解了"美""优雅""高贵""浪漫""神圣"之类的传统价值。可以说，这是一次文学艺术领域"重新估价一切"的革命。颠覆了旧有的价值，代之而起的则是一个新的、现代的、有关"诗与真"的观念，即以"真"取代了

---

① 鲁迅：《致许广平（1925 年 5 月 30 日）》，王世家、止庵编《鲁迅著译编年全集》第 6 卷，第 241 页。

② 鲁迅：《我的失恋》，《鲁迅全集》第 2 卷，第 173~174 页。

空洞的"美",以"真"改写了"诗",将一种与现代生活和现代体验血肉相连的"真实"作为现代意义上的文学的核心价值。

综观整个《野草》,关于生命与文学的深入探索几乎无处不在。生命哲学是鲁迅关于"写什么"的探索,而文学写作观念则是他时刻关心的"怎么写"的思考。正如他在《野草·题辞》中所强调的:"生命的泥委弃在地面上,不生乔木,只生野草。""野草,根本不深,花叶不美,然而吸取露,吸取水,吸取陈死人的血和肉,各个夺取它的生存。"但是,他又说:"我自爱我的野草,但我憎恶这以野草作装饰的地面。"① 在这里,鲁迅已经说得非常明确,"野草"代表他这部散文诗集的精神特征。对应于所有美好的花叶和乔木而言,"野草"不"美"、不取悦于人、不具有任何装饰性,但是,它却是鲁迅以自己"生命的泥"所养育、以"过去的生命"的"死亡"与"腐朽"所换取的,它甚至可以直接等同于作家的生命。因此鲁迅说:"我以这一丛野草,在明与暗,生与死,过去与未来之际,献于友与仇,人与兽,爱者与不爱者之前作证。"② 这句话,包含了鲁迅对于写作的最根本的看法,以及他对文学的信仰。因为这里的"写作观",绝非一种纯文学意义上的概念,而已经深化为一种生命的方式:鲁迅将"写作"为斗争与实践的方式,作为"生"——生命与生活——的实践方式,他的生命几乎是与他的写作完全交织在一起的。写作是他"活"的证明、"活"的动力和成果,更是支持他继续"活"下去的最大安慰。即如他在《写在〈坟〉后面》中所说的:"我的生命的一部分,就这样地用去了,也就是做了这样的工作。然而我至今终于不明白我一向是在做什么。比方做土工的罢,做着做着,而不明白是在筑台呢还是在掘坑。所知道的是即使是筑台,也无非要将自己从那上面跌下来或者显示老死;倘是掘坑,那就当然不过是埋掉自己。总之:逝去,逝去,一切一切,和光阴一同早逝去,在逝去,要逝去了。——不过如此,但也为我所十分甘愿的。"③

对于鲁迅而言,生命与写作几乎是同为一体的,他的写作也就是他以生命的心血进行灌溉的过程。在这个意义上说,"诗与真"的问题在他这里

---

① 鲁迅:《野草·题辞》,《鲁迅全集》第 2 卷,第 163 页。
② 鲁迅:《野草·题辞》,《鲁迅全集》第 2 卷,第 163 页。
③ 鲁迅:《写在〈坟〉后面》,《鲁迅全集》第 1 卷,第 299 页。

已不仅是一个艺术问题，而且成为一个熔铸着写作者生命与写作的特殊的哲学追问，等同于"文学与生命"的大问题。因此可以说，鲁迅对于"诗与真"的理解与实践，超越了古今中外很多艺术家的认识和理解，达到了一个更加高远的境界，也具备了更为强大而独特的生命力量与历史意义。

当代文学史写作的拓展与本体追求

——评赵树勤、李运抟《中国当代文学史（1949—2012）》*

王本朝　肖太云**

　　中国当代文学能不能写史？要不要写史？学界有过争鸣，实际情形却是一个不证自明的问题。自 20 世纪 80 年代末期，黄修己、谢冕、孟繁华、陈平原等及陈思和王晓明等分别提出"重写文学史"以来，当代文学史的书写就方兴未艾，风起云涌，"暗流涌动，蓄势待发"，是"变动前夜的学科状况"。① 迄今为止，据不完全统计，完整的当代文学史也已有近百部了，其中影响较大的有洪子诚的《中国当代文学史》、陈思和的《中国当代文学史教程》、孟繁华和程光炜的《中国当代文学发展史》及严家炎主编的《二十世纪中国文学史》。而最近读了赵树勤、李运抟主编的《中国当代文学史（1949—2012）》（湖南师范大学出版社，2012，以下简称为"赵、李本"），有一种让人眼前一亮的新颖感，特别是在文学史写作的本体性上有自己的追求和特点。

一

　　进入 20 世纪 90 年代及 21 世纪，当代文学史的书写呈现为"多元共生"的"战国"时态，文学史从单一的独语模式变成多声部的杂语模式，既有较统一的普泛化趋向，也体现出较为鲜明的个性化色彩。就"赵、李本"而言，它的普泛化与个性化兼具并有突出的个性化特色，主要体现在以下

---

　　*　　原文刊发于《海南师范大学学报》（社会科学版）2014 年第 1 期。

　　**　　王本朝，西南大学文学院教授；肖太云，长江师范学院教授。

　　①　　胡景敏：《"中国现当代文学学科建设问题高层论坛"综述》，《文学评论》2008 年第 1 期。

三个方面。

首先，时空结构既"守正"又"拓新"。有论者将文学史区分为"教材型"和"学术型"两种，其实，这种区分大可不必，"教材型"文学史也要有学术含量，"学术型"文学史肯定也要注意面向读者。"赵、李本"是一部典型的教材性与学术性兼备的文学史著作。教科书一个普泛且重要的要求就是必须妥善安排编排体系，保证教材的系统性，甚至在每个章节里尽量做到讲述内容的相对独立性和相对完整性。作为长期在第一线从事当代文学教学的学者，"赵、李本"的编撰者吸取、总结了他们多年从事这门学科教学的经验，在编辑思想和实践上坚持、发扬了教材编纂的一些共性做法，主要表现为在内容、章节等体例的安排上，按本门学科的内在逻辑结构，"持守正统"的做法。他们把"当代文学史"这门学科作为一个母系统，把"文学思潮"和"作家作品"作为两个子系统，"文学思潮"放入每一编的首章，从总体概述、文艺思想、文学运动等方面进行提纲挈领的论述，而"作家作品"则从诗歌、小说、散文、戏剧、报告文学等小系统设专章分别展开论述，且每一章首节都为内容概述。这样，表面看似"守旧"的章节安排和内容处理，却是编者的有意设置，既契合体系又简明适用。每一编的首章给人以清晰明了的总体印象，而分期分章分类型讲述的作家作品既显独立性又不失连贯性、完整性，使读者读完一章一节就有一个相对完整的感觉，读完一个时期的文学史叙述，就对某一时期的文学发展线索、来龙去脉、前因后果、作家作品了如指掌，了然于心，既有"历史"的累积铺陈，又有"作品"的濡染感动。

当然，作为一部有特色的文学史著作，"赵、李本"与时俱进，在编排体系上有自己的考量与拓新。在起源点上，将视线回溯至"延安文艺"。20世纪40年代的"延安文艺"与中国当代文学的内承性与生发性联系已成为文学常识，不容回避，当代文学的书写包含"延安文艺"的做法也不新鲜，洪子诚的《中国当代文学史》第一章"文学的'转折'"，就专论"延安文艺"对新中国文学的缘起和示范作用，为"开先河"做法。但如何适当处理"延安文艺"在当代文学史中的"话分"却是一个难点：如洪著"文学史"那样将"延安文艺"设专章论述凸显其"重要性"未尝不可，但一整章的内容稍显突兀，而不论述又无法说清当代文学特别是"十七年文学"

的性质和渊源，也似有不妥之处。笔者以为，"赵、李本"为此提供了一个较为成功的案例。在第一编第一章"文学思潮"中将"延安文艺思想"设为专节来展开论述，并与同样设专节的"首届全国文代会的重要意义"并举对论，既显示了"延安文艺思想"的重要性又不致占很大篇幅，而使新中国文学的两个文学原点"超时空"巧妙地"对接"，妥帖而自然，编者的史识眼光与编排技巧由此可见一斑。

当代文学需要"历史化"，但它同时是一个"未完成时态"或"现在进行时态"，它的"当代性"和"在场性"不容忽视。有人说，一部作品的"经典化"需要几十年或上百年，这无可厚非，但这并不意味着最新的作品不能入史，不然新世纪文学在文学史中何去何从？"赵、李本"将当代文学史的时间视线延伸至最近的 2012 年，将莫言获得诺贝尔文学奖的长篇小说《蛙》纳入立时观照与评介的视域，而且给予 2001~2012 年 21 世纪这 12 年的文学以较多的篇幅和内容，这可能会引起争议，但赵树勤、李运抟两位教授大胆作为，不刻意回避的"泼辣"作风和"决断"胆识不得不让人钦佩。同时"赵、李本"在空间设计上也放开手脚，将视野扩编至整个大中华文学圈，每编设专章探讨台港文学，21 世纪时期更是给予澳门文学以专章论述，这种对台港澳文学的重视及其所占文字分量在当前整个当代文学史书写中也算是有魄力的了。此种"扩容"编排设计的"方便"效果也在书中得到显现：一些在别的当代文学史中少见或不见的作家作品"顺势"被纳入本书的文学史视野，如台湾作家姜贵（小说）、洛夫（散文）、罗门（诗歌）等，香港作家卫斯理（小说）、司马长风（散文）、也斯（诗歌）等，澳门女作家林中英的小说及散文等，都得到了较多较好的评述与展开，有益于开阔读者的阅读视野，丰富他们的审美层次。

其次，"赵、李本"在史料的开掘上也作了探索与努力。"文学史不仅属于文学批评、文学研究，它同时也是历史学的一个门类……一部新文学史著的第一条件，永远是史料的充实可靠，只要它还称为'史'，这就是不可更易的。"① 如果"一部文学史像翻烧饼一样翻来翻去。假如这种情形继

---

① 黄修己：《中国新文学史编纂史》，北京大学出版社，1995，第 463~46 页。

续下去，很难想象我们的文学史研究有真正的进步"①。钱基博认为文学史所以能够"见历代文学之动，而通其变，观其会通"，乃因为"事""义""文"的协调。无论何种表述，落脚点之一在于重视史料的价值和意义。在编辑文学史时，当前学界在两个问题上作了清醒的反省：一是何为"文学"，即哪些对象可以被承认为"文学"；二是怎样"叙述"，即用怎样的话语体系将"文学"对象叙述成一部具有内在"规律性"的文学史。"以论带史""以论代史"这种天马行空、随性随兴而论的文学史写作方式已遭唾弃，"以史带论，论从史出，史论结合"的严谨写作方式日益占据主流。多层次、多侧面展现中国当代文学的发展过程，是当代文学史写作的题中之义，而史料在其中应占的地位及具有的意义不言而喻。赵树勤、李运抟两位主编者当然明白史料在文学史书写中举足轻重的地位，因此，"赵、李本"在史料的挖掘和开拓上下了很多功夫，这尤其凸显于每一章的"概述"之中。如第一章第二节"作为源头的延安文艺思想"在论述"提倡文艺大众化"这一部分时，注重吸收学界前沿研究成果，如在强调赵树理方向的大众化意义时，引用了苏春生、萨支山的观点；第三节"首届文代会的重要意义"以"二周"即周恩来、周扬的会议讲话为史料支撑，特别提到周恩来的报告系统阐释了文艺与革命、文艺与政治、文艺与阶级三者间的关系，强调了"文艺工作者应当特别努力向工人阶级学习"；第四节"三次全国文艺批判运动"，及对"俞平伯《红楼梦》研究思想批判"的来龙去脉、前因后果交代得特别详细，如对"新、旧红学"的介绍，而这通常是为一般编者或著者所忽略或省略的，对"指导批判运动委员会"成员名单、批判计划的钩沉，还注意到了三联书店编辑出版了八辑《胡适思想批判》的细节；第六节"'社会主义现实主义'与'红色经典'"，对"社会主义现实主义"提法的来源及各国文艺实践情况的勾勒，对革命现实主义与革命浪漫主义"两结合"，对第三次文代会茅盾、周扬报告的详细介绍，等等，这些史料在"赵、李本"中屡见不鲜。诸如此类的史料平时多只是在《新文学史料》之类的期刊或专门收集史料的书籍上才能看到，在当代文学史上出现的比例和概率不高，"赵、李本"则以一腔热情和认真负责的精神钩

① 张鸿声：《现代文学史叙述中的记忆与遗忘》，《文艺报》2004年12月28日。

沉、编选史料，丰富了当代文学史的立体感和现场感、细节感，拓展了此书的宽度、深度和厚度，显示了编者不凡的学术眼光和史识意识，值得称道。

最后，"赵、李本"既注意吸收学术界的研究新成果，又努力在自己的研究领域作出开拓。文学史研究者和书写者一个很重要的素质，就是要拥有"双向"眼光，把握两个"辩证结合"：既要具有"历时"的历史眼光，又要具备"共时"的比较视野，准确理解不同阶段的历史境遇和文化特性，"注意整体观与阶段性的辩证结合""转折点与过程性的辩证结合"，将"历时"的长度分析与"共时"的宽度分析有机结合起来。李怡、千天全主编的《中国现当代文学史》（重庆大学出版社，2010）将中国 1977~1989 年的文学称为"当代文学的启蒙时代"，就是吸收了学界的研究成果，此提法虽然有争议，却能为文学史的解读开一扇窗，引导学生对"五四文学"及西方启蒙主义文学产生联想，并作比较。"赵、李本"也借鉴了这一富有建设性的说法，将"1978~1989 年的文学"定性为"启蒙主义文学"与"现代主义文学"双峰并峙的文学时期，体现了"转折点与过程性的辩证结合"。

一部文学史的完成，仰赖的是著者既有的文学史意识。它展示文学流淌的历史，是著者在文学史意识的支配下选择性建构的历史，是对历史现象的选择性过滤、检视和诠释。文学史意识、文学史观的形成必然受制于历史、现实与个体，故而任何文学史著作，都不可能完全客观地再现和叙述文学历史的自身发展，都不可避免地会带有对文学史对象的选择、诠释和文学历史文本建构的主观性、个人性，一如科林伍德所说人类对"历史"的认知其实也是一种"自我认知"。由此，文学史的书写必然具有主观性或曰个性化，必然有自己的特质和领域，而这恰是一本"好"文学史的标志之一。"赵、李本"力所能及地在一些研究领域有自己的开掘和发现，如打破惯性的"十七年文学"分期法，以 1963 年毛泽东的两个"批示"为标志将"文革"前文学分为"1949~1962 年"及"1963~1977 年"两个时期，未尝不是一种新思路。个性化论述在李运抟编写的"文学思潮"和赵树勤编写的"诗歌创作"中表现得更为显著。除前述的以外，"文学思潮"的编写对 20 世纪 90 年代"人文精神讨论"的关注，对 21 世纪文学"新质"的敏锐感知，对"底层叙事思潮"的"文学史"阐述和评价，以及"诗歌创作"对"女性诗歌""'70 后'诗歌""底层诗歌"的关注和评价，既抓住、凸显了"主流"，又体现了编写者的学术个性与研究认知。如对第三编第二节"启蒙主义文学"的论断，"一是中国思想文化界的启蒙主义被中断，需要继续进行"；"二是启蒙仍要继续，是因为中国思想文化的启蒙任务远未完成，中国社会和中国民众还存在很多需要启蒙的问题"①；所谓"'重演'就是'回到五四'"②，发人深省。第一章第六节对"社会主义现实主义"的评价，即"但耐人寻味的是唯独中国坚守不变。甚至中苏关系的公开破裂也没有影响到这种坚守，反倒是认为苏联出了'修正主义'"③，以及对"底层诗歌"的定位与评价，即"21 世纪初底层诗歌写作的出现，是诗人们经历了近二十年风雨变化后的一种调整，是对纯技术主义和过度疏离现实的一种反拨"，但"作为诗歌，面向底层的写作不应只是一种生存的吁求，它首先应该是诗"，"我们在肯定诗人的良知回归的同时，更要警惕'题材决定论'的回潮"，④ 就显示了写作者清醒的学术理性认知，以及客观中正的史学评价。

二

受国外文化研究的影响，现今的文学研究多取文化研究路径，这本无可厚非，但稍不留神或功底火候未到，就容易滑入"假、大、空"的窠臼。因此，有识者大力呼唤做好"史料实证"和"文本细读"功夫，回到文学的"审美性"本体上来，这对文学史的书写尤显重要。文学史写作就应以作家作品为主体。严家炎先生曾经提出："文学史顾名思义应该讲的是文学作品演变的历史。"⑤ 他反对将并非文学而属于政治思想、意识形态的论争

---

① 赵树勤、李运抟：《中国当代文学史（1949—2012）》，湖南师范大学出版社，2012，第171 页。
② 赵树勤、李运抟：《中国当代文学史（1949—2012）》，第 172 页。
③ 赵树勤、李运抟：《中国当代文学史（1949—2012）》，第 17 页。
④ 赵树勤、李运抟：《中国当代文学史（1949—2012）》，第 420 页。
⑤ 严家炎：《关于中国现代文学史研究的若干问题》，《世纪的足音》，作家出版社，1996，第265 页。

及文章写入文学史。钱理群先生也说:"现在的文学史写作,越来越花哨了,却把最基本的东西忽略了:忘记了文学史的大厦,主要是靠作家,特别是大作家支撑的;而作家的主要价值体现,就是他的作品文本。离开了作家和作品文本这两个基本要素,就谈不上文学史。在我看来,这是常识。也许在一些人看来,这是一种过时的、保守主义的文学史观,那么,我就甘愿坚守这样回到常识的、返璞归真的文学史观念。"① 过去,当代文学史写作已经在这方面作了良好示范,如洪子诚注重在整体的历史现象中分析作家与作品,黄修己看重从作家和作品身上打通现当代的追求,陈思和突出潜在写作和民间写作的文本细读。

"赵、李本"承续当代文学史书写的优秀传统,以"对作家作品的分析"为写作的起点、原点和重点,注重对文学本体、文学形式和文学审美的关注。主要呈现方式有三:一是在章节设置上突出作品的本体性;二是在作家作品的选择和定位上以文学成就高低或审美品质优劣为标准;三是从新角度新方向对作家作品作出概述或解读。

章节设置上的"文学本体性"很容易发现,如每一编至少安排六章的篇幅对"诗歌""小说""散文""戏剧""台港文学"作论述。而各章的写作同样侧重作品分析,试以第一编的"诗歌创作"章和"散文创作"章为例。"诗歌创作"章分"政治抒情诗""生活抒情诗""长篇叙事诗"来论说,"散文创作"章分"抒情性散文""叙事性散文""议论性散文""报告文学"来阐发,条分缕析,俱是紧扣作品,且均以作品分析评鉴为中心。

"赵、李本"的"文学本体性"最显在地表现于对作家作品的选择和定位上。一是作家作品入选的"全"和"广"。如"1978～1989年文学"编的"史传性散文"对季羡林《留德十年》、韦君宜《思痛录》的收录,"探索话剧"对李云龙《洒满月光的荒原》,"历史剧"对陈亚先《曹操与杨修》、郑怀兴《新亭泪》、郭启宏《南唐遗事》的关注,这些作家作品在别的文学史中是很少见到的。为了更清楚地显示"赵、李本"全面广泛收录作家作品的视野和识见,我们试以新时期以后的小说为例:单以设置了小

---

① 钱理群:《"以作家作品为主体的文学史"写作的尝试——写在前面》,《海南师范大学学报》(社会科学版)2007年第6期。

标题并予以专门篇幅论述的代表作家及作品为统计对象，从新时期到新世纪，"赵、李本"前后选择和收录了刘心武《班主任》、冯骥才《啊!》、古华《芙蓉镇》、张贤亮《绿化树》、蒋子龙《开拓者家族》、高晓声"陈奂生系列小说"、路遥《平凡的世界》、汪曾祺《受戒》、阿城《棋王》、扎西达娃《系在皮绳扣上的魂》、张承志《黑骏马》、徐怀中《西线轶事》、李存葆《高山下的花环》、朱苏进《射天狼》、凌力《少年天子》、徐兴业《金瓯缺》、刘索拉《你别无选择》、残雪《苍老的浮云》、马原《冈底斯的诱惑》、余华《四月三日事件》、孙甘露《访问梦境》、刘震云《单位》、池莉"烦恼三部曲"、方方《风景》、刘恒《狗日的粮食》、乔良《灵旗》、苏童《妻妾成群》、张洁《方舟》、陈忠实《白鹿原》、阿来《尘埃落定》、王朔《看上去很美》、王小波《黄金时代》、迟子建《晨钟响彻黄昏》、毕淑敏《红处方》、林白《一个人的战争》、陈染《私人生活》、唐浩明《曾国藩》、二月河"清帝系列"、刘斯奋《白门柳》、东西《没有语言的生活》、刁斗《证词》、韩东《扎根》、何顿《我们像葵花》、邱华栋《手上的星光在》、毕飞宇《哺乳期的女人》、朱文《我爱美元》、李冯《孔子》、周梅森《国家诉讼》、陆天明《苍天在上》、张平《国家干部》、阎连科《受活》、毕淑敏《女工》、姜戎《狼图腾》、杨志军《藏獒》、铁凝"三垛"及《大浴女》、王安忆"三恋"及《长恨歌》、王蒙"意识流小说"及"季节系列"、张炜《古船》《九月寓言》、韩少功《爸爸爸》《马桥词典》《报告政府》、贾平凹"商州系列"及《废都》《秦腔》、莫言《红高粱》《丰乳肥臀》《蛙》等，共 61 位代表作家 70 部代表作品（出于便于统计的权宜之计，以一个"系列"命名的代表作暂仅计为一部作品）。如果加上在各编各节"概述"中提到的较有名作家的作品（为省篇幅，作品略），如巍巍、周克芹、邓友梅、梁晓声、张一弓、李国文、史铁生、宗璞、洪峰、格非、范稳、范小青、孙惠芬、陈应松、刘醒龙、刘庆邦、熊召政、严歌苓、曹征路、葛水平、鬼子及现实主义冲击波"三驾马车"（谈歌、何申、关仁山）、官场小说家（王跃文、阎真、肖仁福）、"80 后"作家（韩寒、郭敬明、春树、张悦然、李傻傻）、网络小说家（慕容雪村、何马），等等，几乎是将新时期以来所有的重要作家作品一网打尽，显示了这部以作家作品论为主体的文学史的鲜明立场，以及其拥有的大体量、大视野、大手笔与大气魄。

虽然囊括了这么多的作家作品，但"赵、李本"并不是简单地以作家论或作品论为主体。它将作家、作品和文学思潮兼顾展开论述，如有关王朔创作与人文精神大讨论的叙述，有关21世纪底层叙述思潮与底层创作（诗歌、小说）的紧密依存等，就是鲜明的例子。一部文学史著作对作家作品的筛选取舍和侧重，其实就是编者审美、价值理念的体现。"赵、李本"坚持以艺术成就的高低为贯彻始终的文学评判标准，同时坚决反对犬儒主义的文学编写态度和策略，敢于打破一些当代文学史的书写常规，敢于承认当代文学史也有大师存在。仅以小说为例，在代表作家中编者就大胆选择了好几位作家，使他们的名字和作品在本书的五个文学史分期中分别出现多次（具体作品见上文统计）：女性作家中铁凝2次、王安忆2次；男性作家中张炜2次、王蒙3次（加上1956年的《组织部新来的青年人》）、韩少功3次、贾平凹3次、莫言3次，出现的频率和次数显示了对他们的文学史定位。依笔者的个人理解，出现次数最多的4位作家王蒙、韩少功、贾平凹、莫言是被编者目为"大师"的，特别是莫言，在第五编"小说创作"章的"概述"中对他获得诺贝尔文学奖的事件又作了浓墨重彩的介绍，是可看出莫言在编者心中的分量和文学史地位的。[1]

当代文学需要时间的沉淀与检验，需要"历史化"，但并不代表在文学史书写中就要小心翼翼甚至缩手缩脚。一部"好"的文学史必须有编者自己对作家作品的感悟和理解。"赵、李本"面对90年代诗坛千姿百态的多元化景观和"个人化"写作，作出如下判断："王家新好内心独白、西川喜文体综合、欧阳江河多精雕细琢、于坚擅戏仿反讽、伊沙长诗意开掘"，[2]虽不无片面化之嫌，但编者并不"临渊羡鱼"，而是"退而结网"，作出个性化的评价，这是值得肯定的，即使产生"合法性偏见"也是可以理解的。

---

[1] 莫言获诺奖后，当代文学史要不要对之设专章或专节论述，学界争论热烈。笔者以为，设专节论述也未尝不可（包括贾平凹等也具有这个文学史地位），但全书的编排体系及章节设置必然是另一番考量和面貌，对"赵、李本"来说，将重要作家的地位以多次出现、多次论述的方式来凸显（虽然对作家的选择可能会引起一定争议，如为何选铁凝而不选余华等），非常适合它的体系安排，显得紧凑有条理，在一定程度上也降低了"排位"的"风险"系数。

[2] 赵树勤、李运抟：《中国当代文学史（1949—2012）》，第325页。

何况书中很多对作家作品的概述和评价精到扼要传神，如对宗璞创作的概论："宗璞学养深厚，多年从事外国文学研究，小说创作吸取了中国传统文化与西方文化之精粹，文字优雅，叙述细密，风格温婉，气韵独特，含蓄蕴藉，在看似平淡的生活情境和细节中缓缓展开人物命运和世相心态。"① 这确实是评论到位，概述有力。"赵、李本"还拥有一个可贵的品质，就是坚持实事求是、"历史无可避讳"的文学史评价态度，不为贤者讳，不为尊者隐，不因人废言，不因人噎言。编者尽力回到作家"独特的个体体验"，抱着"同情的了解"，"好"处敢于说好，如对近年来因获诺奖而处于争议旋涡中的莫言的三部创作《红高粱》《丰乳肥臀》《蛙》给予高度评价，认为《蛙》语言"干净而内敛""不愧为 21 世纪初中国文坛最重要的原创长篇小说之一"②，等等。除了积极和正面的评价，编者也能拨开历史和现实设置的种种雾障，抛开幻象和"神话"，回归文学的本位和本相，对名家、名作的缺点和不足敢于指责和批评。如认为迟子建"太过沉迷于庸常人生的凡俗性，最终使得她长篇小说的内在精神呈现较为平面化的特色"；"关于温情的叙述，也是迟子建缺乏超越精神的表现"；"迟子建缺乏超越精神尤其表现在她对那些弱智者等畸异人物的塑造上"。③ 这种"麻辣式"评判具有直抵人心的力量。批评韩少功《马桥词典》："叙事过程中插入了一些对语言、文化、哲学、历史的思考，但缺少理论性的系统架构，反而破坏了文本原有的节奏。"④ 说贾平凹《秦腔》："由于小说语言表述的方言化和叙事的'鸡零狗碎'，加上贾平凹原先只是作为个人笔记而写作，没有过多考虑读者的接受，这部作品不是特别好读。"⑤ 认为阎连科的《受活》"语气词……频繁出现也造成了文本的重复与拖沓"，⑥ 以及对陆天明《苍天在上》、张平《国家干部》的不足都有一定的批评。这都显示了文学史的理性眼光和"史识"品格，赋予了文学史以别样的思想魅力。

"赵、李本"的遗憾亦不可避免，主要体现在对作家的"划代"和"归

---

① 赵树勤、李运抟：《中国当代文学史（1949—2012）》，第 69 页。
② 赵树勤、李运抟：《中国当代文学史（1949—2012）》，第 435 页。
③ 赵树勤、李运抟：《中国当代文学史（1949—2012）》，第 354 页。
④ 赵树勤、李运抟：《中国当代文学史（1949—2012）》，第 349 页。
⑤ 赵树勤、李运抟：《中国当代文学史（1949—2012）》，第 438 页。
⑥ 赵树勤、李运抟：《中国当代文学史（1949—2012）》，第 441 页。

类"带来的疏漏上。如将余华划入新时期文学的"先锋小说"类，将无关轻重的《四月三日事件》选为他的代表作，而将更为主要的、发表于 20 世纪 90 年代的三部现实主义小说《许三观卖血记》《活着》《在细雨中呼喊》忽略了；将迟子建归到"女性小说"类，忽略了《额尔古纳河右岸》等。对一些重要的作家或作品只字未提，如当代通俗文学大家金庸的名字未曾出现，刘震云的《温故一九四二》以及获茅盾文学奖的《一句顶一万句》等两部作品的名字均未提及；"新生代小说"这一节只选择了何顿等 8 位小说家，何立伟的《白色鸟》未入选等，都是可以斟酌的。以金庸为代表、影响力巨大的通俗小说及 21 世纪方兴未艾的网络小说是否可以设专节讨论，也是值得考虑的。

论情感、语言、思维三位一体的作文教学

——写作学理论与中小学作文的美丽邂逅*

陆　云　袁　刚**

一　作文基础：情感引领思维与语言

据北京大学的温儒敏教授调查，进入北京大学的这些"天之骄子"，普遍对写作文反感，甚至认为"写作文带给人的折磨一辈子都忘不了！"因而普遍出现"喜分数之高，悲文章之差"的现象。① 确实，绝大多数学生、教师和家长普遍感觉写作文难。反感，在于模式化的训练；难，在于没东西可写、有话说不出。对这两个难题的解决，多年以来，主要从"思维—语言"或两者的二元关系上入手。

叶蜚声等认为："思维是认识现实世界时动脑筋的过程，是一个人进行比较、分析、综合以认识现实的能力。语言则是思维的工具，也是认识成果的贮存所。语言和思维虽是两种独立的现象，但形影相随，不可分离。"② 正因为思维与语言的依存关系，近30年中小学作文教学研究始终围绕这两方面来展开。例如，常青的"分格作文"、刘胐胐和高原的"三级作文"、章熊的"语言与思维训练结合"作文、钱梦龙的"模仿—创造"作文、丁有宽"读写结合"作文等，从单纯的语言训练，发展到语言和思维相结合

* 原文刊发于《课程・教材・教法》2014年第5期。

** 陆云，广西教育学院教研部主任、研究员，中国教育学会语文教学专业委员会副理事长；袁刚，广西教育学院教研部特聘专家，广西新派作文研究院院长，新派作文创始人。

① 温儒敏：《温儒敏论语文教育》，北京大学出版社，2010。

② 叶蜚声、徐通锵：《语言学纲要》，北京大学出版社，1981。

的作文训练。虽然取得了一定的成果，但是，众多的作文流派仍如昙花一现，作文教学的难题仍然没有得到很好的解决。

赞科夫说："所谓一般发展，就是不仅发展学生的智力，而且发展情感、意志品质、性格和集体主义思想。"[①] 吴立岗在借鉴苏联作文教学思想来审视我国作文教学改革发展的历程后，尝试运用活动心理学原理探索作文教学突破思维—语言二元平面的有效路径。他将作文教学划分为三个子系统，即语言文字知识技能训练的系统、思维能力训练的系统和思想内容积蓄的系统。依据这三个子系统的纵向结构以及它们与儿童语言交际功能发展系统的横向联系，构建了小学作文教学序列的"三翼"，比较完整地体现了作文教学系统的全貌，在发展儿童语言交际功能的过程中完成语言文字的知识技能训练、思维训练和思想内容的积累。[②]

心理学涵盖的范围十分宽泛，传统心理学把心理现象分为心理过程和个性心理，心理过程又分为认识过程、情感过程和意志过程。其中，认识和意志均有较为理性的成分，对认识过程研究最多；而情感是最具有个性、最具有活力、最丰富多彩的因素，是写作的关键，却较少研究。

中华文化中对情感（或说心灵）的追求，由来已久。从《诗经》到魏晋风骨、唐诗宋词，再到明清小说和当代大家的作品，凡尊崇自然、怀有赤子之心的作品，均为人们所记取和称颂。我国的语文教育从孔子将学习者划分为"知之者""好之者""乐之者"三个层次开始，就关注兴趣和情感对学习的影响。历代均有许多教育家走在乐学乐教的情感教育道路上，与"师道尊严""悬梁刺股"相对并行。

刘勰在《文心雕龙·物色》中说："情以物迁，辞以情发。"指出写作的本质是"物—情—辞"的双重转化。许多人明白作文教学需要激发感情的道理，但无论如何都改变不了学生对作文兴趣索然甚至视其为畏途的现状。

温儒敏对语文爱之切、思之深。他认为，学生不喜欢写作是由于教

---

① 转引自吴立岗《吴立岗语文教育文集》，人民出版社，2010。

② 洪春幸：《智慧的开拓理性的坚守——吴立岗"作文教学序列研究"述评》，《小学语文教师》（增刊）2006 年第 10 期；周春林：《新时期语言和思维问题讨论述评》，《池州师专学报》2004 年第 2 期。

学中"匠气"太多，过于注重应试技巧，因而扼杀了学生的兴趣，败坏了口味（即"对母语和中国文化的良好感觉"和"对语文的感觉"）。温教授提出的这种感觉，就是对语文的情感、态度。

改革开放后，写作学理论研究取得了巨大的发展，经历了以写作知识体系为中心，到以文体技法训练为中心，再转向过程论、主体论，直到文化论的曲折发展。研究发现："写作不仅是用文字表情达意的社会实践活动，是在特定情境下有感而发、有为而作的精神创造活动，而且是人类在特定历史时空的文化生产活动，是生命自我发现、自我超越和自我实现的自由创造活动；写作是人的一种生存方式，是通过文章这个创造出的'第二世界'来实现精神家园的建构。"① 例如，容本镇提出："人的视觉、听觉、嗅觉、味觉、触觉等知觉感受是写作的源泉和基础。"② 马正平指出，当代写作学将"写作"定义为"人类运用书面语言文字创生生命生存自由秩序建筑的行为、活动"。所谓"生命生存自由秩序"包含两层意思：一是指"语言结构秩序"；二是指"情感思想秩序"。③

由此可见，无论是语文教育、写作学理论研究，还是文学创作，都不约而同地走着一条以情感为主线的道路，即使其中出现曲折，但仍然努力回归。令人困惑的是：既然目标、路线如此接近，为何当今中小学作文教学、写作学研究、文学创作三者之间却基本上没有产生联系呢？为什么数十年的作文教学研究和实验都如天际流星匆匆而过消失无踪呢？为什么中小学作文教学一直没有寻找到真正属于自己的理论依据？为什么中小学作文教学一直在徘徊往复、举步维艰？为什么写作学理论又一直无法在中小学作文教学实践中落地呢？

程少堂在2008年《中国教育报》上发表题为《繁荣与遗憾：反思作文教学改革30年》的文章，把作文教学分为四个流派：重视"模仿"、重视"思维"、重视"过程"、重视"兴趣"，并且评论说，各家都有其深刻的一面，但也都有其片面的一面。无论哪一种流派，都只能解决作文教学中某

---

① 郝学华：《大写作理论与实践研究的回顾和反思》，《社科纵横》2008年第7期。
② 容本镇：《写作感受论》，《信阳师范学院学报》（哲学社会科学版）1992年第4期。
③ 马正平：《作文教学有没有一个体系？应该是一个什么体系？21世纪作文教学需要一种什么样的体系？》，《语文教学通讯》（初中刊）2006年第4期。

一方面的问题。他还提出，作文教学理论本来应该是与作文教学实践紧密结合才有生命力，作文教学实践也只有不断接受科学的作文教学理论指导才能健康发展。但是，我们看到的情况恰恰相反……古今中外，最好的文章都是一种"生命写作"，而不是一种为生存的写作。①

我们提出"将情感、思维、语言三位一体结合起来，在生命化写作中提升表达能力和语文素养"的作文教学体系。不仅提出了情感引领作文的理念，而且建立了情感激发的多种模型，同时集历年来作文教学流派的研究实验成果，辅以思维发散体系、序列化语言训练体系，形成了独具特色的作文教学系统工程，实现了程少堂的期望——将写作学理论和中小学作文教学实践结合起来，创造一种适应"时代呼唤集大成的作文教学流派"。

这个体系，核心思想在于将情感因素作为作文的基础（而不仅仅是一个因素），用情感突破思维—语言的二元关系，为作文训练体系建立立体化的、具有灵魂的生命系统。在这个系统中，情感既是重要的基础，同时也全方位地渗透于作文语言与思维训练之中，起到统率、引领作用。

我们发现，不管是活动心理学还是大写作理论，都注重个体的感受和差异。除了身体素质、智力等方面的差异，最重要的还有性格和情绪、情感的差异，这才是每一个个体具有显著不同的关键因素，也是社会如此丰富多彩的根本原因。因此，我们认为，应当在语言训练和思维训练相结合的基础上，把情感熏陶与语言、思维训练结合起来进行作文训练。语言是抽象后的符号，思维则具有较强理性、逻辑性，只有情感因素，才是语言中最具有内涵的、最符合语言文化特征和生命价值的因素。也只有情感，才是将写作学理论和中小学作文教学连接起来的纽带，是中小学作文教学的生命、灵魂和归宿。

我们认为，对于儿童本身的主观性来说，形式先于内容，需求胜过营养。绝大多数中小学生对情感（情绪、情趣、兴趣、趣味）的需求远远大于对知识性、系统性、科学性的需求。因为，中小学生在感性与理性的期待面前，往往更愿意先满足感性的期待、感官的需求。我们常说的"教学艺术"，其本质也是强调"情感"，它来自对教学对象、教学内容的理解、

---

① 程少堂：《繁荣与遗憾：反思作文教学改革 30 年》，《中国教育报》2008 年 2 月 1 日。

尊重和需求的恰当满足。教师的情感（包括情绪）往往起着先导的、决定性的作用，能够左右学生的情感和需求。所以，我们必须树立情感先行的思想理念，掌握运用灵活多样的情感激发、引导的方法，才能突破作文教学的顽固壁垒，找到作文教学的出路。语文课堂应当给学生加上各种"味道"、各种形式的语言"调料"，以激发学生对情感的需求，这就是我们的"调料法则"。同时，我们还提出了"请客理论""椰子理论""开瓶原理""密码法则"等一系列形象有趣的观点和方法，就算最具逻辑理性的思维训练，我们也创造了"核爆炸图""风火轮""魔法球"等形象化、趣味化、直观化的形式，[①] 使之成为让学生看得见、摸得着、用得到的东西，在科学化的思维训练中激发学生的情感。只有这样，才符合儿童和青少年学习、写作的需要和规律，作文才能成为儿童的生活、儿童的生命、儿童的文化。也正是在写作学理论倡导的大写作、生命化写作的重要思想指导下，我们才得以将知识与情感、规律与需求、思维与趣味这一对对理性与感性的矛盾体和谐地统一起来，为作文教学构建新的理论支点和方法体系。

二　情感激发：策略与方法

既然多年来许多人重视情感在语文教育中的作用，为什么作文教学仍然无法真正做到用情感来激发、引导，以切实提高大多数学生的作文兴趣和能力，使他们愿意写、能够写、写得好呢？

我们认为原因可能有两方面：一是对情感因素重视程度不够，或者仅仅停留在兴趣这样的初始状态；二是对情感的激发、引导和运用仍然没有形成体系和具体可行的方法，情感仍然处于"虚无"、不可捉摸的状态。

语文课程标准也提出，将"情感、态度与价值观"作为一个与"知识与技能""过程与方法"相并列的维度。许多教育工作者在这方面进行了探索。例如，姚林群认为："写作是个人情感活动的一种表达方式……在（写作能力发展）这一过程中，其发展水平与个体的身心发展、思维能力、知

---

① 袁刚：《华苑快速作文》，漓江出版社，2003。

识储备、社会阅历、情感积累等密切相关。"① 然而他没有给出作文能力评价的具体指标，特别是情感、思维等评价的指标，更没有给出情感激发、引导的操作方法和操作模式。

在作文教学改革实践方面，出现了生活化作文教学、体验式作文教学、快乐大作文教学、情境作文教学等，开始重视作文教学"心理情感"的探索实践。但是，在较具影响的作文教学流派的指导思想、理论架构里，尚没有出现把思维、语言、情感统整到一起，并且做到真正融合的方法，更没有人研究情感激发、引导的路径和操作方法。

例如，李白坚的"快乐大作文"教学，以游戏为教学手段，让学生比较轻松地"攫取生活材料"和"产生写作激情"。"游戏"是经过设计策划的，贴近学生的生活情景，是有规则的、层层紧扣、详略得当、褒贬分明的生活情景，但其思想体系和操作体系仍然是粗糙和简单的。

李吉林的"情境教学法"，是指在教学过程中，教师有目的地引入或创设具有一定情绪色彩的、以形象为主体的生动具体的场景，以引起学生的情感体验，从而帮助学生理解教材，并使学生的心理机能得到发展的教学方法。情境教学法的核心在于激发学生的情感，她提出了六种创设情境的途径：生活展现情境、实物演示情境、图画再现情境、音乐渲染情境、表演体会情境、语言描述情境。那么在激发情感之后呢？虽然有优化情境、拓宽情境等方法，但是没有提出如何进行思维的拓展和语言的练习。

袁刚的"新派作文"教学，经过近30年探索和实践，从"图示快速作文"到"储备快速作文"，再发展到"真情快乐作文"，将语言、思维、情感"三者并重""三位一体"，取得了新的突破。不仅如此，还形成了情感激发、引导的基本思想与操作体系，将"虚无"的情感创造成有形有质，可以学习、掌握、迁移、运用的操作方法。

我们理解的情感，具体可以表现为"真情、痴情、激情、煽情"（以下简称"四情"），② 如图 1 所示。

---

① 姚林群：《中小学生语文写作能力：要素、水平及指标》，《课程·教材·教法》2013 年第3 期。
② 黄锦兴、袁刚：《真情作文训练》，广西民族出版社，1994。

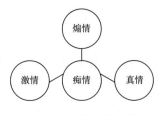

图1 "四情"示意图

这"四情"，既是教师的，也是学生的。用直观的图示符号呈现如图2所示。

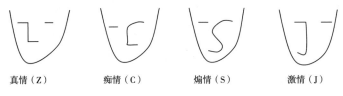

图2 直观"四情图"

在实践中，需要用教师的情引发学生的情。在作文教学过程中尤其是课堂上，教师要运用好"四情"，即用真情，显痴情，有激情，会煽情，以期激发学生的作文情感。我们对这"四情"的具体做法进行了细分，以便于教师实际操作。

1. 真情

教师对学生的经历、思想、感情或者作文的话题、人物、事件表现出真情实意，通过与学生真诚的交流，引起学生对教师的感情，或者对作文话题、人物、事件的体验、感受。真情展露的方法有自然流露法、情真意切法、深情款款法、言语抒情法、眉目传情法、泪眼婆娑法、恍惚朦胧法、悲痛情伤法等十余种。

2. 痴情

痴情，就是教师以自己对工作的态度、身体力行的风范感染学生，使学生主动模仿、学习教师的态度，对待生活和作文。例如，在教学工作上的严谨认真、态度端正、关心学生、无私奉献、学识渊博、积极上进、教

课娴熟、机智灵活、亮点纷呈、收放自如、个性鲜明、自成风格等，再如
字写得好，经常发表文章，获得嘉奖，著书立说，等等。

3. 激情

激情，是师生对事物、对作文正面激昂的情绪和强烈的感觉，具有强
大的能量，用以摧毁作文的顽固堡垒。调动激情的方法有提高音量法、加
快语速法、肢体配合法、抑扬顿挫法、掷地有声法、目光如注法、隔山打
牛法等。

4. 煽情

煽情，是通过某些与学习内容或学习方式相关的、带有特定情绪的
话语、动作、声音等，引起学生的联想，调动学生的情绪，激发学生的
思维的方法和手段。常用方法分为三个类别（三个层次）、百余种具体
方法。

第一类：新手。指缺乏讲台经验、对煽情还不熟练的老师，常用方法
有故事煽情法、笑话煽情法、唱歌煽情法、跳舞煽情法、表演煽情法、模
仿煽情法、自我调侃法等。

第二类：老手。指煽情经验丰富、有一定火候的老师，常用方法有肢
控煽情、声控煽情、环境煽情、真情震撼、褒贬煽情、即兴创作、巧借修
辞等。

第三类：高手。指对于煽情已经达到炉火纯青程度的教师，常用方法
如亮点扩展法、猛火煨汤法、打破平衡法、偷梁换柱法、欲扬先抑法、思
维错位法、话点调侃法等，全凭教学机智生成，就地取材，信手拈来。①

高明的煽情者，不管看到什么、拿到什么、想到什么……均可以联系
作文内容和方法，引爆学生的想象和思维，激发学生的情感体验，让学生
兴奋、激动、紧张……因而对作文的审题、选材、谋篇、布局等产生极大
的兴趣，给予高度的关注，引发丰富的联想。

"四情"是分别属于不同维度的概念。真情是作文的出发点、落脚点和
归宿；痴情是作文的态度和前提，到后来逐渐成为一种积淀、一种境界甚
至一种本能；激情是作文的感觉和情绪；煽情是作文情感激发的方法和手

---

① 袁刚主编《袁刚老师教作文：句法》，接力出版社，2003。

段。四情，构成了作文多维度的、立体的、可操作的情感系统。在写作过程中，首先要有真实的情感体验，用教师对生活、对学生、对作文的真情引发学生的真情，再加上教师对工作、对作文的痴情，进一步形成学生对生活、对作文的痴情和热爱。然后调动激情去突破学生的惰性、畏难情绪和无从下手的障碍，使学生进入想写、愿写、不得不写的状态。如果在体验中仍然找不到那种情绪和强烈的感觉，就需要通过煽情来实现，教师运用多种方法，激起学生情感；学生也可以学习教师的煽情方法，在表达中结合语言运用，就会具有极强的感染力。此时，只要加以适当的语言、思维引导，作文难题即可迎刃而解。

这些方法，实际上是教师自身的情感、情绪、情趣、态度，结合教学内容和学生实际的灵活展现，并用以引发、指导学生进入情感体验和情感表达，教师作为学习共同体将自身全情投入、将作文教学作为生活的一部分与学生沟通、分享。这样，作文就有了灵魂，有了血液。在这个基础上，用情感去放飞思维，作文就有了骨骼和神经；再用情感去发现、感受、体味、运用语言和方法，作文就有了肌肉和五脏六腑；至此，作文就成为完整的、活生生的生命体了。

三　作文能力：情感之上的思维和语言训练

作文，首先是情感的表达，但情感不是作文的全部。激发和引导情感是为了更好地培养学生的作文能力。近年来出现了许多有价值的理论观点和实践模式。

注重学生的生活体验，开拓作文的素材。例如，"情境作文"（李吉林）、"生活作文"（李秀林的"儿童生活作文"，徐家良、徐鹄的"生活中的作文"，管建刚的"用自己的话写自己的事"，张祖庆的"博客作文"等），其他还有张云鹰的"开放式作文"、蔡丽斌的"绘本作文"、何捷的"游戏作文"、宋运来的"童漫作文"，都力图将作文与学生生活紧密结合起来，创造性地拓展学生作文素材，发展学生的语言交际功能，赋予作文内在的动机和明确的意图及阅读对象。①

除了从素材入手，还有不少人尝试从激发动机入手。例如，张田若的"个性化作文"、李白坚的"快乐大作文"、武宏均的"自由作文"，提倡让学生在原生状态中自由习作，把习作过程演化为满足某种生活的需要，淡化技法，给学生一种心理、情感、思想上的自由。

这些探索，总体上开始注重写作的主体，并尝试在生活场景中激发学生的情感，并以此作为作文的基础和前提，同时融入语言或思维的训练。但是，问题有以下三点。

其一，情感激发的方式和途径缺乏可操作性。每个人的生活是不一样的，如何去观察、发现？如何开展适合学生的游戏活动？如何创设恰当的情境并利用这些情境来进行思维拓展和语言运用？既需要理论提升，也需要共性的实践模式。

其二，仅有生活和自由是不够的。生活在"生活"之中的学生，身边的人、事、景、物，人情冷暖、生活的点点滴滴，因为经历过、参与过、看到过、听到过、思考过，所以熟悉，甚至记在了心里，这是宝贵的作文资源，发掘它们，用好它们，本身就能让孩子"有话可说""有材料可写"。正如容本镇在《写作感受论》中所指出的那样："生活是感受的源泉和基础，没有生活就没有感受。但生活并不等于感受。生活必须经过情感的催化和心理的作用才能产生感受。"② 如何能够发掘、品味其中的童真童趣，让学生不会感觉作文"乏味无趣"？其方法和规律是什么呢？只有自由化、生活化还远远不够，许多学生对生活缺乏热情、激情，就会对许多东西没感觉，视而不见，也就无法打开思维，找到素材，自由的写作还是无法达到预期的效果。因此，关键还是在于发现生活中点点滴滴的、细致入微的东西，给它注入感情，发现、感受、体会到常见事物中蕴含的情趣、意味、感觉。

其三，情感是作文的基础，但如林崇德教授所说：真正形成作文能力，还需要学习和提高"思维能力"（深刻、灵活、批判、独创、敏捷等）、"文

---

① 袁刚主编《袁刚老师教作文：句法》，接力出版社，2003。

② 容本镇、南村：《写作感受论》，《信阳师范学院学报》（哲学社会科学版）1994 年第 4 期。

本形成能力"（审题、立意、选材、组材、表达等）。① 那么，情感、语言、思维三者的关系又应当如何处理呢？

我们认为，情感是作文的基础，语言和思维是作文的支柱。有了情感的基础，语言和思维才会稳固；有了语言和思维的运用，情感才有了依托和载体。情感不仅是作文的平台，还渗透于作文的各个环节和方方面面。

例如，在作文准备阶段，应当让学生充分地"放飞思维"。我们将"思维爆炸"设计成有趣的学习游戏，采用画、写、议等方式，合作完成思维的发散过程。学生在"放飞思维"的过程中，能将思维训练和语言训练完美结合，同时，学生的情感在合作、游戏中很容易被充分激发，甚至浑然忘记了这是在做作文训练。图3即是思维发散图。

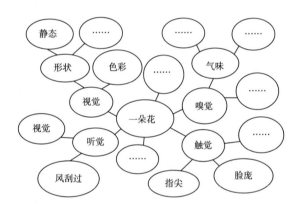

图 3　思维发散图

作文题目要求设想自己是一朵花，然后从不同的角度进行思维发散。既给予了引导，也留下了较大的空间。同学间可以进行比赛，看谁发散点更多。当学生的思维发散到四级以上的时候，全班交流发散点，合在一起可能会有几百个发散点，就会有很多材料可写了，而且个性不同，发散点也不相同，写出来的作文必然也是丰富多彩的。在此，对花朵的情感、对语言的热爱、对游戏的兴趣，就与思维发散、语言运用有机结合起来了，这也为顺利完成作文奠定了坚实的基础。

---

① 王可、张璟、林崇德：《中学生写作（认知）能力的构成因素》，《心理科学》2008 年第 3 期。

再如，小学的扩句（缩句）的练习，但扩句（缩句）的说法显得过于理性、抽象、生硬，我们采用了"请客"这个有趣的、学生喜闻乐见的方法。于是，我们把句子里的时间、地点、人物、事情这几要素称为句子家庭的"主人"，符号为"⟨人⟩"，其他修饰性的成分称作"客人"，符号为"⟨k⟩"。我们把类似于扩句训练这部分内容设计为"给句子家庭请客"。例如，"傍晚，猪八戒在树下吃西瓜"，这一句话不够生动也不具体，就可以"请客"——在时间主人、人物主人、地点主人、事情主人的前面加上不同的客人，如图 4 所示。

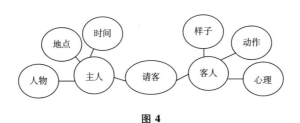

图 4

有的学生通过"请客"方法写出了这样生动有趣的句子："一个天气炎热的傍晚，满头大汗的猪八戒靠在一棵千年古树下狼吞虎咽地偷吃着属于师兄孙悟空的西瓜。"既通过思维发散的方式，选择、运用了具体、形象、生动、和谐的语言，描绘了人物的形象，同时也渗透了对孙悟空的同情、对猪八戒的蔑视，以及在语言运用、思维发散过程中对语言的热爱、对游戏的愉悦以及获得成就的欣喜。实现了情感、思维和语言的三位一体。

我们强调每次作文训练中教师的情感、情绪、情趣对学生的感染作用，将语言、思维与情感结合在一起，创造完整的训练体系和多样化的方法，进行"空—海—陆"式的作文训练。空，思维拓展得开，想象在翱翔云天（思远）；海，让内心情感"掀起波澜"，心潮澎湃像大海（情动）；陆，贴近生活、抓住细节、落到实处写优美（辞发），这为学生作文提供了强大的驱动力、多样化的思维方式、丰富的作文材料和表达方法。只有这样，才能写出有情感、有思想、有内容、有语言的好作文。[①]

---

① 陆云、袁刚：《新派作文基础理论》，广西教育出版社，2014。

综上所述，将写作学理论倡导的大写作、生命写作、文化写作运用到中小学作文理论研究与实践探索中，将情感、语言、思维三位一体整合于学生作文之中，通过"四情"使学生达到"四效"（愿写、有得写、会写、写得好），实现"双快"（快乐作文、快速作文）的作文教学目标，是作文教学改革的重要出路。更重要的是，强调情感是作文的基础，将情感渗透于作文的全过程，绝不仅仅是为了作文本身，而且是为了使学生的精神、人格在写作文的过程中能够与思维、语言表达能力同步成长，使学生成长为健康、健全、充满活力的人。

向母语致敬：域外华人写作的空间[*]

孙　郁[**]

域外华人写作，已开始影响当代的文坛。这些异地经验的另类书写，无疑在慢慢丰富汉语的内蕴。一般的文学史研究者，不太注重这个群落的写作，诸多重要的文本游离在研究者的视野之外，久之，可能影响我们对文学史的判断。在华人遍布世界的今天，他们笔底的生命之音，其实有我们历史所难见的存在。这或许是应引起注视的原因。

这个现象其实已经有百年之久。章太炎、梁启超那代人不必说了，仅张爱玲、白先勇等人的写作，已经提供了丰富的话题。张爱玲在美国多年，但她的英语写作却是失败的。不过我们读她的汉语作品，依然有故国的情调，不过词语里的悲楚与沉郁之气带了一丝异域的音色。多年之后，木心先生到了纽约，忽然放开手脚，似乎忘却了大陆的白话语体，在独自面对异国的声音时，召唤出生命的心音，把古语与乡音置于笔下，遂多了往日没有的神韵。近来严歌苓的海外写作颇为走俏，她在域外所作的小说，开启了审美的另一扇门。我注意到她的作品，多是对华人世界的勾勒，小说多以悲剧为之，且含有无量的悲悯。这个写作的姿态和视角，不同于以往的华人写作，远远超出了旧的审美范式，给我们诸多思考的空间。

远离故国的时候，思想和语体都会因异国词语的干扰而变形。但倘能平静待之，则未尝没有新的思维和表达的出现。严歌苓在近日的座谈会上说，她在写作前，必须看看李煜的作品，以接地气。但英语的词组和逻辑也使其受到启发，将部分隐含也位移至文字里。这是丰富自己的过程，汉语的表达也因之有了一丝的变化。

　＊　原文刊发于《文艺争鸣》2014 年第 8 期。

＊＊　孙郁，中国人民大学文学院教授。

与作家不同的是那些学人的写作，也形成了不同的风格。20 世纪 40 年代胡适在美国写过许多考据的文字，大约有一点实证主义哲学的味道。王德威的汉语批评，保持了华语的特色，没有因为英语的惯性而放弃母语的美质，他唯美的表达，似乎是保持自己华人身份的一种自觉。这在另一些学人如周质平、刘禾那里同样如此。他们的思想路径有别，但在对母语敬畏这一点上，似乎没有什么差异。

学界里的英语训练，让一些华人教授感受到母语的失落之苦。他们业余时间的汉语写作似乎在回转自己的躯体，寻觅远去的古音。刘禾新出版的《六个字母的解法》乃其首次的汉语创作，她表示，在经历了三十余年英语表达的生活后，以母语写作使她找到了一种精神皈依的感觉。

但不是所有的人都有这样的感觉。我们在哈金、高行健等作家那里，看到的是另一道风景。即便在年迈的高尔泰的作品中，情思乃旋风般翻转，词语背后的空漠之感雾一般散开，弥漫着别类的乡愁。这让我们想起纳博科夫在远离俄罗斯的美国写小说时的情景，俄语的丰富性也因这种远距离的遥望有了自己的弹性。

有一段时间，海外华人知识分子的生活很受青睐。但具体的情况，我们知之甚少。20 世纪 80 年代后，出国潮涌动，域外生活的真相也逐渐现出。我注意到一个现象，许多在欧美的华人在其生活经验里都有些孤独的因素。不过外人不太深解，他们自述的文字也闪烁其词，鲜有触及于此的文字。许多华人的外语写作实践，未必都那么成功，但自己很少有文字披露这一点。这讳莫如深的沉默，有难言的苦衷，说出来，总是尴尬的。

于是许多存在让我们费解，同时也多了些神秘感。有意味的是，有一部分人出国前是故土的异类，久而久之，在域外却成了爱国者；还有的杜绝了与故土的来往，遗弃了旧迹。这是一个奇特的现象，在小说里揭示得有限。我注意到近来出版的一本新书《世纪病人》，对此进行了感性的注解，许多片段牵连着民族身份认同的内容，将背后的异质文化元素一一陈列出来，这倒让我们能去思考些什么。

民族认同不仅是中国在近代遇到的问题，域外的许多民族更是如此。以色列犹太人的写作，牵涉了许多家国难题，已被人们所深记。中国现代人的写作中，郁达夫关于这个话题及思乡中的拷问，我们至今还记得。但近年来情况越发复杂。离乡是在追梦，祖国意识纠结着苦楚。民族认同已经被复杂意识所绕。李晓桦《世纪病人》留下了这样的记录，写了有关海外华人的另一主题。

80 年代，李晓桦以诗闻世，后来从文坛消失，再后来去了加拿大，成了移民。两年前见到他的诗集，阅之颇为感动，似乎还留着 80 年代的余温，不像经历了大变故的人。我觉得他身上有一股纯真之气，这些都是那个时代可贵的遗存。有趣的是，他在近作《世纪病人》里敞开心扉，祖露在域外的经验，把失去根的心痛、出走的无路之苦，多维度地还原出来。

李晓桦提供的经验有着普遍性中的独特性。作为一个诗人，他因拒绝故土的俗路而寻找新途。可是小说里的"我"无法融入西方世界，在苦苦地奔赴加拿大之后，发现路没有了，既回不到过去，也抵达不了神往的岸边。而先前的梦不过是缥缈的云烟，西方世界与己身的一切，那么隔膜。《世纪病人》刻画的是离乡者的无乡之路。"所有的地方都是异乡""不是无所不在，而是哪儿也不在"。主人公突然在花花世界里发现了自我的消失。他拒绝认同对象世界，因为还带着 80 年代崇高的志向，不认可于俗谛，非钟情于物欲，缘于内心那份固有的尊严。出走者发现自己不再属于一切，人被时间卡住，找不到进入世界的门，更重要的是，熟悉的语言被囚禁着，不知道身为何物。在这里，主人公经历一次失重的体验，那些飘忽不定的痛感比先验的概念重要。认识一个民族和国家，不能以单线条的逻辑为之，这是丧失民族身份之后最大的体悟。《世纪病人》发现了资本主义世界和第三世界的歧路，而那些都不属于主人公自己。一个不想苟活于故土又拒绝域外乐土的老兵和诗人，发现"自己是自己的局外人"的时候，便有了单一体的文化里所没有的生命自认和自省。这已经远远超出国内文人的话语疆域。

人生活在母语或外语的世界感受会不同。回家的钥匙丢了，是大的苦痛。小说写出时代里的一种病象，自诊自疗，而又无果无终。我们在别人的文本里，看不到这种极致的茫然。遥想当年的巴金，在巴黎的寂寞里，以安那其的信仰疗救着自己苦楚的心。80 年代后，像木心那样的文化老人，虽然无法融进纽约城市，却以文字与绘画自救，词语里的奔波消除了沉寂，得到的是大的欢喜。高尔泰在美国依然保持在故国时期的神姿，异域里似乎亦有自己的温床。但李晓桦的选择里没有这些，他被悬隔起来，自己走向自己。小说看到了世界的病态，不回避的还有出走者的病态，并时时在拷问着这些病态。主人公以反抗和拒绝来克服自己，救赎自己。文字里的痛与思想的痛，刺激我们思考着民族认同的崎岖之路。

异乡无门，而内心却有着未失的圣界，这是现代以来知识分子的一种苦境。在失去家园的时候，依然珍惜自己内心的家园，这便是另一类出走者特别的存在。我们过去曾看过一个相似的出走者的故事，但今天，它却被李晓桦改写了。这延续了百年间的一个母题——失落与重生、迷失与归来，已经拥有了另一种意义。

人忠实于自己的时候，世界都外在于自己。既不想做世界人，像木心那样游走于东西方，又不想回到旧路苟活，那只能待在无路之途。这与域外的左派有别，自然，也不属于自由主义的传统。《世纪病人》提供的是另一种不能不让人关注的经验。我们在域外华人书写的历史里，看到了一种本真的、朗然的所在。它的意义在于，独立的坚守中义无反顾是多么可贵。人的闪亮之点，在于出离之后对于迷失的反抗。民族认同的过程如果没有这类经验的梳理，恐怕要缺失一些什么。《世纪病人》提供的例子，可以强化我们日趋淡薄的身份意识。对比之中，那些无痛的文字所勾勒的域外花絮，我们终会感到过于浅薄。

海外华人的文学创作，在今天呈现的多种神姿让我们不得不思之再三。其间提供的话题，为传统思维所难解。只有在离开母语的时候，才能知道它内质的美，而应对复杂的人生，母语便承担了先前所未曾经历的苦涩。一百年间，文学作品写得最好的作家多有域外生活的经历。鲁迅、郁达夫、茅盾、冰心、钱锺书、张爱玲，无不在一种陌生化的表达里，拓展了思维的空间。这里不仅有了对故国新的认识，也有了对于母语的新的认识。汉语在新的嫁接里，有了更为幽深、神奇的功能。

这里也不能不关注海外侨胞的写作。王德威曾描述过许多华人作品的特殊性，东南亚等地的华人书写是特殊的存在。那些在殖民文化与多种语境里游荡的华人，以血泪之迹刻画了己身的苦难。比如李永平的《大河尽头》，神秘、奇幻、幽婉，在灿烂的、多致的词语里，是向母语致敬的咏叹。这类作品在中国大陆的文学史与欧美华人的文学写作里是极为少见的。

记得多年前去东南亚，发现那里有许多华人写作的组织。那里的作家常常聚集在一起，讨论母语的审美问题，这曾给我深深的感动。比如新加坡，英语的空间正在吞没华语的世界，公共场域已经没有汉字，几乎清一色的英文。华人们以汉语的书写抵抗着异于自己的世界。他们组织文学协会，拟筹建华文文学纪念馆，其热情超出我们的预料。

不消说，这给我们的印象极为复杂，刺激去思考海外华人写作的多重内因。晚清以来，有流亡者的书写，章太炎、梁启超等是；有乡愁的感怀，林语堂等人可谓代表；还有批判的审视，如鲁迅、老舍的文字；当然，也有世界人木心那样的逍遥，采东西方之花蕊而用之，走一条开阔的路。在众多的写作者里，严歌苓是不能不予以关注的特殊存在。她在跨语境的书写里，以超验的目光看华人的命运，不都是抱怨与认同，有着上帝般的审视，在漫不经心里看出人类的有限与悲剧。这让我想起纳博科夫在《天赋》里对俄罗斯文明的凝视。他在远离祖国的地方，以既非民族主义又非西方主义的眼光，重塑俄罗斯的思想史。这是一种可贵的选择，就气象与审美的力量感而言，华语作家能与其齐肩者不多，我们于此看到了域外写作的多样性道路。而俄罗斯文学因为纳博科夫的挑战，较之先前有了相当的分量。

在这个意义上，我们对于域外华人的创作有着一种期待。在不同地域里的同一种文字的表达，因为维度的不同和参照的有别，可能会改变母语的某些功能。汉语是在与其他语言的交流中进化的。在未来的路上，这种交流与碰撞所产生的智慧，将使思想的暗区出现新的元素。以过去的历史而验之将来，当不是妄念之语。

论非虚构写作[*]

洪治纲[**]

随着《人民文学》《收获》《钟山》《花城》等刊物不断推出有关历史或现实的纪实性作品，近些年来，"非虚构写作"开始引人注目，并激发学界的广泛热议。很多人视其为一种特殊的文体，并从20世纪60年代美国的"非虚构小说"延伸开来，试图探讨它的文体边界和特质。但我以为，这种探讨的学理空间并不大。所谓"虚构"和"非虚构"，从本质上说，是以"真实"为区分彼此的标准，而文学上的"真实"遵循的是一种艺术真实，很难用纯粹的客观真实来比照。即使是各种非虚构的作品，在经过作家的叙事处理之后，呈现的也都是一种艺术上的真实。因此，"非虚构"与其说是一种文体概念，还不如说是一种写作姿态，是作家面对历史或现实的介入性写作姿态。

一

纵观文坛近年来的"非虚构写作"，其叙事内容主要向两个维度展开：一是沉入历史记忆的深处，通过史料的重新发掘、梳理和辨析，揭示各种史海往事的内在真相，或反思某些重要的人物与事件，像李辉的《沧桑看云》《封面中国》，王树增的《解放战争》《长征》《抗日战争》，阿来的《瞻对：两百年康巴传奇》，陈河的《米罗山营地》，陈徒手的《故国人民有所思》，杨显惠的《定西孤儿院纪事》《甘南纪事》，齐邦媛的《巨流河》，袁敏的《重返1976》，赵瑜的《寻找巴金的黛莉》，以及各种"家族记忆"

---

[*] 原文刊发于《文学评论》2016年第3期。

[**] 洪治纲，杭州师范大学人文学院院长、教授。

等；二是置身复杂的现实生活内部，对人们关注的一些重要社会现象进行现场式的呈现与思考，如梁鸿的《中国在梁庄》《出梁庄记》，慕容雪村的《中国，少了一味药》，孙惠芬的《生死十日谈》，李娟的《羊道》，萧相风的《词典：南方工业生活》，乔叶的《盖楼记》，刘亮程的《飞机配件门市部》，彼得·海斯勒的《江城》《寻路中国：从乡村到工厂的自驾之旅》等。无论是回望历史，还是直面现实，这些作品都体现出一种鲜明的介入性写作姿态，强调创作主体的在场性和亲历性，并以作家的验证式叙述，让叙事形成无可辩驳的事实性，由此实现其"非虚构"的内在目标。

细究这种介入性的写作姿态，我们会发现，在这类作品中，作家的身影通常无处不在、无时不在。他们时而观察，时而缅想，时而喟叹，时而思考，以近似于"元叙述"的策略，不断地构建各自的故事，明确地彰显作家的主体意识。而且，作家们在叙事中的自我介入，完全是积极主动的，不是消极被动的；是微观性的，不是宏观性的；是现场直击式的，不是经验转述式的。在具体的叙事中，作家们不仅充当了事件的组织者和参与者、材料的收集人和甄别者，还通过叙事本身不断强化自身的情感体验、历史质询或真相推断，从而最大限度地保障作品的真实感，使作品体现出一种灵活而开放的审美特征。

在通常情况下，除了讲述自身的相关经历，或者动用"元小说"策略，叙事类作品很少让作家置身故事现场"说三道四"。但"非虚构写作"却一反此理，不仅公开展示作家穿梭于各种叙事现场，而且从不回避自己进行现场记录的主观意图，使叙事带有很强的观念化意味。譬如，在《中国在梁庄》和《出梁庄记》中，梁鸿从一开始就表明自己的写作意图，即面对中国城市化进程的飞速发展，重新审视中国乡土社会结构形态上的变化，观察乡村农民的生存方式和伦理变迁，探讨中国乡土社会的发展出路等。为此，她预先设计了一种由外而内的观察方式，通过"梁庄的老人、妇女、儿童，对梁庄的自然环境，对梁庄村庄的文化结构、伦理结构和道德结构进行了考察，试图写出梁庄人的故事，并勾勒、描述梁庄将近半个世纪的历史命运、生存图景和精神图景"①，从而完成了《中国在梁庄》；随后，她

---

① 梁鸿：《出梁庄记》，花城出版社，2013，第 1 页。

再设计了一套由内到外的观察框架，奔赴广东、陕西、北京等地，采录来自梁庄的农民工在全国各地的生存状态、择业特点以及内心追求等，并形成了《出梁庄记》。在具体叙事中，梁鸿也自始至终将自己置于各种现场的核心位置，安排寻访路径，调动采访对象，细述自己的所见所闻。孙惠芬的《生死十日谈》也明确表示，自己主动请缨加入某个医学调研小组，就是为了调查和分析现代农民的生存现状及生命观的变化。于是，她跟随小组成员深入辽南乡村，记录一个个农民自杀事件，观察自杀者家庭成员的情感状态及命运变化，分析并揭示当下农民所面临的精神现状和真实的情感困境。慕容雪村的《中国，少了一味药》更是带着探究传销内在成因的意图，作家主动选择深入虎穴的方式，亲赴江西上饶加入某个传销窝点，直接体验传销组织者的规训策略和情感煽动手段。李娟的《羊道》、萧相风的《词典：南方工业生活》，甚至包括来自美国的彼得·海斯勒的《江城》《寻路中国：从乡村到工厂的自驾之旅》等也同样如此。这些作品从最初的主观设计，到置身各种意欲表达的生活第一线，包括大量的田野调查和现场记录，均体现了作家强烈的主体参与意识，同时在叙事中也从不回避作家自己的思考和判断。

在历史记忆的书写方面，作家也很少在叙事中随意缺席。如在《沧桑看云》中，面对每位被记述的历史人物，李辉都详细交代了自己与他们的交往经历，包括来往书信、采访笔记，还充分利用其他材料作为旁证，全力重塑他所认定的历史图景。在《封面中国》里，李辉以美国《时代周刊》封面上的中国人物作为聚焦，细述自己围绕这些历史人物，如何查阅、辨析大量的史料，在一系列微观化的细节呈现中，传达作家对这些人物以及历史事件的有效思考。在《解放战争》《长征》《抗日战争》等作品中，王树增所透露的强烈的主观意图，就是努力从不同层面、不同角度，多方位、全景式地重构这些重大的历史事件，从历史理性层面上，还原那些波澜壮阔的事件内部所蕴藏的历史逻辑、民族特质以及政治生态。在《米罗山营地》中，海外作家陈河也明确地表示，希望通过自己的实证性采访，再现那些被人们遗忘在马来丛林深处的中国人民的特殊抗日经历。在《瞻对：两百年康巴传奇》中，阿来更是直言不讳地强调："我所以对有清一代瞻对的地方史产生兴趣，是因为察觉到这部地方史正是整个川属藏族地区，几百上千年历史的一个缩影，一个典型样本。"① 为此，他凭借自身作为川西藏民后裔的文化优势，紧扣"夹坝"这个充满吊诡色彩的词语，一方面借助卷帙浩繁的历史文献，在细密的史料爬梳中，逐一呈现了上至中央、下至地方等权力部门对瞻对"劫盗"（即"夹坝"）行为的讨伐；另一方面又通过民间化的田野走访、神秘化的宗教思维，重构了瞻对土司一代代首领尤其是班滚、贡布郎加的传奇人生，再现了他们的"游侠"气质与禀赋。作者试图以一个小小土司的兴衰，不动声色地埋入历史深处，展示康巴藏民复杂而又坎坷的历史记忆。

这种带着明确主观意图的叙事，使得创作主体的介入姿态呈现强烈的目的性，也让"非虚构写作"带着鲜明的问题意识——无论是面对现实还是回望历史，作家在选择叙事目标时，都有着某种"跨界"探索的冲动，即希望通过自己的实证性叙述，传达文学在审美之外的某些社会学或历史学价值。像在《羊道》中，作者李娟就直接居住在牧民的家中，跟随他们放牧、转场，观察他们日常生活的点点滴滴，不断叙述中国西部游牧民族独特的生活方式、伦理观念以及生命诉求。在《生死十日谈》中，孙惠芬在寻访每位自杀者的家庭成员时，都会及时捕捉他们的表情，分析他们的内心，表达自己的伤痛和无奈，并深入探讨乡村农民自杀前后的伦理问题和乡村底层的生存困境。在《中国在梁庄》和《出梁庄记》里，作者也是不断地与各种寻访对象频繁交流，竭力打开彼此的心扉，在展示乡村农民内心的希望、困惑、焦虑的同时，反思乡村中国的现代化命运。这些作品虽然是一部部"非虚构"的文学作品，但同时也是一部部社会学或人类学的著作，它可能缺少科学的统计、归纳或严谨的结论推断，但它以丰富而鲜活的第一手材料，呈现了中国社会独特的生存面貌。

在历史类的非虚构作品中，这种问题意识主要体现为作家对一些重要历史事件或人物的真相式重构，对那些被日常观念所遮蔽的记忆进行更为全面的分析和判断。像王树增在创作《解放战争》时既查阅了国共两方面的大量原始资料，包括双方重要人物的日记、内部电文以及各种回忆录，还吸收了中外学者的一系列重要研究成果，从而对整个解放战争的格局有

---

① 阿来：《瞻对：两百年康巴传奇》，《人民文学》2013 年第 8 期。

了极为清晰的把握，同时也令人信服地揭示了国民党必败的诸多内在困局。在创作《抗日战争》过程中，作家也坦言："我会在前期把各方的史料相互进行印证，日方的、国民党的、共产党的、美军的、个人的、战史的都放在一起印证。比如长沙战役，蒋介石的原电报说'公布的死亡数字以二十万人为好'，当看到这封电报的时候，我们就不能看长沙会战国民党军公布的歼敌数字了。因为蒋介石本身就说了要扩大宣传，所以这个数字是有偏差的。只有印证了才能知道哪些材料有偏颇之处，日军的有，我们的也有。所以需要在心里对历史的走势了如指掌，对历史产生的原因非常清晰，把握这些原则以后就能大概判断出来这些资料的水分在哪里，比较接近真实的是什么。"[①] 正是这种全局性的观念，为作家理性地审视这场反法西斯战争提供了异常开阔的视野，也让他对这场战争的反思具有了开拓性的意义。在《故国人民有所思》中，陈徒手也一直强调，自己十余年来都埋头于北京市档案馆，集中选择了北京高校尤其是北京大学一批有关的著名教授作为重点目标，广泛搜集了有关他们的党内汇报材料，同时也整理了很多旁人针对他们思想动态的汇报材料，并在此基础上，完成了包括王瑶、冯友兰在内的 11 位教授在特殊历史时期的思想考察，最终推出了《故国人民有所思》。此外，像杨显惠的《定西孤儿院纪事》《甘南纪事》，齐邦媛的《巨流河》，袁敏的《重返 1976》等，也都是以历史寻访、材料整合为基础，通过作家对于历史现场的不断重构，并在许多重要历史细节中反复沉思和缅想，传达出创作主体的独特思考。

在这方面，最典型的应该是《瞻对：两百年康巴传奇》。作者通过对相关史料的不断发掘，饶有意味地呈现了"瞻对"在长达两百余年的历史中所遭受的苦难：从清廷官兵、西部军阀、国民党军队，到西藏宗教军队乃至英国军队等，都以不同的方式将这个边远贫穷的藏族土司搅得几无宁日。仅以清朝为例，所有的官方文献都表明，他们对"夹坝"的围剿不仅充满了现实的必要性和紧迫性，而且顺应了历史的合理性和正义性。为此，他们一次次兴师动众，或调动八旗精兵远赴川西，或派钦差大臣前往，但结

---

① 蒋楚婷：《把握复杂、丰厚的抗战历史——王树增谈〈抗日战争〉》，《文汇读书周报》2015 年 7 月 15 日。

果是，面对仅万余人的瞻对部落，每一次都代价巨大，却又从未取得过彻底的胜利。更具讽刺意味的是，面对各种损兵折将的败局，那些朝廷命官却频频上奏"彻剿顽匪"，不是班滚被烧死，就是贡布郎加被杀。于是，从粮饷筹备、运夫"脚价"，到士兵赏银、官员晋爵，方方面面都获得了利益上的巨大满足。在这些历史类的"非虚构"作品中，我们不仅能感受到一些鲜活的历史人物形象，包括他们的个性、思想及命运，还常常被作家所提供的丰富史料所折服，甚至不自觉地接受了作家自身的价值观念。

作为一种介入性的写作，"非虚构写作"既不回避创作主体的主观意图，亦不掩饰作家自己的现场感受和体验，甚至对各种相互抵牾、前后矛盾的史料所作的判断和取舍，都进行如实的交代。这种开放性的写作姿态，表明作家们已不满足于纯粹想象的写作，而更愿意积极地沉入历史或现实内部，直面各种复杂的生存逻辑与伦理秩序，彰显自己的精神姿态和理想作为，也为人们了解中国社会的现代化进程提供了独特的审美载体。

二

"非虚构写作"并不是一个新鲜的口号，但它在近些年来却受到人们的大力追捧，这无疑与它所倾力追求的"真实感"有关。这种立足于艺术真实之上的"真实感"，既具有真相揭示和事实还原的意味，又体现了创作主体积极勘探和理性反思的特质。它所透视出来的，是一些当代作家试图重建有关"真实信念"的写作伦理。这种写作伦理，一方面直接指向了信息时代的仿真化和符号化的文化趣味；另一方面也直接针对庸常化和表象化的文坛现状。

从现实文化角度来看，信息时代凭借其强大的虚拟技术和网络手段，彻底改变了人类有关真实的信念。很多人承认，信息技术是人类社会的第三次科技革命，它逾越了机器时代的诸多时空局限，使人的能力获得了空前的延伸。无论是过去的，还是异域的，甚至是完全不存在的景象，通过信息技术的处理，都会形成高度仿真的"拟像化"现实。在现代社会里，借助多媒体技术的支撑，所有电子媒介都已逐渐成为一个巨大的仿真化机器：拟像、符号、复制、数字处理……几乎所有这些信息制造的手段，都是为了建构一种现代仿真文化。这种仿真文化，不仅改变了人类的生存方式和思维方式，而且动摇了人类诸多的生活信念，尤其是有关"真实"的信念。博德里亚尔就认为，这是人类自我导演的一场"完美的罪行"："大众传媒的'表现'就导致一种普遍的虚拟，这种虚拟以其不间断的升级使现实终止。这种虚拟的基本概念，就是高清晰度。影像的虚拟，还有时间的虚拟（实时），音乐的虚拟（高保真），性的虚拟（淫画），思维的虚拟（人工智能），语言的虚拟（数字语言），身体的虚拟（遗传基因码和染色体组）……人工智能不经意落入了一个太高的清晰度、一个对数据和运算的狂热曲解之中，此现象仅仅证明这是已实现的对思维的空想。"① 在博德里亚尔看来，在虚拟的幻象中所建构起来的仿真文化，远远超出了人类对真实的理解，并形成了一种以符号为载体的"超真实"世界。在这里，人们所依赖的是现代电子媒介所营造的虚拟空间，所有的真实不再是客观化的、可实践的真实，也不再是人们可以不断确认和描述的真实。"真实本身也在'超真实'中沉默了。复制媒介巨细无遗地临摹，真实在从媒介到媒介的过程中被挥发了，成了一种死亡寓言，真实成了为真实而真实的真实（就像为了欲望而欲望的欲望），膜拜逝去的客体，但这客体已经不是再现的客体，而是狂喜的否定和对自己仪式的消除：成了'超真实'。"② 尽管博德里亚尔的说法有些夸大其词，但是，由虚拟技术而创造出来的仿真文化无疑已动摇了人类有关真实的信念。而仿真文化确确实实已渗透我们当今生活的各个领域。

当真实不再具备客体意义上的实存，而成为人类"超真实"的仿真符号，虚构也就变得合理合法甚至名正言顺了。处在这种裂变之中的人们，面对信息化、虚拟化所形成的仿真文化，重建一种被遮蔽的真实信念，或许正是"非虚构写作"所追求的写作伦理，同时也是读者高度关注这类作品的内在缘由之一。在写作《中国在梁庄》和《出梁庄记》时，梁鸿就非常警惕那些被无数信息描摹起来的乡村，也高度戒备那些符号化了的"农民工"生活模态，所以她选择自己的故乡梁庄作为考察坐标，通过彼此亲

---

① 〔法〕让·博德里亚尔：《完美的罪行》，王为民译，商务印书馆，2000，第32~34页。

② 连玕、李曦珍：《后现代大祭师的仿象、超真实、内爆——博德里亚电子媒介文化批评的三个关键词探要》，《科学·经济·社会》2007年第3期。

密且无防备的真切的交流方式，记录梁庄的社会变化与人们生存的景象，同时奔赴全国各地，跟踪梁庄人在全国各地谋生的艰辛与尴尬。她曾直言不讳地说："如何能够真正呈现'农民工'的生活和乡村的历史与现实形态，如何能够呈现这一生活背后所蕴含的我们这一国度的制度逻辑、文明冲突和性格特征，是一件非常困难的事情。并非因为没有人描述过或关注过他们，恰恰相反，而是因为被谈论过多。大量的新闻、图片和电视不断强化，要么是呼天抢地的悲剧、灰尘满面的麻木，要么是挣到钱的幸福、满意和感恩，还有那在中国历史中不断闪现的'下跪'风景，仿佛这便是他们存在形象的全部。"① 正是对那些被高度符号化的现实的怀疑，才使她有了还原真实的写作冲动："我试图发现梁庄的哀痛，哀痛的自我。说得更确切一些，我想知道，我的福伯、五奶奶，我的堂叔堂婶、堂哥堂弟和堂侄，我的吴镇老乡，那一家家人，一个个人，他们怎么生活？我想把他们眼睛的每一次跳动，他们表情的每一次变化，他们呼吸的每一次震颤，他们在城市的居住地、工作地和所度过的每一分一秒都记录下来，我想让他们说，让梁庄说。梁庄在说，那也将意味着我们每个人都在说。"② 同样，孙惠芬的《生死十日谈》通过对辽南乡村一些自杀个案的追踪采访，既记录了那些自杀者的家庭所背负的沉重的道德伦理，又反思了当今乡村日趋增多的自杀现象，并指出巨大的医疗负担和尖锐的家庭矛盾仍是威胁中国农民生存尊严的重要因素。而慕容雪村的《中国，少了一味药》，以作家自己卧底于传销组织中的亲身经历，让我们彻底摆脱了信息媒介所勾勒的情境，鲜活地演绎了这一社会毒瘤之所以屡除不灭的缘由，它既有邪教般的灵魂淘洗，又有人性欲望的疯癫表演。尽管现代媒介每天都在以这样或那样的方式不断传播上述这些现实问题，但在各种"符号化"的表述之中，真实的现实生活图景、生存观念及其伦理状态，却始终变得模糊不清。

由仿真文化建构起来的"超真实"世界，对历史记忆表现出来的态度，常常是一种自觉的戏拟、解构以及理想化的重构，其中渗透了博德里亚尔所说的"历史虚无主义"逻辑。的确，从后宫里的人际诡术到具象化的抗

---

① 梁鸿：《我的梁庄，我的忧伤》，《光明日报》2013 年 8 月 6 日。
② 梁鸿：《我的梁庄，我的忧伤》。

日神剧，在仿真化的信息伦理中，我们正在远离最基本的历史事实，也在规避必要的历史逻辑。当"非虚构写作"不断重返历史记忆时，不仅仅是为了揭示历史真相，更重要的是，它还试图通过揭示真相被遮蔽的过程，展示这种重返历史现场的艰难与必要。像袁敏的《重返1976》，就是以见证人的身份，全程记录了发生在1976年的"总理遗言案"始末。尽管很多当事人已年华渐老，但一切在作者的笔下宛如"现场重建"。于是我们看到，一群在杭州工厂上班的小青年，受父辈们革命豪情的影响，对时局有着异乎寻常的热情。他们常常聚在一起，感时忧国，审时度势。其中一位有着诗人般忧郁气质且才华横溢的青年蛐蛐儿，终于在周总理逝世后的某一天，模仿总理的口气写出了一篇"遗言"。耐人寻味的是，竟然没有人怀疑它的真实性，每一个人都在快速抄录，然后疯狂传播，一时间传遍大江南北，造成轰动一时的"总理遗言案"。同样，像韩石山的《既贱且辱此一生》、齐邦媛的《巨流河》等作品，则以回忆录式的笔调和饶有意味的细节还原，在追忆作家自我成长经历的同时，又不断追问了历史深处的沉重与诡异。

仿真文化所带来的审美趣味，便是造梦工厂的大面积涌现。它使人类文化的生产和消费不再忠实于经验化的现实生存秩序，也不再追求具有理性意味的经典化趋向，而是迅速转向时尚化、虚拟化和感官化，并使各种奇幻性的叙事变得越来越盛行。于是，从"盗墓""仙侠"到"穿越""玄幻"等戏拟化的类型文学，几乎成为普通大众的主要文学消费形式之一。人们越来越乐于接受这种由仿真文化催生出来的审美趣味，也越来越迷恋奇幻化、感官化和戏拟化的审美格调，像《大话西游》《诛仙》《盗墓笔记》《藏地密码》《幻城》《斗破苍穹》《后宫》《梦回大清》等，一波接一波地甚嚣尘上。这种创作无疑是仿真文化在文学创作中的积极推手，并借助各种电子媒介的营销策略，成功地占有了巨大的消费市场；同时，它们又反过来推动仿真文化的合理化和合法化，不断动摇人们有关真实的信念。

事实也是如此。受信息文化的影响，越来越多的作家开始很少脚踏实地地沉入生活基层，更不愿进行田野调查式的观察与思考了，也很少有作家认真地潜入历史内部，搜集或查阅相关史料，对既定的历史进行富有创见的探索。他们所倚重的叙事资源，多半是各种现代媒介所提供的信息。很多作家利用各种信息资源，然后结合自己的既有经验和生活常识，不断地推出一部部经验化、表象化的"新作"。我曾指出，这种依靠经验滑行的写作，带来的不仅仅是自我艺术的重复，而且是彼此之间的似曾相识，像"反腐小说""底层写作"中的大量作品，都呈现高度模式化的倾向。① 特别是一些青年作家，既不愿走进浩瀚复杂的历史，也不愿投入现实生存的焦点之中，所以他们的作品总是沉迷于"小我"，书写一些自身的生活感受和人性面貌。这种回应社会现实的无力感、书写历史命运的苍白感，已成为新世纪文学的一种显在问题。

针对这种创作困局，"非虚构写作"试图通过重建有关真实的叙事伦理，进行一些必要的反拨。所以我们看到，在历史叙事中，绝大多数作品直面一些重要的历史人物或事件，全面发掘材料，梳理相关史实，并进而重新审视某些内在的事实真相。它们所彰显的，是创作主体清晰的使命意识和追求真理的内在意愿。像陈河在《米罗山营地》中就坦然地说道，自己被卡迪卡素夫人的《悲悯阙如》一书所深深吸引："这是一本完全可以和《拉贝日记》《辛德勒名单》一样让千百万人感动的书。有了这本书作指引，我找到了很多新的线索。我的书房里很快堆满了各种各样的相关图书和资料，说真的，我已经成了这个问题的专家，所掌握到的很多资料都是独门的。但我还是觉得十分迷茫。我感觉到我所处的现实世界和那段历史隔着一层不可逾越的时空，所以决定去马来西亚作一次实地的旅行。"② 尽管自己已成为马来西亚抗战历史的半个专家，但作家还是一次次亲赴历史现场，其目的就是重构更为真实的历史感。在《抗日战争》中，王树增努力摆脱党派与阶级的视角，将抗日的正面战场和敌后战场融为一体，从平津战役、淞沪会战、太原会战到南京保卫战、台儿庄战役、徐州会战……一路叙述下来，包括每一场战役敌我双方的战略部署、战斗过程及战后分析，展示出一种超越既定史观的、激动人心的"历史记忆"。作者认为："这是中华民族近代以来第一次全民同仇敌忾、浴血山河所赢得的反侵略战争胜利；它的波澜壮阔和气壮山河，体现了民族坚韧的生命力。种种原因，过去我们所了解的抗日战争历史比较片面、局部或碎片化。抗日战争成功抵抗外

---

① 洪治纲：《底层写作与苦难焦虑症》，《文艺争鸣》2007 年第 10 期。
② 陈河：《米罗山营地》，天津人民出版社，2013，第 5 页。

侮的重要性和深刻性仍须深挖。"因此，王树增定下的目标是全景式描绘，"将抗日战争置于整个世界二战大格局中，对这次战争有历史纵深意义上的理解，力求深度再现一段超常态的时代进程"①。袁敏的《重返1976》在记录"总理遗言案"的过程中，则倾力突出了特殊历史的诡异与凶悍。"遗言"事件发生后，在王洪文和张春桥的指挥下，所有被审讯者都经受了各种生死炼狱——大耳朵自杀未遂，手腕上留下了一道长长的疤痕；蛐蛐儿前女友的父亲因为越狱被哨兵的尖刀刺中，离心脏只有两厘米；作者的哥哥瓜子变得沉默寡言，判若两人；而蛐蛐儿则因为服用甲喹酮成瘾，开始出现行为失控……尽管他们后来都得以平反，有些甚至成为反抗"四人帮"的英雄，但是，他们的内心都留下了种种无法抹平的伤痕。阿来的《瞻对：两百年康巴传奇》则明确写道，正史意义上的所有记录和解读，往往都是视"夹坝"为"劫盗"的"正义性"评价，而在瞻对的民间却流传着另一种看法，那便是彪悍、勇猛、不屈的精神记忆，是浪漫化和传奇化的"游侠"气质。通过一次次的走访和调查，阿来发现，在这片土地上，"一个人常会感到自己生活在两个世界"，一个是现实的世俗世界，另一个则是充满传奇的心灵世界，在那里"人们仍然在传说种种神奇之极的故事，关于高僧的法力，关于因果报应，关于人的宿命"。②

无论是面对历史还是现实，"非虚构写作"所体现的介入性写作姿态，都有着非常重要的意义。它多少改变了当代作家蛰居于书斋的写作习惯，激发了作家对社会和历史的自觉观察之兴趣，使作家们能够带着明确的主观意愿或问题意识，深入某些具有表征性的现实或历史领域，获得最为原始的感知体验，也强化并重构了有关真实信念的叙事伦理。

三

虽然"非虚构写作"本身并不具备文体意义上的规范性，但它对一些既定的文体分类则充满了解构性倾向；并隐含了某种反自律性的文学冲动。

---

① 许旸：《军旅作家王树增：写完〈抗日战争〉心里终于能踏实了》，《文汇报》2015 年 4月 14 日。

② 阿来：《瞻对：两百年康巴传奇》。

从世界文学的发展脉络来看，"非虚构"最早就是针对虚构性的小说而提出来的。20 世纪 60 年代，美国小说家杜鲁门·卡波特在发表《冷血》时，曾明确地提出这是一部"非虚构小说"；随后，诺曼·梅勒出版《刽子手之歌》时，也自觉承袭了这一概念。董鼎山先生认为："所谓'非虚构小说'，所谓'新新闻写作'，不过是美国写作界的'聪明人士'卖卖噱头，目的是引起公众注意，多销几本书。"① 但我以为，问题远没有这么简单。因为"非虚构小说"的命名从本质上直接颠覆了小说的虚构特质，明确地体现了作家对这一文体属性的不信任。如果深而究之，这种不信任，其实已指向了文学的两个核心问题：一是"虚构"与"非虚构"之间是否存在相对明晰的界限；二是文学发展的自律性是否具有绝对的合理性。

从文类的划分标准来看，"虚构"与"非虚构"之间的边界确实是相对的，也是模糊不清的，因为一切文学所遵循的真实都是"艺术的真实"，而"艺术的真实"具有强烈的主观性、地域性和历史性。譬如，福克纳和马尔克斯都认为自己的小说是最真实的，但他们的创作最终还是被套上了意识流或魔幻的帽子。厄尔·迈纳就曾说道："事实性与虚构性，这两个概念是互相关联的，但在逻辑上事实先于虚构。这种情况适用于所有文学，尽管在实际应用中事实性与虚构性的程度会有所不同。"② 事实上，在所有的文学创作中，从来就没有绝对虚构的作品，也没有绝对非虚构的作品。即使是那些玄幻、科幻或武侠小说，也存在某些符合人类真实经验的情节或细节；同样，各种纪实类的文学作品也会或多或少地保留着作家想象的成分。所谓"虚构"或"非虚构"，只是其中的"事实性"（即客观上的真实性）占有多少比重而已。当一个作家将自己所感知的现实生活忠实地呈现出来，不论这种现实多么不可思议，他都有理由认为自己的创作是一种"非虚构"的写作，除非他在创作中已明确地体现了对现实秩序及经验常识的不信任，体现了高度的浪漫主义想象。因此，从主体认知的角度来说，作家们提出"非虚构小说"，其实折射了"虚构"在内涵上的不确定性——它只能参照具体作品中的"事实性"来作出相对的判断。

---

① 董鼎山：《所谓"非虚构小说"》，《读书》1980 年第 4 期。
② 〔美〕厄尔·迈纳：《比较诗学》，王宇根等译，中央编译出版社，2004，第 324 页。

在中国当代文学中，这一问题似乎显得更为突出。一个主要的原因是，除了叙事散文之外，人们通常将非虚构类文学作品统称为"报告文学"或"纪实文学"。这两个名称，看起来都是拥有明确规范的文体概念，但它们均巧妙地掩盖了艺术真实的内在属性，以至于人们常常视其为追求"客观真实"、切近新闻报道式的特殊文体。尤其是20世纪90年代之后，不少作家利用它们所隐含的"客观真实"之特点，炮制了大量的"广告文学"，使其在文体上的审美价值饱受诟病。在这种情形下，无论编辑还是作家，都希望用另一种相对宽泛的概念来表述一种具有现场感和真切感的纪实性写作，这便有了"非虚构写作"的出笼。

"非虚构写作"之所以深受一些作家的高度关注，是因为其在本质上体现了他们对艺术真实的自觉维护，反映了作家对"虚构"与"艺术真实"之间相互侵袭状态的警惕，也折射了作家明确的主体意识。在很多时候，"虚构"总是与想象、理想、乌托邦式的浪漫主义紧密地纠缠在一起，成为我们审度某部作品真实与否的内在标准，却让我们忽略了艺术真实的特殊意义。

与此同时，从文学的自律性来看，科学的文体分类无疑是人类的巨大进步，也是启蒙现代性的重要成果。今天，无论我们是将文学作品分为诗歌、散文、小说、戏剧四类，还是加上报告文学（纪实文学）共五类，都拥有相对明确的概念界定和属性归纳，呈现鲜明的科层化特质。它带来的良好后果之一，便是不同的文体都在其自律性的范畴中形成了各种清晰而完整的理论谱系，无论是诗歌理论、散文理论还是小说理论、戏剧理论乃至报告文学理论，都越来越丰富，也越来越全面。而且，这种文体的分类，也为文学史的梳理和建构提供了强有力的支撑，使人们在文学史的编撰过程中拥有相对稳定且合法的体例模式。

但我们也必须看到，这种看似严谨的、科层化的文体分类，同样也存在某些相对性。譬如，在散文和诗歌之间，就出现了散文诗，在散文和小说之间，出现了"非虚构小说""新闻小说"，等等，甚至在具体作品的划分上也偶有混乱的现象，如张承志的《心灵史》，多数人视其为小说，但也有人将它列为散文。在戏剧与诗歌之间亦有诗剧作品。这种文体间的彼此交织，无疑也动摇了文体分类的科学性和严谨性。弗吉尼亚·伍尔夫甚至指出，未来的小说将成为一种更加综合化的文学形式，"它将用散文写成，但那是一种具有许多诗歌特征的散文。它将具有诗歌的某种凝练，但更多地接近于散文的平凡。它将带有戏剧性，然而它又不是戏剧。它将被人阅读，而不是被人演出"①。伍尔夫的这一判断，实际上已成为事实，如"散文化小说""诗化小说"等，都已产生了一些经典之作。这也意味着，那种既定的文体划分，只是一种相对的形态学上的区分，很难找到明晰的界限。

既然文体概念是相对性的，而且不同文体之间的彼此交织也屡见不鲜，又加上日常生活审美化的发展和文学性的迅速蔓延，很多建立在自律性上的文体概念，也开始变得模糊不清。这不是文学自律性本身的问题，而是文学自身的发展变化对自律性所形成的冲击。它隐含了文学本质主义的某些局限性。前几年，围绕着文学本质主义和建构主义，国内学界就曾发起了一场历时颇久的争论，其焦点就是针对文学本质主义的质疑和反思。同样，"非虚构"口号的提出，也反映了各种具体的创作实践与相关文体概念之间的抵牾，并直接动摇了建构在自律性之上的某些文体属性，呈现出更为开放性的建构主义倾向。

这种反本质主义的建构主义倾向，在近年来的"非虚构写作"大潮中体现得尤为明显。较早使用"非虚构写作"作为刊物栏目的是《人民文学》，当时它的主编李敬泽就曾坦言，之所以启用"非虚构"，一是因为"中药柜子抽屉不够用了"；二是因为它"看上去是个乾坤袋，什么都可以装"。② 经过了漫长的自律化发展，文学不仅在文体上获得了清晰的分类，还在此基础上形成了相对独立而完整的理论体系，如今，人们却发现这些"中药柜子抽屉不够用了"，这无疑是一个耐人寻味的问题。对此，《人民文学》编辑部给出的理由是："在文学期刊上、进而体现在一般的文学观念和阅读习惯中的文体秩序其实是相当狭窄的，它把一些可能性排除在外，让你对很多东西视而不见。"③ 作为文学杂志的编辑，他们显然意识到了文学创作正在突破一些文体规范，为此，他们只好选择更为宽泛的"非虚构写

---

① 〔英〕弗吉尼亚·伍尔夫著，李乃坤选编《论小说与小说家》，瞿世镜译，上海译文出版社，2000，第363~364页。
② 陈竞：《李敬泽：文学的求真与行动》，《文学报》2010年12月9日。
③ 陈竞：《李敬泽：文学的求真与行动》，《文学报》2010年12月9日。

作"来进行表述。但是，在回答什么是"非虚构写作"时，《人民文学》的编辑们也显得一筹莫展："何为'非虚构'？一定要我们说，还真说不清。但是，我们认为，它肯定不等于一般所说的'报告文学'或'纪实文学'……我们其实不能肯定地为'非虚构'划出界线，我们只是强烈地认为，今天的文学不能局限于那个传统的文类秩序，文学性正在向四面八方蔓延，而文学本身也应容纳多姿多彩的书写活动。"① 事实也是如此。很多非虚构类的作品，在最后出版时，都被出版社标注为"长篇小说"，像《生死十日谈》《米罗山营地》《定西孤儿院纪事》《巨流河》等；有些则被出版社标注为"纪实文学"或"散文"，如《中国在梁庄》《出梁庄记》《解放战争》《抗日战争》《沧桑看云》《封面中国》等。这种文体上的分类，从某种意义上也说明"非虚构写作"已打破了既定的文体属性，突破了文学自律性所规定的内在空间。

无论是从"艺术真实"的基本要求上，还是从文学自律性的理论谱系上，我们都已看到，"非虚构写作"几乎动摇了文学的某些本质性规定，并预示了一种更为开放、多元和不同文体彼此交织的写作倾向。当然，就中国当下的"非虚构写作"而言，它或许更多只是体现为一种介入性的写作姿态，即作家更多地倚重于某些亲历性的事实或历史现场的写作姿态。

四

从作品的内涵上看，"非虚构写作"的确呈现出一种开放性的文化意蕴。通过这种开放性的探索，作家们"希望由此探索比报告文学或纪实文学更为宽阔的写作，不是虚构的，但从个人到社会，从现实到历史，从微小到宏大，我们各种各样的关切和经验能在文学的书写中得到呈现"②。但是，细读近年来的一些代表性作品，我们也必须承认，这种写作的局限性也是非常明显的。有不少人就认为："中国非虚构写作的问题在于文体界定

① 见《人民文学》2010年第2期"留言"语。
② 见《人民文学》2010年第9期"留言"语。

不明以及文体意识、细节内容等的缺乏。此外，在'反映现实'的勇气和力度上，中国的非虚构写作也存在着不足。"① "阅读这些'非虚构'作品，我们有更多真实可感的'社会'体验，却缺少了一种'文学'体验。"② 尽管有些批评显得有些偏颇，但大多数质疑还是严谨而令人信服的。

细究"非虚构写作"的局限，首先在于它限制了创作主体的艺术想象力和创造力。由于过度强调作家自身的所见所闻，或受制于各种既定的史料支撑，在具体叙事中，作家们必须更多地顾及人们的日常生活经验和常识，必须尊重各种生活应有的内在逻辑，作家的主体意识很难获得全面而自由的张扬，也很难拥有像鲁迅所说的"天马行空"式的精神境界。不错，很多作品在塑造人物个性、还原生活细节上精耕细作，像《出梁庄记》里算命的梁贤义、校油泵的梁恒文和梁恒武兄弟，《生死十日谈》里耿小云的父亲、"小老头"的绝望神情，《重返1976》中有关蛐蛐儿的内心谜底，《瞻对：两百年康巴传奇》中班滚和贡布郎加的神勇气质，都写得十分鲜活，凸显了作家应有的想象力和艺术重构能力。但这种叙事潜能的施展，毕竟受到特定对象的限制，无法向生活的可能性方向挺进。在有些作品中，作家就明显受缚于材料的爬梳和印证，忽略了必要的想象性重构，人物形象显得有些呆板，人物内心的微妙世界也因为受到叙事视角的限制，无法获得多方位的呈现。如赵瑜的《寻找巴金的黛莉》，围绕着巴金写给山西"太原坡子街20号"一位"赵黛莉女士"的七封信，作者详述了自己长达两年的寻找历程。从作者与古董商讨价还价，到古董商意外被害；从对坡子街20号赵公馆里主要人物的逐个追踪，到赵黛莉女士身份的最终确定，一切都叙述得跌宕起伏，甚至在一定程度上呈现了历史与个人命运之间的复杂关系。但是，当作者最终在西安见到真正的黛莉并与之交流时，黛莉的回忆却显得过于简单，尤其是她与巴金当初的书信交往过程和内心的真实情感，都没有获得很好的呈现，这导致整部作品似乎主要是在叙述寻找黛莉的过程，而黛莉本人的形象则显得相当呆板、无趣。此外，像陈徒手的《故国人民有所思》中的一些学者，杨显惠的《定西孤儿院纪事》中的

---

① 房伟：《"现实消失"的焦虑及可能性》，《文艺报》2015年4月22日。
② 卢永和：《"非虚构"与文学观的转向》，《湖北大学学报》（哲学社会科学版）2011年第6期。

很多人物，都缺乏必要的丰实度和立体感。

生活的可能性或人性的可能性，是文学伸展的重要空间，也是考验创作主体想象能力和创造能力的重要维度，所以米兰·昆德拉强调，小说是对存在的可能性的勘探。① 或许正是因为可能性状态的书写会受到局限，王安忆就对"非虚构写作"一直保持着潜在的拒绝。她曾说："非虚构的东西它有一种现成性，它已经发生了，它是真实发生的，人们基本是顺从它的安排，几乎是无条件地接受它，承认它，对它的意义要求不太高。于是，它便放弃了创造形式的劳动，也无法产生后天的意义。当我们进入了它的自然形态的逻辑，渐渐地，不知不觉中，我们其实从审美的领域又潜回到日常生活的普遍性……非虚构是告诉我们生活是怎么样的，而虚构是告诉我们生活应该是怎么样的。"② 王安忆的这番体悟显然有一定的道理，或许这也是很多实力派作家不愿轻易涉足"非虚构写作"的潜在原因之一。

其次，"非虚构写作"的局限也体现在作家对叙事资源的利用上。由于强调作家主体的亲历性和在场性，注重作家对表达对象相关材料的占有程度，"非虚构写作"从某种程度上说是一种"行走"的文学。它需要作家身体力行，置身各种书写对象的深处，全程参与故事的每个环节，或记录自己的所思所感，或收集验证各种原始材料，因此，与虚构类写作相比，其叙事资源无疑是非常有限的。在虚构类写作中，依靠创作主体的相关经验和逻辑，作家们可以通过自由想象和既有的经验，让叙事广泛地涉猎各种生活，在可能性中营构极为丰富的审美空间。而"非虚构写作"是以独特的现场感和真实感为主要审美目标，这决定了其写作空间通常被限定在作家自身的感知范围之内，与作家自身的现实生活（包括对特定历史的认知生活）具有同等性。但是，作家的个体生活范畴是有限的，即使是置身于某个生活领域所获得的经验，在具体的叙事中也是一次性的。所以，除了像王树增、杨显惠、李辉、陈徒手等少数作家，长期专注于某一特定的历史领域，并对那些历史史实进行有计划的开发之外，其他作家通常在"非

---

① 〔捷〕米兰·昆德拉：《小说的艺术》，孟湄译，三联书店，1992，第 42 页。
② 王安忆：《虚构与非虚构》，《人民政协报》2010 年 3 月 6 日。

虚构写作"中只有一两次尝试性的实践。就非虚构本身而言，这无疑是一种不可延续的写作，无法像虚构性写作那样做到"一鱼多吃"。

当然，倘若从经典化的目标来说，对叙事资源的一次性使用，并不一定是坏事。很多优秀的作家毕其一生，也只创作那么一两部作品，像曹雪芹写《红楼梦》、柳青写《创业史》、塞林格写《麦田里的守望者》等，都是如此。但是，在当今这个普遍推崇自我复制、讲究"资源利用效率"的现实处境中，它似乎成了一种"局限"。不过，话说回来，尽管"非虚构写作"在资源利用上受到作家自身生活的限制，但它的介入性，以及在介入过程中所积累起来的鲜活而丰富的审美体验，依然是作家以后创作的宝贵财富。如果当代作家都能够真正地沉入社会历史之中，进行一些必要的"非虚构写作"，无疑会为他们的虚构性写作提供巨大的帮助。

最后，"非虚构写作"的局限，还体现为作品的艺术性普遍偏弱。从中外文学史上看，具有丰厚艺术价值的非虚构经典作品并不少见，像舞蹈家邓肯的《邓肯自传》，巴别尔的《骑兵军》，奈保尔的《幽暗的国度》，君特·格拉斯的《我的世纪》，等等。但是，在中国近期的"非虚构写作"中，大多数作家过于强调叙事的真实感，也过度张扬创作主体自身的认知和思考，导致在具体的叙事过程中，有些作品将作家扮成"记录员"的角色，以"口述实录"的方式，力求客观呈现相关人物的真实经历；有些作品则常常将一些原始材料包括书信、日记、电报等直接呈现在文本中，试图强化史料的真实性；有些田野调查性质的作品，则过于强调"实录"之后的分析和思考，充满了主观化的感悟和价值判断。诚如有人所言："非虚构是在抒写，在呈现，在不断地认识一个人的人生和情感，而不仅是告诉你这个人如何苦恼、苦难，它对世界是一种主观的体验。"① 这些叙事策略其实或多或少影响了作品在审美上的回味空间，削弱了作品的艺术品质，也致使这类作品中很少有独特丰富的人物形象，很少有耐人寻味的结构形式，更缺乏充满个性和张力的语言韵致。

任何一种写作都充满了挑战。"非虚构写作"在挑战当下写作伦理和审美趣味的同时，虽也存在某些不足，但它毕竟凭借自身明确的介入性写作

① 赵玫：《梁鸿：从"进梁庄"到"出梁庄"》，《光明日报》2013 年 7 月 12 日。

姿态，展示了当代作家对历史与现实的自觉关注，传达了他们对叙事真实感的内在诉求，也折射了他们对信息时代仿真文化的抗争意愿。更重要的是，"非虚构写作"还使文学创作走向更为开放性的文化语境，其中的不少作品已延伸至社会学、历史学或人类学等其他人文领域，成为它们的某种文本参照。

一种新的作者本位

——跨媒体背景下的报刊专栏写作[*]

金 鑫[**]

专栏写作 20 世纪 20 年代初诞生于西方报界，是与现代报刊伴生的一类文体。如果将 20 世纪二三十年代刊发于文艺副刊的杂文视为专栏写作的一种，那么我国的专栏写作也有近百年的历史。无论是民国时期还是新中国成立后，我国的专栏写作始终以新闻评论为基本形态，直到 20 世纪 90 年代中期，才在题材上有所拓展和突破。21 世纪以来，随着新媒介的迅速崛起，媒体协作、互动的增强，我国的专栏写作迅速呈现跨媒体形态：专栏作家同时在多种媒体上开辟专栏，伴以专栏文章结集出版，传统专栏写作的基本特征被不断打破。于是，跨媒体语境下专栏何以继续称为专栏，其形态、特征发生了哪些变化，成为我们有必要考察的问题。

一 当报刊专栏遇到跨媒体——新的"作者本位"

所谓跨媒体，是指利用两种或两种以上媒介传播相同内容的一种传播形态，它是媒介传播发展到一定程度的必然结果。跨媒体一般表现为两种形态：一是同一信息在不同媒介间的交叉整合；二是媒介间合作共生、互动协调。我国的跨媒体传播出现在 20 世纪 90 年代后期，以"阳光卫视"与"新浪网"的合作为肇始。21 世纪以来，随着媒介技术的发展，新媒体不断涌现，我国媒体间的联动和融合日益频繁，跨媒体逐步成为传播领域的新常态。

---

* 原文刊发于《当代作家评论》2016 年第 6 期。

** 金鑫，南开大学文学院副教授。

专栏写作与现代报刊伴生，与媒体传播关系紧密。随着媒体联动融合日益频繁，我国的专栏写作开始呈现跨媒体形态。一类情况是，由于报刊数字化，刊载于传统纸媒的专栏文章开始出现在互联网，读者通过网络阅读、转载并做二次传播。另一类情况是，由于新媒介日臻成熟、开放，作家开始选择在多种媒体开设专栏发表文章。后一类情况中专栏作家主体性更突出，与专栏写作以作家为中心的特征相吻合，因此是本文考察的重点。

将报刊视为专栏写作的传统媒介，目前我国专栏写作的跨媒体形态主要表现为以下三个方面。

一是多种形式的网络专栏。互联网是对当代传播方式影响最大的媒介，广阔的网络空间为专栏作家开设专栏提供了多种选择：开通博客、微博，转载自己发表于报刊的专栏文章，并适当补充同题材、同风格作品；在新浪、搜狐等大型门户网站的某些专区开设专栏，或为某些与个人风格相适应的品牌专栏撰写文章；在"豆瓣""天涯""马蜂窝"等各类社区论坛开设专栏，撰写文章并同时参与相关讨论。图片、视频、音频等多媒体手段的汇入，与读者的即时交流互动，是网络专栏区别于传统专栏最突出的特征。

二是基于手机阅读的专栏文章。随着智能手机的普及，手机已成为人们最常用的阅读终端，一些专栏文章已开始经由手机传播，即为报刊或网站撰写的专栏文章经手机客户端推送给读者；开设微信公众号，以微信为载体从事专栏写作，向关注者传播；为某些与个人专栏内容、风格相符的专题微信公众号提供专栏文章。基于手机阅读的专栏文章，考虑到网速和流量，在文本形态上会比网络专栏节省部分图片、视频，阅读方式则更为自由，以碎片化的浅阅读为主。

三是专栏文章结集出版。成功的专栏往往有相对稳定而庞大的读者群，对于出版社来说，将好的专栏文章结集出版，就意味着稳定的市场份额和不菲的经济收入，因此，近年来的专栏文章结集出版非常普遍。或是一位专栏作家的文章选集，或是一个刊物某一时段专栏文章的集合，或是同领域多位专栏作家作品的精选等，结集出版意味着传统专栏延续、间断的局部阅读转变为集中的整体阅读，其改变趋势与基于手机的专栏阅读正相反。

2015 年秋季上线的电影《陪安东尼度过漫长岁月》，就是根据专栏作家安东尼的真实生活和专栏文章改编，从拒绝标点符号、读起来须颇费一番功夫的小清新网文，到主人公突出、叙事明确的纪实风电影，大跨度的改编为专栏写作跨媒体形态增添了新的注脚。

为更直观地呈现当下我国专栏写作的跨媒体形态，这里选取《新周刊》《三联生活周刊》《南方周末》《新京报》4 种报刊为样本，统计近五年在以上刊物开设专栏的作家跨媒体写作情况：4 种刊物共有专栏 89 个，专栏作家 89 位次，去除在几个刊物同时开设专栏的情况，取得专栏作家样本 69 位，其中开通博客、微博并以此平台转发专栏文章或作为报刊专栏延续补充的有 57 位，占比 82.6%；在门户网站或社区论坛开设专栏的有 47 位，占比 68.1%；开设微信公众号推送个人专栏或发表相关文章的有 31 位，占比 44.9%；个人专栏修改结集或专栏文章扩充出版的有 46 位，占比 66.7%。以上数据可以说明两个问题：第一，在传统报刊开设专栏的作家多数已参与跨媒体的专栏写作，其中网络专栏写作最普遍，开通微信公众号平台和专栏结集出版的次之；第二，很多作家对专栏写作的媒介选择不是单一的，往往是传统专栏、网络专栏、手机推送和结集出版同时进行，跨媒体不仅是现下专栏写作的整体特征，更是很多专栏作家的个体特性。

传播方式的改变会对信息的生产者和信息本身产生影响。随着跨媒体时代的到来，专栏作家开始整合媒体资源，调整专栏的生产和传播方式，传统专栏的形态随之发生变化。传统的专栏强调"五个固定"，即固定的名称、固定的作者、固定的位置、固定的周期和固定的版面。以博客、微博为载体发布专栏文章或在门户网站、社区论坛开设专栏，作者都有很大的自由度和随意性，无须再受周期、版面的限制。网络媒体便于检索，过刊较传统媒体更易获得，加上专栏文章结集出版，读者可以购书集中阅读，固定的周期、固定的位置对读者的意义大为削减。作家们的报刊专栏往往有固定名称，但博客、微博虽发布相关专栏文章，名称则多为作家姓名或笔名，门户网站、社区论坛开设专栏的名称会与报刊专栏保持一定联系，但更具体明晰，多数可以直接显现专栏内容和涉及领域，结集出书时则会考虑图书市场营销的基本规律，以专栏名称为基础，做适当调整。比如"香江四少"之一的马家辉，他在《新周刊》开设专栏"日落所在"，主要刊发文艺、影视评论，部分个人游记和少量政治时评；其新浪博客、微博名为"马家辉在香港"，博客内容与"日落所在"基本吻合，但文章数量和更新频次要高于报刊专栏；微博则更随意自由，发布、转载频次惊人；2009年专栏中的游记文章由三联书店结集出版，名为《死在这里也不错》，如果不是作者马家辉的名字，我们很难将书名与专栏名称联系起来。

跨媒体时代的专栏写作，固定的名称、位置、周期、版面都被打破，固定的作者成为整合多媒体、维系专栏写作特性的唯一因素。专栏写作本就以作者稳定的个性魅力建立稳定的读者群为生命线，随着其他要素的消解，作者对于专栏写作的意义愈发突出，甚至可以说，跨媒体时代，是作者使专栏仍旧可以被称为专栏。

二 由"我读什么"到"我读某某"
——专栏作者的标志化

20世纪90年代中期以前，专栏与报告文学情况类似，都是作为新闻报道的补充，专栏注重评论、剖析，报告文学注重细节、场面。但随着媒体技术的发展，尤其是21世纪以来互联网传播的蓬勃发展，人们的阅读方式和阅读习惯已悄然发生变化。新闻事件发生后，不仅有报刊发布带有少量图片的消息，还有网站同时参与报道，互联网新闻多媒体优势明显，不仅可以插入大量图片，还有现场视频辅助文字报道，读者开始习惯图文影像相结合的新闻报道方式。新闻传播模式的变化对报告文学影响很大。细节刻画、场面描写本是报告文学的文体优长，但与大量图片和视频资料相比，文字描摹显然要逊色很多，报告文学的文体价值被网络传播的多媒体新闻大幅削弱。传播方式的变化还改变着人们的阅读习惯。图片、视频通过网络传播挤占了人们的阅读时间，培养出读者简单明了的读图习惯；简短随意的微博文字、可见缝插针阅读的手机微信，培养出读者碎片化、浅阅读习惯。报告文学多篇幅较长，头绪线索多，细节丰富，叙事细腻，更适宜拿出整块时间深入阅读，难以与多媒体时代多数读者的浅阅读习惯相适应。文体优长的削弱、与多数读者阅读习惯的相违，使报告文学在近20年逐步淡出人们的阅读世界，正处于文体消亡的边缘。

与报告文学不同，专栏写作自20世纪90年代中期开始主动寻求转型，题材领域不再拘泥于新闻评论，情感、生活、时尚等题材开始在专栏写作中出现。《女友》《家庭》《百姓生活》《时尚健康》等生活类杂志率先引出专栏写作。以《女友》为例，进入 90 年代，刊物一改"作良师益友"的办刊理念，突出引领时尚，追逐潮流，1994 年再提出"厚实""完美"的文章宗旨，并开设"爱""美丽"等专栏，贾平凹、毕淑敏、祝勇、林清玄等知名作家都为最初的《女友》专栏撰写过文章，虽然此时的专栏作者并未固定，但固定的主题、风格，加上知名作家的影响力，成功孕育了第一批生活情感类专栏作家和读者，为随后汪国真、沈奇岚、陈幻等开设个人专栏奠定了基础。同时，以《女友》为代表的生活类刊物成功地拓展了专栏写作的题材，使专栏写作不再仅仅依附于新闻时事，避免了新闻传播方式改变对文体价值的冲击。

20 世纪 90 年代中期的题材突破不仅拯救了专栏，也为专栏写作的发展提供了更为广阔的空间。经过近 20 年的发展，我国专栏写作题材已相当丰富，大体可归为专业性和生活性两大类。其中，专业性题材主要包括新闻时事评论、知识科普和文化思想等；生活性题材主要包括休闲娱乐（旅游、美食、收藏等）、家居生活（养生、装潢、童教等）和精神情感等。跨媒体时代，作者之于专栏写作的重要性在题材层面也体现得相当明显。其中最直观的就是，每一类题材几乎都有为读者所熟知的作者。专业性题材中，新闻时评专栏有鄢烈山、童大焕、马少华、许实等，知识科普专栏有王军礼、王天飞、曾玉亮、聂雄等，文化思想专栏有陈丹青、许子东、许知远、熊培云等；生活性题材中，旅游专栏有原老未、王婧、王迪诗等，美食专栏有沈宏非、殳俏、宋菲、文怡等，娱乐专栏有独居蓝猫、胡紫薇、查小欣等，情感专栏有苏芩、木木、毛利等。丰富的专栏题材成就了这些知名专栏作家，而今跨媒体时代，这些知名作家又成为捍卫专栏文体的关键标志。

作者取代题材，成为专栏写作领域划分的第一表征，这在以下两个方面体现得相当明显。

其一，作者的受关注程度超过题材，也就是说，读者阅读专栏的首要原因不是对题材内容的关注，而是对作者风格的喜爱。为了辨析这一情况，笔者曾就专栏阅读的选择问题做过调研，调研对象为有专栏阅读习惯的大学在校生和部分青年教师。结果显示，这一人群专栏阅读的兴趣较为广泛，人均普遍关注 3~5 个题材领域，以时事评论、文体娱乐和思想文化三个领域关注度最高，旅游、美食、养生、时尚等领域关注度也比较高。跨媒体时代，专栏通过多种渠道传播，读者无须购买实物报刊便可进行阅读，这滋养了读者更广泛的阅读兴趣，读者专栏阅读的领域选择也越发随意。在读者跨领域阅读的情况下，有一组数据值得关注，即当被问及每个题材领域关注几位专栏作家时，有 80% 以上的读者选择 1~2 位；而选择关注多位作家的受访者，当被要求写下作者名字时，一半以上只能写出 2~3 位。专栏阅读题材领域选择的随意性降低了多数读者对某一领域的关注度，关注多个领域、每个领域仅关注一两位个人喜欢的标志性作家，取代了集中于某一领域广泛深入的阅读，带有消费色彩的泛阅读倾向在近年来的专栏阅读中越发明显，作家则逐步成为标志性消费符码。虽然基于大学在校生和青年教师的调研在人群选择上存在局限性，但这一最有希望进行专业化精英阅读的群体，在专栏阅读上也呈现鲜明的泛阅读倾向，其他阅读人群的情况也就可想而知。因此，专栏作家商标化、作家取代题材重新划分阅读领域，已成为跨媒体时代专栏阅读的一大特征。

其二，专栏作者跨领域写作渐成趋势。带有消费色彩的泛阅读，使读者成为专栏写作的主导，当一些专栏作者意识到自己已经成为某一领域的标志，甚至因专栏而成为明星时，跨领域写作随即成为必然。今天很受欢迎的专栏作家几乎都是由一个个人专长领域逐步跨入多个领域的。有社会政治学背景的刘瑜，从《南方周末》社会政治评论类专栏起步，写作题材逐步扩展至影视评论、旅行见闻；许知远从《经济观察报》经济类专栏起步，逐步将专栏写作领域拓展到文学、文化批评；沈宏非的专栏跨思想、美食、情感三个领域；马家辉专栏涉及文化、娱乐、旅游；梁文道专栏则时事评论、思想剖析、美食娱乐、宗教哲学兼而有之……专栏的泛阅读化，使专栏作家敢于从自己的专业迈入其他领域进行写作，同时也巩固了作家在当下专栏写作中绝对的核心地位。一位作家几乎可以满足读者多个领域的专栏阅读需求，读者群体中，过往"我读什么"的说法正在为"我读某某"所取代。

三 形象建构与情感把控——专栏作者的跨媒体手段

作者成为传统专栏文体得以存在的关键，成为专栏阅读的标志，这不仅仅是跨媒体时代赋予的，同样也需要作者在专栏写作中主动适应，不断积累驾驭跨媒体写作的方式和技法。从目前情况看，形象建构与情感把控，是专栏作者的主要法宝。

所谓形象建构，主要指在跨媒体传播打破了传统报刊对专栏的诸多限制后，作者主动寻求将图片、音频、视频、互动等手段应用于网络专栏建设，进而再以更自由、开放的方式从事专栏写作；在对报刊专栏形成补充的同时，也使个人的形象更加明晰、丰满。这是作者作为专栏阅读的标志性符码所必须具备的。

专栏作者的形象建构，整体呈现以题材领域为主导、以个人风格为中心的趋势，即各题材领域的专栏作者有其形象建构的整体趋向，同时每个作者又结合个人文风有所区别。比如，社会时评专栏，文章追求客观、理性、思辨、犀利的风格，作者就会普遍营造平面、抽象冷峻的形象，其直观表现就是无论报刊专栏还是网络专栏，都以文字为主，对图片、视频等多媒体元素相当控制，以抽象的文字和思想代言个人形象。像公认的在时评专栏中情感代入最多、日常生活描述最生动的熊培云，其专栏文章如果转入网络媒体，本可以有非常丰富的拓展空间，个人形象也可以随之丰满、明晰，但熊培云的博客、微博转载自己的报刊专栏文章时，内容几乎保持不变，插入图片有限且多为网络转载，严格配合文字，或为事件现场，或是文中提及的人物、事物、场景。对影像的控制，对直观的个人形象、主体行动的抑制，使多数时评专栏作者隐匿于文字背后，在读者心中建构起客观、冷静甚至略带威严感的形象。又如美食专栏，文化、情趣、形象是其追求的主要效果，多数美食专栏作者会围绕这些效果建构个人形象。整体表现为以报刊为载体，专栏插入一定数量的图片，转入网络专栏则不仅增加图片数量，还多会补充作者参与其中的视频。文字、图片着重塑造了作者的文化与情趣，而视频中的作者则较多展示其作为普通人的美食体验，为专栏增添了一缕"人间烟火气"，文字、图片、视频相结合，美食专栏作者邻家文化美食家的形象便建立在读者心中。再如旅游专栏，文章以身临其境和代入感为目标，突出轻松、愉悦的消费体验，因此作者的形象性和主体性更为突出。报刊专栏中插入一定数量的个人摄影图片，以突出作者的视角。同时，旅游专栏作者本人和个人的物品（如相机、背包、帐篷等）会更多地出现在图片中，将作者的生活剪影直接传递给读者。旅游专栏进入网络，则更加自由随意，不仅图片、视频有所增加，多数作者还会积极地与读者互动，甚至在专栏中植入广告。旅游专栏作者时尚消费达人的形象在多数读者心中得到建构。

冷峻威严的形象、邻家文化美食家、时尚消费达人……以往要通过细致的文字阅读才能体会到的"作者风格即专栏"，在跨媒体时代已经被完全颠覆，取而代之的是跨媒体合作建构得非常明晰的作者形象，"作者形象即专栏"的时代已悄然来临。

当下，专栏作者形象千差万别，一方面源自个人写作风格，是对传统专栏特征的延续；另一方面则源自跨媒体时代，作者对各类媒体的驾驭与整合。以上对时评、美食、旅游三类专栏作者形象建构策略的解读，仅是因说明、呈现需要而作的笼统描述，具体到每一位作者，则还有不同的媒体驾驭手段，其中，对个人情感的增减把握是较为常见的一种。这里选取《新周刊》苗炜、孟晖两位专栏作者为样本，具体呈现专栏作者以情感调节为手段驾驭媒体并建构个人形象的方式。

苗炜在《新周刊》和《三联生活周刊》开设同名专栏"花花世界"，主要撰写文化评论、思想随笔和游记文章。作为《三联生活周刊》的主编，苗炜有很强的媒介意识，他敏锐把握住两本周刊在办刊理念上的差异，同名专栏也呈现出不同色彩。以2014年10月马尔克斯遗书误读辨伪这一题材为例，苗炜为《新周刊》专栏撰写的文章题为《谁动了我的鸡汤》，理性批判了人们对作者的过度想象；而他为《三联生活周刊》专栏撰写的文章则叫作《阅读马尔克斯》，在以文化随笔的方式讲述马尔克斯文学创作的同时对遗书事件加以说明。前者符合《新周刊》洞悉社会变革，展开新锐批判的风格；后者则与《三联生活周刊》文化叙谈风格相适应。整体来看，苗炜的"花花世界"专栏呈现客观言说、冷静思考，甚至略带说教气味的特征，读者看到的始终是他高速运转的大脑。但由苗炜专栏文章修订出版的

《让我去那花花世界》读起来则大不一样。这部书收录了苗炜专栏文章中的多数游记，以作者的旅行路线为线索安排章节，加入很多个人回忆和感慨，自然随意，毫无思考、加工的痕迹。报刊专栏的文化评论、思想随笔，尽量节制情感，不做过多的个体渲染，呈现一副冷峻、睿智的面孔；游记结集出版，则释放情感，汇入更多个体感受和回忆，呈现出一个性情中人有血有肉的形象。这既是苗炜对时下不同领域专栏作者形象建构潮流的顺应，也体现了他对不同媒体的理解和把握。由犀利、冷峻的报刊评论专栏，到游记专栏集结为包含情感的图书，专栏作者苗炜的形象建构得立体且丰满。

再看同样在《新周刊》开设专栏的女作者孟晖。孟晖擅长香文化，她在《新周刊》的专栏名为"画堂香事"，主要介绍中国香文化，多数文章将香文化与人们的现实生活相联系，努力塑造一种芳香四溢的文化生活。如把香文化与当下人们重视传统节日相结合的《端午节的香配饰》，把用香传统与当下饮食潮流相结合的《召唤橙香》等，都是非常典型的孟晖的专栏文章。网络专栏还加入了很多与主题呼应的场景性图片，还有个人寻访香事的照片，香文化言说转变为富有个人情趣的芳香生活。孟晖还有一部与专栏同名的著作《画堂香事》，内容与专栏文章相吻合，但写法上却大为不同。《画堂香事》一书出版于 2006 年，由香之事、香之容、香之食、香之居四部分构成，史料丰富，注重考据，是一部非常严谨的关于我国古代香文化的研究性著作。由《新周刊》专栏颇具文化气息的香事言说，到网络专栏满载个人情趣的芳香生活，再到图书著作的考据切实、论证谨严，孟晖对媒体的理解与驾驭显露无遗，而背后则是由含蓄到流露，再到节制的专栏作者情感把控手段。

随栏目领域特征建构形象，随不同媒体对象填充个性，跨媒体时代，报刊专栏写作已从作者单纯的文字风格建构转变为立体化的形象包装。这其中既有传播媒介的影响、文化消费的干预，也有报刊专栏传统的延续和专栏作者的积极探索。我们很难一下作出价值评判，更不能简单地把当下专栏与传统专栏进行比较，呈现面貌、描述特征、思考机制或许是现阶段研究专栏写作的应有之义。

历史经验、文化现实与文学写作[*]

王 尧[**]

  丁帆教授《青年作家的未来在哪里》有感于青年批评家何同彬的文学批评，直截了当说了一些"积郁"多年的想法。丁帆教授的文章击中问题要害，行文敏锐直率，这样的文章在批评界并不多见。熟悉丁帆教授学术研究的朋友知道，《青年作家的未来在哪里》的主要观点在丁帆教授的学术和思想脉络中并不突兀。近几年来，丁帆教授在他的文章和演讲中，始终如一地坚持其独立的价值判断，从不含糊其词。他直面文化现实中的诸多问题，以马克思主义的批判精神加以分析，表达自己的见解。多年前，在笔者的博士学位论文答辩时，丁帆教授对笔者的"文革"文学研究提出了很多重要的意见，坚持正确的价值判断是其中之一。他对"文革"时期文学与思想文化的批判立场和对启蒙主义的坚守，让笔者获益良多。

  《青年作家的未来在哪里》触及了当下文学创作的一些关键问题："既有体制的召唤，也有商业的诱惑，青年作家面临的被规训、被同质化、被秩序化的问题应该是一个大问题，而这个大问题却是评论的盲区，如果我们看不到这一点，仅仅将它作为一个受着商品化制约的代沟问题来看，而看不到青年作家将失去的是文学的独立性和创造性，那么，我们在扫描一切青年作家作品时就少了一层深刻的批判性。"这个问题简而言之即"青年作家"在体制与资本构成的文学秩序中应当如何生存和发展。我们当然不会在完全对立的意义上看待文学与"体制"和"商业"的关系，但如何处理这种关系并在这种关系中保持文学的独立性和创造性，则始终是个问题。笔者认为，并不只有"青年作家"遭遇这一问题，当下的许多问题与代际

  * 原文刊发于《文艺争鸣》2017 年第 10 期。
 ** 王尧，苏州大学讲席教授。

无关，在相当程度上，作家、批评家和人文知识分子几乎都面临着这样的考验。

如何处理文学与体制和商业的关系，我们有历史的经验和教训。"文革"后文学制度的调整和重建、作家主体性的确立和文学本体的回归，是20世纪80年代以来文学发展的基本脉络。中央重申"双百方针"，确立"二为"方向，为作家、批评家与体制的关系确定了基本原则。这是近四十年文学不时有重要收获的原因之一。这也说明，在文化现实中，正确处理了文学与政治的关系后，"体制"对文学的影响是正面的。从另一个角度看，文学发展中的挫折、困境也与这一关系未能被适当处理有关。我们重返80年代，不仅是"历史化"80年代文学，而且是再清理当代文学进程中一些循环往复的问题。我们应当在对80年代文学形成共识的基础上往前走，而不是往后退。

在若干年前的一次演讲中，笔者曾经提出要警惕当代文学研究"向后转"的问题，即我们要防止在基本的价值判断上往后退，甚而回到已经被历史证明了是错误的价值观上。笔者并不认为80年代文学的经验足以应对当下更为复杂的问题，80年代也是一个"未完成"的年代。但80年代重新处理了文学与政治的关系，放弃了"工具论"和"从属论"，这是今天仍然需要珍惜和坚守的思想资源。如果在这一点上不能形成共识，价值判断上的纷乱和分歧不可避免。在笔者看来，一个作家、批评家或人文知识分子应当汲取历史教训，多一点自律意识。

20世纪90年代以后，我们通常认为作家面临的问题是如何处理文学与消费主义意识形态的关系，从而保持文学的独立性。当年"人文精神大讨论"虽然重要但不了了之，说明了文学与消费主义意识形态的关系同样异常复杂。以前我们担忧的问题是消费主义意识形态对文学审美属性的侵蚀，担忧文学迎合市场和庸俗趣味。文学当然无法拒绝市场，不仅无法拒绝，还要借助市场来扩大影响。20世纪90年代以来，即使是我们肯定的那些重要的"纯文学"作家，也逐渐学会了利用市场以扩大影响和获取合法的利益。这是当下文学生产的一个重要特征。

市场对文学的影响同样也反映在文学评奖方面。作家获得某种文学奖，无疑是在一种参照系中获得某种肯定。尽管文学史的写作并不以一个作家是否获奖为标准，但获奖作家确实相对容易引起批评界的关注，容易进入读者视野，容易进入市场，甚至也容易优先进入文学史著作中。获奖作家和获奖作品最终能否成为经典当然需要经过历史的选择。这个问题的另一面是，在当下中国，获奖作家也因获奖而获得更多的利益，这对作家来说无疑也是诱惑。在承认这种利益的正当性时，笔者和丁帆教授同样担心的是，作家是否会为某种评奖标准和市场利益而写作。事实上，不少作家写作某部作品之前和某部作品出版之后，都直言不讳地表示过要争取获得什么什么奖。这种为获奖而写作和运作的现象不是个别的，而用经费资助的形式鼓励作家为获奖而写作，在很多作协组织的工作安排中也是重要事项之一。这里的核心问题仍然是写作的独立性会不会受到其他因素的影响，以及市场的反应是否会影响到我们对文学价值的判断。

近十年来新媒体的迅速发展，改变了我们此前对体制和资本的一些认识，文学在文化现实中的关系更为错综复杂。如果我们放弃本应珍惜和坚守的思想资源，那么许多问题便会叠加起来，呈现更为复杂的状态。笔者觉得我们现在就处于问题叠加的现实之中。在这样的文化现实中，作家、批评家或人文知识分子的个人选择便显得十分重要。几十年来，我们习惯于把文学的兴衰、作家的得失与历史和现实加以关联。确实，历史和现实的力量是强大的，但即使在"文革"时期，仍然有疏离主流意识形态的写作。超越历史和现实的限制，恰恰是文学的功能之一。这不仅是指文学想象和建构文学世界的独特方式，而且包含文学世界对意义的独立建构。在这一点上，优秀作家之所以优秀，就在于他有自己的世界观和方法论。如果把所有问题的症结归咎于体制的限制和时代的复杂，就可能会为个人放弃在文化现实中的坚守寻找安慰的理由。

当年王彬彬教授曾经批评中国作家"过于聪明"，现在在"过于聪明"之外，或许可以再加上"过于世故"这样的特点。中国作家、批评家在当下善于生存的能力和智慧可能远远大于对生存困境的把握和揭示。作家、批评家结合了诸多矛盾的方面，包括崇高和卑微、出世与入世、清高与世俗、诚实与虚伪、勇敢与胆怯，等等。我们无法消除这一系列矛盾而变成一个纯粹的人，但要在这种矛盾冲突中提升自己，而不是伪装自己。文学界有着太多的"伪装者"。笔者近日读到阎连科尚未刊发的长篇小说《速求共眠》，这篇小说在叙事、结构方面的创造性需要另文讨论。阎连科在小说的开篇这样写道："一面说着淡泊名利，一面渴求某一天名利双收——我在这高尚和虚伪的夹道上，有时健步如飞，有时跌跌撞撞，头破血流，犹如一条土狗，想要混进贵妇人的怀抱，努力与侥幸成为我向前的双翼。所不同的是，当土狗在遭到贵妇人的一脚猛踹时，会知趣地哀叫着回身走开，躲至空寂无人的路边，惆然地望着天空，思索着它应有的命运，而最终夹着尾巴孤独地走向荒哀流浪的田野。而我，会在思索之后，舔好自己的伤口，重新收拾起侥幸的行囊，再一次踏上奋不顾身的名利之途，等待着从来没有断念的闪念与想愿。"小说中小说家的自我嘲讽，在很大程度上呈现了一些作家的一种精神状态。阎连科同时又写道："要知道，一个时代有一个时代的故事和文学。文学只能在时代的预热中率先点燃才能成为名著而经典。所以，好的作家都是时代未来的巫师或者算命师。"

就作家与历史的关系而言，中老年作家尤其是老年作家曾经沧桑，他们是 20 世纪 80 年代文学制度重建的主体，因而对历史、对 20 世纪 80 年代以来的文化现实有着特别的经验和认识，观察生活的敏感点和创作的着力点都带有鲜明的历史痕迹。在这个意义上，中老年作家是青年作家的历史背景。亲历历史和想象历史对文学创作的影响应该有很大差异。在面对一样的社会现实时，中老年作家或许更多地感受到历史在当下的延续，而青年作家或许更多地感受到当下与历史的断裂。当 20 世纪 80 年代也迅速被处理为历史时，处于历史和未来之间的现实在不同代际的作家那里有着不同的认知（笔者不完全赞成以代际区分作家的差异，但代际的差异又确实影响着创作）。卸去历史包袱的青年作家，并不能够割断现实与历史的关联，能否在精神层面和写作过程中建立与历史的关联性，影响着青年作家写作的境界、品位和深度。笔者注意到，越来越多的青年作家试图建立这样的关联性。这有助于青年作家在现实中确立自己，并且把握和反映现实，从而赢得文学的未来。

穿衣得体　行文有范

——应用文语言、新闻语言和文学语言之比较 *

黄金海**

随着科学技术的发展，互联网、手机媒体、数字电视等新媒介的不断涌现，媒介生态发生了巨大变化，出现了新旧媒介交叉融合发展的全媒体时代。而在 QQ 空间、微博、微信等新文体和自媒体上，各种语言交融混杂，屡屡犯规，遣词造句不是浮华空洞，就是言不及义。造成这种现象的原因是多方面的，但最主要的原因是对不同性质、不同功能文体语言的认识和把握不够，一时难以纠正。因此，我们很有必要对应用文语言、新闻语言和文学语言进行一番比较研究，找出它们的异同点，并加以掌握，以利于净化语言环境、提高驾驭语言的能力、提升写作水平。

写作可分为文学创作、新闻报道、学术论文和应用文写作四类。不同的写作类别对语言有不同的要求，有时相互之间还差异甚大。语言大体上可以分为三种，即艺术语言、科学语言和生活语言。

艺术语言，是审美性的形象化语言。它按照美学的规律，主要依靠形象思维来刻画形象，揭示实质，是一种审美意识的描述性语言，是文学艺术的认知表情语言。

科学语言，是自觉意识的分析性语言。它靠逻辑的论证推导、概念的归纳，揭示事物的实质，是一种论证性语言。

生活语言，是感性的知觉性描述语言。它是对生活现象直接朴实的反映，是生活词汇与生活信息相结合而形成的生活用语。

有人以对"花香"的不同表达，说明三种语言的区别，很有启发意义。

＊　原文刊发于《写作》2017 年第 2 期。

＊＊　黄金海，福建省委党校福建行政学院教师。

请看下面几个例子：

　　①花是香的。

　　②花香因为花里含有香精。

　　③暗香浮动月黄昏。

　　④冲天香气透长安。

　　⑤微风过处，送来缕缕清香，仿佛远处高楼上渺茫的歌声似的。

　　例①是生活语言，是将生活用词"花"与感受到的信息"香"结合起来，形成这一非自觉意识的描述。例②是科学语言，是用逻辑三段论推演出来的。例③、例④是艺术语言，是描述梅花、菊花怎么个香法，香到什么程度，有形象感。例⑤也是艺术语言，是用通感手法写花的清香。

　　我们知道，文学作品给人以审美愉悦，用来陶冶人们的性情；新闻作品给人以新的信息，使人"不出门能知天下事"；理论文章给人知识，可以提高人们的认识，拓展知识领域；应用文是为需要而作，目的在于解决实际问题，实用是它存在的意义。

　　准确、鲜明、生动是对各种不同文体语言的共同要求。但不同性质和功能的文体，语言各有特色。文学语言本质上是塑造形象、传达感情、审美独创的语言，其特点是准确、形象、生动、富有感情色彩和个性特征，它是艺术化的语言。新闻语言本质上是传播信息、报道事实、解释问题、快速交流的语言，其特点是准确简洁、通俗形象、富有时代气息，它是一种直观朴实、确切无误、生动形象的纪实语言，是生活语言、科学语言和艺术语言的结合。学术论文语言本质上是科学论证的语言，其特点是准确、科学、严密、抽象。应用文语言本质上是"应"付生活，"用"于各类事务的实用性模式化语言，其特点是准确、简洁、质朴、得体。学术论文语言和应用文语言都是科学语言，有专家把学术论文归入应用文写作范畴。

一　关于语言的准确性

　　任何一种文体在长期的使用过程中都形成了自己特有的语言范式，这是它的根本特性和社会功用决定的。

应用文、新闻和文学的根本特性决定了应用文语言、新闻语言和文学语言的准确性是完全不同的概念。应用文是指国家机关、企事业单位、社会团体、人民群众在日常生活、学习、工作中处理公共事务或私人事务所使用的具有某种惯用格式和直接应用价值的文章。应用文为办事而写，写公务文书是办公事，写私务文书是办私事，都有明确的目的性和针对性。其功效是要在人类的各种活动中，通过取得直接的实用价值而体现出来。失去了实用性，也就失去了应用文存在的价值。不管是概念、判断还是推理，都要求合乎实际情况。新闻是一种传播产品，是人与人信息交流的延伸，让受众完整、准确、快速地获得信息是新闻语言的追求。新闻语言必须与日常的语言一样具有适合信息传播的特点。它的目的是报道事实，事实是第一性的，报道是第二性的，离开了真实，报道就不存在。新闻报道反映事物的原貌，不仅要求构成新闻的基本要素——时间、地点、人物、事件、因果——必须真实，而且过程和细节、数字和引语、背景等也不能有差错。文学是语言的艺术，文学语言讲求"新奇"和"创意"，即"陌生化"。文学是人学，文学创作的主要目的不是阐述道理或介绍某方面的知识，而是抒发创作主体的内在情感。在这个"内宇宙"中，朦胧的、迅速嬗变而无以名状的心理情绪和体验，难以用日常的实用性语言表达出来，而是需要用陌生化的语言来表达。陌生化就是要让读者在阅读的过程中遇到陌生的、非自动化的语言，从而使阅读受到阻碍，停顿下来思考，最终领会作者的深意。文学在虚构中张扬突出的是作者的个性特征，它虽然也是现实生活的反映，但不是某个具体存在。作家不是停留在最初的模拟阶段，而是经过头脑的集中、加工、提炼、创造，融入了作家的思想感情。正如托尔斯泰所说：艺术是以艺术家的感受感染广大群众的一种方法。三者的区别在于是写实还是虚构。应用文语言和新闻语言必须是写实语言，而文学语言以虚构语言为主。写实语言有几个特点：一是为形式逻辑所规范；二是条理清晰；三是意义明确。这几点决定了写实语言说什么就一定是什么，读者就一定知道在说什么。虚构语言不是以惯常的方式呈现，所以虚构语言说什么读者不一定知道在说什么。语言作为交流思想感情的工具，只要说明白，无须多啰唆，自然应该"有话则长，无话则短"。然而语言进入艺术，便成为艺术的体现，仅仅说明白远远不够。要建造另一个虚幻中的世界，文学的语言必须具备绘画、雕塑、音乐、舞蹈等其他艺术的综合功能，也应有声有色、有状有形、有动有静、有情有景，让人如同身临其境。这就需要少叙述而多描写——"有话则短，无话则长"。应用文和新闻的纪实性要求作者把感知的客观事物稍加整理清楚明白地表达出来，虽然不可避免会带上主观因素，但其客观性决不容破坏，语言突出的是客观上的意义，准确指的是客观上的准确。文学是把感知的客观事物变成作者心灵的东西再掏出来，是作者人生体验的吐露，是情绪情感的物象化，因而语言突出的是主观上的意义，准确指的是主观上的准确。

毛泽东在《工作方法六十条》中说："文章和文件都应当具有这样三种性质：准确性、鲜明性、生动性。准确性属于概念、判断和推理问题，这些都是逻辑问题。"客观上的准确要求应用文使用语言时，概念要十分准确贴切。例如，1983 年 7 月 3 日国务院、中纪委《关于坚决制止乱涨生产资料价格和向建设单位乱摊派费用的紧急通知》中对"两股歪风"这个概念的解释："1982 年下半年以来在国家经济建设中出现了两股严重危害国民经济发展的歪风：不少地区和企事业单位违反党中央和国务院的规定，乱涨生产资料价格和向基本建设单位乱摊派费用，甚至敲诈勒索，已经发展到不能容忍的地步。""歪风"这个概念的外延很大，公文中采用限制方法逐步缩小，从时间上来限制，是"1982 年下半年以来"；从范围上来限制，是"在国家经济建设中出现的"；从地区单位上来限制，是"不少地区和企事业单位"，是局部而非全部；从性质上来限制，是"严重危害国民经济发展的歪风"。这样逐步限制以后，"歪风"这个概念的含义就很清楚，语言表达非常准确。又如"制定"和"制订"这对概念，使用也需要很准确，"根据《建议》的精神，国务院认真听取各方面的意见，制定了《中华人民共和国国民经济和社会发展第十个五年计划纲要（草案）》"。"中国要不要制订'西部开发法'一时成为大家讨论的热点话题。"制定指经过一定程序定出法律、规程、计划等。制订指创制拟定。"定"指决定、使确定，有完成了的意思，多强调行为的结果，可以和"了"连用，属于"完成时"。"订"有拟的意思，未必形成最终结果，多强调行为的过程，一般不和"了"连用，属于"进行时"或"将来时"。

在应用文写作中要特别注意避免发生句子歧义，例如，"开刀的是他父亲"，"开刀的"父亲到底是指医生还是指病人？歧义出现了。"讲台上只有一架收音机，一边还站着一个人。"句中"一边"是个多义词，即可表示"其中一边"，也可指称"每一边"，两个意思同时并存，产生歧义。又如，"宜宾和泸州部分地区在此次暴雨中遭灾严重"，句中的"宜宾"到底是全部还是部分地区产生了歧义。"这三个车间干部都对改进企业生产管理提出了合理化建议。"句中"三个"指车间还是指干部不清楚，就有歧义。再如"热爱人民的总理"，这有两种不同的结构层次，表达的意义也不一样：（A）总理热爱人民；（B）人民热爱总理。句子一旦出现歧义，表达就不准确了。

应用文语言的准确要求进行判断时，要十分讲究分寸感，否则就会弄巧成拙，贻笑大方。一些单位和部门为了显示自己的成绩，在写总结时往往夸大其词，造成判断失真。如，"取得极大成绩""填补国内空白""实现历史性跨越""达到国内一流水平""在世界同行业中处于领先地位""国际首创"，等等，均是最明显表现。

应用文语言的准确要求进行推理时，要合乎逻辑，能够揭示事物与事物之间的内在联系和发展规律。如："茅台酒最独特的地方是香味成分协调，香味成分是由各种微生物代谢产生的，而微生物又是来自环境之中。茅台镇有一个适合各种微生物生长的特殊环境，离开茅台镇，不可能找到一个完全相同的特殊环境，因此也就不可能有一个完全相同的微生物群，也就不可能生产出和茅台酒完全相同的酒。"这一推理过程包含着一系列演绎推理，语言显得严丝合缝，非常准确。又如："如果不从实际出发，实事求是，那么就不能真正地落实党的各项政策，我们要真正地落实党的各项政策，所以，我们必须从实际出发，实事求是。"这一推理过程符合充分条件假言推理，语言准确而严密。

客观上的准确要求新闻语言不只应造句符合语法、事理符合逻辑、修辞要正确，还要求应符合新闻报道的特殊要求。新闻语言必须准确无误地反映信息，必须符合新闻的真实性，做到客观科学，不夸大、不缩小，不拔高、不贬低，不曲解、不篡改，恰如其分地表现真人真事，竭力摒弃那些含混不清、不科学的语言。写新闻稿，遣词造句要恰到好处，词不达意就无法准确反映客观现实，有时即使一字之差，也会造成被动。《解放军报》曾经报道一位叫陈燕飞的女同志怀孕 5 个月下苏州河救人的事迹。报道写得很好，引起了全国反响。可就是由于作者一字不慎，误把"下"苏州河救人，写成"跳"进苏州河救人，违背了事实真相（她是沿着河边一个小铁梯走下去的，不是"跳"下去的），使不少读者产生误会，因此失去了一次获得"全国好新闻奖"的机会。有篇报道重庆市政府没收违纪购买的豪华轿车并将它公开拍卖的消息中写道："公开拍卖的消息像长了翅膀，在大街小巷、厂矿企业飞传开来。人们喜上眉梢。市政府动真格的啦！""这两辆轿车被顺利地拍卖了，政府满意，企业满意，职工满意，人民群众也满意。"这两句话显然有夸大、想当然之嫌，说这件事影响较大是符合实际的，要说"大街小巷、厂矿企业"议论纷纷，"人们喜上眉梢"，不准确。记者何以知道"人们"喜上眉梢！恐怕是作者主观想象出来的虚夸笼统之词。后一句话谈到几个"满意"，说政府和购得车的企业"满意"尚可，"职工满意，人民群众也满意"恐怕也是主观臆断，让人觉得不可信。

新闻语言的准确性要求语言的表述与客观事物之间应高度吻合。对事物属性、特征也就是"质"的判断尽可能没有偏差。对事物的数量、程度也就是"量"的把握精确无误。从而使新闻的客观性和公正性得到有力的保证。有一条新闻，文中写道："东大路小学门前餐饮店也存在诸多卫生隐患。""卫生隐患"是什么？卫生状况是人所共睹的，脏就是脏，净就是净，而"隐患"一般指还没有暴露的问题，对卫生状况来说，有垃圾就是有垃圾，没垃圾就是没垃圾，不能说这里可能会有人倒垃圾就说有垃圾隐患。

文学语言主观性使得文学不受时间、空间的限制，不受视觉、听觉的限制，能从宏观、微观、动态、静态、实的、虚的、确定的、模糊的，以及色彩、声音、味道、形体、神态动作等各个方面和各种角度去全方位、多声调地把握世界。如果"用语言教科书上的规则对文学语言加以考察，将会发现包括最优秀的文学作品语言在内，并不都是符合语法的。"（鲁枢元《创作心理研究》）福楼拜甚至说："只有第二流的作家才会有那种一本正经的规范呢！"文学语言的主观性并不等于说文学语言就没有准确性，文学语言的准确性是指艺术的准确、形象的准确，而非生活的准确、事实的准确。正如我国古代文学对"美女"形象的描绘就是典型例子，汉乐府诗

《陌上桑》写罗敷的美历来为人们所称道："行者见罗敷，下担捋髭须。少年见罗敷，脱帽著帩头。耕者忘其犁，锄者忘其锄。来归相怨怒，但坐观罗敷。"写罗敷之美本须写容貌，但诗人偏无一字言及其容貌，专写看罗敷者的心理活动，从侧面来突出罗敷之美，堪称一绝！《红楼梦》第三回，林黛玉初来贾府，曹雪芹先后从"众人""凤姐""宝玉"三个视角、三个观察点，并从人物关系和情节发展中来描写黛玉的美貌：

先通过"众人"所见写黛玉：

众人见黛玉年纪虽小，其举止言谈不俗，身体面庞虽怯弱不胜，却有一段自然的风流态度，便知她有不足之症。

次借凤姐的视点写黛玉：

这熙凤携着黛玉的手，上下细细打量一回，便仍送至贾母身边坐下，因笑道："天下真有这样标致人儿！我今日才算看见了！况且这通身的气派竟不象老祖宗的外孙女儿，竟是嫡亲的孙女儿似的……"

再借宝玉的眼睛来写黛玉：

宝玉早已看见了一个袅袅婷婷的女儿，归了坐细看时，真的与众各别。只见：两弯似蹙非蹙罥烟眉，一双似喜非喜含情目。态生两靥之愁，娇袭一身之病。泪光点点，娇喘微微。闲静似娇花照水，行动如弱柳扶风。心较比干多一窍，病如西子胜三分。

三幅不同角度、不同层次的肖像都是美的，但不同的人有不同的审美眼光，表现不同的审美差异："众人"眼中的黛玉比较客观，只见她年纪小，有教养，貌美，患病。凤姐和宝玉观察得比较细致，眼中的黛玉主观色彩强。凤姐的夸奖显示了黛玉的丰姿，表现了凤姐与黛玉之间的初步情感交流，揭示了"凤辣子"敢在人人"敛声屏气"时"放诞无礼"的权威，写出了"凤辣子"善于察言观色、奉承贾母、心机深细的性格，但审美格调不高。宝玉看黛玉，别具一格。在宝玉看来"衣裙妆饰"是"不屑之物"，所以视而不见。在观察、比较生活中和作品中结识的众多女性形象之后，在心坎里已不知不觉埋下了一个美丽高洁的理想的少女形象，即精神上的"意中人"。这个幻影般的"意中人"既朦胧，又逼真，梦回萦绕。如今黛玉突然出现在他面前，真好比"从天而降"。他用心灵的眼睛、诗人的气质观察黛玉的容貌举止，发现黛玉恰恰契合自己凝结已久的理想形象，因而心动神驰，禁不住在灵魂深处热切地呼应："这个妹妹我曾见过的!"大有一见如故、相见恨晚的激动和感慨，表现了宝玉不同于凤姐也高出众人的审美意识。语言个性化，因而十分准确。

诸如"沉鱼落雁之容，闭月羞花之貌""增之一分则太高，减之一分则太矮。涂脂则太粉，抹粉则太白"等，已经成为描写女性美的经典性话语。阿·托尔斯泰称赞语言具有"一种魔力"。他说："语言是一种非常神奇的电波，而艺术家——作家和诗人就从那台放在自己肩上的发射机上，把自己的感情、美妙的幻想和各种思想发射出去，并利用这种电波把它们传递给接收者——读者。"人物的精神领域尤其微妙复杂，细微的情思、瞬间的感受、隐蔽的欲念，只可意会而难把握，更难言传。作家要把难以把握、难以言传的东西通过语言媒介转化为审美形象，实属不易!"海上生明月，天涯共此时"是异地之思;"执手相看泪眼，竟无语凝噎"是离别之痛;"春蚕到死丝方尽，蜡炬成灰泪始干"是刻骨铭心之爱，无不纤细感人。

二　关于数字语言的运用

在数字的运用上，应用文、新闻与文学作品也各自有别。先看应用文数字的运用，在市场经济建设中，调查研究、介绍情况、揭示问题、提出任务、规定期限等，无不涉及数字，运用数字表述比一般文字叙述更直观、确切，传达信息更迅捷，直接关系到应用文的效用。如朱镕基总理在《关于制定国民经济和社会发展第十个五年计划建议的说明》报告中提到的"国民经济持续快速健康发展，国内生产总值年均增长超过 8%，2000 年国内生产总值预计可达 87000 多亿元，按现行汇率折算超过 1 万亿美元"。"全方位对外开放格局基本形成，开放型经济迅速发展，我国加入世界贸易组织进程加快。今年进出口总额预计突破 4000 亿美元，比 1995 年增长 40% 以上，国家外汇储备超过 1600 亿美元，比 1995 年增加一倍多；'九五'实际利用外资总额将达 2800 亿美元，利用外资质量明显提高。"这些数字的引用很好地说明了"九五"计划已经胜利完成、在各方面取得巨大成就这一事实。

使用数字语言时，如果不注意习惯和规范，就会产生常识性的错误。如"目前绝大多数企业的销售利润率在 8% 以下，比去年下降了一倍。""尽管深圳的工资比中国其他地区高 3 倍，但仍比香港低 5 倍。"表示数量增加时用倍数或分数，如"产量增长了一倍""产量提高了 20%"；而表示数量减少时只用分数，不用倍数，像"销售额减少 50%"，不说"减少一倍"。例子中"下降了一倍""低 5 倍"的表达都是错误的，正确的表达应该是"是去年的一半""是香港的五分之一"。又如"在本商店购买 500 元以上物品者，可获得小礼物一件"，假如刚好只购买 500 元应该属于哪种情况？用"以上""以下"表示分界时，应该标明本数字是否包含在内。正确表达应该是"购买 500 元以上（含 500 元）"。

当然，数字的表达不可能处处要求精确，有时模糊也是一种准确。如"一些地区和部门由于利益驱动，继续听之任之"，其中"一些地区和部门"不确定，比较模糊，是泛指，在不好点名，或不愿点名时可采用模糊词语，这里泛指比确指更符合实际也更准确。一些有关时间、长度、重量、速度等模糊词语，具有反映事物变化过程的功能。如"到本世纪末，要使我国经济达到小康水平"，其中的"到本世纪末"反映了时间的推移过程，较为贴切。有时为了使意思表达得完整、周密、无懈可击，也使用模糊词语。如"不准以任何资金、任何名义兴建计划外基本建设工程"，其中的两个"任何"，使表达严丝合缝。有时为了表述得灵活也使用模糊词语。如"社会主义初级阶段，还要经历一个相当长的历史时期"，说"相当长的历史时期"是说话留有余地，不把话说绝、说死。有时或出于保密，或出于礼节，也需要把话说得委婉些。如"众所周知的原因""适当的方式""共同关心的问题""相应反映""类似的情况""某个环节"，等等，就表达得委婉得体。

再看新闻报道数字的运用，当数字成为新闻价值的体现，反映变化、反映问题的严重性时，没有数字不足以说明问题。如《特殊政策搞活的经济/深圳两年胜过三十年》《十年采购，一尘不染》《一颗火热心，温暖千万家》《千里归程一路春》《一道公文背着三十九颗印章旅行》，这些数字在新闻中有很强的表现力，它以实代虚，化抽象为具体。在生动地修饰和形容事物方面，数字有时甚至可以构成一个细节，有力地刻画人物或描述事物。新华社有一篇题为《一位高尚圣洁的共产党员》的通讯，写了全国劳模、电气工程师陈安乐去世前几天自我感觉已经不好，但仍然带病坚持工作的情景："他仍一步步艰难地迈上 48 级楼梯，回到三楼办公室。……过了不久，他伏在桌上，再也讲不出一句话了。"这里的一步步艰难地迈上 "48 级楼梯"是多么精彩的一笔！它刻画出陈安乐生命征程上最后的攀登，成为反映人物精神风貌的一个生动细节。

　　巨大的或微小的数字往往格外容易引起人们的注意，而把它们写在一起时则可以形成一种反差，起到对比、映衬的作用。《光明日报》2000 年 4 月 15 日发自河南濮阳的电讯《公安局副局长倒在打拐一线》写道："3 天时间里，解救了 164 名妇女儿童，自己却因劳累过度，在星期天深夜伏案工作时，心脏病突发，溘然而逝，年仅 38 岁。濮阳市公安局日前举行追悼会，悼念这位英年早逝的战友——范县公安局副局长张冠军同志。"这里 "3 天时间""解救了 164 名妇女儿童"与因公殉职时 "年仅 38 岁"这三个数字相互反衬辉映，震撼人心，有力地凸显了张冠军同志的辉煌业绩和崇高的精神风貌。又如 "上海菜场的 200 多个营业员用了整整一上午的时间翻遍了近 3500 公斤的蔬菜，终于为一位农妇找到了一只丢失的金戒指"，其中四个数字相互映衬，效果强烈，把上海菜市场 200 多个营业员急人之所急的助人为乐精神淋漓尽致地表现了出来。

　　数字使用有时可以 "化大为小"，如："现在世界上有多少核武器？据联合国最新的统计，答案是，总的核弹头为 4 万到 5 万个，其威力相当于第二次世界大战末期投掷在广岛的原子弹 100 万个。换句话说，拿今天的世界人口平均计算，无论男女老少，每个人分摊到 3 吨梯恩梯。"有了后面这笔按世界人口每人均摊的数字的衬托，读者就更不能不为核武器的盲目发展而触目惊心，不能不为如此巨大的军备开支而瞠目结舌了。这里的 "化大为小"，实际上是起到了强烈衬托的修辞作用。

文学作品中数字的巧用比比皆是。古代诗人偏爱数字，善用数字。一是通过特定的数字来紧扣题旨，达到题和诗浑然相融的艺术效果。如唐代齐己和尚的《早梅》诗："万木冻欲折，孤根暖独回。前村深雪里，昨夜一枝开。"此诗一开头即用对比，写了因天寒地冻，花草树木皆已凋折，唯有梅花"孤根独暖"，在深雪中傲然独放。"一枝"是此诗极为精彩的一笔，数字"一"的使用让所咏之物更紧扣诗题《早梅》之"早"：梅花先于百花开，此谓"早"；而这"一枝"又于众梅之先悄然"早"开，更显出此梅之不同寻常。二是利用数字来铺陈事物，描绘特定的景致，营造特定的意境。如杜甫的《绝句》"两个黄鹂鸣翠柳，一行白鹭上青天"，王安石的《书湖阴先生壁》"一水护田将绿绕，两山排闼送青来"，晏殊的《破阵子》"池上碧苔三四点，叶底黄鹂一两声"，辛弃疾的《西江月》"七八个星天外，两三点雨山前"，寥寥几个数字，便描绘出了意境优美的特定景象，给人以丰富的想象。宋代邵康节的一首五绝更是令人拍案叫绝："一去二三里，烟村四五家。亭台六七座，八九十枝花。"诗人连用十个数字，点染出一幅清新明丽的乡村美景图，用数字的递增来展开画面，使烟村、人家、亭台和花层层推进又融为一体，构思精巧，妙不可言。三是通过特定数字的铺陈或对举，来抒发作者心中浓郁的思想感情。如李清照的《一剪梅》："花自飘零水自流，一种相思，两处闲愁，此情无计可消除，才下眉头，却上心头。"这里"一种"与"两处"对举，由自己写到对方，表现两情相牵，融洽无间，从而抒发诗人对丈夫浓郁的相思之情。最典型的当属汉代才女卓文君写给丈夫司马相如的一封陈情书："一别之后，两地相思，只说是三四月，谁又知五六年，七弦琴无心弹，八行书不可传，九连环从中折断，十里长亭望眼欲穿，百思想，千系念，万般无奈把郎怨；万语千言说不完，百无聊赖十依栏，重九登高看孤雁，八月中秋月圆人不圆，七月半烧香秉烛问苍天，六月伏天人人摇扇我心寒，五月石榴如火偏遇阵阵冷雨浇花端，四月枇杷未黄我欲对镜心意乱，急匆匆，三月桃花随水转，飘零零，二月风筝线儿断，噫！郎呀郎，巴不得下一世你为女来我为男。"此诗通过数字由小到大，再由大到小的铺陈，书尽了自己对丈夫相思相恋又相愠相怨的复杂感情，应是思妇诗中的绝唱。四是用特定的数字来寄寓诗人内心难以言传的深意。如纳兰性德的《长相思》："山一程，水一程，身向榆关那畔行，夜深千帐灯。风一更，雪一更，聒碎乡心梦不成，故园无此声。"此词作于作者随御驾出征途中，通过"一程山""一程水""风一更""雪一更"交织中的跋涉之苦，显露出对护卫生涯的厌倦，四个"一"字使这种厌倦之意于若隐若现中悄然而出。巧用数字入诗入词，不仅有利于绘景状物、言志抒情，而且往往妙趣横生、满文生辉。

文学作品中数字的出现并不精确，多是一种主观感受，或概括，或夸张，用数字增强表达效果，如"山，离天三尺三""孤飞一片雪，百里见秋毫""千村霹雳人遗矢，万户萧疏鬼唱歌""白发三千丈，缘愁是个长""烹羊宰牛且为乐，会须一饮三百杯""飞流直下三千尺，疑是银河落九天""忽如一夜春风来，千树万树梨花开""千里莺啼绿映红，水村山郭酒旗风。南朝四百八十寺，多少楼台烟雨中"，大多是概数，不是实指，太实的数字会限制读者形象思维和想象的展开。

三　关于语言的简洁通俗与形象生动

应用文、新闻和文学的社会功用决定应用文语言是简洁、质朴、得体，具有模式化色彩；新闻语言是简洁、通俗、生动，富有生活气息和时代色彩；文学语言是生动、形象、感人，富有个性特征。法国杰出诗人瓦莱利说，文学语言与非文学语言的区别，就像是"跳舞"和"走路"的区别：一是审美的；一是实用的。

应用文是"应时""应事"而作，是处理事务、解决问题的工具，而不是供人欣赏玩味的艺术品。它的语言必须以应用性为准则，表达必须直接明了。作者在写应用文时，要选择最恰当的词和句来说明问题，要准确地把构成事物的基本要素叙述得清清楚楚，直接判明是非，达到较高程度的传真。在用语上尽量简洁，使表达的意思直接地呈现在读者面前。要人们采取何种行动，写给谁看，读者会以什么样的心态去看，作者心中要有强烈的读者意识。写应用文不看对象、不了解读者特定的阅读心理，作者随心所欲、信马由缰写得天花乱坠，读者却如坠入五里烟云不知所云，写出来的文章就难以获得预期的效果。列宁在给苏维埃最高国民经济委员会供给总局局长的信中要求"给中央委员会委员或全俄中央执行委员会主席团委员写简短的'电报式的'、但明白而确切的报告。"① 他强调："请写得简短些，采用电报文体，如果必要的话，可以另加附件。写长了我根本不看，一定不看。……如果有确实可行的建议，可以写在另一张纸上，要像电报那样写得极其简短，并附一份副本给秘书。"② 毛泽东 1948 年为中央起草的《关于建立报告制度》的指示，要求"综合报告内容要扼要，文字要简练"，还规定"报告文字每次一千字左右为限除特殊情况外，至多不要超过两千字"。中共中央在 1951 年 2 月发出的《关于纠正电报、报告、指示、决定等文字缺点的指示》中也指出，必须注意文字的简明扼要，必须以负责的精神"至再至三地分清条理，压缩文字，然后发出，否则应受批评"。国务院 2000 年 8 月 24 日发布的《国家行政机关公文处理办法》也明确要求："情况确实，观点明确，表述准确，结构严谨，条理清楚，直述不曲，字词规范，标点正确，篇幅力求简短。"如国务院发布施行的《企业职工奖罚条例》中所使用的四字成语既准确又有表现力，第二章讲奖励就用了"团结合作、忠于职守、积极负责、廉洁奉公、舍己为人"等，第三章讲处分则用了"歪风邪气、消极怠工、无理取闹、聚众闹事、打架斗殴、玩忽职守、挥霍浪费、损公肥私、贪污盗窃、投机倒把、走私贩私、行贿受贿、敲诈勒索"等，对事实进行精练的概括，对问题的性质进行认真的分析认定，两相对比十分鲜明，既简洁又贴切。

为了使语言简洁，应用文写作时可使用一些专用词语和固定的习惯用语，或富有生命力的文言词语。如"拟请""函告""妥否""可行""此复""如期""尚须""收悉""经报""已经……批准""为荷""准予"等。也可以使用一些有概括力的成语或熟语，如"一丝不苟""严阵以待""克己奉公""呕心沥血""日新月异""实事求是""鞠躬尽瘁""以身殉职""他山之石""三个臭皮匠赛过诸葛亮"等。在专用文书中应尽量使用行业术语，如经济文书中的"利润""决算""流动资金""成本核算""投资""提成""周转""回报"等；法律文书中的"原告""被告""公诉""事由""裁决""本案""认定"等。

---

① 《列宁全集》第 35 卷，人民出版社，1959，第 523 页。
② 《列宁全集》第 35 卷，第 524 页。

应用文在长期使用过程中形成了一整套约定俗成的模式化句式，如通告的开头往往使用"为……，特通告如下"；贺电、贺信的开头也经常用"值此……之际，谨代表……向……表示热烈祝贺"；请示的结语一般用"以上请示妥否，望批复"等。

当然，简洁质朴要以明白为前提，如果一味为了简洁质朴而压缩字句，将应该说的话省略，应该用的词不用，弄得语气不连贯，意思表达不清，就不可取。如一则批评性通报的标题《关于司机××开车去北戴河的通报》，这就是表述不周，缺乏必要的限制性词语，应该在"开车"前加"私自"，"北戴河"后加"旅游"就明确严密了。

语言平实质朴也是应用文的一种要求，应用文写作一般不需要运用"文学笔法"，不必运用描写、抒情的表现方法，不用深奥的词语，力求用人人都懂的普通词语。质朴的语言应该达到"三易"，即易看、易读、易懂。老舍先生曾说："字没有高低贵贱之分，全看用得恰当与否。连着用几个'伟大'，并不足以使文章伟大。一个很俗的字，正如一个很雅的字，用在恰当的地方便起好作用。"质朴的词用得恰当，也能产生很好的语言效果。

应用文体一般有特定的读者对象，其语言还要讲究得体。如给上级的公文，用词要谦恭诚挚；给下级的公文，用词要肯定平和；给平级单位的公文，用词要谦敬温和。布告、通告之类的公文，需要登报或张贴，语言要深入浅出；在电台广播或当众宣读的公告、命令、指示等，语言应庄重流畅，便于朗读。实用文体的语言讲什么和怎样讲，往往受到对象、场合的制约，必须准确把握，这就是所谓得体。

应用文的语言也并不全是枯燥乏味的语言，有些文体的语言还有生动感人的一面。演讲稿、广告词等需要生动性早已是社会的共识，就是书信也必须言之有物、言之有情，做到情文并茂。比如我国古代南北朝时期丘迟的《与陈伯之书》，就是一篇典型的劝降书，作者动之以情，晓之以理，写得情真意挚，意味深长，感人肺腑。又如我国现代著名作家郁达夫与汪映霞女士之所以能够成就大师与校花这段美好的姻缘，就是因为郁达夫那封烈火般的情书点燃了汪映霞爱的火焰。《致汪映霞》这封信问世后，不知有多少情男恋女纷纷效仿，这封信已经成为经典性的情书。党的优秀文字工作者胡乔木同志在《在写文件方法座谈会上的讲话》中说："写文件要生动，不生动人家不愿意看，但不能像普通文学作品那样办，要生动就是要在抽象的论述中加些不抽象的东西，增加生动性。"毛泽东亲自起草的许多文件有"在抽象的论述中加些不抽象的东西"的特点，如毛泽东在谈到批评与自我批评时有这样一段形象性的论述："难道我们还欢迎任何政治的灰尘、政治的微生物来玷污我们的清洁的面貌和侵蚀我们的健全的肌体吗？"①这种形象化的表达显然要比纯抽象的说理强百倍。有人问爱因斯坦什么是相对论，爱因斯坦这样回答：假如与一个你喜欢的人在一起，一小时就好像一分钟；而与一个你不喜欢的人在一起，一分钟就好比一小时，这就是相对论。爱因斯坦没有给相对论以科学的定义，但对非专业人士来讲，其理解效果远远胜于科学的定义。

新闻写作必须符合现代社会生活的节奏，符合现代人的阅读心理，因而它的语言必须是简洁的。简洁就是简明扼要，没有多余的话，能用一字不用两字，能用一句不用两句。好的新闻是能用最少的字数说清事实、包容最多事实的新闻。清代学者李渔在《闲情偶寄》中说："意则期多，言唯求少"；刘勰在《文心雕龙·议对》中也提到："文以辨洁为能，不以繁缛为巧"；清朝桐城派文章大家刘大櫆在《论文偶记》中更有精彩的论述："凡文笔老则简，意真则简，辞切则简，理当则简，味淡则简，气蕴则简，品贵则简，神远而含藏不尽则简，故简为文章尽境。"鲁迅先生说："有真意，去粉饰，少做作，勿卖弄而已。"要做到意明理当，用词精切、含蓄，语言才能简朴。老舍先生说："简练需要概括，须多知多懂。知道一百个人，而写一个人，知道一百件事而写一件事，才能写得简练。心有余力，有所选择，才能简练。"斯诺先生在《西行漫记·彭德怀印象》一节中，有如下一段描写，表现了作者在选材和用情节、细节来概括方面的功夫。

> 有一次我和彭德怀一起去看一军团抗日剧团的演出，我们同其他战士一起在临时搭成的舞台前面的草地上坐下来。他似乎很欣赏那些演出，带头要求唱一个喜欢听的歌。天黑后天气开始冷起来，虽然还只是八月

---

① 《毛泽东选集》第3卷，人民出版社，1991，第1097页。

底。我把棉袄裹紧。在演出中途，我突然奇怪地发现彭德怀却已脱下棉衣。这时我才看到他已把棉衣披在他身旁的一个小号手身上。

这些情节和细节，内涵丰富，气蕴神远，表现力强，能以一当十，非常简练，非常形象地表现出彭德怀将军的高尚品德和精神面貌。

新闻作为信息传播的一种，属于实用文体。人们听读新闻是为了获得对外部事物的准确认识，了解客观世界新近发生的变化，新闻就是告之知。要把信息传播得广、传播得远，所用语言就必须朴素、通俗、易懂。信息交流不仅需要主体的有效输出，而且还需要受体的主动配合。

新闻语言通俗，要尽量使用常用词，能用短句不用长句；对专业性、技术性强的词语，要尽可能做些解释说明或比喻，不要照搬照抄到新闻稿中去；也可采用一些群众口语中新鲜、活泼的语言。当然，朴素通俗与浅薄庸俗是两回事。朴素是一种看似平淡，实则很难达到的"浅中见深，平中见奇"的艺术语言。苏东坡谈到文须平易时说："凡文字，少小时须令气象峥嵘，色彩绚烂。渐老渐熟，乃造平淡。其实不是平淡，乃绚烂之极也。"何谓平淡？清朝黄子云先生说："理明句顺，气敛神藏，是谓平淡。"深刻动人的思想情感，蕴含于事理明白、平顺易懂的语言之中，就是平淡，其实是"绚烂之极"的语言。刘衡的通讯《妈妈教我放鸭子》成功地运用群众口头语言，朴素通俗地报道了 1983 年全国最小的（18 岁）妇女代表、最小的三八红旗手陈惠容。请欣赏几段：

哪里，哪里！我一只巴掌拍不响，这 9000 多元（当时年收入）是我们一家五口合起来挣的。我的荣誉是妈妈转让的。

……

妈妈说："饿不死的鸡，撑不死的鸭，鸭子是直肠子，消化快，最贪吃了。一年 365 天，天天要把鸭子赶到老远吃野食，才能省下饲料。"

……

鸭子不看表都知道钟点。到了钟点不给食，就围着我闹。有的把脖子伸得老长，怄气，装死相，动也不动一下。喂了食，就高兴了。

一蹦几尺高，有的还能飞几丈远。

……

我到北京、到武汉开妇女会，一些姐姐、阿姨、奶奶都爱围着我问："你一个人在野外不害怕吗？不寂寞吗？"……我怎么会寂寞、害怕呢，我又不是光杆司令，我有一千多名鸭兵。我爱它们，它们也拥护我。

陈惠容秀美动人、聪慧伶俐的形象栩栩如生，跃然纸上。语言很美，都是群众生活中实实在在的话。有形、有声、有色、有味，具体可感，表现力强。这是上乘语言。汉朝王充说："欲其易晓而难为，不贵难知而易造。"这是说，要使语言通俗易懂不容易，要想使语言晦涩难懂是不难的。通俗朴素的语言，需要更高的语言驾驭能力和艺术修养才能做到。

新闻语言的通俗还应该包括内容的生动。形象生动，有悬念、有波澜的新闻作品才有吸引力，要做到这一点就得借鉴文学语言。新闻语言讲求形象生动，毛泽东一再批评那些不生动、不形象、像"瘪三一样乏味"的语言。毛泽东的新闻作品之所以成为典范，语言的简洁通俗与生动形象融为一体是一个不可忽视的原因。例如《东北我军全线进攻，辽西蒋军五个军被我包围击溃》，他就用白描手法，漫画出蒋介石的无能与无奈："自己住在北平，每天睁起眼睛向东北看着。他看着失去锦州，他看着失去长春，现在他又看着廖兵团覆灭。"[1] 具有很强的讽刺效果。新闻作品的生动主要还在于细节的再现，事实本身要生动。抓住能反映事物本质的细节，既通俗生动、可读性强，又能精确客观地反映事实，一举两得。有篇报道"科技热"的文章写道："市委从科技战线的实际出发，踏踏实实地贯彻全国科学大会精神，使全市科技战线出现了朝气蓬勃的新局面。"看了这样的报道，读者能获得多少新信息，留下什么具体印象呢？一切如隔雾观花，令人无从捉摸。在同一张报纸上，有一篇同内容的报道："最近，记者走访了安徽的一些省、市、县委书记办公室，一个新的现象引起人们的注意。许多书记办公室的墙上贴着科学技术的日程表，办公桌上放着科学技术图书

---

[1] 《毛泽东文集》第5卷，人民出版社，1996，第180页。

或科技情报资料……"这篇报道就具体生动多了，给人的印象更为深刻。一般而言，新闻报道用语就要讲究具体、形象，你描写具体细腻一些，读者得到的印象也就真切一些。你的报道若是生动形象，那读者就如身临其境、耳闻目睹一般。

新闻语言要有时代气息和生活气息。随着时代的发展、社会生活的变化，我们的日常生活用语实际上也一直在悄悄地变化。除了日常生活用语发生变化以外，政治、经济、文化和科学技术等各方面的变化，也会对语言产生很大影响。语言忠实地反映时代精神，新闻工作者应该保持对新事物的敏感，保持对语言的敏感，及时发觉它的细微变化，并反映这种细微变化，做到与时俱进。20 世纪 80 年代人们常谈"知识爆炸""信息革命""迪斯科""中特理论""下海""工薪族""摇滚""卡拉 OK"等；90 年代便出现了"地球村""市场经济""软着陆""信息高速公路""绿色食品""网络时代""情商""智商""白领阶层""追星族""文化快餐""集团""战略联盟""先锋派""前卫"等；21 世纪出现最多的是"WTO""CEO""文明冲突""克隆技术""纳米技术""知识经济""假日经济""金融风险""预警系统""生物工程""三个代表""科学发展观""保健食品""时尚""形象大使""新新人类""后现代""USB""CT""CD""HSK""P2P""G20""中国梦""新常态""治国理政""供给侧改革""网购"等。如今网络流行词语"QQ""帅呆""美眉""宅男""真酷""好爽""给力""带劲""揪心""拼爹""快时尚""你懂得""洪荒之力""痛并快乐着"，等等，诸如此类新鲜活泼、时尚新潮、个性突出、形象生动的语言打破了曾发挥过很大作用的"新华体""人民腔"的语言范式，给读者带来亲切与好感的同时，也拉近了传播者与受众之间的距离。给人们枯燥乏味的生活增添了绚丽多姿的色彩，使人们在紧张的工作之余得到些许的放松，同时反映了特定时期人们的社会情趣、文化取向与心理时尚。

要有生活气息，就必须摒弃那些大话、套话、空话、官话，让广大读者更乐于接受。如一位记者写一篇下岗女工开了一家火锅店的报道，原题目为《下岗女工的新追求》，显而易见，新追求、新时尚、大服务、大发展之类的词语比较陈旧，无新意，不活泼。于是作者决定套用流行歌曲《辣妹子辣》作为题目，效果一下子就好多了。因为这首歌很多人都能哼上一两句，非常亲切自然。同时，吃火锅给人的第一印象是辣，辣还可以形容人爽朗、大方、进取、向上，一语双关。要有生活气息还要给人以美的享受，努力做到思想性和艺术性相结合。如一则报道的标题是《房前鸭戏水屋后鸡打鸣——结构调整让通盛村尝到了甜头》，单是题目就勾勒出一幅秀美的田园风光图，让人犹如身临其境，回味无穷。

文学客观上也能够传播信息，但这不是它的基本职能，它的主要作用是给人以美感、给人以愉悦、给人以意境。作品渲染的是一种情绪，表达一种认识，它突出的是审美价值。与其他艺术相比，文学具有得天独厚的条件，因为它的语言最自由、最灵活，不受任何限制。因此，精练和通俗只能是文学语言中的一种风格，一个流派。鲁迅语言沉郁顿挫，含蓄隽永，嬉笑怒骂，幽默诙谐，是精练中的艺术大师；孙犁、赵树理等的语言清新自然，朴素通俗，为老百姓所喜爱，这是民间语言提炼加工的精髓。但文学毕竟是语言艺术，没有形象生动就不会吸引读者，作品就会失去赖以生存的条件和土壤。追求语言的形象生动历来是文学家们的梦想，而语言的个性化才是文学语言的最高境界。朱自清先生在《欧游杂记·序》中谈道：书中各篇以记述景物为主……记述时可也费了一些心在文字上，觉得"是"字句、"有"字句、"在"字句最难安排，因为显示景物间的关系，短不了这三样句法；可是老用这一套，谁耐烦！再说这三种句子都显示静态，也够沉闷的。又如，不从景物自身而从游人说，例如"天尽头处偶尔看见一架半架风车"；或若能将静的变为动的，当然更显生动，例如，"他的左胳膊底下钻出一个孩子"。不过这些也无非雕虫小技罢了。当代文坛上，无论是王蒙、王朔等对"文革"时期"革命话语"和"政治术语"的颠覆，还是贾平凹等对古代文人语言的效仿，抑或当下莫言对古代民间小说、戏曲语言的高扬，都是对个性化语言的新追求。

总之，语言上，应用文注重平实，新闻报道力求简洁，文学作品追求丰富。这是三种文体语言的整体规范。当然，信息时代科技不断进步，媒介不断变迁，新文体不断出现，各种文体的语言表达也应与时俱进，力求创新，写出鲜活的作品。唯有如此，才能满足受众的阅读快感。

关于中国现代文学史的创新写作[*]

高旭东　沈文慧**

沈文慧（以下简称"沈"）：从 20 世纪 80 年代"重写文学史"讨论至今，文学史的研究和写作一直是中国现当代文学界不断思考和实践的课题。文学史写作应该是不断出新的，这就是"重写文学史"讨论的精髓所在。当前的学术潮流是，文学史教材虽然也有个人写作的，但多数是由一位主编把总，由很多学者合写。你为何以一人之力来写大部头的中国现代文学史？

高旭东（以下简称"高"）：主编教材的优点是能够发挥"群众的智慧"，而且由于有很多高校的教师参与，一般这些高校会使用该教材，这样发行量就有保证。然而很多人编教材的缺憾就是对学术创新的淹没和学术个性的遮蔽。就我个人而言，我早就对现在高校使用的中国现代文学史教材不是很满意，并且有很多自己的想法。

沈：编撰文学史，最初也许是为了满足教学的需要，但其本质是一种学术文化的建构。从历史上看，著名的文学史、哲学史等领域的著作，几乎很少是以很多人参写的形式面世的。现代的文学史著作真正能称得上经典的，是鲁迅的《中国小说史略》，那是他在北大讲课的教材。按照传统的中国文学史分期，1840 年之前是古代文学，1840～1917 年是近代文学，1917～1949 年是现代文学，1949 年至今是当代文学，然而你撰写的中国现代文学史的历史分期与现在通行的教材非常不同，你的理论依据是什么？

高：首先我觉得现在通行的中国文学的"近代"起点难以成立：近代的英文与"现代"都是 modern，应该是具有现代性（modernity），而与传统

---

　*　原文刊发于《读书》2018 年第 1 期。

　**　高旭东，中国人民大学文学院杰出学者特聘教授；沈文慧，信阳师范学院文学院教授、研究生处处长，河南写作学会副会长。

（tradition）对立的文学，但是在我们的高校里，却把"近代文学"放入传统的古代文学中讲授，中国近代文学研究会的会长郭延礼教授就在山东大学文学院的古代文学教研室，作为高校的文学院院长，你对此不感到奇怪吗？

沈：如此说来确实有些问题。问题出在哪里呢？

高：问题就出在我们以历史的分期来划分文学的分期。马克思在《〈政治经济学批判〉导言》中关于艺术与经济发展不平衡的论述应该打破这种历史与文学的平行论。事实上，从 1840 年开始中国确实不情愿地被西方列强拖入了"近代"，但这种"近代"仅限于"奇技淫巧"的"用"的层面。从 1840 年到甲午战争这五十多年的时间里主导的文化选择方案是"中体西用"，甚至为了找回在"用"的西化上所损伤的自尊心，在"体"（礼教道德与文学艺术等）的方面要更合传统。经过我的比较，发现这五十多年的文学既不如明代中叶推崇文学进化论的李贽和崇尚独抒性灵的公安派具有现代性因素，也不如清代中叶的《儒林外史》《红楼梦》等更有现代性因素。因而将这停滞而排外的五十多年的文学放到古代文学中讲授，就很有合理性。

沈：在学术研究中，比较的视野很重要。你刚刚从民族文学的纵向比较论述了以 1840 年为中国文学的现代起点的不合理性，不过我们都知道，比较文学研究的是文学的国际关系，而中国文学的现代起点并不是古代文学中现代性因素直接转型的结果，而是已经走向现代的西方文学影响的结果，那么，你是怎样以比较文学的理论方法审视中国现代文学的？

高：我是从比较文学的各个角度来反思中国文学的现代起点的。翻译研究现在已经成为比较文学的重要方面，如果说中国文学的现代起点是已经走向现代的西方文学影响的结果，那么，这个起点就更不能从 1840 年开始，因为从 1840 年到 1894 年，对外国文学的翻译几乎是空白。有趣的是，这个时期班扬的《天路历程》被翻译过来，还是外国人向中国人的推销；由中国人自己翻译的作品寥若晨星，只有小说《昕夕闲谈》和长诗《天方诗经》等几种。但是，在甲午战争后的 1895 年到 1906 年的十多年间就出现了 516 种翻译小说，而从 1907 年到 1919 年十多年间的翻译小说则多达 2030 种。严复《天演论》等文化哲学翻译与林纾大量的文学翻译开启了中国文学的现代起点。五四一代文人，几乎无人不受到严复与林纾的影响。

沈：确实，翻译对中国文学走向现代作用重大，陈独秀、鲁迅、胡适、周作人、刘半农等文学革命的弄潮儿在五四前都是翻译文学的积极参与者，可以说，翻译直接催生了五四文学革命。除了翻译，还有哪些方面能够表明中国文学的现代起点应该从甲午战争开始？

高：甲午战争打破了中国人"中体西用"的文化选择方案，扬起了在文化与文学上西化的风帆。日本曾是中国文化的学生，却通过"脱亚入欧"和明治维新很快进入列强的行列，在中国家门口打败了北洋水师，这就使中国人觉得全面师法西方刻不容缓。可以说，甲午战争直接催生了戊戌变法，而在戊戌变法前后，中国主流的文化思潮就是努力与西方先进的文化接轨。因此，"戊戌文学革命"是五四文学革命的先驱。"文学革命"一词最早是梁启超提出来的，并且由"诗界革命""文界革命""小说界革命""剧坛革命"为支撑；而黄遵宪早在1894年的《日本国志》中就提出了运用白话文的主张，三年后裘廷梁也发表了《论白话为维新之本》。另外，"诗界革命"所产生的"新体诗"尽管与胡适后来从白话入手不同，然而蒋智由有些新体诗已与胡适的白话诗非常接近。由于"小说界革命"对小说的推崇、大量西方小说的译入以及《老残游记》等小说的出现，小说从传统上不被重视的边缘文体向中心移动，成为文学的正宗。而五四文坛以话剧批判传统的戏曲也要追溯到梁启超的"剧坛革命"与春柳社。

沈：我注意到，将现代文学的起点从现在流行的"五四"上推到甲午战争，目前的教材只有你写的这本，但是我发现近些年现代文学的两位老专家——严家炎、范伯群先生也有类似的观点，严先生甚至上推到甲午战争之前，你与他们的观点异同何在？

高：关于中国文学史分期的不合理，我在《当代文艺思潮》1986年第6期上发表的《略论中国当代文学发展的三个逻辑层次》中就曾提出，后因为忙于别的项目就暂时搁置了。2010年9月在成都举办的中国现代文学研究会年会上，我提交的论文也阐述了流行的文学史分期的不合理，并以《近代、现代与当代文学的历史分期须重新划定》为题发表在《文艺研究》2012年第8期上。我非常佩服严先生是如此唯真理是求，如果说我与严先生有什么不同的话，那就是我认为，正是甲午战败才使得处于边缘的现代性因素向中心移动，并且立起与前代截然分明的现代起点的界碑，否则我们的现代文学可以上推到明代中叶或清代中叶，然而那只是有现代性因素，并没有占据文坛的主流。

沈：戊戌变法流产后，反清的革命派在光复旧物与复兴国粹的旗帜下总体上有复古的文化倾向，这表现在柳亚子等人诗歌的大量用典等各方面，在你看来，革命派比维新派在文学的现代性上是否退步了呢？

高：革命派固然有复古的倾向，但在两个方面是在推进文学的现代性：第一，维新派的新体诗在革命派的秋瑾、马君武等人的诗中打上了深刻的烙印，尤其是陈天华的鼓词《猛回头》，在明白如话上很接近胡适的新诗，其《警世钟》大概是中国最早以白话文形式出现的论文；第二，更能代表革命派的是以"拟古的现代性"为文学特色的章太炎、留日时期的周氏兄弟和苏曼殊等人，这就是在复兴国粹的典雅文言文外衣的包装下，表现的却是比维新派更为现代的文学内容。从章太炎推崇拜伦、尼采的极端个人思想，鲁迅对世纪末文化思潮以及对浪漫主义、现代主义的张扬与译介，到苏曼殊的《断鸿零雁记》成为郁达夫《沉沦》的先驱，都表明了这一点。他们的这些思想与作品若是褪去古奥典雅的拟古包装，与五四新文学几乎毫无二致。后来显示了五四文学革命实绩的鲁迅就在《呐喊·自序》中说，他的小说是年轻时候所做的梦的结果。由于革命派对文学现代性的参与，从 1894 年到 1917 年的文学作为"晚清文学"很不合适，二十多年的文学单独划为一个历史阶段也不合适，不过，作为中国文学的现代起点而以"前五四的现代热身阶段"命名，倒是很合理。

沈："前五四的现代热身阶段"这个说法很新颖。你强调的是明清中叶被压抑了的现代性因素，但真正的现代开端应该从甲午战争讲起。问题是，若是以甲午战争为中国文学的现代开端，五四还有那么大的重要性吗？

高：有。"文化五四"是一场真正以伦理道德为核心的价值革命与以文学为核心的审美革命，个人的价值得到了前所未有的推崇。这与此前侧重政治变革的戊戌变法与辛亥革命都不一样，因而与五四文学相比，"前五四的现代热身阶段"的文学尝试很像是为五四文学准备的一次不很成功却富有生气的预演。可以说，五四使中国文学真正进入了现代。五四文学革命已经一百年，五四的重要性无论怎样强调都不过分。在文化上多元共存的五四在文学上也是百花齐放，西方的启蒙主义、浪漫主义、现实主义、自然主义、现代主义这些在西方历时性产生的文学流派，被五四作家共时性地"拿来"。当然，每个流派在五四文学整体结构中的位置是不同的。而且过去的研究侧重于研究五四文学横向移植的一面，然而中国传统文化对五四文学还是具有潜在制约的作用，二者所造成的动态运行结构，才是文学史应该描述的。

沈：五四传播了西方个人主义的各种思潮，也传播了马列主义，不过从你的文学史中可以看到，被《新青年》唤醒的新潮社、文学研究会、创造社等几乎所有文学社团都是以个性解放与描绘真实人生为旗帜，那么中国现代文学左转的契机是什么？

高：这个契机就是蒋介石对共产党人的屠杀，大批革命文人从血迹中爬起来，来到上海从事反对国民党的革命文学。当然，大批文人的左转，还有着深刻的文化根源与国际背景。第一，共产主义是作为一种超越资本主义（超现代）的西方最新学说出现的，既能满足五四以来中国文人趋新的西化心理，又能避免资本主义的恶性竞争给人带来的精神痛苦。第二，苏联建设的成功与资本主义世界 1929 年至 1933 年的经济大危机是中国文人在 20 世纪 20 年代末 30 年代初大规模向左转的社会根源，而这又植根于中国文学传统的感时忧国精神和现世的务实品格之中。第三，尽管马克思主义的辩证法与中国文化传统的中庸之道有否定性与肯定性的文化差别，但是在西方各种学说中，毕竟只有马克思主义更像中国文化那样注重整体性而反对片面性。第四，列宁对中国作为弱小民族的支持乃至在领土问题上对沙俄扩张的不满，甚至曾表示要归还被沙俄侵占的中国领土，对于以救国兴邦为己任的现代中国文人有着强烈的感召力。因此，中国文人最终选择了走俄国人的路。随着鲁迅与茅盾等人左转，文坛的主流都有左转的趋势：丁玲从《莎菲女士的日记》到《水》，蒋光慈从《少年漂泊者》到《田野的风》，王统照从《一叶》到《山雨》，冰心从《超人》到《分》，许地山从《缀网劳蛛》到《春桃》，老舍从《赵子曰》到《骆驼祥子》，新诗从郭沫若、徐志摩、朱湘的浪漫抒情到臧克家、蒲风描绘人民的现实苦难……

沈：你在文学史中使用了"一元超现代"的新概念，用以区分左翼文学与五四文学的差异，然而鲁迅是五四文学的大将，又是左翼文坛的精神领袖，当左翼文人批判鲁迅时，鲁迅对左翼文人的抨击并不令人奇怪，不过当鲁迅左转并成为左翼文人的精神领袖的时候，他对待五四文学仍与批判五四的左翼文人不同，你在文学史中是如何处理这些错综复杂的关系的呢？

高：与五四文坛的多元共存不同，随着文坛主流的左转，共产主义是以一元排他的面目出现的，而且从梁启超到五四，都是以新为好，那么自然的结论就是：资本主义是现代，共产主义就是更新的超现代，这就是我为什么使用"一元超现代"的概念，这也是五四文坛的主流向左转的另一个原因。当然鲁迅的选择要复杂得多：鲁迅左转后确实与"左联"保持了大体的一致，但又把五四文学传统带入了"左联"，与鲁迅关系最密切的左翼文人都被打上了深深的五四文学的烙印，这与周扬等左翼文人迥然不同。张天翼、柔石、萧红等人的作品大都难以与五四文学划清界限，而以鲁迅传统卫护者自居的胡风甚至到了全面抗战时期连中间文人都强调整体性（"战国策派"）时，还试图将五四文学的个性精神与左翼传统融合，这也表现在路翎等"七月派"的创作中，从而构成了中国现代文学流变的又一条脉络。

沈：全面抗战时期出现了延安与"国统区"两种不同的文学，它们对后来文学的发展产生了什么影响？

高：左翼文学要让个体融入群体之中，与抗战让个体为民族牺牲的路向是一致的。当然，巴金《寒夜》的现实主义、郭沫若《屈原》的浪漫主义、"九叶派"的现代主义，表明国统区的文学是多元共存的。另外，左翼文学虽然是以"一元超现代"为特征，但由于有鲁迅带入的五四文学传统，其实还是趋向多元；而在延安，鲁迅在受到了极高推崇的同时却不能展露其批判的锋芒，周扬式的绝对排他性的"一元超现代"模式得到空前的强化，后来就演变成文学就是革命政策栩栩如生的感性化，使抽象的革命道理在老百姓喜闻乐见的民间话语中鲜活地体现出来。随着国民党军队的战败，以延安为中心的这种"一元超现代"模式就从西北一隅光照全国。随着胡风与"右派"文人先后挑战"一元超现代"模式的失败，这一文学模式排斥了一切其他杂音，并且向着极端的方向演化，要求所有的文人都要在道德忏悔中将一己之水融入廓然大公的红色海洋之中，这种模式到"文革"达到了顶峰。"一元超现代"作为一种现代性模式，被推向极端后就显露出窒息文学生机的僵化特征，就连 30 年代的左翼文学大将茅盾都不相信这一文学模式会维持很久，而在家里续写与这一文学模式南辕北辙的《霜叶红似二月花》。

沈：这是否意味着，正如中国现代文学的起点不应该是五四而应该是甲午战争一样，其终点也不应该是 1949 年而应该是"文革"结束？

高：是的。以 1949 年为中国现代文学的终点，有两点不妥。第一，1949 年后的中国文学是延安文学的扩大，二者并没有质的区别，为什么要生硬地切断呢？第二，按照传统的中国文学史分期，现代文学仅 30 年而当代文学却长达近 70 年，这似乎说不过去。当代是当前时代或同时代的意思，一般比较短，而现代却可以很长，就像《剑桥世界史》的"modern"是从文艺复兴到二战结束一样。1978 年开始的中国当代文学进入了另一种现代性模式，在多元共存上与五四文学是相似的，但是有两个方面表明当代文学与现代文学的不同，第一，从戊戌革命、五四文学革命到左翼文学的兴起，都是以西化为特征的，然而当代第一批优秀的作品却是以"寻根文学"为特征的。第二，尽管在知识储备等很多方面中国当代作家不如现代作家，但是当代作家不再像现代作家那样，后者在很长时间里认为西方文化是值得崇尚的、是普遍性的，而后者则逐渐参与文学的世界性塑造。

沈：在对作家作品的重新挑选与重新评价上，你求新意识的来源是什么？在求新与求真之间，你是如何选择的？

高：比起求新来我更重视求真，换句话说，我的文学史的新意既是我这么多年研究比较文学与文化的结果，也是追求文学史客观性的结果，我最反感的就是为创新而创新。譬如，在分析鲁迅与周扬发生分歧及其产生的重大影响时，对周扬评价不高，但在讲述歌剧《白毛女》的作者时却强调了周扬的作用，因为这是客观事实，周扬对于《白毛女》所发挥的作用要超过现在那些集体项目的主编。在对作家作品的重新挑选与重新评价上，我秉持的也是这一原则。譬如，我觉得文学史界对张天翼的忽视是在选择其代表作上出了问题，《包氏父子》与《华威先生》绝对不是杰作，而其仅次于《阿 Q 正传》并能够与茅盾的《动摇》、沈从文的《边城》、张爱玲的

《金锁记》、巴金的《憩园》相提并论的中篇小说《善女人》却被忽视了。我发现了茅盾理论倡导与小说创作上的多重矛盾，发现了端木蕻良的长篇杰作《科尔沁旗草原》是当代寻根文学的先驱，发现了姚雪垠最有文学价值的小说是《长夜》而不是《李自成》……我确实抬高了端木蕻良、路翎、陈白尘等人的文学地位，这是因为我认为，《科尔沁旗草原》《财主底儿女们》《燃烧的荒地》《升官图》等作品即使放在世界文学的海洋中也是优秀之作。

沈：作为这部书最早的读者之一，我感到这是一部具有自觉学术追求和学术品格的中国现代文学史，从历史分期、文学史观念到新术语的运用，尤其是在对作家作品的重新挑选与重新评价上，都有值得品味之处。

散文写作的难度与境界*

当前，似乎全民都在写散文，这既是一件幸事，反映了散文受欢迎的程度以及普及状况；同时，也应引起警觉和注意，因为过于大众化的散文，极容易让人失去规范和敬畏，使散文写作变得过于随意甚至泛滥。因此，我们既希望更多的人参与散文写作，又要认识到散文"易写而难工"，看到散文写作的难度，以便提升散文写作的境界。散文写作有以下几个瓶颈问题，需要努力进行突破。

一　突破城乡二元对立

近现代以来，中国新文学着力书写城乡冲突，这既表现在单个作家身上，也包括作家群体。较有代表性的是路遥，他在《人生》和《平凡的世界》中一直书写着紧张甚至对立的城乡关系，仿佛这是一个永难和解的矛盾体。鲁迅笔下的乡村与人物也是狭隘、封闭、保守、落后的典型，如曾是那么鲜活的少年闰土，一下子变成失去活力的麻木之人；而沈从文、废名则描绘了乡土风情之美好，是一种不被污染的纯净大自然。

其实，这种观念与审美在当下一直没有得到改变，在散文创作中表现得尤其明显。最有代表性的是近些年对于破败村庄的描写，仿佛让我们看到了鲁迅笔下的破败景象。那就是原本美好的乡土一下子流失了，就如同被雨水带走的高原土壤，村庄变得荒芜、失落，毫无生机活力。这在大量的新时期乡土散文中几近成为一种风尚。同时，有不少散文对于乡村则给

---

* 原文刊发于《广州文艺》2018 年第 8 期。
** 王兆胜，中国社会科学杂志社副总编辑，编审，二级教授，享受国务院政府特殊津贴专家。

予礼赞，并陶醉于其中，对都市实行的则是无情的批判与否定。最有代表性的是张炜和苇岸。他们在用乡土文明批判都市文明，在获得某些对于都市异化超越性的同时，也将城乡关系对立起来，从而失去关于城乡文化的辩证理解。如张炜表示：

> 说起来让人不信，我记得直长到二十多岁，只要有人大声喊叫一句，我心上还是要产生突然的、条件反射般的惶恐。直到现在，我在人多的地方待久了，还常常要头疼欲裂。后来我慢慢克服，努力到现在。但是说到底内心里的东西是无法克服的。我得说，在反抗这种恐惧的同时，我越来越怀念出生地的一切。我大概也在这怀念中多多少少夸大了故地之美。那里的蘑菇和小兽都成了多么诱人的朋友，还有空旷的大海，一望无边的水，都成为我心中最好最完美的世界。
>
> ……不用说，我对于正在飞速发展的这个商业帝国是心怀恐惧的。说得更真实一点，是心怀仇视的。商业帝国的中心看来在西方，实际上在自私的人内心——包括我们的内心。我之所以对前途不够乐观，是因为我们实在难以改变我们的内心。许多人，古往今来的许多人都尝试着改变人的内心，结果难有效果。这说到底是人类悲观的最大根据。①

苇岸也有同样的看法，他说：

> 二十世纪这辆加速运行的列车已经行驶到二十一世纪的门槛了。数年前我就预感到我不是一个适宜进入二十一世纪的人，甚至生活在二十世纪也是一个错误。我不是在说一些虚妄的话，大家可以从我的作品中看到这点。我非常热爱农业文明，而对工业文明的存在和进程一直有一种源自内心的悲哀和抵触，但我没有办法不被裹挟其中。②

---

① 张炜：《我跋涉的莽野》，春风文艺出版社，2001，第3、4、8页。
② 苇岸：《太阳升起以后》，中国工人出版社，2000，第285页。

在此，我们看到了沈从文、废名的深刻影响。

近现代以来，城乡关系确实存在某些对立，作家尤其是散文家亦可对此进行审视与批评。不过，忽略城乡的融合发展，尤其是对二者缺乏互补与辩证的理解，这是一个世纪以来包括散文在内的新文学之局限。这就必然影响作家文化价值的判断与选择，陷入非此即彼的二元对立之中，从而导致文学创作的简单化与价值偏向。在这方面，林语堂倡导的城乡互补、融通和谐值得借鉴，即让城市融入乡村风光，让乡村多些城市文化内涵。总之，只有超越城乡二元对立的视野和价值判断，散文创作才可能变得更加开阔和健全。

二 走出传统与现代的困局

传统与现代的关系，是晚清和五四以来中国文学的核心问题。经过百余年的努力，作家们成绩斐然，贡献颇丰。但值得注意的是，作为一种文化价值选择，在包括散文在内的文学创作中，至今它仍未得到根本解决，有不少地方甚至呈现更为强烈的矛盾冲突及困惑。不走出传统与现代的困局，文学创作尤其是散文创作就很难获得真正的超越。

以周作人、林语堂二位作家为例，其现代性的倡导与追求在新文学作家中无疑是颇有代表性的。然而，有时他们仍会陷入传统性的迷思中不能自拔。如周作人和林语堂都曾写过北京与上海这两座城市，而且两人都几乎异口同声地高扬北京，贬损甚至咒骂上海。林语堂说：

上海是可怕的，非常可怕。上海的可怕，在它那东西方的下流的奇怪混合，在它那浮面的虚饰，在它那赤裸裸而无遮盖的金钱崇拜，在它那空虚，平凡，与低级趣味。上海的可怕，在它那不自然的女人，非人的劳力，乏生气的报纸，没资本的银行，以及无国家观念的人。上海是可怕的，可怕在它的伟大或卑弱，可怕在它的畸形，邪恶与矫浮，可怕在它的欢乐与宴会，以及在它的眼泪，苦楚，与堕落，可怕在它那高耸在黄浦江畔的宏伟而不可动摇的石砌大厦，以及靠着垃圾桶里的残余以苟延生命的贫民棚屋。①

这一面显示了林语堂对于上海被异化的不满与仇恨；另一面也隐含了他对于现代性的隔膜与忽略。周作人、林语堂笔下的北京与上海显然是传统与现代的代名词，即一个是古老的、守旧的，一个是全新的、开放的。问题的关键不在于周作人与林语堂两人都对上海大加责罚，而在于他们都看不到上海有一丝一毫的现代性，相反却对传统的北京充满无限爱恋与陶醉。如林语堂用"辉煌的北京"来描写老北京，他富有深情地写道："北京，似乎是个永不衰老的城市。当此时刻，所有的西方文明的记忆都似乎从脑海中消失了，只有古代的梦化作真实的北京，在眼前迤逦展现。""北京代表了中国的一切——泱泱大国的行政中心，能够追溯到大约四千五百年前的伟大文化的精髓。世界上最源远流长、完整无缺的历史传统的顶峰，是东方辉煌文明栩栩如生的象征。"②

还有鲁迅，在他的两本散文集《野草》和《朝花夕拾》中其实是包含现代与传统关系的。换言之，《野草》是鲁迅表达"现代性"的一个文本，《朝花夕拾》是承载着传统审美意识的。问题的关键是，在这两个文本中最能显示鲁迅心性和本来面目的，我认为不是《野草》，而是《朝花夕拾》，正是后者让鲁迅的心怀得以陶醉和安慰。因此，在鲁迅的现代与传统关系中，最具深度与灵魂意义的不是现代，而是传统意蕴和情调。

当下散文一直没有处理好传统与现代的关系：不是简单地用现代性误读传统，就是抱定传统而忽略现代性，从而在传统与现代中迷失自我。如在余秋雨、李国文的散文中，我们常看到简单地用现代性看取传统，于是有了《笔墨祭》和《司马迁之死》这样的文本。又如张承志的《清洁的精神》一文，其主要站在传统角度全力赞美荆轲精神，认为其冒险、刺杀、讲究诚信是"洁"之表现，是值得大书特书的伟大品格。其中，现代性的意识较为薄弱。林非先生的《浩气长存》同样写荆轲，但他既看到荆轲的大义凛然、勇毅果敢，又深刻指出这里隐含的暴力情结，即处理不好荆轲

---

① 林语堂：《上海颂》，《林语堂名著全集》第 15 卷，东北师范大学出版社，1994，第 56～59 页。

② 林语堂：《辉煌的北京》，《林语堂名著全集》第 25 卷，第 53、255 页。

就会变成恐怖的渊薮。基于此，林非提出，在现代民主社会中，一般说来，是不再需要让荆轲用刺杀来完成所谓的伟业了。林非还对美国都市文明进行辩证理解，认为它在取得巨大成就的同时，也带来了原始人生活的某些局限与误区，这是因为过于密集的高楼大厦挡住了阳光，让人有进入原始洞穴之感。这样的认识犀利敏锐，又充满现代性反思深度。

问题在于，既有传统眼光又不乏现代意识的散文，在当前少之又少，而更多的是充斥着传统与现代的矛盾和迷茫，这是需要注意和思索的。当百年之后的今天，散文仍未能走出现代散文的局限，甚至在原地踏步，这不能不令人担忧。

三　确立前瞻性的发展向度

当前散文最大的问题是什么？我认为是作家过于沉溺于历史，对现实、时代关注不够，更缺乏对现实与时代的穿越能力，难用更长远的眼光进行更有预见性的智慧写作。从此意义上说，当前散文多是一种盲目写作，是一种缺乏创新维度、不能指引美好前途的写作。

近些年，大历史文化散文盛行，并形成散文创作的一个高潮。其中余秋雨可谓功不可没。从散文的历史感、文化含量以及散文的学者化角度讲，这一趋向无疑是有价值的。但少有人从更广阔的视野审视这场散文风潮的成因和负面效果。我认为，历史文化散文暴露的是作家对于现实的疏离，以及与时代的隔膜，尤其是在社会重大转型面前的无能为力。因为世界如此变化无常，社会如此丰富多彩，时代如此波澜壮阔，前途如此充满未知，然而，我们的散文家却躲进历史的皱折中去发掘历史的碎片，其中虽不乏某些对现代社会的隐喻甚至讽喻，但其方向是逆时代的，对当下和未来缺乏真正的触摸与探求。

当然也有一些关注现实、与时代同呼吸的散文作品，但或由于过于贴近现实，不能具有超越性与未来性而显得机械刻板；或因为缺乏悟性与智慧，不能起到开悟和点醒作用；或由于眼界和理论的限制，难以产生洞悉的能力。以贾平凹为例，他多年来一直用文学创作关注时代变化，也试图解释社会转型中强烈的矛盾冲突，尤其是中国农村在都市、传统在现代面前的演变，其努力与价值不可低估。不过，由于难以透过现象看到本质，也由于过于拘泥于传统和乡土，其包括散文在内的文学创作很难具有前瞻性与未来指向。如将之与马克思、巴尔扎克看透了资本家和资本主义的本质相比，这一点最为明显。贾平凹曾这样表达自己对乡村书写的困惑："从理性上我在说服自己，走城镇化道路或许是中国的正确出路，但在感性上我却是那样的悲痛，难以接受。""当下的农村现实，它已经不是肯定和否定、保守和激进的问题，写什么都难，都不对，因此在我后来的写作中，我就在这两难之间写那种说不出也说不清的一种病。"① 其中显然透露出作家对于未来乡村发展的困惑与忧患，也说明作家还无法穿越现象世界进入未来的明确方向之中。

应该承认，在当前中国所面临的巨变是前所未有的，虽然它不是通过激烈的革命形式得以呈现。不要说敏感的诗人和小说家，更不要说与社会时代紧密相连的散文家，就是普通百姓也能从中感受到惊心动魄的震撼。然而，我们的散文家却沉溺于历史写作中不能自拔，少有或几乎没有能真正解释时代，并为未来中国乃至世界指点迷津的。这不能不说是一个历史局限，也是作家未能尽责的一大缺憾。

四 以天地境界克服人本主义局限

五四以来的中国新文学凸显周作人的"人的文学"观念，于是，"文学是人学"深入人心，也导致包括散文在内的文学创作的自由与解放。但其最大的不足是过于强调"人"，尤其是无限夸大人的欲望，从而导致了天地情怀之淡化乃至丧失。没有天地境界作为支撑，"人的文学"就会越来越褊狭，甚至出现异化的结果。

失去天地自然尤其是天地大道，散文创作就会带来如下问题。一是忽略"人"之外的事与物，许多散文除了写"人"，很难写好"事"与"物"，这就导致中国传统"格物致知"之丧失。二是欲望与暴力写作盛行，对天地失了敬畏。过于信赖人的无所不能，以及人为天地之精华和主宰，

---

① 贾平凹：《当下的汉语文学写作》，《美文》2017 年第 5 期。

散文创作就会失去节制与平衡，变成一个自我主义者，甚至成为自大狂。这样的散文在当前俯拾皆是。三是以人之道消解或否定天地之道。当一个作家心中只有"人"，甚至只有他自己时，他就很难摆脱"人"的局限及其形成的路径依赖，更难进入天地情怀与博大境界中，于是散文就难免在个我、碎片化、小情调、小格局中徘徊，更难进入浩然正气、顶天立地的大丈夫境界。

余光中《借钱的境界》《我的三个假想敌》《我是余光中的秘书》等散文就存在过于"个我"以及贵族化倾向，如果将之与王鼎钧、琦君的具有"大我""大爱"的散文相比，这一点尤显突出。还有时兴的"小女人散文"和"种花养草养生散文"，以及更多关于阿猫阿狗的散文，都是缺乏天地情怀与天地境界的典型例子。

散文创作应走出私人、"个我"和小我的小天地，进入天地自然和天地大道之中。只有这样，散文才会获得高尚神圣的境界，也会给人带来智慧的启示。

其实，表面看来，散文文体极为丰富，写法也可以多种多样，而散文的魅力正在于自由自在地写作，在于爱怎么写就怎么写。然而，散文本身并非没有边界，更不是随便怎么样都可以写好散文的。在此，除了需要生活阅历、真情实感外，还需要"绚烂之极归于平淡"的表达技巧。当然，更需要有文化价值立场的正确性，需要有一种穿越历史、现在与未来的眼光。在此，冯骥才说得好："文化眼光不是一般眼光，它必须具有文化意识和文化素养。""有些事物的历史文化价值，必须站在未来才能看到。文化，不仅是站在现在看未来，更重要的是站在明天看现在。那么，文化眼光不只是表现为一种文化修养，一种文化意识，更是一种文化远见和历史远见。"① 就如同一般人都能做在平道上开车的司机，但要成为能让飞机在短暂的地面滑动后腾空而起并展翅高飞的飞行员，却是相当困难的。因此，切不可看轻散文写作，认为谁都可以试试，谁都能够写好。一般的涂鸦很是简单，但要写出佳作尤其是"天地至文"，却并非易事。

---

① 冯骥才：《文化眼光》，野莽主编《中国当代才子书·冯骥才卷》，长江文艺出版社，1997，第 229~230、233 页。

新时期文学到新世纪文学的流变与转型

——以《萌芽》新概念作文大赛、新媒体文学为中心[*]

吴　俊^{**}

小　引

谈中国当代文学的流变和转型，或相对短时段的新时期以来的文学演变，话题覆盖面都很大，一般只能在宏观面讨论，不太容易深入。我主要想通过案例分析、以案例为中心的方法来提纲挈领地讨论这个话题。

先要稍微解释一下新时期文学的时限概念。有人认为 20 世纪 80 年代的结束，也就意味着新时期文学的结束，以后就变成"后新时期"等；也有人认为新时期文学一直到 20 世纪末才结束，甚至有的人分得更细，在 20 世纪 90 年代内做细分，包括有人认为新时期文学到邓小平南行讲话公布前后结束，可见歧见纷呈。在我看来，这个问题也不必太固执成见，否则就显得有点小气了。有一点或许较有共识，少有人会认为 21 世纪的当下也属于新时期文学，姑且不论"新时代"之说，可见新时期文学已经结束是可以确定了的。同时，基本有共识的是，80 年代显然归属于新时期文学的范畴。这也就意味着，80 年代是个相对有共识的文学史概念，90 年代则充满了文学史或学术视野上的更多不确定性。至于所谓新世纪文学就更像是一个时间性或修辞性的说法了，很难认可它就是一个文学史概念。不过，持相反观点的人也不少，只要参阅一些有关新世纪文学问题讨论的文献，就能看

---

* 原文刊发于《小说评论》2019 年第 1 期。
** 吴俊，南京大学文学院教授。

出不同观点的立场。我一般不把新世纪文学当作文学史的概念，我只把它当作一个时间概念。这也算是对本文题目的一点解释。

接着我要说明的是，我讨论新时期文学到新世纪文学流变与转型中的实际对象，其核心主要是诞生于新概念作文大赛的 80 后文学/作家现象和互联网新媒体文学，讨论它们的文学史意义及地位。我是在文学史意义上谈案例或现象分析，同时也是在用案例来讨论文学史话题。

还要说明一下的是，本文本来是讲座的录音整理稿，未及一一注释，只是整理时润色贯通了行文逻辑，多少也删弱、调整了讲演痕迹，效果如何，只能就教于方家了。接下就进入正题。

一　新媒体时代前夜的文学

新媒体时代前夜的文学指的就是世纪之交的文学，主要指的是 20 世纪90 年代开始的文学。从 90 年代，我们已经可以看出新时期文学的衰微趋势了，由此也就凸显了新概念作文大赛和"80 后"诞生的意义。

引用陈思和教授的一个概念，即文学时代的"共名、无名"概念。20 世纪 80 年代可称是文学的共名时代，90 年代以后则为无名时代，后者没有主流性的、潮流性的文学史现象。90 年代的文学是一个主流现象被消解的时代，是一个文学流散化的时代，这与 80 年代的文学现象形成巨大且明显的差异性对照。也就在这样一个情况下，新概念作文大赛出现了，其中更是诞生了一代"80 后"作家。

1992 年，邓小平有了一次南方视察，沿途对各地党政领导干部发表了一系列讲话，讲话的核心就是要继续深入推进改革开放。这释放出了一言九鼎的巨大作用，直接回应了中国往何处去的现实问题。直到现在，改革开放仍是我们发展的主流。习近平总书记近年也说过，要把中国的改革开放事业继续深入地推进下去。所以，从新时期一直到现在，改革开放始终是当代中国坚持的一个国家发展主流意识。邓小平的南行讲话也引领中国进入了一个改革开发的加速期。最重要的是，中国社会全面进入了一个以经济建设为中心的发展轨道，由此也就产生了各种根本性的变化。

比如在经济领域搁置了有关"主义""道路"的争论等，这似乎跟我们文学没啥直接关系，就不讨论了。但有的变化就与文学有直接关系。因为全社会进入了商业市场的轨道，文学领域、文化领域、教育领域，还有出版领域等，则开始陷入低谷。从 20 世纪 50 年代到 90 年代初，这些领域均在计划经济直接支配下运作，主要依赖政府财政，而且，几乎都是投入较多，经济产出或回报很少甚至没有。现在失去了计划经济体制的靠山，生存立即成为问题。比如出版社出版的书，总是要卖的，到哪里去卖？当时全中国只有一个渠道——新华书店。计划经济体制下大量书籍的生产是没有什么市场概念的。没有市场概念意味着什么？就是有社会需求的书往往供应不足，而没有读者的书却有可能堆积如山。在市场经济条件下，这样的结果则使出版社无法经营再生产，新华书店也萧条到难以为继了。反馈到作者那儿，就是你要写一本书去出版的话，即便是很有价值的学术著作，如果没有人提供出版资助，出版社恐怕就很难会给你出版了。

文学刊物的境遇更悲惨，很多刊物的结局就如同当时的国企改制，免不了关停并转。我举一个例子，上海有一个很有名的刊物叫《上海文论》，当代文学史上"重写文学史"潮流，就是 1988 年从《上海文论》开始的。但到了 90 年代，这本期刊也办不下去了，因为没有资金，于是只能实际停刊了。有一段时间它被其他资本收购，改刊出版，后来又转过多少次手我不太清楚，但是有几期它变成了汽车刊物，这个我倒是看见过。由此就可见时势主流了。从媒体角度看，这也堪称纸媒文化、纸媒时代的末路景象。这个过程持续了六七年，是这些领域非常痛苦的一个低谷阶段。

就在这样一种文学、出版、教育（如大学有过"破墙开店"的风波）等文化领域全面进入颓势或瓶颈的时期，《萌芽》新概念作文大赛应运而生，这可谓绝处逢生的孤立的个案，然而其影响却是无与伦比、足以载入史册的。

《萌芽》新概念作文大赛是低谷时期的文学放低自家身段而从社会文化基层突围自救求生的一个成功策略。当时文学遭遇的困境是显而易见的，但还几乎没有人认为这是传统纸媒所遭遇的整体性问题。1997 年最早的一个以文学原创为标榜的网站出现了，即"榕树下"网站，那个时候的榕树下网站或许还没有一种商业营利的能力，同时也并没有主流文学的号召力和影响力，传统文学界并没有想到要从互联网上寻求文学的转型或中兴。

纸媒仍是文学唯一的关注点。但是，毕竟在传统媒体衰微的同时，新的电子媒体也就是新媒体开始出现了，这种媒体技术层面的交替实在是意味深长，哪怕当时并没有人对这样一种新媒体文学的未来有足够的预见性。

90 年代其实还是一个纸媒的时代。为了自身的生存和发展，各种副刊文学、商业化写作、快餐式作品渐成气候，同时，所谓都市报也大量诞生了，在这之前中国的都市报可能只有一份上海的《新民晚报》稍有知名度。连北京的文化界、知识界，包括中国作协的领导们，每天都要看隔日到京的上海《新民晚报》，因为北京没有市场都市报，全是传统党报。既然 90 年代的媒体这么衰败了，又需要自负盈亏，主流的严肃的文学走投无路，要活就只能出消费性的副刊之类了。严肃高尚一点的，就要算是学者散文，或称文化散文了，多数是在副刊上发表的小品。相对而言，90 年代留下来的纸媒写作，以文化散文名声最大、最有名的作家就是余秋雨，他的《文化苦旅》等作品席卷性地影响了整个社会。

在这样一种情况下，诞生于新概念作文大赛的"80 后"，从 90 年代脱颖而出，可以说是刷新了 90 年代纸媒写作的一种文学形象。很快又经由网络平台的重塑，终于奠定了其在世纪之交文学写作的地位。由这"80 后"的诞生，我们其实已经看到了网络对于新世纪文学的一种建构作用。这个话题稍后再继续谈。1999 年首届《萌芽》新概念作文大赛举办，这个时间点正好是世纪末，它的具体背景是 90 年代中期的文学低迷形势。当时有一个全国性的话题，就是对中学语文教育的讨论，也可以说，对于中学语文教育的抨击舆论产生了全国性的影响。类似话题直到现在都持续存在，中学语文教育总是会成为全社会聚焦的一个问题，连鲁迅作品在中学教材里的变化也会成为一个事件。大学老师也介入了当时对于中学语文教育的讨论，语文教育和文学教育成为一个关联性的话题。《萌芽》是上海作协的刊物，传统上主要面向年轻的文学爱好者，与《收获》有着文学层次和作者年龄及文学成熟度的区分。为了把这本刊物继续办下去，《萌芽》领导在危难之际，联合中学语文教育、大学老师和作协作家三方，形成了一个新的策划，就是举办新概念作文大赛。有两点决定了这个大赛的初衷及成功，一是对于创新思维写作的鼓励和推崇；二是仅称为作文而非文学，它既不叫新概念文学大赛，也不叫新概念写作大赛，它用的是新概念"作文"大赛，这就与中小学基础教育语文范畴的写作直接相关了，也就是它的诉诸对象主要是中小学师生和年轻写作者。此时此刻，文学已经不再可靠了。但这种低身段却高调地催生出了韩寒、郭敬明等一代新概念的获奖者，有二三十位"80后"新概念作文大赛的获奖者在全国范围内一举成名，后来成为真正意义上的文学作家。大赛每年举办一次，最初举办的若干年每年都会诞生青少年写作的明星。可以这样说，这是一个连续性生产文学明星的平台和机制。恰与传统文学的低迷形成反照，大家突然发现这帮年轻人写的作品才是符合社会心理情绪期待的好作品。统计一下"80后"作家的文学出身，你就可以知道其中最为成名的"80后"大多出于新概念作文大赛。

以上主要想说明的是，从政治背景到技术背景再到文学内部格局和力量的演变，世纪之交既是传统文学、纸媒文学的一个衰弱过程，同时又是一个凭借新媒体诞生新的文学样态的历史阶段。你从媒体媒介的视野去看，或者说从文学生产机制去看的话，就判断得出来，这是一个文学史的转型过程。"80后"的"纸媒诞生"与"网络重塑"典型地代表了新的文学史转型及其现实的文学新生态。

二 互联网/新媒体（文学）意味着什么？

进入 21 世纪以后，慢慢地笔记本便携式个人电脑开始在社会上普及，而 20 世纪 90 年代大量使用的电脑还是笨拙的台式机。2003 年，网络空间流行了一个叫博客的虚拟平台。博客的一般概念就是网络日志，就是博主在虚拟平台上有了一个完全个人所属的表达空间、表达平台——我的言论我做主，而且它可以产生与社会的即时性互动。那时很有名的是新浪博客，新浪邀请名人开设博客，抬升新媒体的人气，而名人则利用电子媒体为其提供的平台，增加自己的偶像和明星魅力，双方互动互利。所以很多名人包括作家都在开设博客，连商人也不甘落后，开博客的甚至较娱乐明星还多。那时最有名的名人博客是演员徐静蕾的"老徐的博客"，曾经创下了千万以上点击率的划时代纪录。后来，千万级的点击率根本就算不上什么了。这个时代十年不到，就发生了天翻地覆的变化。从博客这个现象，必然想到一个结论，网络空间已经成为每一个个体自由表达的空间了，而且它是一个即便最没有权力的个体也可以与社会有直接交流互动的权利专属平台，这就把原来社会中的人际权力结构关系彻底打破了。这是新媒体一个非常重要的重新分配权力的功能。回过头来就会看到，"80后"最早在1999年诞生于纸媒，因为纸媒的主流文学已经衰落了，"80后"用青春写作的方式成为纸媒出身的最后一代文学作家。稍过几年，网络时代来了，"80后"又最早通过网络平台重塑形象，终于奠定、确立了其在文学江湖和一般"社会中"的牢固地位，在文学史上也就牢固地确立了其历史形象及地位。由此才出现了后来对于"70后""60后"乃至"50后""40后"的追认，也出现了"90后""00后"的沿袭称呼。

历史的书写已经进入互联网新媒体时代。我们又该怎么来理解互联网新媒体呢？多年前我就曾撰文提出应该在文明意义上来理解、认知和评价互联网新媒体的划时代标志性。一般来说，我们理解新媒体都是从工具技术层面上着眼的，从技术着眼，始于技术，终于技术。但新媒体技术显然已经超越了技术范畴，它并不止于技术，甚至绝不止于人类现有的技术边界。我们从经典理论出发，从马克思、恩格斯的历史唯物主义观点来看，生产力决定生产关系，生产力水平的标志就是人类的主要生产工具，这个工具的水平代表了一个社会在特定时代生产力发达的程度。你会发现在我们的时代，互联网新媒体的技术已经不折不扣地成为社会几乎所有方面的主要使用工具，包括生产工具、社交工具、文化生活工具，还有日常生活工具，而不仅局限于通信工具。当互联网新媒体已经成为一个时代全社会各行各业的主要工具时，它显然就是这个社会所处或发展阶段的主要生产工具标志，即生产力水平标志了。也就是说，开始时还只是单纯技术意义上有工具价值的互联网新媒体，现在已经拥有了这个时代文明标志的地位，已经具有能够代表时代生产力水平的文明身份了。换言之，互联网新媒体的技术功能也能够揭示或呈现一个社会的文明状态，其中自然也就包括新媒体文学。所以，不要再把互联网技术只看作叫外卖、团购之类的手段，它其实不仅改变了我们的生活，而且正在重新创造我们的生活，赋予我们生活新的样态、新的方式、新的观念、新的未来。这就是文明的概念及其意义。由此它就可以成为重建新制度新社会的重要力量。

对文学来说，互联网这个工具文明的功能主要体现在哪里？互联网新媒体已经做到了能够把文学的生产力极限性史无前例地解放出来。这在纸媒时代是完全不可想象的。从媒介传播的角度看，纸媒时代的文学写作仍然只是社会中少数人的专属权利、职业权利、文化权利，整个文学生产机制也更像是"密室政治的权利交易"。比如，一个刊物发表的作品往往主要就是由几个编辑决定的，甚至大多数是由主编一人决定的。还有，要想获得社会认可的作家身份，你还得加入作家协会，这也是有规定的专业门槛。凡此种种，都保障也限制了只有少数人才能享有文学的专业权利。由此也就能理解，文学写作的社会生产力一向是被压抑着的，它是沉睡着的。互联网新媒体把这一切力量都唤醒了，都解放出来了，它催生、创造出了一个文学的社会、文学的世界。前面说到新概念作文大赛，只是用纸媒释放出了校园里青春写作的文学生产力，并没有触动社会文学写作生产力的整体性解放。从文学生产角度来说，只有互联网是覆盖全社会的，对每一个人而言，都是可以无差别使用的一种权利。所以能够最广泛地解放整个社会的文学写作生产力，使得纸媒的文学世界在权力格局的变化当中一下子黯然失色。你会看到，当纸媒文学感叹文学失落的时候，互联网新媒体文学正在欣欣向荣地生长着，哪里有失落感！而且，从 21 世纪初以后，凡是在互联网上出名的被关注的作品，几乎都受到了纸媒的二度出版。从 IP 业态、全媒体出版来看，网络原创作品更是全面覆盖了各领域的文化再生产市场。反过来看纸媒上的成名作品，却未必能在互联网上获得追捧。当然我这样说只是一个简单对比。要说网上垃圾多，还是纸上垃圾多，很难通过数量来对比。现在人们往往说互联网上会产生很多垃圾，首先，我认为这种说法不可靠。为什么呢？你能提供数据支持吗？其次，我认为互联网上的垃圾有可能并没有纸上的垃圾多，因为纸上写作一千多年，现代印刷品也有几百年了，其中产生的垃圾有多少？网上写作不过十几二十年罢了，网络文学兴盛更是仅有十来年而已。最重要的是，纸上产生的垃圾是存在于我们这个社会中的实实在在的物质垃圾，因为你是印出来的纸质垃圾。而网上的垃圾，是在虚拟空间里面，它没有给我们带来实际的生存性污染威胁，没有垃圾回收这个环保问题，所以纸上和网上的所谓垃圾，对于人类社会的实际影响完全不同。我们不能用垃圾论来讨论网络文学，那是站不住脚的。其实对于文学质量的评价，特别是对于网络文学的评价，目前更多还只是讨论现象，难做优劣褒贬，我也并没有说是纸上作品好还是网上的作品好，这个问题需要以新的视野来观察和探讨，一下子说不清楚。但有一点必须明白，互联网是对文学生产力的巨大释放，在生产力解放的意义上，互联网的进步性显然大大超过了纸媒。一个社会要进步，一个行业要进步，一个国家要进步，必须靠解放生产力来驱动，没有生产力的解放，这个社会一定会停滞。就此而言，互联网技术对于我们的文化生产，从主流面上看，它当然是起进步推动作用的。

那么，互联网新媒体文学是什么？简单释义一下，是指凭借互联网平台及其技术产品支持而形成的文学作品形态及广义的文学生态，这是我的理解。这句话的理解首先肯定作品是在互联网上发布的，不是在纸媒上；其次它是跟互联网的技术及其产品有直接关系的。互联网技术很广义，但互联网的技术产品还是有限的。比如说平板电脑、手机之类，甚至并不直接跟互联网连接，比如说 Kindle 阅读器等，也是在这个基础上产生的。这些技术和产品支持、影响甚至决定了文学发表的形态，在纸上发表的和在互联网平台上发表的文学作品一般会不同，发表平台会决定作品的形态以及整个文学样态、生态的分布。人们在谈这个问题的时候，往往会说一句话，平台技术只是一个载体而已，它与文学的性质、文学的好坏没有关系，文学有其特定的价值内涵和标准。我觉得这句话现在已经变成一个违反常识的话。在互联网时代，你不发表在互联网上，你可以发表在纸媒上，这个话题直接讨论还有点障碍，说起来有点费事。那我要说在没有互联网、没有电子媒介而只有纸媒的时候，试问没有了纸你的文学何以存在呢？文学同样存在，但内涵和标准一定会和纸媒文学不同。试想，回到古代、回到绢帛时代，长篇小说会是何种文体呢？更简单一点，古体格律诗和新体自由诗一定存在于不同的文学经验和审美价值观范畴内。从这些基本现象上不难得出一个简单的结论：媒介对文学的文体样态、一般生态，对文学的审美观、价值观，对我们的审美活动，有着支配性、决定性的作用和意义。直截了当地说，媒介媒体对于整个文学生产机制和系统都有决定性的意义。由此我们必须理解互联网新媒体文学的功能、影响及后果——一定会有文学史意义上的改变。

三　转型：新媒体的功能如何重构文学价值观

　　既然这样，那就来看看新媒体互联网如何重构了文学，重构了文学的价值观。有了互联网新媒体以后，它就发挥了一种在政治层面、社会层面、生活层面上改变制度、改变权利、改变观念的颠覆性作用，最弱势的个体可能成为最强势权力的抗衡者，甚至政府权力都有被颠覆的可能。这个我们不做详细讨论。我们讨论文学，发现作家身份地位因此改变。原来成为作家协会会员是作家的身份标记，或者，你经常在纸媒上发表作品，你也被视为作家。现在不同了，我可以不当作家协会会员，我也可以不在纸媒上发表作品，但是我写的东西发到网上，我的读者、我的点击率比你纸媒上的作家还要多，我名气比你还大，我的市场价格比你更是高得多，我就是网络作家，哪怕你蔑称我是网络写手。"80后"作家成名以后多年，无缘加入中国作家协会及各级地方作协，但是他们的名气全社会都知道，谁不知道韩寒、郭敬明，而且都知道他们赚的钱更多。这类例子说明了不需要依赖传统的纸媒文学生产方式，同样能获得作家的实际身份，直言之就是作家的身份不再具有文化特权的光环。80年代的时候，一个披头散发的男士跑到校园里去，只要跟人家说我是作家、我是诗人，就会有不少女孩子喜欢他了。这说明那个时候的社会价值观赋予作家、诗人和文学一种特殊的文化资本权利。现在再如此就会是一个笑话了吧。

　　作家的资格形象变了，更早变的还是作品形式和样态。纸媒作品一般可以想象，是趋向于静态、孤立、审美延时（滞后）的文本。互联网是动态、互动、即时关联的系统，同时它对于人的身体物理考验要比纸媒严格。后一句话是指身体器官包括眼睛、颈椎、躯干、坐姿等都有舒适度、耐受力的限度。这就直接影响且决定了网上文学的具体文体形态和行文格式，文学技巧也会因此改变和新创。纸媒文学趋向于静态的美学因素会在互联网作品中基本消失，后者更多注重于作品的动态表达，更多强调行文表达的简洁性、直接性，强调情节推进的速度感、动作性、变化性。传统纸媒文学中的静物、风景、心理描写等，在互联网新媒体文学中明显被边缘化了。这不仅是具体技术的变化，而且是审美观、价值观的变化。很多传统审美观念不再普遍适用了，比如以景写情、情景交融之类。景都少有了，你还怎么以景写情、情景交融？这就要触及文学价值观的问题了。当互联网写作导致传统的审美手段发生了变化，以至于某些审美标准被文学实际所淘汰，就说明在互联网时代我们必须有一个重新认识和确立文学基本价值观的问题了，也就是对好作品或坏作品的判断，在互联网时代要有新的依据了，其实这倒是文学史的常态。犹如文言文不写了，写白话文了，关于文学的价值标准一定会发生变化。作品形态的改变，最终改变的是关于文学的价值观。

传播方式的改变就更明显了，网络传播足以"秒杀"纸媒传统文学。不仅是传播的即时性，还有交互性的革命更为彻底。网络的交互性意味着它瓦解了传统的作者和读者区分的概念。所有的人都可以成为作者，同时也是读者，已经没有了传统文学的作者或读者，只有受众，这是前几年就有了的概念。互联网的文学生产在理论上可以覆盖一切传播环节和过程。传统的文学传播核心概念、过程、手段等，在互联网的文学生产机制里面，必然要被改变，或者被取消。现在讨论互联网新媒体文学问题，经常需要首先对传统文学研究者进行网络技术的启蒙，否则完全没法对话。相对应的是，网络写作者或研究者则又常带着传统纸媒权力式的自信与蛮横，宣称"必有一款合适你"，以为互联网的权力和功能可以像以前纸媒独霸天下一样，这就非常不明智了。其实互联网的写作到现在为止仍然有它明显的局限性，最明显的就是它还没有脱离技术形态的幼稚和整体不确定性的产品水准阶段。现在我们不做具体讨论，我想强调的主要是，传播方式的改变也一定会改变文学的固有价值观。

至于文学市场的改变现在也已经基本成型了。IP 产业链已经稳定超越了纸媒生产市场，并且形成了自己的商业规则及定价权地位。网络的传播完全可以不依赖纸媒获得市场份额。只是因为纸媒市场仍然有利润存在，所以网络跟纸媒的市场是同时并存的。对文学来说，纸媒就是传播的传统渠道载体，而现在的文学市场是在网络虚拟空间里面构成了一个独立的商品市场。为什么现在实体店都活不下去，因为都开网店了，道理是一样的，正好映衬了文学的网络市场跟传统市场的区别。

发生变化的绝不止于此，细分的话还可以列举出更多，但我只是从文学生产机制上把主要的几个方面罗列出来。实质要说明的是文学标准、文学生产方式的系统性、整体性的改变已经发生，并且正在成为一种普遍的现实。这也就是我们现在面临的挑战。这个挑战对于我们当下文学社会来说，呈现的就是一种博弈的状态。

四　博弈：经典传统的终结与新媒体时代的文学生态

刚才我举的例子，网店、微店或实体店，现在还谁也吃不了谁。你以为网店很厉害，但是某一天晚上你突然急要一样东西时，就没有网店能救你了，只有隔壁的便利店能救你，这就是一个博弈现实。社会转型时期尤其需要超越近期功利的理性博弈眼光，需要有社会发展的管理规范。网络生活如购物当然提供了巨大的生活便利，但同时也使人与人的实际交往被切断了。抽象地说这就是一种矛盾甚至是困境。个人与社会、与实际的生活现实所发生的关联度和紧密度在网络时代是一个矛盾体。网络新技术提供了越来越多的人与现实发生联系的媒介方式，每个个体之间甚至毫不相干的人也能在网上聊得热乎，即使一辈子不见面，这好像提高了人际关系的沟通性，技术手段使我们与现实的关系变得更紧密、更多元了。但从另外一个角度看，人与现实的沟通技术手段越多，也意味着你与现实的隔绝屏障越多。你必须通过越来越多的技术手段才能跟现实发生关系，人的路径依赖也会越来越强烈。从这个意义上说，媒介越多、中介越多、路径越多，人被隔绝的程度也越严重。这就是网络生活给我们当下人际社会带来的一个重大问题。你一个星期不出门，甚至一个月不出门，你可以切断和所有人的实际联系，上门来给你送外卖的快递小哥，跟你没有任何关系，放下东西走人，你懒得开门，就说放门口，他跟你连照面都不打就走了。所以看上去你跟这个社会有着无穷无尽的交往，其实你交往的都是没有任何精神含义的功利对象，只是功能单一的技术性生存交往。这是网络时代对我们人类社会日常生活面发起的腐蚀性挑战，我们过得很舒服，其实是温水煮青蛙，我们就在沉沦中。但我们不会因此抛弃网络，这就带来了一个理性博弈的问题了。

我刚开始分析的是网络的生态、网络文学生态，我尽量不做价值评判，有些价值评判注重互联网新媒体的正面功能。但是全方位考察网络新媒体对我们的文学生活、精神生活、日常生活的影响，会发现网络媒体对我们人的生活和社会关系的巨大精神伤害。此时此刻，我们面临的是复杂博弈的现实。从文学角度来说，经典传统的危机与新媒体文学的霸权，就是两者博弈现实的主要动因。文学经典主导的传统遭遇危机甚至趋于终结，基本原因可以归咎于经典文学在网络上的传播障碍，同时也阻碍了经典文学传统的再生产。悲观地说，文学经典主导的历史传统在网络时代必然会趋于衰微，这是一件没有办法的事情。经典的生命必须要换一种融合新媒体的生存传播方式或形态，它才有可能延续。新媒体的生活已经远远压倒了传统的生活方式。我们的阅读方式也已经主要转到了网上，传统经典阅读已经被抛弃了，或边缘化了。就功能而言，传统阅读相对单纯，主要指向知识和精神层面；网络阅读的功能则是全方位的，不仅能满足知识和精神需求，而且还能满足日常生活需求。我们必须面对这一现实。

在文学的生产资源上，网络世界改变了基本的资源价值内涵。基于新文明、异时空想象的文学生产是近年来文学中的崭新流向。比如从玄幻到刘慈欣等，这样一种异时空、新文明想象的写作，已经成为网络时代最突出的文学景观之一。再就是青年亚文化生产了。什么是主流文学？世纪之交我们看"80后"，你说"80后"是主流文学吗？显然不是。网络时代的网络文学是主流文学吗？好像也没有人说是。但是你不要搞错了，最有消费力、最有效的文学阅读人口，恰恰是青少年。如何区分主流文学和非主流文学或者说亚文化现象？以为传统纸媒文学还是主流文学的话，是否不符合我们这个时代的经验常识？报纸能代表社会主流的声音，可现在还有多少人在阅读报纸？文学阅读中的大量有效人口，包括粉丝现象，都是青少年文化中的人群特征。就此现象而言，青少年文化本身就构成了主流文化。所谓的青年亚文化，其实应该是社会的主流文化。所以主流、非主流或亚文化，其实只是一个相对性的概念。貌似非主流的青年亚文化，其实是在网络时代产生了主流文化的功能。

在类似的博弈关系中，新媒体时代突出了技术支持的重要性，新媒体支持了形式对于内容的决定性作用。像我刚才所举的例子，网络作品的文学形式，最终改变的是文学的内容和价值观。但是反过来也可以这样说，内容决定形式。为什么呢？所有作品终有一个重新经典化的过程。任何一种人文创造经过历史筛选，价值实现必是首选，形式却会固化而显保守。只不过形式决定内容还是我们当下这个时代的主要特征，犹如淘宝店充满了太多假货、劣品一样。

在某种程度上，文学写作的分流与泛化也像是文学的淘宝世界。其中最紧要的问题是文学的边界已经或正在消失。我们无法面对新的文学样态或写作样态进行有效的理论阐释。这种局面也始于90年代后期的世纪之交。比如对于跨文体的作品无法命名，对于"80后"的整体性失语，对于新媒体文学的无感等，最后，非虚构又是个啥？文学和写作或者说文体、文类的价值范畴，在新世纪新媒体时代是否需要进行一种传统的专业博弈？或者，如有的学者所说，新媒体的写作生产不再是一个文学问题，而主要是一个产业的业态问题。这样说也罢，但文学还要存在吗？我仍有点执迷不悟，或心有不甘。

博弈还要受制于商业文化消费的社会需求。物质商品的生产把人的欲望开发到极致，也满足到极致。连你没有想到的，都能给你生产出来，剩下的就是消费行为了，正所谓必有一款适合你。但欲壑难填，同时必有一款你没有。技术的驱动力来自市场需求的细化和人的无穷欲望。互联网既细化了市场，拓展了商业空间，实现了利润最大化，又鼓励了欲望的膨胀无度，推动了互联网产品的野蛮生长。最终导致的必将是价值观、意识形态的一个乱局，因为技术和物质无所不尽其极，最后一定会对道德构成严峻的挑战和突破。不能约束技术，道德必会崩溃。所以，博弈中遭遇的困局又将如何破解？对新媒体技术的乐观，在我看来可能会走向不可知的未来。

结语：不确定的现实与不可预测的未来

现在怎么办？未来怎么办？不知道怎么办。

根本的问题是，生物基因和医学技术、人工智能等科技已经预示了再造人类的可能性。前者是用技术手段直接针对人的肉体，后者则是用技术手段针对人的智力。两者合力成为再造人类的技术手段。最近发布的基因编辑生产出的两个婴儿就是再造人类的现实。但它产生的伦理后果却是人类不可预知和把控的。留下的两个难题都没法有效解决，一个是技术性的，另一个是伦理性的。这样一种生物医学技术将把人类带往何处，无法预测。

就在人本身遭遇威胁的同时，还面临着"人的文学困境"。我们很快就将面临文学创造的物化局面。文学平台将由互联网变成为物联网的支持。以前我们说从纸媒到互联网，但是到互联网以后，物联网随之出现。物联网是借助互联网的技术，把整个现实世界多层次、全方位甚至是多维度地连接在一起。人工智能化的物联网将使文学生产的主体发生变化——不再完全需要人了。最早的机器人 AlphaGo 打败了最高水平的围棋高手，同样，一个人工智能的机器人，可以写出专业文学批评家、诗评家不能分辨真伪的诗歌。理论家说我们要讨论的不是 AlphaGo 写的诗，是活生生的人、诗人写的诗。我想问的是，当面对的诗歌不告诉你是 AlphaGo 写的还是人的创作时，你确定你能分辨诗的作者（人机）身份吗？这个问题的严重性何在？这就是"人的文学困境"。当人工智能、物联网能够通过自身系统生产出精神产品的时候，文学跟我们人类生活就不是单一的生产与被生产的关系了。在人类社会之外，还有别一种文学的存在，我们又将如何理解人与文学的关系呢？仅仅从个体来说，AlphaGo 已经告诉人们，人工智能优于任何一个单独的个体，比个人聪明而强大。如果它还能生产出精神产品，人的智力和精神优越性就将荡然无存，这就是人的文学的精神性困境。

显然，技术对人的最根本挑战已经出现。而"人的文学困境"更是我们文学专业将要遭遇的极端挑战。人无远虑，必有近忧，理论研究着眼的是未来的趋势和可能性。人文研究必须有超越性的想象力，要有无用之用的想象，这两个问题同样也是我们文学的根本性问题。现在的技术水平已经能够让你想象出未来的一种挑战性的状况。

现实一点说，只要互联网新媒体的技术还没有达到饱和的状态，现状就仍不确定。人工智能的现状不了了之，看得懂的是每过一两年"苹果""华为"就会出新款，说明技术进步隔三岔五都有变化。在这样一种媒体技术基础上的文学平台，就将一直支持着文学新形态出现的可能性。从容讨论互联网文学之时，应该是在它的技术达到饱和状态的时候，但这个时间还没有到来。

唯一可以确定的是，不能再用传统的眼光来看互联网技术的未来。世纪之交的马云还在杭州做英语老师。他用了多少年成为中国首富、亚洲首富？用了多少年做成了世界电商的老大？差不多也就是十年。也就是说，用传统行业来衡量的话，你不可能理解马云的崛起。这就是网络新媒体的时代奇迹。好像是时间被改变了。时间就是生命。这个结果是好是坏，不做判断，但你如果无视的话，你就一定会与我们这个时代格格不入。新媒体文学妄自尊大，可能导致毁灭；纸媒文学故步自封，留下的则会是笑柄。

总结来说，90年代开始改变的是中国的传统社会形态，包括传统意识形态和它的社会基础。商品经济社会终于在中国历史上首次建立。这是一种千年传统之变。文学生产也随之有了市场化的生产机制，典型代表就是"80后"现象。史无前例的只有"80后"。由此才能理解"80后"在中国文学史上的意义。有了全民共享的互联网以后，这个作家代际诞生现象也就不能存在或复制了。至于互联网新媒体文学，则是现在和未来的挑战。完全不确定，我没有答案。

从涪陵到梁庄：比较视野下的
"非虚构" 中国叙事[*]

沈 闪[**]

《江城》和《中国在梁庄》有很多共同点，但更重要的是两个文本之间的差异，因不同的写作立场、叙事策略、叙事旨向而构筑了现代性转型场域中不一样的乡村中国面貌。本文将从两部作品的差异入手，将视线聚焦作为外来闯入者彼得·海斯勒眼里的中国与作为返乡者梁鸿笔下的中国有何不同，这些差异是通过什么方式表现出来的，它们背后又有怎样深刻的内涵，以及导致了什么样的结果。

一　精彩瞬间的捕捉与乡村废墟的展示

2001 年，英文版 *River Town：Two Years on the Yangtze* 在美国面世，成为认识中国的一个重要窗口。2012 年 2 月，其中译本《江城》由上海译文出版社出版。《江城》讲述的是 1996~1998 年彼得·海斯勒作为一名 "美中友好志愿者"，在四川偏远小城涪陵师专（现更名为长江师范学院）任教时所看到的风景、邂逅的人、遭遇的事。今天看来，它之所以让人印象深刻，主要是因为彼得·海斯勒作为外来者的特殊身份。他不仅看到了更为丰富多彩的世界，也听到了更多来自普通人的声音。此文本值得关注的另外一处在于作者所讲述的涪陵生活新鲜、深邃、生猛。彼得·海斯勒捕捉到了一个个美妙的瞬间和生动的细节，不管是奔腾的长江、精耕细作的绿色山峦，还是底层小人物的日常生活，皆为书中所勾勒的精彩篇章。整座城市

　＊　原文刊发于《文学评论》2019 年第 4 期。
＊＊　沈闪，湖南大学中国语言文学学院讲师。

和小城里的人们都满怀着生命的激情与希望。

2010 年 9 月，《梁庄》首次刊载于《人民文学》。晚些时候更名为《中国在梁庄》，由江苏人民出版社出版。作品广获赞誉，成为研究"非虚构写作"绕不过去的典型文本。"我"以"梁庄女儿"的身份，记录下近 30 年来中国边缘乡村——梁庄的生存镜像："我"的族人在臭气熏天、污染严重的河流之旁建立起各自的新楼房，只顾经济效益而忽视生态环境的砖厂最终让乡人们遭殃、官员们牟利，因挖沙而越来越深的橡胶坝河段成为吞噬梁庄百姓生命的恶魔；教书育人的梁庄小学摇身一变成为发家致富的养猪场，村庄教育、文化氛围行将消散；离乡出走的理想青年并未在城市找到安身立命之所，梦想成了最不值钱的东西，而固守家园的昔日少年玩伴变成了一个又一个"闰土"；现实积弊太深以致政策落实困难，乡村政治陷入被围困的僵局；乡民们的道德危机触目惊心，挣扎在被世界遗忘的角落里，为提高村庄文化素质而搭建的文化茶馆和民间戏台子却少有人问津；梁庄被贴上"荒芜""衰颓""崩塌"的标签，梁庄人生存之上的精神撕裂与信仰迷失触手可及。

涪陵与梁庄多有相似之处，位处边远狭小地带，闭塞落后。两本书中所讲述的内容多有重叠交叉，比如农民、流动人口、土地、教育、文化传统与精神道德等都一一关涉。可见，涪陵小城和梁庄生活大体属于同一个中国乡土叙事图景，但仔细体察却发现两个文本呈现了完全不同的"非虚构"中国叙述样貌。在彼得·海斯勒那里，虽然涪陵拥挤、肮脏、贫穷，可山峦苍翠、江河悠闲、生活怡然；而梁鸿笔下的梁庄千疮百孔，与废墟无二，令人惊诧、唏嘘、震颤。如果说《中国在梁庄》写出了典型与共性，写出了 20 世纪后半期中国乡村社会的变迁史与心灵史，写出了"最近三十年'被'消灭的四十万个村庄的缩影"[1]；那么，《江城》则将我们熟视无睹、习焉不察的小城镇生活陌生化、疏离化。因此，《中国在梁庄》与《江城》给人的阅读体验恰恰相反，前者因熟悉而让人产生共鸣——"这写的不就是我的家乡吗"，而后者则因陌生而让人疑窦丛生——"这是我所生活的涪陵吗"，与之相伴随的问题是，这些不同产生的原因何在？在其背后，

---

① 梁鸿：《中国在梁庄》，江苏人民出版社，2010，封底温铁军推荐语。

是否代表着不一样的写作立场、叙述策略与乡土中国的建构方式？

二 异域闯入者的"地方感"
与本土返乡者的"童年经验"

不管是 20 世纪四五十年代的基希、"三斯"、韩丁、杰克·贝尔登，还是 20 世纪八九十年代的费正清、史景迁，抑或是 21 世纪的加藤嘉一等人的著述，大多从宏观着眼且关注中国的上层政治动态、历史架构与文化生态。我们在对他们的博识由衷称赞之时，也感到底层生活经验的被遮蔽。显然，彼得·海斯勒对此有一定的认知："就我读到的二十世纪九十年代晚期国外媒体刊载的中国报道和故事，我大都不太喜欢。我觉得它们对这个国家的理解很肤浅，对中国人的描写也非常干瘪。在那些故事中，一切都显得灰暗而忧伤，而涪陵给我留下深刻印象的幽默、生机和活力根本就找不到。我希望自己写的跟他们有所不同。"① 他坦言："怎么写中国，我有我的想法。"② 因写作本文的需要，笔者曾与远在埃及的彼得·海斯勒取得联系。在一次邮件回复中，他进一步具体深化了上述"想法"："我注意到关于中国的外国人书籍很少传达强烈的地方感（sense of place）。这是因为几乎所有的外国人都住在中国的大城市，比如北京、上海、广州或者其他任何大城市。在一本书里，你是不可能真正地捕捉到这些大地方，通常作为外国人你很可能被自己周围的环境所吓倒。所以这些书描述了其他的东西。但涪陵是不一样的。在那个时期，尽管我是外国人，但我可以去一些小地方。涪陵足够小，我可以彻底探索它。在两年的时间里，我几乎走遍了这座城市的大街小巷，我看到很多乡村景色。我有强烈的地方感。当然，当时中国的大部分地区仍然是乡村，大多数中国人都有强烈的地方感。我可以从我的学生以及他们书写自己家乡的方式来分辨、来了解。所以我想写一本书，其中的地方是突出的。我希望读者看到涪陵。"③

作者这种强烈的"地方感"，使得他去关注涪陵的地理景观，去感知涪

① 〔美〕彼得·海斯勒：《江城》，李雪顺译，上海译文出版社，2012，第6~7页。
② 〔美〕彼得·海斯勒：《江城》，第6页。
③ 参见彼得·海斯勒先生在 2018 年 7 月 1 日邮件中的回复。

陵人生存的活生生的细节，去探寻涪陵的每一个角落，去了解每一个被隐藏的秘密。而彼得·海斯勒本人与生俱来的好奇心加剧了他的"地方感"，《江城》实际上是细密呈现真实生活经验的一种尝试与努力。自然，涪陵师专周边的大小城镇、乡村于初来乍到的彼特·海斯勒而言，处处充满新奇。但另一方面，强烈的"地方感"又使其极为重视微不足道的细节与瞬间，比如出租车司机每分钟平均按喇叭 37 次，比如涪陵城的台阶、涪陵人的腿，再比如学生晨读的琅琅书声。这些琐碎的细节、倏忽而逝的瞬间正是我们平时所忽略的，它们组合成一幅幅看似陌生却无比真实的中国乡村图景。《江城》也正因此而让读者得以重新认识那些被忽视的，甚至从来都不曾关注的人和事。

《中国在梁庄》中，梁鸿的身份稍显复杂。既有前 20 年生活在梁庄的童年记忆和经验，同时又深深地打上了在大城市生活的烙印。童年时期，梁鸿常因被忽视而蛰居在一个非常封闭的环境，但也意外地获得"一个自由冥想的空间……这种空间促使你对自然界，对自己的内心有更多的探索"①。童年生活虽然短暂，但那些体验都"构成了他（她）的最初的生活环境和人生遭际，形成了他（她）短短的却是重要的经历"②。梁鸿作为长期远离故乡的游子，由于内心的思乡之情得不到纾解，形成一种眷恋家园的心理定式。那么，重返梁庄，也就有了几分寻根、审视的意味，梁庄是过去与现在、时间与空间的叠加。这就能理解梁鸿为何花费大量笔墨来追忆童年时代的土地、树木、村落、坑塘、河流，寻绎往日的玩伴、长辈、恩师。

弗洛伊德认为："在所谓的最早童年记忆中，我们所保留的并不是真正的记忆痕迹而是后来对它的修改。这种修改后来可能受到了各种心理力量的影响。因此，个人的'童年记忆'一般获得了'掩蔽记忆'的意义。"③因而梁鸿很可能给故乡穿上一件古雅而美好、轻薄而朦胧的纱衣，昔日故园梁庄在记忆中被改造、被诗化，实现了华丽转身。每每读及《中国在梁

---

① 梁鸿、张丽军：《梁庄：乡土中国的现在与未来——梁鸿访谈录》，《百家评论》2015 年第 2 期。

② 童庆炳：《作家的童年经验及其对创作的影响》，《文学评论》1993 年第 4 期。

③ 车文博主编《弗洛伊德主义原著选辑》上卷，辽宁人民出版社，1988，第 105 页。

庄》中关于童年故乡的文字，总会体悟到作者眼中的柔光、笔下的温情。那是贫瘠年代封闭的生存环境之下，对无比敞开的内心世界的一种折射。

然而，当童年经验与社会现实存在严重落差时，"自己人"梁鸿在回望故乡中找到了感情宣泄的突破口。社会现实越残酷，童年记忆愈显美好。她在童年记忆与现实生存镜像之间徘徊、纠结、缠绕而无法抽离，呈现出难以言说的"撕裂"之痛。加之，梁鸿在童年阶段所经受的苦难，如物质匮乏、母亲早逝、精神压抑等缺失性经验，从根本上奠定了她悲情的主观感受趋向。表现在文本中，"那个批判的、略嫌伤感的倾听者，一上来就设定好了，自始至终没有改变。与此相应，小说中选择的人物、记录的事件大多是负面的"①。此种悲情使之更倾向于关注"千疮百孔"的梁庄，这又加剧了作者自身"撕裂"的疼痛。

彼得·海斯勒更多是站在涪陵外部、作为初来者进行描述，尽管他也有批判、对比与反思，但依然觉得涪陵小城每天所发生的一切都非常有趣。他并不认为涪陵的生活悲惨，更不觉得此处的生活不值一提。彼得·海斯勒始终在尽自己最大的努力去理解这里的一切，而非寻找差异，这使得《江城》拥有了一股温柔的力量。不可否认，彼得·海斯勒眼界受到一定限制，而正是因其所知有限，他对涪陵发生的一切没有过多评判和审视，更多的是对生活细节的呈现与记录。毫无中国经验的彼得·海斯勒，从零开始，以时光与经验来累积他对乡土中国的印象。

作为曾经长期生活在梁庄的一分子，梁鸿的眼光自然比彼得·海斯勒更宏阔，内在的对比反思亦更加鲜明。"我希望，通过我的眼睛，使村庄的过去与现在、村庄所经历的欢乐与痛苦、村庄所承受的悲伤，慢慢浮出历史的地表。由此，透视当代社会变迁中乡村的情感心理、文化状况和物理形态，中国当代的政治经济改革、现代性追求与中国乡村之间的关系。"②这也就是梁鸿将 2010 年的单行本命名为《中国在梁庄》的原因。她不只是写梁庄，更是通过梁庄反思中国乡村当下的现状、未来的出路。《中国在梁庄》既饱含着"梁庄女儿"梁鸿的怀旧情绪和痛彻情感，又笼罩着身为归

---

① 李云雷等：《〈梁庄〉讨论会纪要》，《南方文坛》2011 年第 1 期。
② 梁鸿：《中国在梁庄》，前言第 2 页。

乡知识分子梁鸿的审视批判与思辨感悟。

相较而言，彼得·海斯勒的写作立场不像梁鸿那么明晰、坚定。他并不认为《江城》是一本关于中国的书，《江城》更像是献给他自己的一本书，所以彼得·海斯勒才能不止一次地表露心迹，宣称这座长江边的小城——涪陵，是他在中国的"老家"。

三　客观"显示"与主观"讲述"

写作立场和观察视角的不同，表现在文本上即写作修辞的差异，这也直接给我们带来了完全不一样的阅读体验。如果说《江城》带给人的感受是舒缓静谧，那么《中国在梁庄》给予人更多的则是震撼颤动。同是记录急速变动之中的乡土中国，《江城》更多的是细节经验或瞬间场景的"显示"，《中国在梁庄》更多的则是写作主体饱含深情的"讲述"。

所谓"讲述"是一种"直接而专断的修辞法"，作者以明确的判断代替读者的推想；而"显示"，则指"故事被不加评价地表现出来，使读者处于没有明确评价来指导的境地"①。此处的判断或评价，即作者的声音。这里有两种不同的情况：其一，作者的声音完全消弭，也就是"零度写作"；其二，作者的声音较为微弱，尚不能凌驾于整个文本之上。《江城》二者兼有，比如在描述中国人对交通事故的围观时，彼得·海斯勒作为旁观者只是一名记录员，他所做的仅是陈述事实，"既不对它作任何改变，也不对它作任何缩减"②。此外，作者并没有完全将自我的声音隐匿。三峡大坝的修建，在他看来就是极其危险的违背自然之举。但与此同时，对涪陵人所持有的"事不关己，高高挂起"的心态表现出极大的同情与理解，认为他们还有别的事情需要担心。

中国读者常因此而批评书中彼得·海斯勒观点或判断的缺乏。他在一次访谈中，对此做了回应："（中国）作者都倾向于证明自己的观点或是急于解决手头的问题，但是我的方式更贴近美国的传统，类似人类学。我会

---

① 〔美〕W.C.布斯：《小说修辞学》，华明、胡苏晓、周宪译，北京大学出版社，1987，第8页、第10页。

② 伍蠡甫、胡经之主编《西方文艺理论名著选编》中卷，北京大学出版社，1986，第200页。

报道一个地点或者个人的细节，尝试用有趣的方式把他们记录下来。我自然也会添上自己相关的看法，但是这些个人观点并不凌驾全文。"① 正是这"并不凌驾"的自觉，使其的叙述较为舒缓自如，就像那反复描绘的长江水一样，绵远悠长。

《中国在梁庄》则不同。表面上看，梁鸿为倾听者、记录者，梁庄人才是讲述者。可实际情况恰恰相反。"作品里虽然有许多梁庄人在说话，但他们的声音常常被有意识地裁剪而归纳到某一类的问题里。他们的讲述仿佛只是在证明某一种问题的存在。"② 梁鸿以直接而专断的"讲述"，以明确的批评与审视引领着读者的思考与判断，凸显强大的主体性和控制力。比如，面对一直躲避留守儿童困境问题的芝姓，"我反复启发父子分离、家庭割裂、情感伤害所带给孩子的那种痛苦和悲剧感（这一启发甚至有点卑鄙）"③。这和鲁迅《故乡》里自上而下启蒙者的写作姿态几乎没什么两样。她后来在《出梁庄记》中也意识到这一点。再如，面对生活不如意的闺中密友菊秀，作者这样分析："是什么使菊秀好像在过一种错位的生活？母亲的蔑视、哥哥的嘲笑并不是没有道理，她太不务实，尤其是在异乡异地，这样一种虚幻的情感使她的一切选择都显得不切实际。"④ 上述带有明显倾向性的话语体现了一个知识分子良知式的愤激话语的强势介入，一方面遮蔽并淹没了梁庄人自己的声音，另一方面也在很大程度上也影响了读者的判断。

在"显示"与"讲述"的背后，是叙述策略的根本差异。《江城》由两部分构成：一是对彼得·海斯勒两年涪陵生活的追溯；二是对那时那地精彩瞬间的捕获。前者是第一人称"我"的叙事，而后者为第二人称"你"与第三人称"他""他们"的交叉叙事。第一、第二、第三人称的穿插运用，一是使作者的声音分散在文本的各个章节中并得以弱化。《江城》每个章节的第一部分大多是以第一人称"我"直陈对当时中国某些

① 南香红、魏传举编辑《何伟：非虚构写作让人着迷的地方，正是因为它不能编故事》，搜狐网，http://www.sohu.com/a/194399290_817062。
② 张莉：《非虚构写作与想象乡土中国的方法——以〈妇女闲聊录〉、〈中国在梁庄〉为例》，《文艺研究》2016年第6期。
③ 梁鸿：《中国在梁庄》，江苏人民出版社，2010，第61页。
④ 梁鸿：《中国在梁庄》，第95页。

不合理现象的评价，而第二部分则类似小品文，大多是对插旗山、白鹤梁、乌江、长江、白山坪等地理景观的描摹。二是使作者所扮演的角色在旁观者美国"彼得·海斯勒"和参与者中国"何伟"间碰撞、转换并最终融于一体。这种亲疏结合的交叉叙事方式，带来了"看"与"被看"的双重观察视野。首先，初来乍到的彼得·海斯勒扮演了一个观察者。短短两年，他"看"到了贫穷、烂路和慢船，"看"到了涪陵小城从何而来、去往何处；而同时作为涪陵所见不多的外国人，彼得·海斯勒也处于被人密切关注的核心位置。作者尤其提到他进城练习汉语时在当地人中间造成的轰动，而这一"被围观"带给他的却是痛苦和困扰。一方面，作者进入了"学生食家"老板黄小强、李佳丽、高明等当地人的私人生活；另一方面，当地人也同样进入了作者的生命。当地人与彼得·海斯勒并未处于相互对立的状态，二者构成了对话与交流，"看"与"被看"逐渐将被遮蔽的文本呈现在读者面前。

《中国在梁庄》与之不同。虽然书中不少篇幅是梁庄人的口述，尽管其中还夹杂着第三人称叙事，但文本之外总有一个声音在引领着问题，指引着访谈的走向。那么，这个声音就是第一人称"我"的叙述。在一定程度上而言，写作者从一开始就预设了较为悲情的感伤基调，因而设置的问题具有主观倾向性，左右着梁庄村民的呈现方式。"我"仿若高高在上、手拿遥控器的观看者，从头至尾处于主导的中心位置。相反，以老贵叔、五奶奶、毅志、清道哥、明太爷等为代表的梁庄人则是"被围观"的对象。而且，他们的诉说范围也非常有限。换言之，"我"抛出问题，梁庄人作答，双方并无多少眼神的对视与心灵的交流，访问者"我"与被访问者梁庄村民尚未建立起平等的对话关系。如此一来，非虚构文本便在"我"所掌控的问题讲述中完成。就像有人所指责的："《梁庄》的非虚构叙述显然昭示了另一个被遮蔽的潜文本存在。作者'我'一次次进入不同村人的私人生活，相反，那些村人却很少进入作者的生活，表现出反向叙述上的有意遮蔽或者删除，再次印证'事实'（fact）与'虚构'（fiction）的区分本身经常值得怀疑。另外，作者苦心营造的谈话语境在引导/窥视的功利诉求下力求全景展现，使读者几乎看到梁庄的每一类人，却看不到梁庄人和人之间的自然关系和彼此间的动力影响。"① 这样一种单向的叙述策略，并不能全面展现梁庄真实的生存图景。实际上，梁鸿有很强的自省意识。她对于先验的意识形态是非常警惕的，也曾试图将其抛弃，只不过在现实操作中出现了很大的偏离。而且这一"偏离"并不单单是梁鸿自己的问题，亦是当下"非虚构写作"如何客观呈现所面临的共同困境。

四　"逃离"抑或"重返"

《中国在梁庄》与《江城》，分别从内部和外部建构了两个不同的乡土中国图景。此后，梁鸿最终选择回归书斋、逃离故土；而彼得·海斯勒则反复强调江城是自己在中国的"老家"，祈愿再次重返。那么，二者不同道路选择的背后有何用意？

我们曾将 2010 年第 9 期《人民文学》上的《梁庄》与之后第一版单行本《中国在梁庄》相比较，发现短短几个月间有不少内容做了调整。其中，结尾由最初的"再见，故乡！再见，妈妈！有您在我会回来"② 更改为："再见，妈妈！再见，故乡！"③ 此处的修改离不开句式整饬等形式因素的影响，但除此之外，这一"再见"的呼喊与离去的决绝想必有更深层次的考量。《出梁庄记》同样也是以"我终将离梁庄而去"④ 宣告完结，这是巧合吗？梁鸿的离开，是否意味着她完成了自己的"返乡之旅"？为何今天的知识分子返乡者始终逃脱不开 20 世纪 20 年代鲁迅先生《故乡》里的"离去—归来—再离去"模式？

能否重返梁庄需要考虑两个问题。其一，若干年后在城乡合并大潮中梁庄是否仍然存在？生命的存在需要自然物的依托来呈现。童年时代的坑塘被填、树木被砍、河流污染，情感所在地"梁庄"正在被拆解并重新组装。所谓的生活与文化共同体"梁庄"便在此过程中逐渐面目全非。其二，

① 杨俊蕾：《复调下的精神寻绎与终结——兼谈〈梁庄〉的非虚构叙述旨向》，《南方文坛》2011 年第 1 期。
② 梁鸿：《梁庄》，《人民文学》2010 年第 9 期。
③ 梁鸿：《中国在梁庄》，第 208 页。
④ 梁鸿：《出梁庄记》，花城出版社，2013，第 305 页。

如果梁庄还在，作者敢不敢回去？能不能回去？诚然，身体的返乡因经济增长而变得越来越容易，可精神的返乡却愈来愈艰难。作者理想的乡村图景依然为"田园诗"的生活，"但这种生活，并非传统文化中的'老死不相往来''泥屋瓦房'式的田园诗，而是那种能够珍惜、尊重民族古老传统，尊重人心和朴素情感方式的生活。它尊重大地，尊重泥土，尊重来自大地之中的生命"①。然而，以"梁庄"为代表的中国乡村正处于从物质到精神全面崩盘的旋涡之中，这从根本上决定了重返故土的不可能。因此，我们也就能理解梁鸿在接受凤凰网采访时所表露的"不敢回去"的心声。

涪陵对彼得·海斯勒的意义在于，这是他开始认识中国的地方，也是让他成为一个作家的地方。与《甲骨文》《寻路中国》相比，《江城》投射了作者更多的个人经历和情感体悟。更为妥当地说，是以他为主角的一本回忆录。在他后来创作的两本著作中"我"仅仅为勾勒全篇的线索，不再是主角。在涪陵师专，他所扮演的角色发生了翻天覆地的变化。比如学会了说中文，结交了像黄小强、神父、廖老师、阿尔伯特等这样的知心朋友，对中国的历史与政治亦有了更深层次的理解。虽然彼得·海斯勒因来自意识形态不同的美国而在政治上被孤立，但同时中国传统文化又对他起了不容小觑的同化作用，使他能够逐渐融入当地人的日常生活之中。因此短短两年间，美国"彼得·海斯勒"便实现了向中国"何伟"的整体蜕变，获得了新生。在此之上，涪陵也就有了成为中国"何伟""老家"的可能性。以上都奠定了他长期在中国生活的基础，也为其后来创作《甲骨文》和《寻路中国》提供了主观条件。《江城》所书写的不只是农民、小生产者等与苦难的抗争，更有作者同样自强不息的身影。彼得·海斯勒重返涪陵的渴望，与其说是对以往生活的怀念，不如说是与过去自我对话的企盼，以此寻求精神与情感的双重慰藉。那么，涪陵于彼得·海斯勒也就有了几分精神乌托邦的意味。他的每一次重返都象征着一次精神的回归。即使昔日场景不再，那也不会产生太大问题。毕竟，20世纪90年代那座一切都处在变化边缘的江边小城已被鲜活地记录下来。尽管重返江城的作者，发现涪

---

① 靳晓燕：《归乡，找寻精神家园——〈中国在梁庄〉作者梁鸿访谈》，《光明日报》2011年1月18日。

陵和梁庄一样都发生了巨变，记忆中的涪陵一去不复返，但更多的体验是精神的同在。在这一层面上，他确实与梁鸿不同。

"逃离"抑或"重返"，除却他们自身的原因，多少和中美两国文化差异有关。"中国在漫长的历史发展中，儒家文化的影响一直占主导地位，受其影响的文化观念是中国传统文化观念的基础。"① 自古以来，中国即有"礼""忠""恕""孝"的传统。可自现代化转型以来，原来的集体、宗族观念越来越不受重视，古时的优良文化传统越来越不堪一击。切痛的感悟不由得让人思索未来的乡土中国将何去何从。梁鸿精神返乡的失败在很大程度上源自包括梁庄在内的中国乡村所代表的民族独特的生命方式、情感方式被现代化浪潮所湮没。为梁庄立传的梁鸿以"离去"的姿态将此问题抛之于世，因而"离开"不应局限地只看作知识分子软弱性的体现，它还代表着一种向上谏言的尝试与努力。虽然作者一再否认，但梁庄显然带有当代乡土中国的典型性与代表性。美国强调个人意识，信奉个人奋斗法则。《江城》中不管是农民，还是老师、小创业者，在他们身上都能看到积极昂扬的精神状态；悲情、哀痛则是《梁庄》的主旋律。在很大程度上，美国文化与宗教信仰息息相关。彼得·海斯勒自小在虔诚的基督教家庭长大，祖父及父亲曾是传教士。幼时宗教氛围潜移默化的影响是其个人生存的根基，基督教义使其更为达观，也更能接受涪陵在现代化进程中的巨变。与"昨天"相比，由移民组成的美国更加注重"明天"的发展。如果说梁鸿将更多的视线放在过去，那么彼得·海斯勒则更关心涪陵的未来。因为他无法预测这座城市还将经历怎样的巨变，"重返"涪陵对彼得·海斯勒而言，便在此意义上有了可能。

《中国在梁庄》和《江城》都是关于乡土中国图景建构的文本，因而，我们不能狭隘地评判哪个"乡土中国"的面貌更客观或者更准确。本文立足于典型个案的比较研究，从四个方面借以彰显当代中国乡土叙事的两种角度和两种模式，以期深化对"非虚构"叙事的不同主体心态及建构方式的认识，引发对乡土中国问题及中国未来走向的关注。通过分析异域闯入者与本土返乡者在叙事心态、姿态和语态上的区别，引入对中美

---

① 饶纪红：《跨文化交际中的中美文化差异》，《江西社会科学》2005 年第 4 期。

文化差异以及对乡土中国现代化进程的反思，从而在中西比较视域中凸显精神返乡问题的普遍性及中国传统乡土文化所面临的危机。在此基础上，或可为中国当下的"非虚构写作"研究提供一个比较文学和比较文化的新视角和新方法。

《登泰山记》与义理、考据、辞章"相济"论[*]

吴怀东[**]

一 引言

乾隆四十二年（1777），姚鼐撰《刘海峰先生八十寿序》（《惜抱轩文集》卷八），其中提到"桐城"之"文章"：

> 曩者，鼐在京师，歙程吏部、历城周编修语曰："为文章者，有所法而后能，有所变而后大。维盛清治迈逾前古千百，独士能为古文者未广。昔有方侍郎，今有刘先生，天下文章，其出于桐城乎？"

程吏部即程晋芳，周编修即周永年，二人对姚鼐所说并非戏言。相对于明中期以来散文创作的流派纷呈之繁荣以及清初以来诗、词创作情况，清初以来的散文创作确实比较孤寂。而方苞以"学行继程、朱之后，文章在韩、欧之间"（王兆符《望溪先生文集序》）为为人、为文之标准，承接宋明理学与唐宋古文的传统，在自觉的散文理论指导下开展散文创作，影响广泛，"古文"创作洵为洋洋大观。袁枚就肯定方苞为"一代正宗"（《随园诗话》卷二）。姚鼐自豪地说："望溪先生之古文，为我朝百余年文章之冠，天下论文者无异说也。"（《望溪先生集外文序》，《惜抱轩文集》

---
* 原文刊发于《安徽大学学报》（哲学社会科学版）2019 年第 6 期。本文为国家社会科学基金重大招标项目"清代文人事迹编年汇考"（项目编号：13&ZD117）的阶段性成果。
** 吴怀东，安徽大学文学院教授。

卷五）八十年后，私淑姚鼐的曾国藩，在《欧阳生文集序》（《曾国藩全集》第十四册）中，明确强调桐城派是以"古文"立派：

> 乾隆之末，桐城姚姬传先生鼐，善为古文辞。慕效其乡先辈方望溪侍郎之所为，而受法于刘君大櫆，及其世父编修君范。三子既通儒硕望，姚先生治其术益精。历城周永年书昌，为之语曰："天下之文章，其在桐城乎！"由是学者多归向桐城，号"桐城派"。

今天的桐城派研究格局扩大，从散文进一步扩展到诗歌和学术，除了桐城文派之旧说，还兴起桐城学派、桐城诗派之论。桐城派最早是以文立派这一基本史实反遭轻视。"桐城三祖"建构了有关古文的系统理论，他们的散文创作体会和经验总结正是这些理论的来源之一。创作才是理论的源头，脱离桐城文章而讨论桐城派文学理论及桐城派与清代社会历史文化的关系，显然存在失去基础的危险。

众所周知，方苞的《左忠毅公逸事》《狱中杂记》、刘大櫆的《游晋祠记》《游大慧寺记》《游万柳堂记》和姚鼐的《登泰山记》《游灵岩记》堪称桐城派散文的典范。在"桐城三祖"之文中，姚鼐的《登泰山记》① 尤为知名，是清亡之后百余年来，通过众多选本传播、学者研究而获得共识的现存清代诗文中为数不多的散文经典之一，然而，对此文的思想与艺术，当今学界存在争议。衡之以姚鼐本人推阐的义理、考据、辞章三者"相济"之论②（即"三合一"理论③），《登泰山记》作为"辞章"之"雅洁"已为人所共知，无须辨析，但是，其理论与创作间存在未洽处尚待释证。王达敏教授十多年前通过回顾研究史发现，现有对《登泰山记》之研究与赞

---

① 本文所引姚鼐文字，除非特别标注外，都出自（清）姚鼐著、刘季高标校《惜抱轩诗文集》，上海古籍出版社，1992，不另出注。
② 姚鼐有关义理、考据、辞章三者"相济"之集中论述有两处：一处是《复秦小岘书》："（姚）鼐论天下学问之事，有义理、文章、考证三者之分，异趋而同为不可废。"另一处是《述庵文钞序》："（姚）鼐论学问之事，有三端焉：曰义理也，考证也，文章也。是三者苟善用之，则皆以相济；苟不善用之，则或至于相害。"姚鼐使用"考证"，与后来流行的说法是"考据"，虽遣词不同，意思却完全一致。
③ 王达敏：《〈登泰山记〉研究与诠释界限》，《河南教育学院学报》（哲学社会科学版）2006年第1期。

美大多人云亦云，没有真正深刻理解此文的思想内涵与艺术，且没有明确解释其与姚鼐倡导的散文理论——义理、考据、辞章三者"兼济"说的密切联系："《登泰山记》中既无义理，也无考据，它只是一篇纯粹的辞章之作；作者以客观、冷峭、拙涩、凝练之笔，抒写清朗、空灵之境和浩然、超然襟怀。"① 这是20世纪80年代桐城派研究之风重新兴起以来围绕《登泰山记》乃至桐城派散文及其理论而提出的最具有反思性、创新性、挑战性的重要学术观点之一，其学术意义完全不限于对《登泰山记》一文之理解，惜乎该文发表之后并未引发学界关注和后续讨论。② 《登泰山记》是否真的缺少"义理"？其"考据"是否败笔？本文不拟全面讨论《登泰山记》在"辞章"层面的具体表现，只是针对这篇名文和桐城派散文代表作，讨论前述问题，以揭示姚鼐创作与理论之内在关联，并回应、解释王达敏先生所提出的重要疑问，从而加深对桐城派散文及其理论之认识。

二 胸中波澜、眼底丘壑与笔下平淡：
"雅洁"的追求

要准确认识此文创作思想上的特点，首先必须明确《登泰山记》的事实背景和创作经过。《登泰山记》的创作与一个重大决定和特定事件有关：姚鼐辞去京城官职，准备南归。

少具壮志的姚鼐科举之途并不十分顺畅，乾隆二十八年（1763），六应礼部试方中进士，来之不易，这给"今者常参官中乃无一人"（姚鼐《复张君书》）的家族带来了巨大希望，然而，此后姚鼐却浮沉部曹，久不得升擢。自乾隆三十六年（1771），姚鼐先是被推荐为记名御史，后又荣入四库馆。正当升迁有望之际，乾隆三十九年（1774）秋天，姚鼐毅然作别官场，

---

① 王达敏：《〈登泰山记〉研究与诠释界限》。
② 《登泰山记》入选中学语文课文多年，但是，对此文思想内涵的理解比较粗浅，一般认为只是赞美祖国山河壮丽之美。从历史的角度看，此说固然不错，却远非姚鼐本意，更非此文思想及创作用心之所在。

借衰病或养亲之名辞去刑部郎中及所任纂修官①，然后于岁末应朱孝纯之邀去山东游览，次年初回京即整理行装，举家南归。辞官是一个十分慎重、严肃的重大决定。对辞官的原因，姚鼐在《复张君书》中有过说明："顾遭家不幸，始反一年，仲弟先殒，今又丧妇。老母七十，诸稚在抱。"他说母衰子幼乃其辞官归里的原因，实际原因当然十分复杂，结合这一时期姚鼐与他人的赠序及相关资料可知，其辞官另有隐情。翁方纲《送姚姬传郎中归桐城序》有所透露："窃见姬传之归，不难在读书，而难在取友；不难在善述，而难在往复辨证；不难在江海英异之士造门请益，而难在得失毫厘，悉如姬传意中所欲言。"（《复初斋文集》卷十二）姚鼐面对程晋芳、翁方纲等人的挽留而感慨道："夫士处世难矣！群所退而独进，其进罪也；群所进而独退，其退亦罪也。"（《赠程鱼门序》）关于姚鼐辞官的复杂原因，学术界已有深入讨论②，目前主流的说法是坚守宋学立场的姚鼐与以戴震为核心的汉学派不睦，确实如此。姚鼐本为辞章之士，久处京师为学风所染，转习考据之学，且非其所长③，而当汉学以考据为功进而诋毁以程、朱为代表的宋学，姚鼐则坚守程、朱之学，扬宋抑汉，进而对考据之学有所反思。从姚鼐《赠程鱼门序》所发感慨，颇能见出姚鼐身处汉学阵营时之进退两难。姚莹后来对姚鼐在四库馆的处境所言更明："纂修者竞尚新奇，厌薄宋元以来儒者，以为空疏，掊击讪笑之不遗余力。先生往复辨论，诸公虽无以难，而莫能助也。将归，大兴翁覃溪学士为叙送之，亦知先生不再出矣。"（《从祖惜抱先生行状》，《东溟文集》卷六）可见，姚鼐与四库馆臣论学不合，"与戴震等汉学家的严重分歧及其在论争中的身陷孤立，是其告退的关键因素"④。在汉学如日中天的时候，已进入四库馆、身预学术主流

---

① 借衰病以及养亲之名辞官，是古代流行的做法。姚鼐《方染露传》记载，方染露于"乾隆三十年，中江南乡试。屡不第，以誊录方略年满议叙，得四川清溪知县。既至官，视其僚辈澳涩之状……即以病谒告"。

② 关于姚鼐辞官原因，学术界讨论甚多，说法不一，参见李柱梁《姚鼐辞官原因新探》[《安徽师范大学学报》（人文社会科学版）2010年第3期]之综述。

③ 姚鼐欲拜师而遭戴震婉拒（见《与姚孝廉姬传书》），姚鼐心理上的压抑可以想见。姚鼐在四库馆工作期间撰写的词条遭主事者删削殆尽，叶昌炽说，"十仅采用二三。惜抱学术与纪文达宜其凿枘也"（《缘督庐日记》二，江苏古籍出版社，2000年影印版，第1178页），亦可见姚鼐的尴尬。

④ 王达敏：《姚鼐与乾嘉学派》，学苑出版社，2007，第42页。

的姚鼐，却主动放弃追求多年才刚刚开始的体面岗位，做出辞官决定，可想而知肯定异常艰难。

姚鼐到泰安时，已属挂冠而去，最艰难的决定已做出，不过，心头的风云激荡肯定尚未结束，而且，对于未来之何去何从，似乎姚鼐还无法选择：姚鼐辞官之后并没有立即南返，在京城从秋天一直待到岁末年初的寒冬，估计他心头有着犹豫甚至彷徨。相比而言，姚鼐来到泰安盘桓数日，畅游泰山及周边，与朱孝纯深入交流之后，回京即很快果断地一走了之。姚鼐此行，可能是受朱孝纯之邀而来，与朱孝纯的交流坚定了姚鼐退隐的志向，并可能仔细规划了未来之去向。由此可见，此行对姚鼐的特殊重要性。

面对人生如此重大转折，姚鼐想到朱孝纯，证明朱孝纯与姚鼐友谊非同一般。朱孝纯（1729～1785），字子颖，号海愚，汉军正红旗人，其先世为山东历城人，后屯戍辽阳左卫，遂为辽东人。乾隆二十七年（1762）壬午科顺天乡试举人，初任四川简县知县，后擢叙永同知、重庆知府；乾隆三十七年（1772），移守山东泰安；乾隆四十一年（1776），迁两淮盐运使，驻扬州。朱孝纯不仅政绩颇著，也是知名的诗人和画家，著有《海愚诗钞》等。①朱孝纯为人豪爽，据《随园诗话》《墨香居画识》《墨林今话》等书记载，朱孝纯"须髯如戟，分两支，人呼为戟髯""为人调攫奇伟，不可一世"。《清稗类钞》（第八册）"师友类""姚朱王相契"条记："姚姬传在京师，与辽东朱孝纯子颖、丹徒王文治梦楼最相契。"朱孝纯与姚鼐共同师事刘大櫆，作为刘大櫆极其欣赏的弟子，朱孝纯和姚鼐的友谊之深更非同一般，如姚鼐在朱孝纯身后为其《海愚诗钞》撰序，其中深情回忆二人之友谊云："子颖为吾乡刘海峰先生弟子，其为诗能取师法而变化用之。鼐年二十二，接子颖于京师，即知其为天下绝特之雄才。自是相知数十年，数有离合。子颖仕至淮南运使，延余主扬州书院，三年而余归，子颖亦称病解官去，遂不复见。"姚鼐与朱孝纯的交往，从京城持续到朱孝纯外放泰安、扬州等地。姚鼐辞官还乡蛰居乡里两年后，一俟朱孝纯迁两淮盐运使，于

---

① 参见叶当前《桐城派前期作家朱孝纯的生平与交游》，《安庆师范学院学报》（社会科学版）2016 年第 4 期。

扬州重开梅花书院，姚鼐即离开桐城故里，前往主讲梅花书院。从行迹看，姚鼐与朱孝纯相会于扬州并主讲梅花书院，两年前二人就涉及姚鼐未来出处安排而做泰山之约的可能性甚大。

姚鼐泰安之行意义重大、内容丰富，从而使得他此行留下的优秀作品具有厚重的认识意义和独特的美学价值，如《登泰山记》《晴雪楼记》《游灵岩记》《泰山道里记序》《新城道中书所见》《阜城作》《于朱子颍郡斋值仁和申改翁见示所作诗题赠一首》《岁除日与子颍登日观观日出作歌》《题子颍所作登日观图》《次韵子颍送别》等。姚鼐泰安之行中，其印象最深刻的应该是岁末雪中登泰山：他与好友朱孝纯不辞辛苦，在辞旧迎新之际、大寒天气里，畅游五岳之尊的泰山，心灵的震撼与感动促使他创作了厚重之作、千古名文《登泰山记》。多少年后，姚鼐还念念不忘此次登山的经历和感受，其在《跋汪稼门提刑〈登岱诗〉刻》（《惜抱轩诗集》卷九）写道："昔乘积雪被青山，曾入天门缥缈间。日观沧溟犹在眼，白头明镜久惊颜。壮才许国朝天近，名岳裁诗拥传还。盛藻宜标千仞上，衰翁无力更追攀。"汪志伊（1742~1818）出身桐城，官至总督，是嘉庆朝著名的"能吏"、干臣，也是有清一代桐城县张英、张廷玉父子宰相之后的高官显宦，其在世时间与同乡姚鼐创立桐城派基本同时。根据诗题可知，汪志伊担任江苏按察使、方面大员，时在乾隆五十七年（1792）。姚鼐与这位年岁稍小于自己而官位却甚高的同乡有所过从①，姚鼐此诗赞美了汪志伊的雄心抱负，并对自己当年登泰山所见之壮观景象记忆犹新，可以想见，姚鼐对《登泰山记》一文也应该印象十分深刻②，从另外的角度说，亦证明姚鼐当时创作《登泰山记》用心之良苦。

姚鼐的深刻记忆甚至自负是有根据的：《登泰山记》是其精心结撰之作，寄托了姚鼐经历人生最大一次转折和波澜时复杂而深邃的人生感悟。

《晴雪楼记》文中明确记载了《晴雪楼记》写作的准确时间："乾隆三

---

① 详论参见吴怀东《一代能吏汪志伊及其与姚鼐交往述论》，郭英德主编《斯文（第四辑）》，社会科学文献出版社，2019。

② 姚鼐《左笔泉先生时文序》记载，乾隆二十八年他中进士后返里省亲，左世容（字学冲）筑室于桐城西北媚笔泉，并邀请姚范和姚鼐"游于泉上，（姚）鼐为作记。先生大乐，而时诵之"。其所述之文即《游媚笔泉记》。可见，姚鼐很注意别人对自己文章的评价，很关注自己文章的写作经验。

十八年十月，作楼始成。三十九年十二月，桐城姚鼐记。"《游灵岩记》开头说"泰山北多巨岩，而灵岩最著。余以乾隆四十年正月四日自泰安来观之"，并且最后说"张峡夜宿，姚鼐记"，说明了游灵岩的时间以及此文写作的具体时间。《登泰山记》也有明确的时间表述："余以乾隆三十九年十二月，自京师乘风雪，历齐河、长清，穿泰山西北谷，越长城之限，至于泰安。是月丁未，与知府朱孝纯子颖由南麓登。""戊申晦，五鼓，与子颖坐日观亭，待日出。大风扬积雪击面。亭东自足下皆云漫。""是日，观道中石刻，自唐显庆以来，其远古刻尽漫失。僻不当道者，皆不及往。"与前两文相比，此文只是叙说了登山游览的时间、过程，却没有说此文的写作时间，从时间表述方式（追述）看，《登泰山记》并非如前两文于游览结束当天即成，而是事后成稿，由此可以判断此文不是一时心血来潮之率意之作，而是经历了较长时间的精心思考后才动笔结撰而成。①

姚鼐泰安此行绝非一般的轻松旅游，这是其一生中最重要的决定刚刚做出的时刻——辞官刚刚完成，心情的激荡绝非片刻就能沉静，而且未来何去何从，也正是他辞官之后没有立即南返之犹豫所在。做出这么重大的决定，再加上岁末年初辞旧迎新之际，且大雪封山，路途艰险，登上千古名山，以常理度之，姚鼐肯定不会心如止水，而可能会"风云激荡"。然而，《登泰山记》生动地刻画了泰山雪后奇景，写到壮观的泰山日出，也写到雪中登山艰难之状，却无一语直接表达内心的惊诧或震撼，异常淡定、洒脱，如光风霁月，鸢飞鱼跃。

从文章写作的基本规律看，任何文章都会表达一定的思想感情，姚鼐在泰安时的真实心态到底如何？我们可以考察姚鼐泰安之行同时创作的其他作品来推测、了解姚鼐当时的情绪和心态。姚鼐同时创作的其他文章透露了此时他真实的心境。《晴雪楼记》明确说："余驽怯无状，又方以疾退，浮览山川景物，以消其沉忧。"撰写《晴雪楼记》时，正值"余之来也，大风雪数日，崖谷皆满，霁日照临，光辉腾映，是楼之名，若独为余今日道

---

① 按，许结、潘务正编选《方苞姚鼐集》（凤凰出版社，2009）认为此文写作于乾隆三十九年（1774）冬，或谓作于第二年的正月（第303页）。前说误。姚鼐、朱孝纯于乾隆三十九年除夕前一日登上泰山，于除夕日下山，而从姚鼐文表述时间看，此文并非下山当日（除夕日）所作，所以，可以确认此文作于次年，且可以大致推断作于正月。

也，然则楼之记，非余而孰宜为?"一场难得的雪后晴天，姚鼐竟然由此联想到自己的遭际且心情大好，可见，姚鼐到泰安时并非无动于衷。姚鼐此次登临还留下了多首诗，如《岁除日与子颖登日观观日出作歌》（《惜抱轩诗集》卷三），可见其心情之激荡：

> 泰山到海五百里，日观东看直一指。万峰海上碧沉沉，象伏龙蹲呼不起。
>
> 夜半云海浮岩空，雪山灭没空云中。参旗正拂天门西，云汉却跨沧海东。
>
> 海隅云光一线动，山如舞袖招长风。使君长髯真虬龙，我亦鹤骨撑青穹。
>
> 天风飘飘拂东向，拄杖探出扶桑红。地底金轮几及丈，海右天鸡才一唱。
>
> 不知万顷冯夷宫，并作红光上天上。使君昔者大峨眉，坚冰磴滑乘如脂。
>
> 攀空极险才到顶，夜看日出尝如斯。其下濛濛万青岭，中道江水而东之。
>
> 孤臣羁迹自叹息，中原有路归无时。此生忽忽俄在此，故人偕君良共喜。
>
> 天以昌君画与诗，又使分符泰山址。男儿自负乔岳身，胸有大海光明瞭。
>
> 即今同立岱宗顶，岂复犹如世上人。大地川原纷四下，中天日月环双循。
>
> 山海微茫一卷石，云烟变灭千朝昏。驭气终超万物表，东岱西峨何复论。

此诗不仅酣畅淋漓地将日出之壮观、登高望远之开阔以及雪中登山之艰险呈现出来，而且，不惜笔墨，表达了自己的感叹、感慨。泰山之雄伟、登览山顶视野之广大与作者心胸之开阔彼此呼应——只有具备放弃多年孜孜以求官位的勇气与果断之气质、性格，才能忽略雪中登山之艰难而能领略东岳之雄浑、壮美!

应该说,姚鼐来泰安前的心情激荡、登山游目骋怀的激动是深刻而清晰的,然而,我们也不能不承认:从文字看,与《岁除日与子颖登日观观日出作歌》的抒情激越形成鲜明之对照,《登泰山记》里的姚鼐似乎"无动于衷"。我们当然不能说《登泰山记》没有感情,只是姚鼐确实没有直接表达,换言之,《登泰山记》里之所以没有提及辞官情况,没有明显的情绪流露,那只能是刻意压抑的结果。

何以至此?从文字表达本身看,这可能源自姚鼐作文与作诗立场的差异。姚鼐如此压抑情绪,从文章写作的角度看,首先与桐城文章美学风格的追求——"雅洁"有关。朱熹说:"曾南丰文字又更峻洁,虽议论有浅近处然却平正好。到得东坡,便伤于巧,议论有不正当处,后来到中原见欧公诸人了,文字方稍平。"(《朱子语类》卷一三九)内容必须醇正("义"),用词纯正、简练与结构清晰("法")才与此内容呼应。方苞据此提出为文必须守"义法":"古文义法不讲久矣,吴越间遗老犹放恣,或杂小说,或沿翰林旧体,无雅洁者。古文中不可入语录中语、魏晋六朝藻丽俳语、汉赋中板重字法、诗歌中隽语、南北史佻巧语。"(沈廷芳《书方望溪先生传后》引)"义法"是桐城派对于文章风格的最高要求,由"义法",方苞提出了具体的"雅洁"文风的要求,"雅洁"就是内容上的纯正与表达上的简洁。《登泰山记》文字简练干净、结构清晰通畅,内容上除了客观描写泰山风景之外不做情绪上的渲染,端正、纯净,完美地表现了姚鼐散文创作的美学追求。

当然,讲究"义法"、追求"雅洁",文字不一定就得如此冷峻、含蓄、枯淡,无论是方苞还是桐城派的前驱——明代"唐宋派"的散文,也可以是深情绵邈甚至激昂慷慨的,如归有光的《项脊轩志》、方苞的《左忠毅公逸事》等,显然,姚鼐如此文风当另有原因。尽管如此,我们仍然可以感受作者的思想感情。

三 在山水的抚慰中:寻求个体自由的传统

姚鼐在心情激荡之际于岁末雪中冒险登山,并非无动于衷。换言之,虽然姚鼐没有直接表达感情，但是，顶风冒雪而游，且在文中细细呈现自己的登览行程和泰山风景，正是他喜爱山水自然之壮美的真情流露。

姚鼐在《登泰山记》中以冷峻之笔，客观地再现了泰山沟谷纵横之壮阔、山势之巍峨雄伟、石多树少之自然地貌以及雪后之冰清玉洁、人文古迹之荟萃，尤其描画了居高临下所见风景之壮美——以及登上日观峰所见一轮红日喷薄而出之浩瀚。所以，王先谦《续古文辞类纂》就赞美该文对泰山之美的刻画："典要凝括""读此益服其状物之妙""具此神力，方许作大文。世多有登岳，辄作游记自诧者，读此当为搁笔。"（《王先谦诗文集》卷三）姚鼐确实没有直接赞美风景，也没有表现自己的感受，更没有抒发人生感慨，但是，字里行间其实寄托了他的感情，如《晴雪楼记》所云"浮览山川景物，以消其沉忧"，姚鼐刻意冷峻地展示泰山之雄伟壮观，是借山水自然之美以销蚀心头之深沉隐痛。姚鼐对山水之美的再现与沉湎，正和他辞官归里的思想相对应。

我们可从姚鼐做客泰安期间他的好友、泰安知府朱孝纯所作诗文省察姚鼐当时的微妙心思。朱孝纯陪同姚鼐登山游览，姚鼐临别之际，朱孝纯作《甲午残腊姚姬传乞假归过泰安即送其旋里三首》，其一曰："忽忽辞轩冕，而来数别离。孤怀成独往，老泪洒临岐。我有追随想，斯人未许知。寸心如不隔，明月以为期。"（《海愚诗钞》卷五）"追随"之想、"明月"之期，说明朱孝纯对姚鼐辞官的认可，二人此次小聚探讨的话题中首要的可能就是姚鼐刚刚做出的辞官选择——"辞轩冕"。

朱孝纯、姚鼐共同的老师刘大櫆后来撰《朱子颖诗集序》（《刘大櫆集》），赞美朱孝纯为人豪爽、不惧生活艰难以及为官之勤勉，其中特别提及朱孝纯从四川迁官泰安知府时，姚鼐从京城辞官后，来到泰安拜访朱孝纯的这段经历以及朱孝纯当时的心迹：

> 当思退而稍息其劳，而辄为上官所留，欲归不得。乙未之春，姬传以壮年自刑部告归田里，道过泰安，与子颖同上泰山，登日观，慨然想见隐君子之高风，其幽怀远韵与子颖略相近云。
>
> 呜呼！子颖昔日之穷，非子颖之能穷也。今日之为郡守，非子颖之能为郡守也。其出入师旅，屡经锋镝之危，非子颖之能行乎患难也。

则今日之欲归，非子颍之能自为归也。姬传归而子颍不能盖有天命焉。然则子颍之于为官，去可也，留可也。去而混迹渔樵之侣，留而为宇内建不世之勋，无不可也。若夫文章之事无穷也，子颍其于簿书丛集稍求顷刻之暇，出其才力以与之风人学士相追逐，此则子颍之所能自为者也。夫如是，则理政之余时有以自乐，岂必岩栖而野处，然后为能息其劳哉！

刘大櫆赞美朱孝纯有"隐君子之高风"，具有"幽怀远韵"，即朱孝纯虽在官场却并不留恋官场而有在野之心，并且，在刘大櫆看来，姚鼐辞官归田与朱孝纯相近。在朱孝纯与姚鼐之间，自然不必分伯仲，不过，刘大櫆的评论揭示了姚鼐辞官的性质——归隐，姚鼐也具有"隐君子"之风。

由此也可以想见，姚鼐与朱孝纯讨论为官与归隐这个中心话题时，姚鼐的思考与选择肯定伴随着强烈的情感反应。姚鼐做出这个重大决定，源于他对个体身心自由的坚守，而这种个体自由精神在他对泰山自然之美的描写和欣赏中流露无遗，这也正是中古时期开始兴起、流行的山水诗文创作中所贯穿的文人精神传统。他对待山水的这种态度，也正是将山水与世俗社会对立的文化传统。① 姚鼐的这种思想感情与古代的隐士立场一脉相承——将官场与自然对照，突出了自然的宁静优美，突出了官场对人性的压抑和摧残，突出了个体在自然中的身心自由。谢灵运的山水诗开创了对山水之美的表现，而柳宗元的"永州八记"借景色的清幽奇异以寄托自己的清高孤怀与悲情，移情入境，情景相生。因此，尽管姚鼐刻意隐藏自己的感情，其追求个体精神自由、热爱山水自然的心态与思想其实已表露于字里行间。《登泰山记》歌颂了大自然的雄奇壮美，这正是他追求身心自由的含蓄表达。

然而，山水之情只是《登泰山记》作为"辞章"的思想内容之一，显然不是姚鼐所谓"义理"的内容，作为一篇完整的"文章"，"义理"才是其内容的构成部分甚至是核心部分。

———————————

① 现行中小学课本选入《登泰山记》，说其思想主题是赞美祖国山河壮丽之美，而所论稍深者，也只是注意到其思想的纠结，参见"章黄国学"微信公众号所推送北师大二附中语文组陈立今之文《诗意人生的不同选择》，http：//www.zxxk.com/soft/11367317.html。

四 "天与人一"：道德自足感
及其与审美境界的相通

登览泰山之壮美，理当心情激荡，当时大雪满山而姚鼐却异常云淡风轻，多少"行路难"都被他化作了波澜不惊。尽管从一般意义上看，这表现了姚鼐处世性格的坚强、洒脱，但是，与一般人的泰山游览反应和泰山诗文写作如此不同，还提示我们应该注意姚鼐此种态度与其根本信仰的内在关联。

姚鼐所登览的泰山并非一座普通的山岳，它凝聚了中国古代一系列重要的王朝仪式、崇高的精神信仰和神圣的情感，是儒、释、道共尊的圣山。在先秦时代，周天子和鲁公才有权致祭泰山；秦始皇统一中原后，不远千里至泰山举行祭天祭地的封禅大典，可见泰山之祀关系王朝兴衰、天下治乱。东汉马弟伯的《封禅仪记》，记载了汉光武帝刘秀于建武三十二年泰山封禅的全过程，应劭的《汉官仪》将此作为汉代大典的一种仪式首先加以著录。历史上的名人登览泰山，也并非一般地欣赏风景，如孔子"登泰山而小天下"（《孟子·尽心上》），表现了孔子志在天下的伟大抱负；司马迁想到了泰山之重（《报任安书》），所以才隐忍苟活，完成了伟大史学著作《史记》；杜甫远望泰山，想到"会当凌绝顶，一览众山小"（《望岳》），流露出志在天下的伟大理想。比较而言，姚鼐登泰山和历史上其他诗人的感受与表现不同。他没有突出泰山的神秘与庄严，也没有表现志在天下的宏伟抱负，他刻意突出泰山的雄伟、登上泰山所见景观之壮美、登览泰山的艰险，其中流露出鲜明的从容、淡定的心态。这种从容、淡定不仅来自山水风景的心理抚慰，还来自理学信仰带来的道德自足与人格自我圆满感。

回顾姚鼐之前的山水自然观，简单地说，大致可分为两种立场。一种是将山水自然与官场乃至社会对立，当作纯美的欣赏对象，这来自道家的思想传统，在魏晋、六朝时期开始影响文人心态与文学创作。日本学者小尾郊一指出："自然……被区别于人间……是从老庄思想盛行、隐遁思想流行的魏晋时期开始的。"① 上节所述从山水中寻求精神安顿就来自这个传统。另外一种则是儒家的自然观，那就是山水审美的"比德"传统："仁者乐山，智者乐水。知者动，仁者静；知者乐，仁者寿。"（《论语·雍也篇》）"岁寒，然后知松柏之后凋也。"（《论语·子罕》）"岁不寒无以知松柏，事不难无以知君子。"（《荀子·大略》）从山水文学史看，从谢灵运的山水诗，到柳宗元以"永州八记"为代表的山水游记，其实主要基于道家的自然观，儒家的自然观影响尚不是主流。然而，宋代理学兴起以来，儒家自然观也开始深入影响士大夫及其山水文学创作、欣赏活动，宋代的梅花、菊花、莲花书写就是最鲜明的实证。被视作宋代理学思想第一人的周敦颐的《爱莲说》，充分体现了理学家自然观的特点："道家的隐逸和世俗的富贵都不是他的人生理想。他所称颂的莲的中正清直的'君子'品格寄托了他的儒家人格的理想。"② 不同于中古士人追求外在的建功立业以及个体精神的清高、独立，宋代理学家所追求的是一种道德上的完善。从韩愈开始有关个体"心性"之讨论，其实代表了中古儒学思想主题的终结、宋明理学新时代的开启。宋代理学家企图通过个体的"内圣"实现"外王"的社会政治理想，其实在现实里"内圣"比"外王"更重要，更容易践行。宋明理学"穷理"的根本在于推行"存天理，去人欲"，进而通过修身为圣之学，达到"齐家、治国、平天下"的目的。姑以宋前最知名的田园诗人陶渊明为例，他之归隐田园，是不得已而为之，他的本意也是要建功立业的，可是官场黑暗，难以有所作为，且官场压抑自己人格，不得不辞官归隐——个体自由与价值实现发生了矛盾，陶渊明一生纠结即在此处。可是，在理学家看来，建功立业并非最重要的事情，人格的完善与精神的自足才是首要的追求。宋代学者解读陶渊明，似乎"浑身是静穆"[鲁迅《〈题未定〉草（六）》，《且介亭杂文二集》]，片面强调他的"悠然见南山"的自足与洒脱，而忽略他功业之求的焦虑与痛苦。

我们要注意的是，在理学家的解读中，这种顶天立地、道貌岸然的道

---

① 〔日〕小尾郊一：《中国文学中所表现的自然与自然观》，邵毅平译，上海古籍出版社，2014，第 23 页。

② 陈来：《宋明理学》，辽宁教育出版社，1991，第 42 页。

德自足感其实也是一种美学精神①，其对于文人的心理和文学意境产生直接而深刻的影响，具体而言，落实为以下三个方面。

第一，"格物致知"。理学探讨的核心是"道体"，"道体"是高于物理事物或自然事物或日常经验之上的东西。朱熹说："衣食，动作，只是物；物之理，乃道也。"（《朱子语类》卷六十二）"理也者，形而上之道也。"（《朱文公文集》卷五十八）程、朱以"理"释"道体"，研究"道体"便是"格物穷理"，即通过读书以及观察、感受外在自然而"穷究""探究"重复人性的根源，使得个体心灵能感受一种终极性的宇宙之理的存在及其力量。《礼记·大学》曰："致知在格物，物格而后知至。"朱熹解释说："格，至也。物，犹事也。穷推至事物之理，欲其极处无不到也。""所谓致知在格物者，言欲致吾之知，在即物而穷其理也。盖人心之灵，莫不有知，而天下之物，莫不有理。惟于理有未穷，故其知有未尽也。""穷究事物道理，致使知性通达至极。"（《大学章句》）宋明理学强调观物明理。邵雍说："夫所以谓之观物者，非以目观之也，非观之以目而观之以心也，非观之以心而观之以理也。"（《观物内篇》，《皇极经世书》）"观之以理"的基本方式不是"以我观物"，而是"以物观物"，因此，理学家常常于观物中参悟天理。极富理趣的宋诗大多具有即物见道的思维特点，如苏轼的名作《题西林壁》诗："横看成岭侧成峰，远近高低各不同。不识庐山真面目，只缘身在此山中。"

第二，"天地之心"。陆、王在探究形上之理时，更强调"心即理"，即心与理的合一，如陆九渊云："盖心，一心也；理，一理也。至当归一，精义无二。此心此理，实不容有二。"（《与曾宅之》，《象山全集》卷一）"人

---

① 理学家观照自然、俯仰天地、究心宇宙的从容自足甚至快乐，与超越世俗的文学精神完全可以相通。关于宋明理学的道德境界与美学精神之关联，学术界讨论甚多，如宗白华说："艺术心灵的诞生，在人生忘我的一刹那，即美学上所谓'静照'。静照的起点在于空诸一切，心无挂碍，和世务暂时绝缘。这时一点觉心，静观万象，万象如在镜中，光明莹洁，而各得其所，呈现着它们各自的充实的、内在的、自由的生命，所谓万物静观皆自得。这自得的、自由的各个生命在静默里吐露光辉。"宗白华：《艺境》，北京大学出版社，1986，第176页。李泽厚说："宋明理学家经常爱讲'孔颜乐处'，把它看作人生最高境界，其实也就是指这种不怕艰苦而充满生意，属伦理又超伦理、准审美又超审美的目的论精神境界。……这个本体境界，在外表形式上，确乎与物我两忘而非功利的审美快乐和美学心境是相似和接近的。"李泽厚：《中国古代思想史论》，人民出版社，1985，第238页。

皆有是心，心皆具是理，心即理也。"（《与李宰》，《象山全集》卷十一）王阳明云："夫物理不外于吾心，外吾心而求物理，无物理矣。遗物理而求吾心，吾心又何物邪。"（《答顾东桥书》，《王文成公全书》卷二）在宋明理学中，"心"即知觉之心，更是伦理道德之心。"心"不是单纯的人体器官，而是伦理品质乃至万物的根源性的东西，并且充塞于宇宙之间。陆九渊说："万物森然于方寸之间，满心而发，充塞宇宙无非此理而已。"（《语录》，《象山全集》卷三十四）"位天地育万物，未有出于吾心之外也。"（《紫阳书院集序》，《王文成公全书》卷七）所以，受理学影响深刻的文学往往表现天地境界、大我精神、浩然之气。程颢《秋日偶成》（其一）："闲来无事不从容，睡觉东窗日已红。万物静观皆自得，四时佳兴与人同。道通天地有形外，思入风云变态中。富贵不淫贫贱乐，男儿到此是豪雄。"张载的名句："为天地立心，为生民立命，为往圣继绝学，为万世开太平。"（《西铭》）其道风理趣不言而喻。

第三，"孔颜乐处"。格物致知、参悟天地的结果是获得道德上的证成感、自我圆满感，这也就是一种精神之乐。北宋理学家周敦颐指出：

> 颜子"一箪食，一瓢饮，在陋巷，人不堪其忧，而不改其乐"。夫富贵，人所爱也，颜子不爱不求，而乐乎贫者，独何心哉？天地间有至贵至爱可求而异乎彼者，见其大而忘其小焉尔！见其大则心泰，心泰则无不足，无不足则富贵贫贱处之一也。处之一，则能化而齐，故颜子亚圣。（《通书·颜子第二十三》，《周敦颐集》）

这正是《论语》提到的"孔颜乐处""吾与点也"的境界。宋明理学发挥了儒家这一思想，认为对于个体而言最重要的不是建功立业，而是自我道德人格的完善、圆融；生活经历的苦难并不重要，重要的是超越苦难，无动于心，从而获得个人身心的宁静、充实和快乐。在理学家表现山水风景的诗文中，那种充盈天地的自足精神和淡定、洒脱的精神境界尤其突出，这也就是冯友兰先生所归纳的"道德境界"和"天地境界"。①

---

① 冯友兰：《中国哲学简史》，涂又光译，北京大学出版社，1985，第 390 页。

　　"从历史渊源看，桐城派古文受中国传统儒学和宋明理学的影响"①，与清代其他文学流派和学术流派相比，"桐城派的主要作家确都在不同程度上宗程朱理学"②，"从某种意义上说，桐城派的形成是程朱理学影响于文坛的一个结果"③，而姚鼐在《登泰山记》中的思想立场和创作观念正来自这个背景。④ 从散文史角度看，晚明小品文似乎与姚鼐文风有相似之处，其实，二者思想本质不同。作为晚明小品文的典范，公安派、竟陵派的小品文以反对复古模拟的姿态出现，"独抒性灵，不拘格套，非从自己胸臆流出，不肯下笔"（袁宏道《叙小修诗》），有意摆脱"文以载道"传统之束缚，实现个体之解放。尽管这种生活观念和文学思想追求自我生活的自足也得益于程朱理学，尤其陆王心学的深刻影响，但其反理学的倾向十分明显。《登泰山记》与理学的正面关联非常清晰。文以载道，是理学家的传统；借文悟道，也是姚鼐的基本文学观念。姚鼐《复汪进士辉祖书》言："夫古人之文，岂第文焉而已，明道义、维风俗以诏世者，君子之志，而辞足以尽其志者，君子之文也。"姚鼐的老师刘大櫆《朱子颍诗集序》将朱孝纯和姚鼐定义为"隐君子"、具有"幽怀远韵"，其实透露了个中信息。我们往往注意到"隐"字——"退隐""隐士"，却没有注意到"君子"，这正是宋代以来理学家们所推崇的退隐与宋前隐士的最大区别。姚鼐在《登泰山记》里对泰山的刻画，其实不同于以往历代诗文单纯表现泰山的雄奇壮美，而

---

① 束有春：《理学古文史》，大象出版社，2011，第 342 页。

② 马积高：《清代学术思想的变迁与文学》，湖南人民出版社，2002，第 83 页。程朱理学在清代姚鼐故乡桐城地区影响甚大，囿于本文主题和篇幅，此处不赘。

③ 龚书铎主编、史革新：《清代理学史》上卷，广东教育出版社，2007，第 419 页。

④ 众所周知，姚鼐特别宗奉程、朱理学，"博学强识固所贵焉，而要必以程、朱之学为归宿之地"（《惜抱轩尺牍》五），姚鼐"对程朱之道的维护，更多表现在对理学家所倡导之道德原则的坚持上"（李帆：《清代理学史》中卷，广东教育出版社，2007，第 140 页），不过，姚鼐并非理学专家，他"虽加意维护程、朱，但其非为抱残守缺之人，而是较为通达，能兼容其他学说，甚至能吸纳汉学之长"（《清代理学史》中卷，第 141 页）。宋明理学其实还有程朱与陆王的宗派门户之分野，进入清代以后，陆王心学无论在朝在野之影响看起来都渐趋"衰退"，其标志就是研究陆王学术学者减少（《清代理学史》上卷，第 246 页），但未完全失去影响力，它往往内化为汉学家及其学行之中，如钱穆先生所云，即使"汉学诸家之高下浅深，亦往往视其宋学之高下浅深以为判"（钱穆：《中国近三百年学术史》，九州出版社，2011，第 1 页），因此，姚鼐在理学信仰方面虽较少谈及陆、王心性之学，但仍可以论定陆王心学对他思想心理具有影响。

是表现泰山的自足和静美，姚鼐正是从泰山的静穆里体会到君子的淡定自足之感，正是"道与艺合，天与人一"（姚鼐《敦拙堂诗集序》）的境界，也是方苞所谓"若古文则本经术而依事物之理"（《答申谦居书》）的实践；姚鼐的体验、反应与感受，完全体现了理学家的"格物致知""天地之心""孔颜乐处"的情怀。余英时先生说："程、朱解'格物'为'即物而穷其理'，'致知'则使'心'对于天地间一切事物之'理'的知识不断扩充，最后达到'一旦豁然贯通'的境界（见朱熹《大学》补传）。"① 周敦颐云："君子以道充为贵，身安为富，故常泰无不足，而铢视轩冕，尘视金玉，其重无加焉尔。"（《通书·富贵第二十三》，《周敦颐集》）姚鼐登泰山时的淡定之感，正是这种心灵体验和思想境界。②

姚鼐这种身心体验既然来自他的理学信仰，当然也是理学家共同的体验，从泰山以及类似山水壮观中感受"君子"之风正是理学家的独特理解。明代大儒王守仁于明孝宗弘治十七年（1504）应邀担任山东乡试考官，畅游孔孟之乡，其感受确实与众不同，《山东乡试录后序》云："夫山东天下之巨藩也，南峙泰岱，为五岳之宗，东汇沧海，会百川之流；吾夫子以道德之师，钟灵毓秀，挺生于数千载之上，是皆穷天地，亘古今，超然而独盛焉者也。然陟泰岱则知其高，观沧则知其大，生长夫子之邦，宜于其道之高且大者有闻焉，斯不愧为邦之人矣！"王守仁登临泰山，写了八首诗，包括五古五首、古风一首（《泰山高次王内翰司献韵》）、五律两首（《游泰山》《御帐坪》），有的诗还有模仿、化用唐代李白《游泰山》诗的痕迹，有的有较浓厚的寻仙访道、厌倦尘世的味道，但是，作为注重内心省察的理学家，在第五首中，他直接以议论为诗，说明虽然自己的志向与处世态度不为世人理解，而自己却能以洒脱相对，淡泊处之，表现了理学家的道德自足追求：

---

① 余英时：《中国文化史通释》，生活·读书·新知三联书店，2011，第 40 页。
② 实际上，姚鼐文章表现的淡定从容之感，与他在日常言行中遵守道德的气质是一致的，这和同时代的不少汉学家在生活作风上的"无行"完全不同。章太炎虽然贬称说"桐城诸家，本未得程、朱要领，徒援引肤末，大言自壮"，但也不得不承认"其孝友严整躬行足多矣。诸姚生于纨绔绮襦之间，特稍恬淡自持"。见章太炎《訄书·清儒》。

> 我才不救时，匡扶志空大。置我有无间，缓急非所赖。
>
> 孤坐万峰巅，嗒然遗下块。已矣复何求，至精谅斯在。
>
> 淡泊非虚杳，洒脱无蒂芥。世人闻予言，不笑即吁怪。
>
> 吾亦不强语，惟复笑相待。鲁叟不可作，此意聊自快。

这次游览泰山，对王守仁一直苦思冥想的"心学"不无启迪。作为桐城派早期的作家和思想家，方苞继承了理学家观照自然的思想立场和文章写法，如其《游雁荡山记》云："余之独得于兹山者，则有二焉。……兹山独完其太古之容色以至于今……又，凡山川之明媚者，能使游者欣然而乐，而兹山岩深壁削，仰而观俯而视者，严恭静正之心，不觉其自动。盖至此则万感绝，百虑冥，而吾之本心乃与天地之精神一相接焉。察于此二者，则修士守身涉世之学，圣贤成己成物之道，俱可得而见矣。"

可见，《登泰山记》不是没有"义理"，《登泰山记》中面对泰山的崇高，面对世俗的艰难，姚鼐表现出鲜明的淡定、自足——这种波澜不惊、光风霁月的洒脱、疏朗，正是理学所追求的心理状态和精神境界，换言之，《登泰山记》所表达的"义理"，就是一种理学家身心修养之所感：从雄伟泰山中参悟自足感，从超越现实困难中获得淡定感乃至自得其乐感，这也就是王达敏先生所云"清朗、空灵之境和浩然、超然襟怀"。还应该强调的是，正是这种淡定感影响了此文思想情感的表达方式——冷峻、含蓄、枯淡。

当然，对于桐城派散文创作所追求的"义理"，我们应该开放地理解，既要注意其内涵的丰富——有时表达的就是政治之理，如《李斯论》云："夫世言法术之学，足亡人国，固也。吾谓人臣善探其君之隐，一以委曲变化从世好者，其为人尤可畏哉！尤可畏哉！"有时也表达儒家人伦之理（忠孝节义）、个体日常修身之理；也要注意表达的直率与含蓄的差异，直接宣扬儒家思想观念固然是"义理"之表现，而《登泰山记》则是一种含蓄的表现。①

---

① 姚鼐以阴柔、阳刚论文章风格，并且要求"统二气之会而弗偏"（《复鲁絜非书》），其实，他推崇"文之雄伟而劲直者"（《海愚诗钞序》），即阳刚之美，以此标准而论《登泰山记》，其兼具阴柔之美而阳刚之气更为突出。

五 "考据"：进入文本的独特意义及其限度

古来学者都认为《登泰山记》有"考据"的内容，主要涉及历史地理知识，如泰山阳、阴两侧分别有汶、济二水，山东有古长城，泰山向南的几大山谷，中谷是郦道元所谓环水，游山砌磴七千有余，古时登山道路，山上地貌、植被、文物古迹等。而王达敏先生认为"《登泰山记》中不存在考据内容"①。王达敏先生所论看起来有一定道理，因为与汉学家相比，姚鼐此处文字实在谈不上真正的考证：上述内容只是对前人已有研究成果或结论的简单复述，且姚鼐也没有提供文献论据并呈现论证过程。

从起源看，山水游记就具有一定的地理考证性质，如《山海经》以及郦道元《水经注》，而明代徐霞客不辞劳苦实地踏勘撰成科学性与文学性兼备的《徐霞客游记》。姚鼐《登泰山记》呈现一定的地理知识，这正是地理游记自身的传统。姚鼐此文写作中有关的地理知识，直接得益于接待他陪同他游览泰山的泰安知府朱孝纯以及泰安地志学者聂鈫之帮助。朱孝纯关注地理，著有《泰山图志》并于乾隆三十九年刊行，图文结合，是研究泰山的重要文化史料。清人周中孚对此评价甚高：

> 是编乃其官泰安知府时所纂。以府及县，旧各有志，而语泰山事都不详。山之专志，则有明查（志隆）《岱史》、孔（贞瑄）《泰山纪事》等书，又率躇驳，不中史法。乃求亡书，聘名士，悉力搜辑，凡阅岁余而始告成，冠以图三十有一，故曰图志。……其言如此，则其书之体裁悉当，非明以来所可跂及，是足为后来志山者之法矣。（《郑堂读书记·补逸》卷十六）

《泰山图志》用力之勤、体例之精，由此可见。朱孝纯又绘有《泰岱全图》，为世所称，篆刻《泰山赞碑》，又著有《泰山金石记》等。以泰山为媒，朱孝纯结识泰安本地的"泰山通"聂鈫，聂鈫，还陪同姚鼐游览了灵

---

① 王达敏：《〈登泰山记〉研究与诠释界限》。

岩寺（《游灵岩记》）。聂鈫热心泰山及其附近地理研究，著有《泰山道里记》（一卷），《四库总目提要》（卷七六）云：

> 国朝聂鈫撰。鈫字剑光，泰安人。是编前有自序，称生长泰山下，少为府胥。性嗜山水，每攀幽跻险，探稽往躅。……盖以土居之人，竭半生精力，以考一山之迹，自与传闻者异矣。

有意思的是姚鼐为聂鈫此书撰序，显然正是姚鼐泰安之行与聂鈫结识的结果，亦可证姚鼐与他们有同好。姚鼐序云：

> 余尝病天下地志谬误，非特妄引古记，至纪今时山川道里，远近方向，率与实舛，令人愤叹。设每邑有笃学好古能游览者，各考纪其地土之实据，以参相校订，则天下地志何患不善？余尝以是语告人，嘉定钱辛楣学士、上元严东有侍读，因为余言泰安聂君《泰山道里记》最善，心识其语。比有岱宗之游，过访聂君山居，乃索其书读之。其考订古今皆详核可喜，学士、侍读之言不妄也。余疑《水经注》于汶水左右水源流方面，颇有舛误。又谓古奉高在今泰安右汶东，故古登封，入奉高境西行，度环水而北，至天门，历尽环道，跻岱，乃得封所，马第伯记可覆案也。往昔在济南，秋霁登千佛山，望岱巅诸峰，遥相接，窃谓历城以南诸山皆泰山也，后人多为之名耳。今阅是书，每与余意合，而辨正尤起人意。聂君欲余序以重其书，余浅学又偶过臆度，徒幸有合于好古，力索久往来是山中者；是君足重余耳，余安足重聂君哉！（《惜抱轩文后集》卷一）

由此可见，姚鼐在《登泰山记》中所介绍的地理知识有可能来自朱孝纯和聂鈫，可以说此文中的地理知识并非全是姚鼐本人考证的结果，但此序以及《登泰山记》还是明显表现了生活在乾嘉考据盛行时代的姚鼐对地理知识、地理勘察的浓厚兴趣，也证明姚鼐对泰山地理下过研究、考证功夫并形成一定独到的见解——他在《登泰山记》里很注意描述的准确性和科学性。姚鼐在《游灵岩记》中还提到对未能和朱孝纯一起游览、考察灵岩寺颇感失落，他还期待和朱孝纯一起有机会考察整个泰山四周。① 所以，如果说姚鼐没有考证地理的兴趣或者文章中没有考证，显然与事实不太相符。②

姚鼐当然并非要做纯"考据"的文章——这如今日之科学研究论文，主要是解决科学、知识与学术问题，而姚鼐要做的是抒情写意的文学文章，主要是表达思想情感，二者的区分与边界十分清楚③，且姚鼐作文要表"义理"、正人心，考据并非姚鼐文章的主题或目的。可是，姚鼐仍然援考据入文，或者强调"考据"与"辞章"融合，这仅仅是亦擅长考据的姚鼐一时难以放弃的写作习惯，或者是应对汉学考据派的生存策略和权宜之计？显然，事情并非如此简单。

严格追溯，义理、考据、辞章三者关系问题，并非姚鼐一己之话语，而远源于宋代理学家周敦颐，在乾嘉时期成为牵涉复杂学术与人际关系的重大理论与现实命题。④ 在义理、考据、辞章三者之间，"义理"与"辞

---

① 姚鼐的游记散文大多有"考据"的内容，如《游灵岩寺》写到有关的历史人物及其遗迹。《晴雪楼记》写其与孝纯一起"瞻巨岳，指古明堂之墟，秦汉以来登封之故迹，东望汶源西流，放乎河济之间，苍莽之野，南对徂徕、新甫"——空间感相当明确。姚鼐回到桐城后写的《观披雪瀑记》写到披雪瀑的地理方位、石壁上的刻文等。

② 姚鼐对地理考证的兴趣来自清代学术环境。清代历史地理学颇为兴盛，梁启超《清代学术概论》云，清初以来考据学术发展之四端之一即地理学，"当时诸大师，皆遗老也。其于宗社之变，类含隐痛，志图匡复，故好研究古今史迹成败，地理阸塞，以及其他经世之务"。梁启超：《清代学术概论》，上海古籍出版社，1998，第27页。《近三百年学术史》（中华书局，1986）第十五篇"清代学者整理旧学之总成绩"名下就单列"地理学"一目。当时《水经注》研究尤其热闹，戴震即于乾隆三十九年完成《水经注》校本并呈上（该书刊刻后，很快有人指证乃抄袭赵一清著作，此公案聚讼纷纭，至今尚未定论），旋即以武英殿聚珍版印行，影响甚广。桐城派作家中不少人有撰著方志的经历，关注地理沿革，如刘大櫆撰有《歙县志》二十卷附《黄山志》，姚鼐则主编了《江宁府志》《六安州志》《庐州府志》中"沿革"一门，《惜抱轩文集》还收录了《郡县考》《汉庐江九江二郡沿革考》《项羽王九郡考》等。如姚鼐《泰山道里记序》明确说，他通过实地调查纠正了《水经注》记载之误，明确指出汶水向西流，而《登泰山记》简略记录了这一考证成果。《登泰山记》所论泰山地理，可能与其时《水经注》研究兴盛以及戴震《水经注》校本印行相关。桐城派学者淑世情怀突出，地理问题自然是他们关注的知识领域之一，即如20世纪由民国进入共和国的桐城派传人李诚先生的著述中，仍有大量历史地理专论。参见《李诚全集》，海天出版社，2019。

③ 王气中先生就认为，"桐城派的目的在于创作，而不在于研究学术"，乾嘉汉学派要做的则是学术研究，见王气中《桐城派在中国文学史上的地位和作用》，《安徽历史学报》创刊号，1957。

④ 参见余英时《清代学术思想史重要观念通释》，见辛华、任菁编《内在超越之路——余英时新儒学论著辑要》，中国广播电视出版社，1992。

章"的结合，也就是"文以载道"，其渊源于儒家功利诗学，通过唐宋古文运动而被明确建构，从宋代以来就成为共识和常识，而到了清代，伴随着"考据"学的勃兴才出现"考据""义理""辞章"的复杂纠结。实际上，戴震（1724～1777）先于姚鼐提出了义理、考据、辞章"三结合"的思想①，其最早于乾隆二十年（1755）就说："古今学问之途，其大致有三：或事于理义，或事于制数，或事于文章。事于文章者，等而末者也。……圣人之道在《六经》。汉儒得其制数，失其义理；宋儒得其义理，失其制数。譬有人焉，履泰山之巅，可以言山；有人焉，跨北海之涯，可以言水。二人者不相谋，天地间之巨观，目不全收，其可哉？抑言山言水也，时或不尽山之奥、水之奇。……足下好道而肆力古文，必将求其本。求其本，更有所谓大本。大本既得矣，然后曰：是道也，非艺也。"（《与方希原书》，《东原文集》卷九）戴震弟子段玉裁（1735～1815）云："始，玉裁闻先生（按，指戴震）之绪论矣，其言曰：有义理之学，有文章之学，有考核之学。义理者，文章、考核之源也，熟乎义理，而后能考核，能文章。"（《戴东原集序》，《东原文集》卷首）章学诚也提及："学问之途，有流有别。尚考证者薄辞章，索义理者略征实。随其性之所近，而各标独得，则服、郑训诂，韩、欧文章，程、朱语录，固已角犄鼎峙，而不能相下。必欲各分门户，交相讥议，则义理入于虚无，考证徒为糟粕，文章只为玩物。汉、唐以来，楚失齐得，至今嚣嚣，有未易临决者。唯自通人论之则不然。考证即实此义，则文章乃所以达之之具。"（《与汝楠论学书》，《文史通义新编新注》）再看姚鼐的表述，如《谢蕴山诗集序》云："且夫文章、学问，一道也，而人才不能无所偏擅，矜考据者每窒于文词，美才藻者或疏于稽古。"显然，姚鼐的概念与观点皆非独创，实得自戴震，且理论上亦无独特之发明。② 从起源和本质说，"考据"不是否定"义理"和"文章"，它们本非两途。③"考据"的结果必须通过"文章"加以表达，考据派口头上也

---

① 按，余英时先生认为戴震有关三者关系的思想变化参见《清代学术思想史重要观念通释》。

② 姚鼐的成功在于他基于强烈的淑世情怀而反对枯坐书斋，提出系统的散文理论与成功的写作实践，并通过书院教学而广泛传播影响于社会。

③ 章学诚说："义理不可空言也，博学以实之，文章以达之，三者合于一，庶几哉周、孔之道虽远，不啻累译而通矣。"见章学诚《文史通义·内篇·原道下》，仓修良编《文史通义新编》，上海古籍出版社，1993，第55页。

明确承认"义理"的指导作用——"义理者，文章、考核之源也，熟乎义理，而后能考核，能文章"，反对脱离"义理"的"文章"（戴震、段玉裁）——"文章只为玩物"（章学诚）。考据之兴起，正是为了阐明儒家之"义理"。作为乾嘉汉学前驱的顾炎武（1613～1682）痛心于士子缺少社会担当导致王朝鼎革、山河变色的惨痛历史现实，深入反思，反对晚明学术之空疏，认为其"空虚妙悟"害道，倡导实学，实事求是，主张认真读经、钻研原始经典，"因句读以辨其文，因文以识其义，因其义以通制作之原"（顾炎武《仪礼郑注句读序》，《亭林文集》卷二），从而导致儒学发展由"尊德性"向"道问学"的重大转变，"由义理之争折入文献考证，即逐渐引导出清代全面整理儒家经典的运动"。① 换言之，在顾炎武看来，通过文字训诂和考证，而不是宋学及程朱所倡导的简单"心"想，才能还原儒家思想的真面目。② 如此看来，只要有助于"义理"，"考据"和"文章"完全可以兼容，"尊德性"与"道问学"并不矛盾。"博闻强识，以助宋君子之所遗则可也。"（《复蒋松如书》，《惜抱轩文集》卷六）在姚鼐看来，为文固然可以明道，而做考据也是明道的手段之一，这和一般作文表达思想情感——表达他所推崇的特定的思想——"义理"其实并不矛盾，义理、考证、文章"三者苟善用之，则皆足以相济；苟不善用之，则或至于相害"（《述庵文钞序》），这正是姚鼐的散文及其理论能够接纳"考证"的根本原因。

姚鼐作文不反对考证，他的经史考证本身做得也很出色③，但是，姚鼐

---

① 余英时：《论戴震与章学诚——清代中期学术思想史研究》，生活·读书·新知三联书店，2012，第 18 页。
② 关于乾嘉汉学兴起之复杂社会背景及其与理学的关系，学术界已有专深研究，如〔美〕艾尔曼《从理学到朴学——中华帝国晚期思想与社会文化面面观》，赵刚译，江苏人民出版社，1995；而余英时则将乾嘉汉学派的学术追求称为"智识主义"，见余英时《论戴震与章学诚——清代中期学术思想史研究》。
③ 姚鼐传世的作品，除了散文创作外，也有经史考证著作《九经说》《春秋三传补注》《国语补注》《老子章义》《庄子章义》等。姚鼐积极参与乾嘉时期主流的学术工作即经史考证工作，他应聘参加了四库馆工作就反映出乾嘉考据学派对他考证能力的认可。近代著名学者陈澧评价姚鼐《九经说》："实有家法，过望溪远甚，虽《学海堂经解》不收，要自可传。"（文廷式《纯常子枝语》卷二引）

坚决反对考据派①，不是学者与作家两种职业的表面冲突，而与戴震和汉学派之间存在认识上的本质冲突，以致最后主动告别四库馆，与京城学界保持距离。其中原因是在姚鼐看来，考据派为考证而考证，脱离了弘扬"义理"的根本目的，且考据派所追求的是先秦原始儒家之"义理"②，否定了姚鼐所尊崇的程朱"义理"，"诽鄙程与朱"（《述怀》，《惜抱轩诗集》卷二）以及"守一家之偏"（《复蒋松如书》，《惜抱轩文集》卷六）的门户之见，从而引发了姚鼐的强烈反对。③ 姚鼐《赠钱献之序》云："明末至今日，学者颇厌功令所载为习闻，又恶陋儒不考古而蔽于近，于是专求古人名物、制度、训诂、书数，以博为量，以窥隙攻难为功，其甚者欲尽舍程、朱而宗汉之。枝之猎而去其根，细之蒐而遗其巨，夫宁非蔽与？"④ 因此，姚鼐才转而自觉"发明"和继承桐城先辈古文写作的传统，肆力于古文写作与

---

① 深受姚鼐之影响，其弟子方东树才撰《汉学商兑》，针锋相对，声色俱厉，痛击江藩的《汉学师承记》。

② 如戴震云："言者辄曰：'有汉儒之经学，有宋儒之经学，一主于故训，一主于理义。'此诚震之大不能也者。夫所谓理义，苟可以舍经而空凭胸臆，将人人凿空而得之，奚有于经学云乎哉！"（《题惠定宇先生授经图》，（清）戴震：《戴震文集》卷九，中华书局，1980）

③ 嘉道以来，清王朝江河日下，各种社会矛盾全面爆发，守旧派大多认为是儒家之道不兴所致，就更加认可姚鼐以古文宣传"义理"，也能清楚地看出姚鼐反对考据学之良苦用心。如姚莹《从祖惜抱先生行状》云："世之孤生，徒抱俗儒讲说，举汉唐以来传注屏弃不观，斯固可厌，陋而矫之者乃专以考订、训诂、制度为实学，于身心性命之说，则斥为空疏无据；其文章之士，又喜逞才气，放蔑礼法，以讲学为迂拙，是皆不免于伪蔽。"曾国藩说："当乾隆中叶，海内魁儒畸士，崇尚鸿博，繁称旁证，考核一字，累数千言不能休，别立帜志，名曰'汉学'，滦摈有宋诸子义理之说，以为不足复存，其为文芜杂寡要。姚先生独排众议，以为义理、考据、辞章，三者不可偏废，必义理为质，而后文有所附，考据有所归，一编之内，唯此尤兢兢。当时孤立无助，传之五六十年，近世学子，稍稍诵其文，承用其说。道之废兴，亦各有时，其命也欤哉？"（《欧阳生文集序》，《曾国藩全集·诗文》）可见，后人对姚鼐批评纯考据学的态度具有共识。当然，发现汉学考据派缺陷的并不是只有姚鼐一人，如同时代的史学家章学诚批判同样激烈："君子苟有意于学，则必求当代典章以切于人伦日用，必求官司掌故而通于经术精微，则学为实事而文非空言，所谓有体必有用也。不知当代而好言古，不通掌故而言经术，则鑿枘之文，射覆之学，虽极精能，其无当于实用也审矣。"（《文史通义·内篇·史释》，仓修良编《文史通义新编》，第186页）

④ 详论参见余英时《清代学术思想史重要观念通释》，辛华、任菁编《内在超越之路——余英时新儒学论著辑要》，第573~574页。

书院教育，以弘传理学之道，期望最后有用于社会。① 在姚鼐倡导的"古文"写作中也有考证，但考证的使用受到严格限制，只是提供准确的基本事实（最突出的还是地理知识）以作为其抒情达意的背景，且必须服务于"义理"表达的需要，因此不会完整呈现考证的全部证据和过程，常常只能简单介绍考证的部分结论或结果。② 例如，姚鼐曾与钱大昕就"秦设三十六郡"开展过争论，姚鼐在致弟子陈用光的书信中提及此事云："钱莘楣先生见陈方伯，极称石士之贤，许古文之必有成，当亦是海内一知己也。前辈爱士雅怀，殊不可没。至其必欲以秦桂林四郡置初立三十六郡之内，及不许庐江郡本在江南，窥其意似有坚执己见、不复求审事实之病。四郡之立在三十六郡后，见于本纪甚明，何须更辨？若庐江，则《招魂》固云'路贯庐江'，又云'哀江南'矣。古庐江在江南，后移于江北，犹豫章在江北

---

① 按，文、道关系是一个久远的理论命题，《荀子》就提出了"文以明道"（《解蔽》《儒效》《正名》等篇中）的思想，但是，中唐以来二者关系发生了很大的变化，出现了"文以载道"的提法，特别是理学出现后，北宋程颐甚至认为"作文害道"（《二程全书·语录》卷十一），否定文学、文章。姚鼐虽然信奉理学，却没有承袭程颐的这一观点，仍然坚持"辞章"存在的价值。有意思的是，与姚鼐的观点形成对照，戴震反对"存天理，灭人欲"（《朱子语类》卷第十一），认为宋明理学不尊重个体——"酷吏以法杀人，后儒以理杀人"[《孟子字义疏证（上）》，《戴震集》]，却彻底否定具有审美性、抒情性的"辞章"——"文词""才藻"（姚鼐《谢蕴山诗集序》），显然这是十分矛盾的观点和立场。汪喜孙《容甫先生年谱》引段玉裁语云："工文词者不必通经术，通经术者不必工文词。"看起来二者不兼容，可是，尊崇戴震的扬州学派朴学家如凌廷堪、汪中、阮元等，却异常偏好雕章琢句的华丽骈文，精擅考证的凌廷堪、汪中、阮元等都是骈文写作的高手。这也是有待深入研究、解释的有趣文学与文化现象。姚鼐与戴震有关"辞章"存、否认识的冲突，其实不是"辞章"本身（"考据"的结果也必须写成"文章"才能保存、流传），而是对"辞章"内涵理解的不同。简单地说，姚鼐认可"文章"的美学价值，其实也就是认可"辞章"的个体抒情性功能，姚鼐正是发现了"辞章"的这一特点，才企图发挥"辞章"的动人性以宣传"义理"，由此可见姚鼐所理解的"义理"其实并没有脱离人情。

② 站在今天的角度看，撇开儒家"义理"不论，单就"考据"入文而言，本质上说就是文学创作与科学研究（论文）的区别问题，涉及科学之真、生活之真与文学之真的不同。此问题本身极其复杂，不过，就最简单意义上说，科学之真以及生活事实之真并不是文学写作追求的目标，科学之真以及生活事实之真进入文学必须有转变，必须以满足情感表达需要为前提，并满足文学陈述的基本事实信息即可，不求全、求实、求准，因为文学所述之事实虽来自现实，却是心灵对现实的感受，必然存在想象、夸张、变异等（参见王富仁《文学真实论》，《中国政法大学学报》2010年第2期）。明代学者杨慎批评杜牧《江南春》诗云："唐诗绝句，今本多误字，试举一二。如杜牧之《江南春》云'十里莺啼绿映红'，今本误作'千里'，若依俗本，'千里莺啼'，谁人听得？'千里绿映红'，谁人见得？若作'十里'，则莺啼绿红之景，村郭楼台，僧寺酒旗，皆在其中矣。"（《升庵诗话》卷八）

而后移于江南，今之九江、浔阳，皆从江北移而江南者也，夫何足异？"通过这个案例，姚鼐明确提出："尝谓辨论是非，当举其于世甚有关系不容不辨者。若此数郡所论，不过建置前后之异耳，得亦何足道？不得亦何足道？于世事之治乱，伦类之当从违，夫岂有所涉哉？"① 姚鼐还评论惠栋的《左传补注》"亦见其读书精密处，特嫌其所举太碎小"，进而批评考据家说："近世为汉人学者，率有斯病。愚意不喜之，觉殊不能逮顾亭林也。"② 同理，《登泰山记》涉及历史地理的考证确实是矜持的，除了提供人物活动基本的时空背景信息之外，还突出泰山的博大、深厚和泰山的泰然自若，突出登山之艰难③，可见姚鼐此文立意就不是做汉学家科学性、知识性的考据文章，而是创作表达义理和丰富人生感悟的文学散文。

六　结语

总之，桐城派之所以能够风行文坛二百年，一个重要的历史经验就是，从方苞、刘大櫆到姚鼐，桐城派的代表作家积极回应现实关怀，把握散文发展大势，通过继承前人的散文思想而自觉地建构一套行之有效的散文理论乃至"文统"，并且，这些理论与创作相呼应，理论既来自创作实践，也有力地指导了散文创作。④ 虽然本文没有集中讨论《登泰山记》的"辞章"之美，不过，本文所论山水之情、"义理"之趣也正是"辞章"的思想内

---

① （清）姚鼐：《惜抱轩尺牍》，卢坡点校，安徽大学出版社，2014，第80~81页。
② （清）姚鼐：《惜抱轩尺牍》，第77页。
③ 乾嘉考据学博涉经史，其范围不止历史地理学之一脉，只是《登泰山记》侧重于历史地理而已。
④ 王气中先生《桐城派文风探源——兼论它流行长远的原因》（《江淮论坛》1985年第6期）认为桐城派流行长远的原因有四个，第二个就是"桐城派具备了比较系统的理论体系和独具特色的古文选本"，没有提及桐城派的创作成就。其实，尽管桐城派散文在当时受到某些批评，也不像程晋芳、周永年所说影响那么大，"桐城派在古文创作实践上，没有取得唐宋古文运动所曾取得的辉煌成就，与其在文论方面取得的成绩相比，也要逊色得多"（杨怀志：《桐城文派概论》，安徽美术出版社，2011，第19页），但是，总体而言，桐城派散文创作的实绩还是值得肯定的，尤其是"桐城三祖"的散文创作。

容，从而显示出此文在 "辞章" 方面的深度和感染力。① 如果不是立足于后代的价值观，而能根据当时文化环境进行审视，《登泰山记》确乃姚鼐精心结撰之作，不仅是桐城派散文的名作，也是很好实践桐城派所标举散文理论的典范作品，因此可谓桐城派散文理论与创作完美结合的杰出作品和重要例证。②

---

① 章学诚注意到 "尚考证者薄于辞章，索义理者略征实"（《与汝楠论学书》），不过，实际上不少崇尚朴学考据的汉学家藐视 "辞章" 之美却喜作堆砌典故、雕章琢句之华丽骈文（这也是清代骈文中兴的重要原因之一），而崇尚 "义理" 的姚鼐却也高度重视 "辞章" 之美，如姚鼐就论方苞 "义法" 与《史记》关系云："震川论文深处，望溪尚未见……望溪所得，在本朝诸贤为最深，而较之古人则浅。其阅太史公书，似精神不能包括其大处、深处、疏淡处及华丽非常处。止以 '义法' 论文，则得其一端而已。"（《惜抱轩尺牍》，第 75 页）其编选《古文辞类纂》虽以 "古文" 为选入标准却收入 "辞赋" 之文。这一独特的文化、文学现象的理论逻辑与社会基础还有待于进一步考察。

② 王达敏先生认为姚鼐 "三合一" 理论最早是在嘉庆元年（1796）《复秦小岘书》中提出，作于嘉庆四年（1799）前后的《述庵文钞序》再次阐述都远迟于戴震《与方希原书》，戴震此书作于乾隆二十年，而《登泰山记》创作于乾隆四十年，1775 年，因此，他认为姚鼐早年的创作还没有体现后起的理论。当然，我们首先承认王达敏先生的思维敏锐，应该说，时隔二十多年，理论本身也是变化的，何况创作与理论还存在较大的距离（创作难以体现出理论追求）。不过，我们认为，任何人的创作与理论都具有一定的连续性，姚鼐早年创作的成功更会促进他的理论总结和思考，换言之，他后来的理论从某种意义上正是对多年创作经验包括早年创作体会的总结，因此，《登泰山记》与二十多年后的 "三合一" 理论之间似乎并无矛盾，如此解读逻辑上应周延无罅。

文科大学生最重要的
学习方式是自己读书[*]

高 玉[**]

大学校园就是一个小社会，学生的学习是多方面的，大学教育不仅是专业知识的传授，同时还包括人格、道德品质、生活能力的培养。所以大学教育是综合性的，大学学习也是综合性的。大学学习的方式是多种多样的，并且存在学科差异。我认为，对于文科大学生来说，最重要的学习方式不是上课，不是社会实践、实习，也不是写文章、做科研，而是阅读，不仅通过阅读学习知识，更重要的是通过阅读增长智慧，培养高尚的情怀和品德。

一

现在的中国大学，大学生们都太忙了，忙得已经没有时间读书，没有时间思考问题。

但忙什么呢？

首先是忙于上课。教育计划中规定的各种课程，比如公共必修课、公共选修课、专业平台课、专业基础课、专业必修课、专业选修课，名目之多，连大学老师都有点弄不清楚，学生也是眼花缭乱。与 20 世纪 80 年代的大学课程相比，当今的大学课程数量几近翻番。教育部曾提出课程"减负"，但就是减不下来，不是学生不愿意减，而是大学行政部门不执行，其

---

[*] 原文刊发于《写作》2020 年第 1 期。论文系国家社科基金重大课题"语言变革与中国现当代文学发展"（项目编号：16ZDA190）的阶段性研究成果之一。

[**] 高玉，浙江师范大学人文学院教授。

中有利益的原因，但更重要的是陈旧的教育观念作梗。一方面，大学行政部门在教学方面考核老师最重要的指标就是教学课时量，并且将它与工资绩效以及晋职等挂钩，所以基层教学部门都不愿意减课，反而是拼命地争课时，增加课程。另一方面，大学行政部门和业务部门，为了"业绩"和"政绩"，还增加大量的辅导课，比如各种提高班、技能班、特色班，还有"考研提高班""卓越计划提高班""职业技能班""论文写作班"等。每一类班又可以区分为很多种，比如"师范技能班"又可以分为"粉笔班""普通话培训班""说课班""演讲班"等，这些都是开设时间比较长的班，还有各种短期的"辅导课"，比如"考试辅导课""实习辅导课""就业辅导课""竞赛辅导课"等。

大学的本质是什么？什么样的大学才是最好的大学？如何定义"人才"？大学在培养人才中应该扮演什么角色？专业素质和综合素质应该是一种什么关系？上大学和未来的工作究竟是一种什么关系？专业知识和非专业知识是什么关系？教学和科研之间究竟是一种什么关系？教学的本质是什么？课程的本质是什么？教师的职责又是什么？这些是非常复杂的问题。我认为，对于大学以及大学教育特别是人文社会科学教育，当今人们有很多误解，其中最大的误解是对"课"的理解。把大学学习等同于取得知识是很多人对于大学根深蒂固的观点，很多人特别是大学管理者包括绝大多数教师，想当然地认为大学最重要的工作就是教学，教师最基本的职责就是上课，学生学习最重要的方式就是听课和考试。似乎课程设置越多，学生听课越多，其学习的知识就越多，本领就越大。但对于当今大学文科为什么要上这么多课，上大学与读书之间究竟应该是一种什么关系，听课和读书在时间上如何分配才是合理的等问题高等教育学从来没有深入系统地研究过，各学科和专业也从来没有充分地论证过。

中国大学的现实是，课时和大学的层次地位是相反的。我们可以看到，大学层次越低，课时越多；大学层次越低，学生读书越少。一段时间，各大学都对自己的大学进行定位或归类，或"研究型大学"，或"教学研究型大学"，或"教学型大学"。这虽然主要是从办学模式和构成上进行区分的，比如"研究型大学"学生中研究生比例很高，"教学型大学"主要以本科为主，但实际上，它也很好地说明了各种层次大学的特征以及造成这种特征的部分原因。事实上，在中国，"研究型大学"基本上是一流大学，而"研究型大学"最重要的特征就是强调学生自己读书思考，因为读书思考是做研究的最基本条件，其本意是培养学生的科研和学术能力，却意外地培养了学生很好的学习习惯和学术品行。"教学型大学"最重要的特征就是上课，在这里，"教学"和"上课"几乎就是同义词，老师的主要任务是上课，学生主要的学习方式就是听课、做笔记和考试，考试成绩是学业好坏的主要标准。顶级"研究型大学"学生的"成才"主要是通过自己的读书思考来完成，学校只是给他们提供学习的条件和环境，比如图书馆、学习和交流的氛围等；"教学型大学"学生的"成才"主要是通过课堂完成的，人生所需要的知识、智慧和情感，都是从老师那里"听"来的。因为学会了自己读书，所以"研究型大学"的学生大学毕业只是其人生学习的开始；而由于没有学会自己读书，"教学型大学"的学生大学毕业基本上就是其人生学习的结束，有的人从此不再与书籍和学习打交道。

更可悲的是，三流大学师资水平本来有限，上课任务重，知识更新慢，又重复讲授，学生也不愿意听课，以致最后上课与听课之间形成尖锐的矛盾。学校管理部门想出很多办法来管理学生，比如上课不准带手机，上课点名等。有的老师还非常夸张，上课时点一次名，下课时再点一次名，甚至课间休息还要点一次名，并且把这种所谓"考核"作为学业成绩评定中一个重要的依据。相反，一流大学的老师水平本来就相对高些，而课并不多，因此对课堂非常重视，老师对每一节课都会做精心的准备，效果非常好，听课的学生很多，良性循环，真正发挥了课堂的作用。

其次是忙于各种活动。当今的大学生可以说课余活动丰富多彩，比如社团活动、文艺表演活动、竞赛活动、服务活动、社会实践活动、班级活动、寝室活动，有些是集体组织的，有些是学生自发组织的。还有大学生"啦啦队"、大学生"礼仪小姐"、大学生"志愿者"等。

大学当然要上课，不上课怎么称得上在上大学呢？但现在的问题是，大学课太多了。应付上课，老师、学生都很疲惫，学校行政人员和管理人员也很疲惫。我认为，在大学当然要学习一定的知识特别是专业知识，要掌握一定的技能特别是专业技能，但更重要的是学习掌握知识与技能的途径、方法，提高学生的思维能力，提高观察、分析和解决问题的能力。事实上，知识是无限丰富的，人生所需要的知识也是非常丰富的，并且是与时俱进的；大学学习能够给人一生提供的知识非常有限，而课程能够给人提供的知识更加有限。就知识对于人生的有用性来说，越是基础性的知识就越有用，所以小学所学习的知识比中学所学习的知识更有用，中学所学习的知识又比大学所学习的知识更有用。大学的优势在于它不仅让人学习知识，更重要的是学会如何学习知识，大学所学习到的知识可能会过时无用，但大学所学习到的如何学习知识却是终身有用的，它可以保证人一生都在学习知识的过程之中，保证人一生都可以不断获得知识。

以此来看，大学课程根本就没有必要设置那么多，老师根本就没有必要讲那么多课，学生也根本就没有必要听那么多课。大学课程在类型和知识体系上是有限的，同样的类型、同一知识体系的课程不宜设置过多，多了就是重复。一个老师的知识可能是丰富的，学问也可以是多方面的，但精髓其实就是那么多，也即思维方式和思想方法、基础观念等是比较固定的，讲多了就是老一套，最后只有知识性的东西甚至重复。这也就是一个老师不能在同一个班级开设多门课的很重要的原因。对于学生，课堂应该只是引导，只是示范，主要是关于课程的概念、定位、背景、范围、与其他课程的关系、主要内容以及学习方法等，这些东西掌握了，这门课其实没有必要再听下去了，其他的任务就该自己去独立完成了。就知识来说，书本比课堂要优越得多，课堂上有的东西书本上基本都有，反过来，书本上有的东西课堂上只有很少一部分，如果说书本是海洋，课堂不过是一个水池。就水平来说，所有的出版物都达到了讲稿的水平，但不是所有的讲稿都达到了出版物的水平。书比讲义在知识体系上更加严谨、准确，当然也更加详细，能够给学生更多更大的选择余地，而课堂则没有这种自由。所以，最好的大学生多是不把课堂当回事而选择自己读书的人，他们以古今中外的大师为师。读书不仅比听课具有选择上的优势，而且效率也高多了。学生一个学期听课所得到的东西，阅读教材一周就可以得到。很多老师上课不过是照本宣科，这样的课有必要从头听到尾吗？至于那种除了常识而空洞无物的课，就更没有必要听下去，听那样的课是受苦受难，是浪费生命。

大学生当然要参加各种活动，除了校园活动以外，还要参加一些社会活动，比如培养和锻炼协作精神，了解和认识社会，这也是在大学学习的范畴，因为大学生最终是要走上社会的。但问题是，现在的大学里学生活动太多了，已经严重地影响大学生的思维训练和专业学习。现在的大学越来越像街道、社区和自由市场，有各种各样的表演活动、体育活动、文化活动，电影院、银行、电信公司等都进入了校园，这些看似增加了校园活力，其实是扰乱了学校秩序，在表面丰富、繁荣的背后是大学氛围的空虚、轻浮、躁动不安，这种浮躁不仅是表象的，更是精神的。过去我们曾批判"两耳不闻窗外事，一心只读圣贤书"，现在大学里根本就看不到这种现象了。

与不读书的状况相一致，现在大学生的水平似乎也越来越差了。目前各大学都是采取计算"绩点"的方式考核和评价学生，"绩点"是各种评优、评先进、评奖学金以及保送读研究生最重要的依据。但可悲的是，"绩点"和"优秀"很可能是倒挂的：要"绩点"高就得多上课，认真地听课，背讲义，考试得高分，就得参加各种活动，这也就意味着没有多少时间去自己看书，但很少读书的人又如何能够优秀呢？相反，那些自己认真看书的学生，那些把时间花在读书上的学生则可能敷衍上课，各种活动参加的也会相对较少，"绩点"也会比较低。然而，真正优秀的学生恰恰会产生于他们之中。现在保送研究生的名额越来越多，这并不一定是好事，保送上研究生的学生有可能恰恰是读书最少的学生，因为推荐他们的理由不是读书多，而是考试多、参加活动多、"绩点"高。

笔者所在的学科研究生面试，问的问题就是读了什么书，然后围绕所读的书问下去，直到学生答不出来为止，这几乎是公开的秘密。最初我们还担心学生读的书我们没读过甚至没听说过，或者学生谈的问题太深刻把老师难住了。但这么多年下来，从来没有发生过这种情况，往往是几个回合学生就败下阵来。学生的很多知识是从课堂上来的，或者是从教材上来的，还有就是从网上来的。现在的大学生根本就没有时间坐下来静心地读书，根本就没有时间安静地思考问题，他们还是沿袭中学甚至小学时期的学习模式，课堂教什么就学什么，完成老师布置的作业就算完成了学习任务。

二

今天，不论是社会还是大学内部，对大学教育都有很多批评、抱怨甚至愤懑，特别是对大学生素质越来越差、水平越来越低、能力越来越弱表示不能理解。按理说，今天的大学条件应该是越来越好了，生活条件、学习条件、师资条件与过去相比有了巨大的进步，经费也很充裕，大学生的素质和水平也应该是越来越高的，但问题恰恰出在这里，这些越来越好的条件比如互联网、手机、电视、电影等无一例外导致大学生越来越不读书。我认为，不读书才是大学人才培养问题产生的根源。不以读书为求知方式的大学教育正在形成一种教育模式，而且越来越通行，它不仅深刻地影响中国今天的人才培养，而且将深刻地影响未来中国人才的素养。极而言之，当代中国大学教育出现的很多问题可以说是由不读书造成的，比如写作能力低、逻辑思维能力不高、知识水平差等，还有为人处世、道德品质修养的问题。这些不足都可以通过读书得到提高，都可以在阅读中得到解决，人生所需要的知识和智慧等都可以在书中找到答案，只不过有的是直接答案，而更多的是间接答案，需要读者去悟。

大师越多的大学当然是越好的大学，对于大学生来说，读大学能够聆听大师讲课、得到大师的指点当然是非常幸运的事情，可以说人生不虚此行。但即使是当今最著名的大学，其大师也是屈指可数的，能够亲聆其讲课和指导的学生更是少之又少。与人类几千年相比，近几十年出现的大师还非常有限，而且分散在世界各地各大学以及其他机构中，有很多伟大的思想家、文学家、学者根本就不在大学，他们深居简出，人都很难见到，更不要说拜师学艺了。但读书就不一样了，读书是以所有的伟人和大师为师，不受地域限制，不受时间限制，不受语言限制，不受文化宗教限制，不受国家民族限制，任何时候任何地方都可以向他们学习，听他们"讲课"。最重要的是自由，一本柏拉图的《理想国》，可以精读或细读也可以泛读，可以慢读也可以快读，可以从头读到尾地读，也可以挑选着读，可以专业性地研究性地读，也可以消遣性地了解性地读。如果喜欢柏拉图，还可以进一步阅读他的其他著作比如《柏拉图对话集》《会饮篇》等，乃至

《柏拉图全集》。如果还觉得不够，古今中外研究柏拉图的专著有很多，我们还可以把这些著作找来读。这种优越性是课堂无法比拟的，即使柏拉图在世，即使柏拉图走进我们的课堂，即使柏拉图就是我们的指导老师，也无法和读柏拉图的书相提并论。

今天，越来越多的中国学子到海外留学，寻找更好的教育资源，接受异域的教育，开阔视野，这无可厚非。历史以及经济的原因，目前世界上最好的大学多在海外，主要在欧美和日本。留学不仅是学习知识，接受专业训练，也是人生很独特的经历和体验。欧美以及日本教育有其独特之处，特别是理工科教育，不只是和中国大学教育构成互补，更重要的是它的先进性。但是，在社会科学领域，就接受思维训练、思想方式以及知识来说，只要学会阅读并且有效地阅读，不留学也能够达到同样的效果。留学首先要过语言关，而学习语言需要付出很高的时间成本，但即使把某一种外语掌握得很熟练，要真正听得懂外国学者的讲课，也有一个过程。所以，对于人文社会科学来说，根本就不需要那么多的留学教育，很多学习完全可以在国内完成，可以通过读书完成，而且效率会更高。

中小学的学习，老师讲解很重要，但到了大学学习，对于人文社会科学来说，我始终想不明白课堂有什么优势。一门"中国现代文学"课程，老师要讲一个学期，但自己读书，一个星期就够了。于大学文科各课程来说，除了少数技术性比较强的课程比如语言学中的"语音"课，外语教学中的"口语与对话"课，社会学中的"田野调查"课等需要通过上课来完成以外，大多数的课程只需要老师引导，自己看书学习就可以完成，并且效果要好得多。

课堂对于学习者来说其实是一种巨大的束缚，要遵守时间和课堂纪律，不能随便进出，不喜欢听也得听下去。而阅读则没有任何约束，喜欢读就读，不喜欢读就放下；难读可以读得慢一些，易读则可以读得快一些；读到受启发处可以停下来思考，不懂处可以查阅相关资料，把问题搞清楚之后再读。事实上，即使是中学课堂，一节课真正值得从头到尾听下去的并不多，能有1/3就算不错了，关键就是那么几处。大学更是这样，学术大师讲自己的学术研究当然值得认真听，但一般老师所讲的很多内容是一些常识，是教科书上有的内容，根本就不需要花那么多时间通过听课去掌握。真正读书的人都知道，除非极少数的经典需要一字一句从头至尾读下来以外，大多数著作都可以跳着读、选择性地读。特别是一般性的图书，真正有创见性的东西并不多，新鲜的内容就那么一点点，这种书根本就不需要花很多时间去通读，仅掌握精华就行了。所以读书读到一定程度后会非常快，有些书翻翻就可以知道其大概内容，书读到一定程度同等时间内读书的量会变得非常大。

现代社会是知识的时代，和传统社会最大的不同就是书籍非常多，出版的速度快，流通广，价格相对低廉。人类历史上最伟大的思想家大多有书籍流传，当今有名的思想家、学术大师都有书籍流布，这些书籍在图书馆可以很方便地借到，如果特别喜欢，很轻松地就可以买到。在古代，由于交通不便，中外交流不畅，再加上语言的隔阂，外国的书很难看到，即使看得到，也看不懂。但现在翻译非常发达，即使最新的外国书籍，也能够很快被翻译引进，从而能够很好地解决知识、思想传播在地域隔阂和语言不通方面的问题。古代教育信息以及教育条件不发达，教育的基本方式是师傅带徒弟，老师耳提面命，师生口耳相传，现代教育更重要的是靠书籍阅读，大学本质上是给学习者一个完整的学习时间，为读书提供便利的条件。所以，真正的好大学是非常重视阅读的，是非常重视培养学生的阅读能力和阅读水平的，同样，真正的好学生更看重阅读而不是上课，更重视学习阅读的方法和技巧而不是阅读所获得的知识。对于人文社会科学来说，课堂是次要的，其他学习方式是更次要的，比如听讲座，学术讨论等不过是一种补充方式，某种意义上可以看作是阅读之外的休息调剂形式甚至娱乐调剂形式。

"书籍是最好的老师"，很多伟人表达过这样的意思。阅读可以让死人"复活"，可以让外国人变成中国人，可以让不认识的人变成熟悉的人，阅读可以把所有的伟人变成活生生的老师，阅读可以以所有的大师为师，罗素描述读历史："幸福又算得了什么呢？他们所得到的乃是比幸福更加美好的东西：那就是善于与伟大的人物为伍，生活于对崇高的思想的渴望之中，并且在每一次困惑中都会被高贵和真理的火光所照亮。"[①] 每个大学里都有

---

① 〔英〕罗素：《论历史》，何兆武、肖巍、张文杰译，广西师范大学出版社，2001，第8~9页。

善于讲课的老师，但讲得再好，能比经典"讲"得更好吗？大学学习，学习知识当然很重要，但更重要的是学会如何学习知识，即如何读书。古今中外，绝大多数学术大师、思想家不是靠听课"听"出来的，而是靠读书"读"出来的，所以，读书才是大学学习之道。现代时期学术大师很多，其中很多人没有上过正规的大学，学问主要是靠自己读书摸索出来的。那时的大学课程很少，学习主要是靠学生自己读书。毛泽东在湖南省立第一师范学校读书时，听课其实很少，大部分时间在学校或者省图书馆自己读书，读书范围非常广杂，古今中外文史哲、经济、伦理、军事等无所不包。鲁迅在日本留学也是如此，在弘文学院和仙台医学专门学校还听了一些课，后来在东京时干脆连学校都不去了，完全是自己读书。

我认为，对于人文社会科学来说，读大学最重要的学习方式就是利用大学的学习条件学会读书，知识可能会过时，专业也可能会落后或被淘汰，但学会读书则是终身有用的本领。学习知识的读大学只是读四年，而学习读书的读大学则是"终身"读大学，学会了自己读书就意味着具有知识更新的能力，不论是在知识上还是专业上都可以与时俱进。"所谓大学者，非谓有大楼之谓也，有大师之谓也。"（梅贻琦语）老师当然是非常重要的，但老师的好与不好不在于他的课讲得好与不好，或者是否讲授了很多知识，而在于他是否教会了学生自己读书。大学老师的作用主要是引导学生读书，训练学生的思维能力，传授读书的经验。优秀教师不仅仅在于其知识渊博、学识深厚，更在于他能充分认识到自己的不足，知道自己不能和柏拉图、亚里士多德、康德、黑格尔、马克思、恩格斯、毛泽东、莎士比亚、鲁迅等相比，懂得如何引导学生以这些伟人为师。

今天的中国当代高等教育取得了巨大的成就，但也有很多问题，比如理工科学生人文素养很欠缺，人文社会科学的学生知识过于偏狭，学中文的不懂历史、哲学和伦理学，这当然与当代学术分工以及教育分科有很大的关系。各大学也采取了很多办法来解决这些问题，比如办综合班、增加通识课，一年级不分专业，理工科专业增加人文课程，鼓励跨专业选修课程，开设各种辅导班、提高班等，但我认为这些都不得要害，解决的思路和方向都有偏差。知识单一和偏狭的问题只能通过读书解决，其根本办法就是减少课程，给学生更多读书和思考的时间，只有学会了读书，才能够真正突破专业限制，并从根本上帮助学生提高专业水平和能力。所谓"专业"，都是人为分割的结果，知识本身具有一体性，对于人文社会科学来说，任何专业都需要大量的相关知识，只有通过不断读书才能有效地解决这个问题。

如何让大学生在大学里真正读大学而不是读中学甚至小学，这才是当代中国大学教育最迫切需要解决的问题。社团活动、社会实践活动，这些都是必要的，但不能太多，大学最需要的是安静而不是热闹。人不仅要有知识，更重要的是要有思想，能够思考问题，但思考是需要环境和心境的，是需要以静心阅读为基础的，不能凭空思考。大学生不读书，这是当今中国大学最糟糕的情况，唯有解决这一问题，中国的高等教育才有希望。

图书在版编目（CIP）数据

中国写作学优秀论文选：1980-2020 / 方长安，萧
映，宋时磊主编. -- 北京：社会科学文献出版社，
2022.10
ISBN 978-7-5228-0376-0

Ⅰ.①中… Ⅱ.①方… ②萧… ③宋… Ⅲ.①写作学
-文集 Ⅳ.①H05-53

中国版本图书馆 CIP 数据核字（2022）第 110361 号

中国写作学优秀论文选（1980~2020）

主　　编 / 方长安　萧　映　宋时磊

出 版 人 / 王利民
责任编辑 / 张苏琴　王小艳
责任印制 / 王京美

出　　版 / 社会科学文献出版社·当代世界出版分社（010）59367004
　　　　　地址：北京市北三环中路甲 29 号院华龙大厦　邮编：100029
　　　　　网址：www.ssap.com.cn
发　　行 / 社会科学文献出版社（010）59367028
印　　装 / 三河市东方印刷有限公司

规　　格 / 开本：787mm×1092mm　1/16
　　　　　印张：25.5　字数：405 千字
版　　次 / 2022 年 10 月第 1 版　2022 年 10 月第 1 次印刷
书　　号 / ISBN 978-7-5228-0376-0
定　　价 / 138.00 元

读者服务电话：4008918866